高等学校专业教材

 中国轻工业"十四五"规划教材

食品营销学

李晓东 主编

图书在版编目（CIP）数据

食品营销学/李晓东主编．—北京：中国轻工业出版社，2025.8
　　ISBN 978-7-5184-3484-8

　　Ⅰ.①食…　Ⅱ.①李…　Ⅲ.①食品—市场营销学　Ⅳ.①F768.2

中国版本图书馆 CIP 数据核字（2021）第 077651 号

责任编辑：马　妍
策划编辑：马　妍　　　　责任终审：劳国强　　封面设计：锋尚设计
版式设计：砚祥志远　　　责任校对：宋绿叶　　责任监印：张　可

出版发行：中国轻工业出版社（北京鲁谷东街5号，邮编：100040）
印　　刷：三河市国英印务有限公司
经　　销：各地新华书店
版　　次：2025年8月第1版第5次印刷
开　　本：787×1092　1/16　印张：19.25
字　　数：496千字
书　　号：ISBN 978-7-5184-3484-8　定价：52.00元
邮购电话：010-85119873
发行电话：010-85119832　010-85119912
网　　址：http://www.chlip.com.cn
Email：club@chlip.com.cn
版权所有　侵权必究
如发现图书残缺请与我社邮购联系调换
251326J1C105ZBQ

本书编写人员

主　　编　李晓东（东北农业大学）

副 主 编　刘　璐（东北农业大学）
　　　　　　李明元（西华大学）

参编人员　（按姓氏笔画排序）
　　　　　　马丽媛（绥化学院）
　　　　　　刘　洪（西华大学）
　　　　　　刘俊梅（吉林农业大学）
　　　　　　杨　开（浙江工业大学）
　　　　　　张金凤（绥化学院）
　　　　　　姚春艳（哈尔滨商业大学）
　　　　　　袁华伟（宜宾学院）

前言 | Preface

食品营销学是营销学的一个应用分支学科。它将营销学理论、原则和客观规律应用于食品行业的实践活动中，重点研究食品行业营销活动的行为规律，分析营销工作中的内在因素，改善食品行业营销管理，提高营销工作的服务质量，正确调整营销活动中的人际关系，为食品行业创造更多的经济效益，为更好地满足营销工作的需要提供理论基础。

本书共十四章，以现代市场营销学为基础，紧密结合食品行业、企业、产品的特点，重点阐述食品营销学的产生及发展，介绍食品市场与营销环境，消费者和竞争者行为分析，市场营销调研和需求预测，目标市场与食品企业营销战略，食品营销的产品策略，食品营销的价格策略、销售渠道策略、促销策略，以及食品企业形象营销策略与设计等。尤其针对当下最新的食品营销理念，阐述了食品科技日新月异形势下的国际市场食品营销、有机食品与绿色营销以及网络营销，力求能够反映食品行业形势和食品营销的新变化。另外，为使学生更好地将营销理论应用于食品营销工作中，本书在每章的最后设置了食品企业的营销案例与专栏，可供学生分析、讨论，加深对相关知识点的掌握。

本书作者均为该领域的专家及"食品营销学"课程的主讲者，有多年丰富经验。具体编写分工如下：第一、第二、第十一章由李晓东、刘璐编写，第三、第四、第五章由李明元、刘洪编写，第六、第七章由袁华伟编写，第八、第九章由刘俊梅编写，第十章由姚春燕编写，第十二章由张金凤编写，第十三章由杨开编写，第十四章由马丽嫒编写。同时，李晓东教授的博士研究生孙玥，硕士研究生田松凡、潘悦、林爽、王东参与了相关章节的编写工作。本书的出版离不开他们的辛勤劳动，在此深表感谢。

本书可作为高等院校食品专业学生学习市场营销理论与知识的教材，也可作为食品企业营销人员的培训教材，以及从事食品营销活动人员的参考读物。

在本书编写中，由于本书涉及知识面广泛，且本领域发展迅速，加之作者水平有限，书中难免出现不妥之处，恳请广大同行与读者给予批评指正，以便本书修订与再版时加以更正和完善。

编　者

2021 年 4 月

目录 Contents

第一章 食品营销学概论 1
- 第一节 市场与市场营销 1
- 第二节 市场营销学的产生和发展 10
- 第三节 我国食品市场营销的发展 12
- 第四节 食品营销学的研究对象、特点与意义 18
- [专栏] 中国市场营销学的发展 21

第二章 食品工业与食品企业营销 24
- 第一节 食品企业的特点 24
- 第二节 我国食品工业的现状及趋势 26
- 第三节 我国食品企业营销的现状 31
- [案例] "三只松鼠"营销实践 36

第三章 市场营销环境分析 39
- 第一节 市场营销环境的概述 39
- 第二节 市场营销的宏观环境 41
- 第三节 市场营销的微观环境 54
- [案例] 旅游景区食品营销 58

第四章 消费者和竞争者行为分析 59
- 第一节 消费者购买行为分析 59
- 第二节 消费者购买决策过程分析 64
- 第三节 竞争对手分析 72
- 第四节 企业竞争性营销战略 77
- [案例] 旷日持久的可乐战 83

第五章 市场营销调研和需求预测 ····· 85
第一节 营销信息管理系统 ····· 85
第二节 营销调研的步骤与方法 ····· 90
第三节 市场需求预测 ····· 102
［案例］ 北京市场液态牛乳的品种与规格调查 ····· 105

第六章 目标市场与食品企业营销战略 ····· 108
第一节 市场细分 ····· 108
第二节 目标市场选择及策略 ····· 112
第三节 市场定位及策略 ····· 114
第四节 市场营销战略规划 ····· 116
第五节 企业营销管理过程 ····· 122
［案例］ 米勒啤酒的市场细分策略 ····· 125
［案例］ "莫斯利安"目标市场定位 ····· 127

第七章 食品营销的产品策略 ····· 128
第一节 产品与产品周期 ····· 128
第二节 疲软产品淘汰策略 ····· 133
第三节 新产品开发策略 ····· 134
第四节 产品组合策略 ····· 138
第五节 产品品牌策略 ····· 139
第六节 产品包装策略 ····· 142
［案例］ 金龙鱼食用油的品牌策略 ····· 144
［专栏］ 卡通形象在食品营销中的应用 ····· 148

第八章 食品营销的价格策略 ····· 150
第一节 定价程序 ····· 150
第二节 定价方法 ····· 157
第三节 定价策略 ····· 160
［案例］ 推销怪才巧定价格 ····· 163

第九章 食品营销的销售渠道策略 ····· 165
第一节 销售渠道模式及发展态势 ····· 165
第二节 中间商及其在食品分销中的作用 ····· 168

第三节　销售渠道的选择与管理 …………………………………… 170
　　[专栏]　有机水稻的销售渠道策略 ………………………………… 176

第十章　食品营销的促销策略 …………………………………………… 179
　　第一节　食品促销的概述 …………………………………………… 179
　　第二节　人员推销策略 ……………………………………………… 182
　　第三节　广告宣传策略 ……………………………………………… 186
　　第四节　公共关系策略 ……………………………………………… 189
　　第五节　市场推广策略 ……………………………………………… 192
　　[案例]　马铃薯的销售如何走出困境 ……………………………… 195
　　[专栏]　王则柯教授的鱼贩朋友 …………………………………… 197

第十一章　食品企业形象营销策略与设计 ……………………………… 198
　　第一节　企业形象与形象营销 ……………………………………… 198
　　第二节　企业形象营销策略 ………………………………………… 201
　　第三节　食品企业形象营销设计 …………………………………… 205
　　[案例]　蒙牛打造企业公民形象 …………………………………… 211
　　[案例]　李锦记"爱的味道百变33天" …………………………… 214

第十二章　国际市场食品营销 …………………………………………… 215
　　第一节　国际市场营销特点 ………………………………………… 215
　　第二节　国际市场营销环境 ………………………………………… 217
　　第三节　国际市场营销信息系统及调研 …………………………… 222
　　第四节　国际市场营销策略 ………………………………………… 226
　　第五节　国际市场营销控制 ………………………………………… 230
　　[案例]　遭遇抵制的雀巢婴儿食品 ………………………………… 234

第十三章　有机食品与绿色营销 ………………………………………… 237
　　第一节　有机食品的概述 …………………………………………… 237
　　第二节　绿色营销的概述 …………………………………………… 245
　　第三节　绿色消费市场分析 ………………………………………… 247
　　第四节　绿色营销战略 ……………………………………………… 249
　　第五节　绿色营销评价体系 ………………………………………… 255
　　[案例]　受邀出席戛纳广告节，蒙牛绿色营销战略获赞赏 ……… 259

[案例] 绿色营销——提升梅花味精的品牌 ………………………………… 260
[案例] 阿拉善 SEE 生态协会 ………………………………………………… 262
[专栏] 密云有机食品"挺进"2008 年北京奥运会 ……………………… 263

第十四章 网络营销 264

第一节 网络营销概述 …………………………………………………… 264
第二节 网络营销的环境与市场调研 …………………………………… 268
第三节 网上市场的特征 ………………………………………………… 277
第四节 网络营销策略与手段 …………………………………………… 280
[案例] 雀巢公司的网络营销 …………………………………………… 288
[案例] 星巴克的网络营销 ……………………………………………… 290
[专栏] 百事可乐网络营销策略 ………………………………………… 293

参考文献 295

第一章

食品营销学概论

第一节 市场与市场营销

一、市场的定义

市场属于商品经济的范畴,是商品经济的产物。市场是连续生产和消费的桥梁和纽带,哪里有商品生产和商品交换,哪里就有市场。

关于市场的定义表述多样,主要有以下几种:

(一) 市场是进行商品交易的场所

在这里一般是特指地点、场地设施和交易方式。

①按市场所处的地理区域可以分为:产地市场、消费地市场、国内市场、国际市场等;

②按主要交易商品的种类可以分为:蔬菜市场、粮食市场、水产品市场等;

③按买卖交易方式可以分为:批发市场、零售市场、百货商场、超级市场、购物中心等。

(二) 市场是商品交换关系的总和

商品交换关系主要是指买卖双方、卖方之间、买方之间、买卖双方各自与中间商、中间商与中间商之间进行交换时发生的关系。

在现代社会中,市场已经超出了有空间和时间限制的商品交易场所,当商品还在生产过程中时,就已经开始寻找买者,商品的交易活动在产品生产过程中就开始了,交易场所仅成为市场的一个环节。

现代经济社会中,市场已经演化为由货币和价格作为媒介物而联系在一起的商品供求关系,是一个整体市场,可以用一个简洁的模型图将这种供求关系示意出来。如图1-1所示,右边为社会公众,左边为生产企业,上方为产品市场,下方为生产要素市场。在产品市场上,社会公众代表消费者,他们用自己的货币收入向生产企业购买各种消费品以满足自己的需求,生产企业则向消费者出售产品以回收投资,取得利润。这样,在产品市场就形成了以货币为媒介的消费品供求关系。同样,在生产要素市场上,企业以货币向社会公众购买生产要素以进行产品的生产,而社会公众通过向企业提供劳动、资本等各类生产要素获得货币收入。模型下方的供求关系导致了模型上方的供求关系,所以该模型反映了所有供求关系,描述了一个整体市场,是宏观的经济学意义上的市场概念。

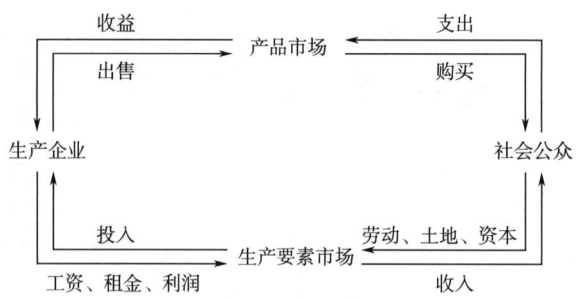

图 1-1　市场模型图

(三)　市场是某种商品或劳务所有现实购买者和潜在购买者的总和

市场营销学意义上的市场概念:市场是某种商品或劳务所有现实购买者和潜在购买者的总和。

市场营销学主要研究企业的活动,必须从企业的角度去观察市场和解释市场。从市场营销学的观点看,企业是卖主,消费者是买主,买主形成市场。一个有现实需求的有效市场应具备人口、购买力和购买欲望三个要素。市场的定义用简单的公式可以概括为:

$$市场 = 人口 + 购买力 + 购买欲望$$

人口是构成市场的基本要素,人口的多少决定了市场的大小;

购买力是指人们对购买商品或劳务的货币支付能力,由购买者的收入多少决定,收入高,购买力也高,市场也就大;

购买欲望是指人们购买商品的动机、愿望和要求。

只有人口和购买力,而无购买欲望,或只有人口和购买欲望,而无购买力,则不能形成现实有效的市场,只能说是有潜在的市场,这一部分人称为潜在购买者。对潜在的购买者来说,一旦条件发生变化,或许是受广告的影响,由无购买欲望转变为有购买欲望,或许是由于收入的提高而有购买力了,其潜在需求就可以转化为现实需求。潜在购买者构成了卖主的潜在市场。对于企业来说不但要了解现实市场,还要研究潜在市场,才能制订出正确的生产计划和营销策略。

市场营销学意义上的市场是经济学意义市场的一部分,是某种商品或服务的微观市场,是企业最为关心的市场。但是,不等于说经济学意义的宏观市场对企业无关,宏观市场的变化也会通过微观市场影响企业的营销活动。

市场营销学意义的市场可以从企业面临的两个市场来考虑:一是面对生产要素市场(factor market),在这个市场上,企业作为买方,是需求者。在现代经济社会,生产要素市场的供求关系也已经表现为买方市场,企业不担心购买不到生产要素。因此,在通常情况下,企业并不把生产要素的供应当作一个市场,而仅作为一种影响企业生产与营销的资源条件来看待;二是面对产品市场(product market),在这个市场上,企业出售自己的产品,是供应者。消费者购买的数量越大,企业的产品销售市场也就越大。在市场经济条件下,企业十分重视产品市场,如果一个企业不能把自己生产的产品销售出去,就无法回收投资和获取利润,就会影响企业本身的正常经营,可以说,产品市场对企业的生存和发展是至关重要的,是市场营销学研究的主要内容。

二、市场的特征和功能

(一) 市场的特征

市场是一个有机的整体。企业在了解市场性质的基础上,更需要分析其规模、衡量其大小,以便正确地制订最佳生产和销售计划。市场反映了一种商品的供求关系,某种商品市场的大小就是指市场需求量的大小,是这种商品在一定时期内最大可能的需求量。

1. 影响市场需求的因素

(1) 价格因素 价格与供给和需求之间的关系见图1-2。图中 P 为价格,Q 为数量,D、S 分别代表需求曲线和供给曲线。市场上同样的商品标有不同的价格,消费者会选择价格低的购买。在一般情况下,商品的价格和需求量之间总是表现为一种反向变动关系,即一种商品的价格越高,市场可能的需求量越少;价格越低,市场可能的需求量越大。因此,某种产品价格的高低直接关系到该产品市场的大小,降低价格有利于扩大市场。

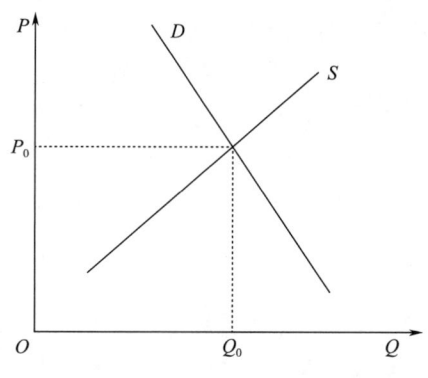

图1-2 供求关系图

(2) 非价格因素 非价格因素是指除了价格以外对需求量产生影响的因素。随着经济的发展,消费者收入水平的提高,非价格因素对需求量的影响越来越明显。

①消费者的收入(consumer's income):对大多数商品来说,消费者的收入越高,可能的需求量就越大,但对不同的商品来说,影响程度不同,一些低档商品的需求量反而会因人们收入的上升而下降。

②消费偏好(consumption preference):广告宣传等可以使消费者在心理上对某种产品产生偏好,增加需求量。品牌忠诚者对品牌产品具有明显的消费偏好。

③消费者对价格变动的预期(consumer's forecasting to fluctuations in price):在市场价格出现变动时,消费者如果预期今后价格会上升,就可能提前购买,扩大了当前的需求量;反之,如果消费者认为价格在不远的将来可能下降时,会推迟购买,减少了当前的需求量。

④相关产品的购买量(purchasing quantity of relevant product):一种产品的需求量增加,会导致另一种产品的需求量减少,这称为市场的替代效应,两种产品互为替代品。如,茶叶

和咖啡、米饭和面食。当一种产品的需求量增加时,另一种产品的需求量也随之增加,这称为市场互补效应。如红茶和糖、咖啡和咖啡伴侣、油条和豆浆在消费上具有互补性。

(二) 市场的结构特点

市场结构包括两个方面的含义:一是指组成结构,总体市场是由各个具有不同特点的局部市场组成,可以按照商品、人文、地理等特点对市场加以区分,为不同的企业寻找自己的营销目标提供依据;二是指竞争结构,根据行业市场竞争程度进行划分,主要用来研究企业在不同竞争结构市场中的市场行为和应采取的营销策略。

1. 市场组成结构

将总体市场按照一定的标准加以区分,在这些小市场的前面加上一个具体的名字,使其有明确的指向,便于企业根据不同商品、不同地区和不同时间的商品供求特点,有准对性地开展市场营销。

(1) 按商品类别标准分　一般有食品市场、服装市场、家电市场、劳务市场、金融市场、文化市场等。还可以进一步细分,如把食品市场细分为粮食市场、副食品市场、蔬菜市场、水果市场、肉类市场等。不同商品在生产、流通以及消费方面具有不同的特点。

(2) 按地理位置标准分　一般有城市市场、农村市场、国内市场、国际市场等。地理位置不同的市场,其消费群体和社会环境不同,企业所提供的产品和采取的营销策略也要不同。例如,中国的臭豆腐等传统食品在国内市场销量较大,但是一到海外就可能很少有人问津。

(3) 按人文特点标准分　比如可以按性别和年龄把市场分为妇女市场、儿童市场、老年人市场,按职业和收入分为工薪阶层市场、高收入群体市场等。每个市场的消费都会受其人文特点的影响。企业在选择目标市场、提供产品时必须注意到各个市场的人文特点。比如面向儿童市场的食品应当注重有利于身体发育成长和智力的提高,针对老年人市场的食品应强调抗衰老、有预防老年病的作用等。

2. 市场竞争结构

一个行业中生产企业数量的多少、企业的规模、消费者的数量、产品技术的复杂程度以及市场信息是否公开等因素,影响行业市场结构,形成具有不同特点的市场竞争类型。行业市场竞争类型大体有:完全竞争、完全垄断、垄断竞争、寡头垄断。

(1) 完全竞争市场 (complete competition market)　是指不受任何阻碍和干扰的一种市场结构,在现实中很难找到。

完全竞争的存在依赖以下假设前提:

①买者和卖者数量很多,任何一个人的购买量或销售量都只占有很小的市场份额,无法通过自己的买卖行为影响市场价格,他们都是市场上既定价格的接受者,而不是价格的决定者。

②产品是同质、无差别的。所有生产商生产的产品都是完全相同的,表现在质量、包装、性能等方面都没有差别,产品可以完全替代。因此,卖者不可能根据自己出售商品的某些特色(如广告宣传)而抬高价格;买者对任何一家厂商出售的商品都视为同质的而无任何偏好,更不愿为同一质量产品付出较高价格。

③资源自由流动,进入或退出市场非常容易。市场上各种生产资源(包括资本、劳动力、技术等)都可以根据市场信息自由地、无限制地在地区间、行业间流入或流出市场,没有任何阻碍。这意味着当行业有净利润存在时,就会吸引新厂商进入这个行业;行业发生亏

损时，亏损企业可以退出该行业。

④完全信息。市场的三个经济主体：买者、卖者、又买又卖者都有完备、准确的市场信息，充分了解产品的价格和质量，对市场状况和未来变化都有完全的认识。

⑤零交易费用。即市场运行过程中不需要花费任何交易费用。

以上是理想化的完全竞争市场必备的条件和特点，缺少一个就不是完全竞争市场，而是不完全竞争市场。现实中，大型蔬菜批发市场有近似于完全竞争市场的特征。

(2) 完全垄断市场（complete monopoly market） 是指整个行业的市场完全由一家企业所控制的市场结构。完全垄断市场具有以下特点：市场上只有唯一的一个企业生产和销售某种商品，生产者可以自主决定价格；企业生产和销售的商品在市场上不存在任何相近似的替代品；其他企业很难进入该行业。

完全垄断可分为两类：一类是完全政府垄断，例如制币、国有电力、铁路运输业等；另一类是完全私人垄断，如私人企业垄断某一城市的自来水公司等。无论哪种形式的垄断都是一家厂商控制了该行业的全部供给。

(3) 垄断竞争市场（monopoly competition market） 是指一种既有垄断因素又有竞争因素的市场结构，它是处于完全竞争和完全垄断之间的一种市场，但更接近于完全竞争的状态。垄断竞争市场的特点如下：

市场中厂商数量比较多，每家企业的产品在整个市场中所占比例较小，企业之间存在着竞争。个别企业对市场可以施加有限的影响，是市场价格的影响者；产品有差别。差别造成垄断，同样的产品在质量、包装、形状和商标以及企业服务态度、消费者心理感觉等方面都存在差别，因而各个企业成为其产品生产的垄断者。同时，产品具有一定的替代性，因而新企业易于进入市场，利用广告宣传以及其他促销活动开展竞争，每个企业既是垄断者又是竞争者；企业进出行业是自由的，没有人为的障碍。

垄断竞争市场在现实生活中是普遍存在的，例如，食品、日用轻工、手工业等。

(4) 寡头垄断市场（oligopoly market） 是指市场上由为数不多的大型企业生产和销售了整个行业的绝大部分产品的市场结构。其中每个企业在该行业中都占较大的份额，对于市场的价格和产量都有举足轻重的影响。

寡头垄断市场与垄断竞争市场类似，也是介于完全竞争和完全垄断之间的一种市场结构。但垄断竞争侧重于竞争，寡头垄断则侧重于垄断。寡头垄断企业控制一个行业的生产经营后，其他厂商进入该行业则非常困难。寡头垄断市场在现代社会里也是一种主要的市场模式，汽车、房地产、钢材市场等的寡头垄断特征都很明显。

(三) 市场的功能

市场的功能是市场机体所具有的职能。市场功能是一切市场所共有的。但由于市场的性质、社会生产力发展水平以及商品流通的状况不同，市场功能发挥的程度、后果以及影响的范围也是不同的。概括来说，市场具有以下功能：

1. 市场是实现和检验商品使用价值和价值的场所

商品是价值和使用价值的矛盾统一体，商品生产者为了实现其产品价值，必须在市场上作为卖方让渡自己的产品；消费者为了满足自己的需要，必须作为买方购买这些产品。为此，必须通过多次购销活动，使商品所有权在交换当事人之间不断转手，才能使生产者的价值得以实现。同时，还需通过市场的流通渠道，组织商品实体在空间上和时间上的转移，使商品实体源源不断地从生产领域经过流通领域进入消费领域。生产出来的产品能否实现其价值，只有进入市场才能见分晓。正是市场所具有的这种功能，引导着生产按照消费需要的方向发展。

2. 市场为买者和卖者提供商品信息

市场是商品交换关系的总和，人们的经济活动是通过市场反映出来的。商品的生产者、经营者、消费者都要通过了解市场的行情，才能做出自己应有的决策，进而参与市场活动。由此可见，市场是经济活动的示波器。它能灵敏地反映出国民经济各部门之间、生产和消费之间是否协调，为经济活动提供信息。从宏观经济来看，透过总体市场的商品供求情况，可以看出国民经济的比例是否协调；从微观经济来看，可以反映出不同商品和品种的畅销和滞销，使企业据以调整产品结构，使生产更能适应消费的需要。

3. 市场是国家对整个国民经济进行宏观控制与管理的中心环节

在市场经济条件下，国家不再规定单个企业的生产经营活动，而是集中于供求的总量控制、结构调整和企业公平竞争创造良好的市场环境三个方面。在经济运行机制中，市场担负着一身二任的双重身份。对控制主体——国家来说，它是被调控者，要受到国家的经济、法律和行政手段的调节；而对企业来说，它又是控制者，国家要利用价格、利率、税率等市场参数来左右市场环境，调节企业的生产经营活动。国家对国民经济的控制与管理，就是在国家、市场、企业相互作用的动态过程中实现的。企业作为自主经营的独立的商品生产者和经营者，其生产经营活动不仅要按照市场的要求来组织和进行，而且也要以市场为舞台来开展和完成。企业在以市场为中心的生产经营活动中，既要对市场参数进行最优选择，又同时受到市场参数的调节。由于任何商品生产者和经营者的命运都系于市场，因此，国家的宏观控制和管理意图要得到实现，就必须到市场上去触动企业。这样，企业为开展生产经营活动，从横向进入市场，国家为实现对企业的控制与调节，从纵向进入市场。企业与国家、微观与宏观就这样通过市场结合起来了。

（四）市场机制

市场经济是通过市场进行调节的国民经济体制。在市场经济条件下，大多数经济问题主要都是通过市场来解决的。市场体系是一种分散决策、自愿合作、自愿交换产品和服务的经济组织形式。市场机制（market mechanism）是迄今为止人类解决自己的经济问题最成功的手段。市场机制的建立并没有经过人类自觉的、有目的的设计，而是一个自然的发展演化过程。

在市场经济中，千万个企业和消费者自愿地从事交易，他们的活动通过价格和市场体系无形地取得协调，较好地解决了在资源稀缺情况下，"生产什么""如何生产"以及"为谁生产"这三个基本经济问题。

在市场体系中，价格引导企业做出经营决策。市场上商品价格的高低反映了社会供求的关系，价格影响生产者和消费者的决策。首先，较高的价格抑制消费者的购买量，同时刺激生产；较低的价格刺激消费，同时抑制生产。追逐利益的生产者根据价格所提供的信息来决定"生产什么"的问题。其次，市场上价格的高低也反映了社会资源的供求情况，从而反映了资源的稀缺程度，为使利益最大化，企业必须精打细算，节约成本，最有效地利用资源。市场价格自发协调了企业行为，解决了"如何生产"的问题。最后，在资源的分配上，几位消费者如果同时需要某件产品，最需要的一位会愿意出比别人高的价格来获得这件产品，生产者当然也愿意卖给出价高的消费者。这样，市场也可以解决"为谁生产"的问题。所有这些决策都是市场机制的作用，经济学家把市场机制比作一只"看不见的手"，在这只手黑暗的指引下，社会的生产、交换分配和消费都可以自发地得到有效调节。

市场中的人对个人利益的追求是以尊重别人对个人利益的追求为前提的，公平竞争，妥协精神，尊重别人的价值判断标准，是交易正常进行的前提。相互信任和对商业道德的一致遵守，是市场机制正常运转的保证。当然，市场机制在某些情况下也会出现"失灵"，需要政府的干预，发挥调控管理职能。

三、市场营销的定义

人们常把市场营销与某种可见的活动等同起来。较早的认识是把营销等同于做广告和卖东西，也有人认为营销就是设法把企业生产的产品推销给消费者。这都是一些狭义的理解和认识。因为企业如果不能生产出适销对路的产品，无论怎样推销都不会取得令人满意的效果。经济学家认为，消费者之所以购买商品，是因为这些商品能够给他们提供"满意"或"效用"。效用有四种形式：当生产者制造、种植或收获产品时，就产生了"形态效用"；消费者不用去生产者那里，是在当地就近的商店里购买商品，这就是享受"地点效用"；当消费者在愿意购买的时候就能购买得到，这就是"时间效用"；购买的商品又带来了"占有权效用"。从消费者利益的角度讲，市场营销是为消费者创造效用，使消费者得到最大满足的活动。

美国市场营销协会（American Marketing Association，AMA）对市场营销的理解也经历了数次的演变，如表1-1所示，由该表可以发现，随着经济社会的发展，市场营销的过程性和价值传递性日益凸显。

表1-1　　　　　　　　　AMA在不同时期给市场营销下的定义

年份	定义内容	定义的侧重点
1935	市场营销是一种引导产品和服务从制造商流向消费者的商业行为	生成与消费之间的衔接
1960	市场营销是引导货物和劳务从生产者流向消费者或用户所进行的一切企业活动	流通过程属性
1985	市场营销是计划和执行关于商品、服务和创意的观念、定价、促销和分销，以创造符合个人和组织目标的交换的一种过程	4Ps过程
2004	市场营销是一项组织功能，是一系列创造、交流和传递价值给顾客并通过满足组织和其他利益相关者的利益来建立良好的客户关系的过程	价值传递过程
2007	市场营销是一种全组织范围内的活动，是一组制度的集合，同时也是为了顾客、客户、合作伙伴以及社会的整体利益而创造、传播、传递、交换价值的一系列过程	全组织范围内价值传递

受社会经济发展水平等因素的影响，不同时期的不同学者，甚至同一学者在不同时期对市场营销的认识都有所差异。"现代营销学之父"菲利浦·科特勒指出，市场营销是企业"识别目前尚未满足的需要和欲望，估量和确定需求量的大小，选择本企业能最好地为其服务的目标市场，并决定适当的产品、服务和计划，以便为目标市场服务"的活动，到了1997年他将市场营销重新定义为"通过创造与交换产品及价值，从而使个人或群体满足欲望和需要的社会过程和管理过程"，由此可以发现，后者更强调市场营销的价值及过程属性。

营销者必须努力理解目标市场的需要、欲望和需求。需要（needs）描述了基本的人类要求。人们需要食品、空气、水、衣服和住所得以生存，此外还强烈需要娱乐、教育和文化生活。当人们趋向某些特定的目标以获得满足时，需要变成了欲望（wants）。

需求（demands）是指对有能力购买的某个具体产品的欲望。公司不仅要估量有多少人想要本公司的产品，更重要的是，应该了解有多少人真正愿意并且有能力购买。

现代市场营销学认为：为了满足顾客需求，企业必须在生产前就进行产前活动，调查市场需求，对顾客经济上和心理上的需要进行分析研究，根据市场需求，结合企业的优势和实际情况，确定产品方向和企业经营对象，以此组织产品开发、研制、设计并生产出产品。在产品产出的前后，则要确定产品的商标、品牌、包装，组织试销，制定价格，研究通过什么渠道和通过什么促销方式，把产品或劳务销售到顾客手中。产品销售出去以后，企业要开展售后服务，满足顾客的需求，帮助他们从产品中获得最大效用。

在此，我们可以将市场营销理解为：市场营销是从市场需求出发，运用各种科学的营销手段，通过交易程序，提供和引导商品和劳务到达消费者手中，既满足了消费者的需求，企业又获得利益，实现双方互利的一种企业经营活动。

企业的市场营销活动应当包括整个企业的全部业务活动，即从市场和消费者研究开始，到选择目标市场、产品的开发、设计、定价、分销、促销及售后服务等的全部内容，见图1-3。

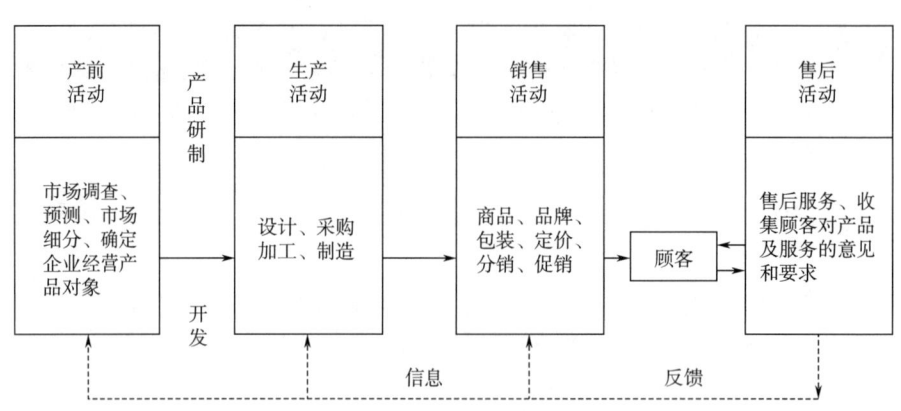

图1-3 市场营销活动示意图

四、市场营销的特点和功能

（一）市场营销的特点

1. 以消费需求为出发点

过去，市场需求基本是由生产决定的，企业能生产什么就能销售什么；企业销售什么，顾客就买什么。而现在，市场营销要求企业要研究和分析市场，从顾客的消费需求出发来决定自己的经营方向，组织产品生产和销售。需求成为引导企业开展生产经营活动的出发点。企业只有生产顾客需要的、受欢迎的产品，才能在市场上顺利地实现交换，从而保证企业收回投资和获取利润。

2. 以营销组合为手段

市场营销强调企业在从事生产经营活动时，不仅停留在推销上，应当运用综合性策略，即市场营销组合。它认为在产品的设计、包装、商标、定价、分销、服务、促销甚至仓储运输等方面都需要认真制定相应的策略，开展整体营销。这些策略和手段归结为四个方面，即产品策略、价格策略、渠道策略和促销策略（4P）。在每种策略中又包括了许多具体手段，又可构成下一层次的组合。通过整体营销策略的运用，可以更好地实现企业的经营目标。

随着市场环境的变化，营销理论和实践不断发展，企业的营销策略也在不断增加。如国际上贸易保护主义盛行、政府干预等各种非经济因素对市场的影响增大等，使得政府力量、公共关系、企业文化、物流管理等也成为企业必须研究的营销策略，营销学家又提出了 6P、10P 的概念，营销组合的内容更加复杂化了。

3. 以满足需要求利润

企业的目标是要谋求经营利润的最大化，但通过何种途径获取利润却有所不同。过去，企业主要靠增加产量、扩大销售、提高产品价格来获取利润，企业看中的是眼前的、短期的利润。为了达到扩大利润的目的，企业甚至采用强制、欺诈的推销行为，或迎合消费者某些不合理、不健康的需求。如企业的过分包装造成了环境的污染和资源的浪费；过分地宣传对消费者产生误导等。市场营销观念要求企业在决定生产之前首先了解这种产品或服务对满足消费者需求的程度，然后根据需求的被满足程度来确定企业的赢利多少，反对唯利是图、损害消费者利益的行为。同时还主张企业要兼顾消费者近期利益和长远利益，维护社会公众利益。

（二）市场营销的功能

市场营销的根本任务，就是通过努力解决生产与消费的各种分离、差异和矛盾，使得生产者方面各种不同的供给与消费者或用户方面各种不同的需要与欲望相适应，具体地实现生产与消费的统一。因而，市场营销在求得社会生产与社会需要之间的平衡方面发挥着重要作用。所以，市场营销的功能有以下几个方面：

1. 对消费者的便利功能

满足消费者的需求与欲望是企业市场营销的出发点和中心，也是市场营销的基本功能。企业通过市场营销活动，从消费者的需求出发，并根据不同目标市场的顾客，采取不同的市场营销策略，合理地组织企业的人力、物力、财力等资源，为消费者提供适销对路的产品，搞好销售后的各种服务，让消费者满意。

现代市场营销观念强调市场营销应以消费者为中心，企业也只有通过满足消费者的需求，才可能实现企业的目标，便利功能是指便利交换、便利物流的功能，包括资金融通、风险承担、信息沟通、产品标准化和分级等。借助资金融通和商业信用，可以控制或改变产品的流向和流量，在一定条件下能够给买卖双方带来交易上的方便和利益。风险承担，是指在产品交易和产品储运中，必然要承担的某些财物损失，如产品积压而不得不削价出售；产品损坏、短少、腐烂而造成的经济损失等。市场信息的收集、加工和传递，对于生产者、中间商、消费者或用户都是重要的，没有信息的沟通，其他功能都难以实现。产品的标准化和分等分级，可以大大简化和加快交换过程，不但方便储存和运输，也方便顾客购买。

2. 对市场需求进行满足

企业市场营销活动的另一个功能是通过对消费者现在需求和潜在需求的调查、了解与分析，充分把握和捕捉市场机会，积极开发产品，建立更多的分销渠道及采用更多的促销形式，开拓市场，增加销售。企业面临的是动态市场，市场环境在一刻不停地变化着。也就是说消费者的需求在不断变化。比如服装，年年推出流行色，随时可能流行新款式；刚推出的"时髦"皮鞋，很快就在消费者眼里变得"俗气"了。在令人眼花缭乱的变化中，要准确识别、确定甚至根据趋势成功地预测消费者需求是一件很困难的事情。而对企业来说，不能随时把握消费者的需求，就意味着不能获取它、满足它。更谈不上企业目标的实现。有效的市场营销活动则可以成为"市场需求探测器"，使企业清楚地了解消费者需求的方向、结构及其分布，从而为企业指明生存、发展的机会。

3. 促进企业进行产品的开发

企业决策正确与否是企业成败的关键，企业要谋得生存和发展，很重要的是要做好经营决策。企业通过市场营销活动，分析外部环境的动向，了解消费者的需求和欲望，了解竞争者的现状和发展趋势，结合自身的资源条件，指导企业在产品定价、分销、促销和服务等方面做出相应的、科学的决策。企业之所以要不断改进原有产品，不断推出新产品，不断进行产品更新换代，从根本上说是为了满足消费者的需求。不了解消费者的需求，作为新产品开发承担者的科研、技术部门就会迷失方向、失去动力。有效的市场营销通过市场需求信息的反馈为产品改进、产品开发、产品换代指明方向。客观上也督促、推动着产品开发系统的快速运转。正是从这个意义，我们把市场营销称为"产品开发推进器"。

4. 维护客户的凝聚器

市场营销不仅把握并满足了消费者的需要，并且通过售前、售中和售后服务，以及不断横向扩展服务范围，对顾客形成吸引力，是顾客自发地向企业靠拢，保持和增加消费者忠诚度的任务在供需矛盾突出的买方市场上非常艰巨、又非常重要，只能依靠市场营销这个凝聚器来完成。

此外，市场营销的信息沟通功能把市场需求具体地反馈给生产者，有助于生产出适销对路的产品，从而对产品形态效用的创造也发挥着不可或缺的重要作用。

总之，从宏观角度看，市场营销对于适时、适地、以适当价格把产品从生产者传递到消费者手中，求得生产与消费在时间、地区的平衡，从而促进社会总供需的平衡起着重大的作用。同时，市场营销对实现我国现代化建设，发展我国各领域的经济起着巨大的作用。

第二节　市场营销学的产生和发展

市场营销观念是企业开展市场营销活动的指导思想和行为准则，是实现高效营销的根本保证。根据西方发达国家的市场营销历史，市场营销观念的演变可大致分为五个阶段：生产观念阶段、产品观念阶段、推销观念阶段、市场营销观念阶段和社会市场营销观念阶段。

一、生产观念阶段

生产观念（produce concept）是以产品为中心的观念。这种观念是在生产力和科学技术比较落后、产品供不应求、卖方市场形成的背景下产生的。20世纪初期，世界各主要资本主义国家先后完成了工业革命，社会生产呈现不断扩大的趋势，而市场变得日益狭小，企业之间的竞争越发激烈。在这种情况下，市场需求基本上是被动的。企业的一切生产经营活动以生产为中心，企业生产什么，消费者就只能买什么，是典型的"以产定销"观念。在产品销路不成问题的情况下，销售工作当然不受重视。因此，企业的主要任务是扩大生产经营规模，增加供给并降低成本以及努力提高效率。在生产力水平低，市场表现为卖方市场的情况下，还是遵循以生产为导向的经营观念。

二、产品观念阶段

产品观念（product concept）是与生产观念相类似的一种经营指导思想。这种观念认为消费者喜欢高质量、性能好、有特色并且价格合理的产品。因此企业的任务总是致力于生产高质量的产品，并不断改进产品，使之日臻完善。企业生产的产品只要物美价廉，就会顾客盈门。产品观念是一种"酒香不怕巷子深"的观念，着重强调以产品质量取胜。此时，产品观念容易导致"市场营销近视症"，它过于把注意力放在产品身上，而忽略了市场需求，在市场营销管理中缺乏远见，只看到自己的产品质量好，看不到市场需求的动态，导致产品销量下降，致使企业经营陷入困境。

三、推销观念阶段

推销观念（promotion concept）认为：需求不是重点，而顾客是被动的，企业必须努力推销才能刺激和形成购买。这种观念不仅强调对最终购买者的消费，同时也鼓励销售人员更加主动地推销生产的产品，可以理解为企业生产什么，就努力推销什么，而非市场需要的产品，从生产和市场的关系看，仍是"以生产为中心"的观念。推销观念的产生，说明销售部门在企业营销管理工作中的地位有了很大的提高。推销工作的任务就是采用推销技巧、对顾客的心理分析等手段和方法，去诱导消费者购买产品。而对于产品是否真正符合消费者的需要，是无关紧要的。

四、市场营销观念阶段

市场营销观念（marketing concept）是在20世纪50年代中期出现的，强调"以顾客为中心"，认为顾客是企业营销活动的起点和终点，采取整体营销活动，在满足顾客利益的基础上，获取企业利润。这种观念的营销特点是企业不再为自己的产品找到合适的顾客，而是以消费者需求为中心，更加有效地向目标市场提供产品和服务，最大限度满足客户需求，设计适合顾客的产品。执行市场营销观念的企业称为市场导向企业，具体表现在企业尽最大的努力，使顾客的每一笔钱都能买到十足的价值和满意。从此，西方资本主义国家各国普遍接受消费者至上的思潮，保护消费者权益的法律纷纷出台，消费者保护组织在社会上日益强大。根据"消费者主权论"，市场营销观念相信，决定生产什么产品的主权不在生产者，也不在于政府，而在于消费者。企业营销管理贯彻"顾客至上"的原则，使顾客满意，从而实现企业目标。

五、社会营销观念阶段

社会营销观念（social marketing concept）是以社会长远利益为中心的市场营销观念，是对市场营销观念的补充和完善，强调企业向市场提供的产品和劳务，不仅满足消费者的个别、眼前的需要，还要符合消费者总体和整个社会的长远利益。社会营销观念产生的背景从20世纪70年代起，随着全球环境被破坏、资源短缺、人口爆炸、通货膨胀和社会服务被忽视等问题日益严重，这种情况下，要求企业顾及消费者整体利益与长远利益的呼声越来越高。在西方市场营销学界提出了一系列新的理论及观念，如人类观念、理智消费观念、生态准则观念等。其共同点都是认为，企业要正确处理消费者欲望、企业利润和社会整体利益之间的矛盾，统筹兼顾，求得三者之间的平衡与协调。

通过对市场营销观念演化过程的分析可以看出，其他观念立足于业务本身，而社会营销观念则置企业于社会大环境，从更高的层次强调营销的宏观意义。促进自然与社会环境良性运转成为企业应该考虑的外在动因，而创造效益则是建立在此外部动因基础上的企业营销的内部动因。作为人类发展史上前所未有的思想变革，它为我们提供了一种全新的发展观念。企业应具有更高的社会责任感及社会道德素质，并以此升华自身营销观念，保持企业长久发展。

第三节 我国食品市场营销的发展

一、食品市场营销的定义

食品市场营销就是食品企业如何开拓市场、如何策划经营战略的一项活动。企业是从事市场营销活动的主体，在此，我们首先对营销主体的范围进行界定。

（一）从食品定义的角度

食品生产者包括食品工业企业和农业企业，他们都从事食品的生产。食品工业企业在经营方式上属于工商企业，而农业企业的概念却比较模糊，尤其是在像我国这样以小农户经营为主的国家，农业企业的界定是比较困难的。但是，既然市场营销是一种企业行为，就有必要根据研究的需要对农业企业的概念进行界定。在研究市场营销时，我们规定农业企业不但包括所有从事食品生产、加工、流通的企业，还包括农场、农业生产大户、生产者组织和产地政府，他们都是农产品和食品市场营销的主体。

与农业企业相比较，食品工业企业更加规范化，具有典型的企业特征。所以，在以后各章的讨论中，设计的食品企业主要是指食品工业企业，这样就会对市场营销理论的结合更容易些。

（二）从产品的角度

食品市场营销是指从初级生产者到最终消费者的转移过程中，与投入品和消费品有关的所有交换和服务活动，强调营销的核心是交换。

（三） 从企业的角度

食品市场营销是所有出售食品企业产品的必要活动。例如，一个面粉企业的产品市场营销工作就需要处理产品设计、包装、品牌的选择、销售，以及制订促销策略、定价策略和选择分销渠道等许多问题。实际上，企业通过销售产品的同时，也在销售企业自身。近几年，环境污染的加剧、有限自然资源的过度消费等问题日益引起社会公众的关心，市场营销也开始重视社会的可持续发展。

（四） 从社会角度

食品市场营销是确认消费者和社会的需要，并使其得到满足的一种社会经济活动过程。

二、 食品市场营销的功能

食品市场营销的功能是指食品企业为缩短生产和消费之间的距离，消除市场障碍，提供给消费者所期待的产品效用的基本流通过程和服务。由于在生产和消费之间，存在着信息的、空间的、时间的、所有权的不一致性，市场营销能够帮助企业克服和消除这些不一致性，实现生产和消费的相互协调，达到增加产品的效用、最大限度满足消费者需求的目的。

产品的效用包括形式效用、时间效用、地点效用和占有效用，是指产品能够满足消费者需要的能力，产品对消费者来说是否有用，就决定于该产品在多大程度上满足了消费者的要求，是消费者对产品的一种感觉和评价。

（1）食品的形式效用　是指产品必须具备一定的形式才能方便消费者食用。例如，冰淇淋是人们夏季喜爱的甜食品，但一旦融化了就不能作为冰淇淋来食用，失去了形式效用。

（2）食品的时间效用　是指产品能否在消费者最需要的时间内及时提供。中秋节前后月饼的消费需求最大；冷饮类食品在炎热的夏天消费旺盛、效用高，而严冬季节冷饮的效用就较低。

（3）食品的地点效用　消费场所和生产场所不是同一个地点，往往相隔一定的距离。如果产品有地点效用，则这种产品必须在需要的时候即刻就能够买到，即刻可以食用。所谓"远水不解近渴"，指的就是产品没有地点效用。

（4）食品的占有效用　在买卖交易之前，产品的所有权未转移，产品不归消费者所有，对消费者来说也是没有效用的。

食品企业开展市场营销活动是为了使产品具有以上4种效用，更好地满足消费者的需求。食品营销的基本流通功能和服务功能存在于整个营销活动之中。

（一） 食品营销的流通功能

1. 原料收集

用于食品加工的原料农产品广泛分散于远离加工厂的各个地理区域，将其运往加工地点集中起来，是实现地点效用的营销活动。例如，速冻蔬菜加工厂要从周围的农村产地收购新鲜蔬菜；乳品厂要到各地的乳牛养殖场收集牛乳。根据规模经济原理，大工厂生产比小工厂生产单位产品成本低，因此，将原料运给大加工厂集中生产效率更高。

2. 原料分级

农产品收集起来以后，要进行分级，原料等级的价格受最终产品价格的影响。由于每年气候条件不同、不同地区作物生长环境条件也不同，原料品质质量的差异都会影响工厂产品的质量。例如，果品和蔬菜要经过大小分级，保证产品一致，达到制造商或消费者市场的要求。这种分级就是使产品具有形式效用。美国不同等级的水果最终用途不同：特级品送往礼品市场；一级品进入高收入者的食品商场；二级品供应中低收入者，如袋装果品销售市场；三级品专供生产罐头或果汁的加工厂。

3. 原材料贮藏

由于大多数农产品生长期为一年，农产品加工企业生产有季节性，原料和配料也是季节性使用，原料必须放到仓储设施中贮藏到需要使用的季节。不同的产品使用不同的贮藏设施，谷物需要用传送带提升后置入高大的圆筒式粮仓中，果品之类易腐烂的产品，需要低温冷藏库贮藏。还有一些产品如蛋黄，用于食品加工时，需要冷冻贮藏。贮藏可以增加产品的时间效用，还有助于提高地点效用。

4. 食品加工

活体家畜经屠宰场加工变成白条肉，白条肉又经过肢解加工变成在食品商店里直接销售的各种形式的分割加工肉。果品和蔬菜在果汁厂、罐头厂或速冻加工厂进行加工，谷物类则经过磨碎并加入其他配料而制成各种配方食品。对于食品来说，多级加工变得越来越普遍。如，原料先加工成配料，再送往工厂制成糕点、速溶食品和方便食品等。加工赋予产品以形式效用。

5. 产品包装

产品的形态多种多样，有块状、粒状、粉状、浆状、液状等，均需进行包装。食品包装的目的在于：①保持食品的卫生；②便于贮运、销售，避免损坏；③防止吸湿、氧化和腐败，延长保存期；④定量化，便于销售；⑤增加美观，提高价值；⑥吸引消费者注目，用标签说明产品、介绍品牌。近年来，由于包装材料和包装技术的发展使食品提高了品质，减少了损失，并且改善了外观，提高了品位和档次。包装提供产品的形式效用。

6. 产品库存

食品在分销渠道中必须保持足够的贮量，以便及时补充零售货架上的空缺。企业的产品仓库、批发商的商品贮备库、零售商的库房、专门为需要者出租的仓储设施等，都是产品的贮存场所。库存为产品提供时间效用。

7. 产品分销

食品企业要将产品分销给批发商、零售商和消费者。企业可以自己建立独立的分销网络，还可以利用中间商渠道，将集中在加工厂仓库中的产品分配到各零售点去。分销赋予产品以地点效用。

8. 产品运输

从原料集中到最终产品的分配，运输几乎连接市场营销活动的所有阶段。加工企业要从远离工厂的地方取得原料资源，或者把产品销往其他地区，运输是一个关键的环节。运输增加产品的地点效用。

（二）食品营销的服务功能

1. 市场分析（market analysis）

市场分析是通过了解和分析市场的供求特点和环境条件，设法把消费者的现实或潜在需求同企业联系起来，把握市场需求特点的过程。消费者对食品的现实需求表现为购买维持最低生活需要的基本食品，而潜在需求是当收入进一步增长或饮食嗜好变化后要购买食品的欲望。企业在研制和开发产品时，首先要进行市场分析，否则生产的产品和市场需求不对路，就会导致销售不出去,造成巨大损失。

2. 产品开发(product development)

产品开发包括新产品的开发和现有产品的改进。市场营销要求企业要不断推出新的产品,并进行严格的市场试销,以便寻找新的或更好的产品,适应消费者的物质和心理需要,从而提高产品的效用。食品的形状、包装、品牌的改进也属于在原有产品基础上的产品开发。

3. 需求开发(demand development)

企业的规模化生产虽然可以以较低的成本大量提供产品,但是如果需求不增加或增加缓慢,市场营销的各个环节也不可能正常运转。所以,市场营销要刺激需求、创造需求、提高需求的水平,这项工作主要是由食品加工企业来承担的。介绍新产品的广告投入大,市场开拓花费时间长,一个新的产品在几周内就可以生产出来,但要被人们充分认识也许要花很长的时间。中间商在为企业介绍新产品或新品牌中也会起到重要作用,通过批发商、零售商的介绍,顾客会逐步形成对这种产品的需要。大型食品超级市场的增多,对开发食品的需求将会起到重要作用。

4. 交换服务(exchange service)

交换发生在食品市场营销的各个不同层次,例如,有加工厂和农户之间的原料买卖,还有中间商和加工厂之间、中间商和消费者之间的产品买卖等。买卖双方一经达成协议,交换就可能发生。交换形成价格,价格反映了供求关系,这在农产品市场交易、拍卖中最为明显。交换服务功能还包括货币的支付、银行结算及交货等手续。

5. 市场信息(market information)

市场信息是减少市场风险的灵丹妙药。市场信息为参与市场交换的所有人的理智性行为提供依据,使消费者选择那些最能满足他们需要的产品和服务,也使食品企业能够做出合理的决策来满足消费者的需要。外国一些大企业或公共部门建立有市场营销信息系统,收集、分析、预测和传递产品将来的销售趋势,为企业和社会公众提供完整的市场信息服务。

三、我国食品行业营销现状

我国的食品企业在竞争中经受了锻炼,不断发展和走向强大,涌现出了一批规模大、效益高的食品大型工厂企业集团,成为各自行业中的排头兵,同时也在带动农业产业化发展中发挥了龙头作用。他们都是依靠开展市场营销取得成功的典型例子。食品企业在开展营销、实施名牌战略中,创出了一批信誉好的知名品牌。市场营销日益成为食品企业参与市场竞争的有力武器。

对我国而言,在现阶段社会发展过程中,随着全面小康的逐步实现,人民生活水平大幅提升,同时伴随着购买力、消费力的不断增长,因而市场营销对经济发展越发起到了举足轻重的促进作用。并且,随着我国市场经济体制的进一步完善、现代化的进一步发展,该作用还会进一步增强。对于食品行业的中小企业而言,市场营销是其发展并走向更广阔天地的必由之路,唯有好的市场营销思路、营销方式和营销基础,才可推动其全面且深入发展。

企业为了赚取高额利润或占领更大的市场份额,不惜违背营销道德,采用各种不道德的营销手段来经营企业,因此,近些年来食品问题事件时而发生,食品行业中的各种不道德现象越发加剧。而许多营销道德问题常发生在食品企业的产品质量、产品价格、产品包装以及产品促销过程中,其中产品质量和产品价格中的道德问题尤为突出。

(一) 产品质量问题

一些食品生产商家在利益的驱使下,不顾他人的生命安全,在食品中大肆使用有毒有害物质,不仅危及消费者的身心健康,严重的还会导致死亡。

(1) 出现虚假产品　许多消费者对商品知识欠缺,没有足够的辨别能力并且很容易轻信上当,而一些商家就会利用消费者的这一特点对外投放大量的广告,并且对虚假产品进行夸张宣传,从而获得巨大利润。这种不道德的营销行为,触碰了道德的底线,严重欺骗了广大消费群众,对消费群众的身心健康造成一定的伤害,也损害了自己建立多年的企业品牌声誉。

(2) 使用劣质原料　食品企业为了获得高额的经济利润,在食品加工过程中,肆无忌惮地使用劣质原料或工业原料,极大地危害了消费群众的身心健康,甚至威胁到了消费群众的生命安全。因此,食品企业在食品加工过程中大量使用劣质原料这一问题已经十分严峻。

(3) 滥用添加剂　食品行业滥用添加剂的问题也是不容小视的,尽管国家明确规定了食品添加剂的使用种类和用量标准,政府也加强了这一方面的执法力度,但仍然有不少经营者在激烈的市场竞争压力和追求更高利润的欲望下违反食品规定标准,违背营销道德,在食品制作和加工过程中,食品企业大量滥用添加剂,在危害了消费群众身心健康的同时,还影响了市场中经济秩序。

(二) 产品包装问题

食品包装被称为"特殊的食品添加剂",是食品重要的组成部分。包装问题主要表现在:

(1) 过度包装　目前商品过度包装现象严重,如有的包装故意增加包装层数,外表美观,名不副实,有的包装体积过大,而实际产品小或少。这样的包装不仅浪费资源,商家也通过过度的包装在商品中附加高于商品几倍甚至几十倍的价值,损害了消费者的利益。

(2) 有害物质残留　一些食品包装中有害物质残留过高,食品因此被污染而引起的中毒事件频繁发生,严重危害消费者的身心健康。

(3) 标签信息不全　在包装的标签中,隐瞒食品的真实信息,如故意更改生产日期、虚报价格等,某些超市出售的一些食品,标签上所谓的生产日期并不是真正的生产日期,而是产品进超市的日期,诸如此类的行为严重侵害了消费者的知情权。

(三) 产品价格问题

(1) 串谋定价　串谋定价是指生产者或经营者之间相互适应、协议把价格调节到一个不合理的水平,这一水平能使它们共同利润达到最大,而每个企业又都能从这一价格水平中获得较大的利益,最终联手达到共同占领市场份额的目的。首先,企业之间为了获得较高的利润而相互串通以及操纵市场价格,直接破坏了公平竞争的市场竞争环境,造成经济秩序混乱,削弱了市场经济竞争机制应有的活力和作用,严重阻碍了技术进步和社会生产力的发展。另外,这种不道德的定价行为极大地损害了其他竞争经营者和消费者的合法权益的。企业使用串谋定价这种极不道德的营销策略强占大量的市场份额,导致竞争经营者的合法利益受损,同时,串谋的价格最终都转嫁到消费者身上,增加了消费者的负担,让消费者的利益受到伤害。最后,不正当的经济竞争败坏了社会风气,影响政府和执法机关的形象,损害了我国的国际声誉。因此,要严格打压企业这种不道德的营销手段。

(2) 价格欺骗　价格欺骗是指企业经营者利用虚假或者使人误解的价格条件,引诱消费群众或者其他经营者与其进行交易的行为。另外还有一种价格欺骗则是企业通过故意抬高产品的成本价格，然后谎称促销折扣的优惠活动来刺激消费者进行购买，这种方式在各种超市或大型的促销活动中是随处可见的。

（3）掠夺性定价　掠夺性定价是指企业为了吸引消费群众进行消费，挤走竞争企业对手，不惜折损企业自身的短期利益，将产品价格调到成本价格以下，并进行低价销售，等过了一段时间达到初始目的后，再通过提高销售价格来弥补之前造成的损失。掠夺性定价是一种极其不公平的营销行为，一般能够实行掠夺性定价的这类企业，都拥有雄厚的资金和比较大的生产规模等作为背后强大的支撑，同时在市场上也会占有一定的支配地位，所以才能让这些企业有能力承担因低价销售造成的利益损失，而那些中小企业没有强硬的经济基础和后台，是无法承担低价销售所带来的经济损失的。

（四）促销问题

在整个促销的过程中，有些商家为了增加销量，用不道德的促销手段，如虚假广告、误导性广告等欺骗消费者购买。在竞争日益激烈的市场上，一些企业为了自身的利益，置道德和法律于不顾，制作刊播一些虚假广告，用虚假的信息、虚构专家、明星现身说法等形式来误导消费。

（1）虚假广告　广告内容不符实或者是容易让消费群众产生误解的，称为虚假广告。它有四种表现形式，第一种是夸大事实的广告。由于企业对自己产品了解程度处于优势地位，而消费者无法真实了解到产品的制作过程和使用材料，企业经营者便对自己的产品信息虚假宣传，或夸大产品作用。第二种虚假广告是指利用文字游戏，让消费群众容易产生误解的广告。这一类广告也不是直接无中生有，或许广告中的一部分内容是真实的，但在进行广告宣传时经常使用概念不明确的广告词，致使消费群众对广告产生误解，影响他们的消费行为。第三种就是在进行广告宣传时经常通过诋毁竞争对手的产品来提升自己产品的品牌形象。这属于不公正的广告，不利于市场公平竞争的发展。第三种是无中生有的虚假广告，也代表着这种广告宣传下的产品信息和作用纯属虚构，这种广告行为情况也是最为严重的。

（2）过度宣传　随着新媒体科技的发展，现在很多企业都比较依赖炒作和过多的广告宣传。加大对虚假广告的惩戒力度，抵制过度宣传的不道德营销手段迫在眉睫。

四、我国食品市场营销的发展趋势

近年来，在现代营销理论和应用原则上又提出了许多新的观点，如对质量、价值和顾客满意度的强调，对关系建立和顾客保持的强调；对商业过程和整合商业职能的强调；对全球性思考和区域性规划的强调等。这些新的观点经过系统化后，也正是今天我们所看到的关系营销、整合营销、网络构建、战略联合、直复营销、在线（网络）营销、服务营销和营销伦理等，它们构成了当今营销时代的新特征。

营销是对需要满足的促进，需要无处不在，营销也无处不在。营销应成为一门实用管理技术，解决实际管理问题，应该向企业提供行之有效的营销策略、技术。结合很多新兴的大公司的营销案例，我们可以看出，营销创新成就了一个个品牌、企业，丰富了营销理论体系。

随着我国经济的发展，人民生活水平日益提高，对高质量的食品需求也逐步提高，同时对食品产业的发展提出了更高的要求，对食品企业的产品营销更是提出了高层次的要求。

第四节 食品营销学的研究对象、特点与意义

一、食品营销学的研究对象

食品市场营销学的研究对象是随着食品市场营销学内容体系的发展而逐渐形成的。它代表了以消费者需求为中心的企业等组织在市场上的营销活动及其规律性。具体说，它是以食品市场为对象，主要研究销售方的产品和服务是如何转移到消费者手中。它是从销售方的角度考虑，根据市场环境作为提供方来研究如何满足消费者的需求，如何吸引潜在消费者的兴趣，并能够有计划性地进行市场营销活动，使消费者得到商品和服务的同时获得满意，愿意继续购买使用，从而使企业获得最大限度的利润。

食品市场营销学是一门以经济科学、行为科学、现代管理理论为基础的独立学科，不同于其他学科，主要研究企业的营销活动及其规律性，是服务于企业营销管理的综合性应用学科。

二、食品营销学的研究内容

市场营销要素是企业开展市场营销的手段，多种多样的营销要素在促进销售、满足消费者需求的过程中发挥着不同的作用。自从美国营销学家杰罗姆·麦卡锡将市场营销要素归纳为产品（product）、价格（price）、渠道（place）、促销（promotion）四大因素（4P）之后，形成了市场营销学研究的核心理论。由于4P是企业自己可以控制的因素，企业通过灵活运用、协调使用营销因素，发挥整体组合的最佳效果，就能够取得成功。因此，产品、价格、渠道、促销被称为市场营销组合（4P）。人们围绕4P，开展营销理论和实践的研究，推动了市场营销学的发展。随着世界经济格局的变化，1984年，菲利浦·科特勒在4P的基础上又加上了政治力量（political power）和公共关系（public relations）两个P，成为6P。政治力量是指企业应该依靠国内政府的力量开展营销活动，便于进入国外或地区的市场。公共关系是指企业通过外部公关活动，在公众心目中树立良好的形象，从而改善市场环境，使企业能够比较顺利地开展国际市场营销活动。

以上6P营销组合是"大市场营销"的概念，是对现代市场营销核心理论的新发展。我国加入世界贸易组织（WTO），走向国际市场后，食品企业还需面对国际市场的竞争，合理运用大市场营销组合有助于食品企业开拓国际市场。

食品营销学的研究内容十分广泛，已经超出了食品流通的范围，与企业的整个经营活动密切相关，基本上可以概括为以下几点：

（1）市场营销观念 以消费者为对象，食品企业如何树立以满足消费者需求为中心的营销观念，如何迅速提高食品企业的营销水平，增强市场竞争力的市场营销观念，是食品营销学学科体系展开的主线，贯穿于食品营销学各部分内容的始终。

（2）市场环境分析 分析企业市场营销的宏观环境和微观环境及其变化特点，确认市场机会和威胁，便于企业根据市场环境的变化来协调内部资源，制订出相应的营销策略，达到企业经营目标，并对案例进行分析，进一步阐释食品企业的营销环境。

（3）市场营销调研　包括市场调查与预测、市场特性确定、潜在市场开发。市场调查与预测是认识市场和了解市场发展趋势的重要手段。食品企业开展调查并对未来市场需求的变化进行预测，为制订经营销计划、确定经营目标和制定营销策略提供可靠依据。

（4）营销战略　涉及食品企业的经营方向，关系到企业如何生存和发展，主要包括制订营销战略的意义、原则、方法和过程。

（5）市场细分与选择目标市场　包括市场细分的意义、细分依据，在市场细分的基础上，制定选择目标市场和市场定位的方法和策略。市场细分根据市场需求的多样性和购买行为的差异性，把整体市场即全部顾客和潜在客户划分为若干具有某种相似特征的顾客群。

（6）市场营销组合　市场营销组合策略（4P），主要包括产品、价格、渠道和促销策略，以及将四种营销手段组合起来综合运用，实现市场营销组合的最佳配置，以实现企业营销目标。

（7）国际市场营销　包括国际市场营销的特点、国际市场环境对企业营销的影响、国际市场的进入方式及营销组合策略等。

（8）绿色食品和有机食品　包括绿色食品和有机食品的概念、市场需求特点、国内外市场发展前景、发展绿色食品和有机食品的企业参与国际市场竞争的营销策略。

（9）营销模式创新　主要包括网络营销、文化营销和期货营销模式的创新。

三、食品营销学的特点

食品营销学是食品工业经济不断发展的产物，是适应现代食品企业经营管理决策的需要而产生的一门科学，其特点由研究对象和学科性质所决定，具有强烈的实践性、高度的综合性和丰富的应用性。

（1）实践性　食品营销学是食品企业经营活动成功经验的总结，其理论、原则、方法和策略都是来源于实践，在实践中产生，并在实践活动中不断得到修正、完善和发展。

（2）综合性　食品营销学是一门以市场营销学为基础，与其他学科紧密关联的综合性的边缘学科，他是建立在经济学、行为学、数学、计算机学、哲学、社会学等基础上的一门学科，比如：经济学为其提供了最基本的概念和原理，行为科学为其确立了营销原则，数学、计算机学、哲学等为其提供了分析计算工具和思维方法等。

（3）应用性　食品营销学不是纯理论性研究，而是一门应用性、可操作性很强的学科。食品市场营销学的理论、原则和方法比较简单，容易掌握，可以很快应用于企业经营管理活动中，为食品企业制订营销活动计划和具体决策服务。

四、研究食品营销学的重要意义

食品工业是我国工业经济的支柱产业之一，已经成为国民经济的重要产业，在经济发展中具有重要的地位和作用。随着我国市场经济的迅速发展，科技水平的不断进步，人们的生活质量日益提升，对食品的需求也越来越高，从解决温饱问题转变到饮食安全，正在走向营养健康、方便快捷的食品时代。人们的消费习惯发生巨大的改变，消费观念和方式呈现出新趋势，如个性化消费、体验式消费、差异化消费等行为，这对食品企业的发展提出了更高层次的要求。当前，食品企业的竞争越发激烈，面对产业的竞争和顾客的需求，如何开拓市场，提供以满足客户需求为目标的市场营销，是食品企业在竞争中发展和制胜的关键。

在市场经济条件下，食品企业是一个具有营利性的、独立的经济实体，企业的经营目标是追求最大利润。企业的盈利来源于它为消费者提供的产品或服务的销售收入，如果企业的产品或服务达不到消费者的需求，产品销售不出去，企业无法盈利，陷入困境，长期下去，导致企业破产。如果企业的产品深受消费者喜爱，并且在市场上畅销，企业就能从中获得利润。因此，企业的利润与市场密切相关。商品价值的实现会受到市场环境因素的影响，如：供求关系、社会文化、政治经济以及竞争企业等。研究食品营销学熟悉食品行业的营销知识，对于现在企业的经营发展，具有很强的指导作用。它要求食品企业分析市场环境，研究市场需求，使产品不断推广和发展。通过科学的营销策略吸引消费者，树立良好的企业形象，从而提高市场竞争力，促进企业高质量发展，开拓更广阔的市场。

研究市场营销学的重要意义可以概括为以下几点：

1. 有利于食品工作者在食品行业立足

食品工作者不仅要在实践经验中积累经验，还要了解市场，学习食品市场营销学，运用理论知识结合实践才能更好发展。

2. 有利于食品企业经营者做出正确的决策

在复杂多变的市场环境中食品企业的竞争是残酷的，企业领导的决策起到关键的作用。企业的决策者只有熟知市场情况，全面掌握市场信息，并能够对市场需求进行透彻分析，才能准确预测市场的发展。要做到这一点除了实践经验，还必须要有市场营销学理论的指导。

3. 有利于食品企业制订和调整企业的经营计划

在错综复杂的市场环境中，食品企业要学会分析生产营销活动的变化规律，随着变化规律不断进行调整和修改企业的经营计划，制订满足市场环境需求的最佳途径和经营计划。

4. 有利于食品企业提高经营管理水平，增强企业竞争力

研究食品市场营销学，学习营销策略和方法，根据市场环境的变化，不断完善企业的经营体系，开发新产品，应用于实际经营的企业，提高食品企业的营销管理水平和竞争能力，从而获得更高的经济效益。

5. 有利于食品企业走向国际市场，开拓更广阔的市场

中国食品国际化，需要国际消费者的信赖，不仅对食品本身的信赖，还包括对食品安全监管部门公信力和治理能力的认可。因此只有根据国际食品市场的需求，坚持科学的营养指标，严格按照国际食品安全标准，我国食品企业才能走向国际市场，并在国际市场上迅速发展。

思考题

1. 什么是市场？市场的分类有哪些？
2. 简述市场的结构特点。
3. 比较不同时期的市场营销的定义。
4. 简述市场营销学的特点及功能。
5. 论述市场营销学的发展过程。
6. 论述我国食品市场营销的现状及发展趋势。
7. 简述研究食品营销学的意义。

[专栏]

中国市场营销学的发展

1949年至今，中国市场化进程经历了经济体制改革目标探索、社会主义市场经济体制的初步建立以及逐步改革完善的总体演化历程。与之相伴随的是中国市场营销发展从无到有、逐渐繁荣的发展过程，具体可以分为如下五个阶段：

1. 计划经济下的供销安排阶段（1949—1977年）

从微观经济的角度来看，市场营销活动的作用在于桥接市场需求和供给。在计划经济时代，企业的生产、供销活动完全依赖行政指令，人民的生活物资、商品的获取主要靠商品票证。市场机制的缺位导致商品的供求关系调节主要遵从有关部门的计划安排，而在实践上则主要依赖供销社等分配流通机构。在完成社会主义改造之后，为了满足中国第一个五年计划对于大规模经济、工业建设的需求，中国学习了苏联经验建立了一套国有企业的管理办法，这些办法包括计划管理制度、按劳分配制度等，与营销相关的理念、制度以及企业管理办法还未开始建立。

2. 改革开放下的市场启蒙与市场营销导入阶段（1978—1983年）

1978年，十一届三中全会确定全党的工作中心转移到经济建设，实行对内搞活经济，对外开放的方针，标志着改革开放的开启。在这一阶段，一个重要使命便是对社会主义条件下经济体制的探索，市场营销学便从这个时候进入中国。经济体制的改革带动了国有企业管理方式的改革、整顿和提高，国有企业被给予了更多的自主权并开始实行经济责任制。中国的私营经济开始萌芽，乡镇企业和个体经济得以快速发展，形成了具有代表性的"苏南模式"和"温州模式"，企业以经济效益为中心逐步建立起一套科学的管理制度。在企业对内改革的同时，对外开放政策也促进了外资的进入，外商在华企业的市场营销运作，如广告投放，商标使用以及渠道建设对于中国企业起到了启蒙的作用。受外商的冲击和启发，中国企业开始在产品、渠道、广告、品牌方面做出积极尝试。越加开放的政策环境让中国企业见识到了外商在市场营销、品牌宣传上的先进做法，促使了企业派出考察团去国外学习访问，带回来了许多新鲜的西方企业管理经验和组织方法。高校也邀请了国外学者来讲授管理知识，市场营销学便由此引入中国。改革开放后市场营销知识在中国的传播可以追溯到1979年，当时香港中文大学教授、工商管理学院院长闵建蜀多次在广州中山大学、陕西财经学院以及成都、上海等地讲授市场营销学，并为冶金工业部、中国机械进出口总公司等单位讲授国际经贸课程，以帮助培养早期的市场营销教师以及管理干部。在这一阶段，市场营销的传播方式主要是短期培训班、主题讲座等，传播的对象是部分高校的教师以及国有企业的厂长、负责经贸工作的干部。与此同时，中国首批市场营销教师在翻译吸收国外主要市场营销学科材料的基础上，着手编写了第一批市场营销教材，这批教材的编写及使用对于中国市场营销学的发展起到了重要作用。总的来说，改革开放所带来的经济体制变革使得国有企业获得活力、私营经济得以发展，外国企业与商品的进入也对中国企业在市场营销实践上有所启蒙。但是由于历史的因素，中国社会对市场营销学并没有形成一致性的认同并接纳相关实践，对学科内涵理解有所偏颇，将其看作是基于资本主义经济制度下的学科。

3. 市场经济体制初步建立与市场营销活动的快速发展阶段（1984—2001 年）

经过上一个阶段的发展，中国逐步完成了对经济体制改革的探索并开始搭建社会主义市场经济体制框架。在此阶段，体制改革推动了营销环境的变化，给予了市场发展广阔的空间，进而带动了市场营销知识、理论传播和学术研究飞跃式发展。从营销环境上来看，政策的利好带动了各类市场主体数量的增长。1984 年，中国共产党十二届中央委员会第三次全体会议中提到要"增强企业活力、增加企业自主权，在服从国家计划管理的前提下，灵活选择经营方式，有权安排自己的产供销活动"，国有企业被赋予了更多权利，经营情况得以好转。国家政策的支持使得计划经济时代由国家统一安排产销活动的时代一去不复返，一大批国有企业被投入到激烈的市场竞争中去。在此之前，这些企业的管理人员对于市场经济的规则和机制并不了解，也没有接触到市场营销的概念。因此，在迫切的现实需求下，市场营销学科发展与传播在中国进入到一个快速发展的时期。在国有企业逐渐走向市场的同时，也诞生了其他市场主体。1988 年中国以通过修正宪法的方式确认了私营经济的法律地位，促进了私营经济的快速发展，最具代表性的现象便是"下海潮"。中国民营经济得到了长足的发展，有效的对外开放政策以及国内不断改善的投资环境进一步吸引了外商来华投资。1992 年，"南方讲话"对中国改革起到了进一步的促进作用，坚定了市场化的改革方向，将人们从认知障碍中释放了出来，确定了市场化改革的基调。2001 年成功加入世界贸易组织，标志着中国已经成为世界贸易组织框架下被认可的市场经济体。人民收入和市场主体的不断增加进一步促进了人民消费意识的觉醒。人们对商品的偏好逐渐从耐用、生存性需求向消费、耐用性需求转变，"消费主义"和"消费社会"的概念开始出现。消费品类目和供应的不断丰富使得中国商品短缺、限量供应的问题基本解决，甚至在部分领域还有产能过剩的情况。对于企业而言，供给的增加使得赢得市场竞争的重要性开始逐渐显现，产品、渠道、广告等市场营销战略成为企业竞争的新高地。在此期间，最具代表性的是中国本土品牌与国外品牌的"土洋竞争"。对于中国品牌而言，"土洋竞争"虽然带来了阵痛，但是在营销实践方面，国外品牌在产品设计、营销传播的先进做法却对中国企业产生了深远的冲击，为中国企业营销管理水平的提升提供了鲜活的"教材"。基于经济发展对市场营销知识和人才的迫切需求，中国市场营销学科建设在这一阶段快速发展。市场营销知识的传播对象已经不仅限于少量国有企业的领导和经贸干部，还包括大批走向市场的国有企业中的一线人员，培训形式也从短期培训班逐渐演变成以正规学历教育和干部院校课程构成的多层级交流体系。综合性大学中的商学院、理工类院校的经济管理学院、财经类院校的管理学院均开始开设市场营销课程，有些院校开始设立市场营销学专业，1991 年中国正式推出了工商管理硕士（MBA）学历学位教育项目，指导委员会确定的 9 门必修课程包括营销学。除了本科层次的教育，有超过 50 所高等院校开始招收市场营销方向的硕士研究生。在这些教育需求的推动下，有 200 多种新增市场营销教材相继出版，这些教材的编写和传播对于市场营销知识的普及和应用起到的重要的作用。与此同时，以市场营销为主题的学会、协会陆续成立。1984 年，由全国范围内的综合类高等院校、财经类院校组成的"市场学教学研究会"成立（1987年更名为"中国高等院校市场学研究会"），各省市也牵头成立了地区性市场学会、协会。这些发展在很大程度上加快了市场营销知识的传播、推广与应用。

4. 中国融入全球经济与更高水平的市场营销实践阶段（2002—2012 年）

随着企业综合实力的增强，中国企业已经积累了一定的技术、人才和资本，"硬实力"

有大幅度提升，并且经过上一个阶段激烈的内外部竞争，企业已经积累了一些营销管理经验，积淀了厚积薄发的"软实力"。在"软硬实力"均得到显著提升的情况下，中国企业已经具备了离开价值链最底端的能力，也不满足以代工、贴牌生产作为自己的主营业务，企业成长的强烈动机逐渐促成了自主品牌成长的内生动力。与此同时，中国企业的国际营销活动不断增强，出现了一批成功"走出去"的中国企业，通过跨国并购整合本土品牌与国外品牌，以全球化的眼光拓展市场实现国际化经营。例如，联想在2004年收购IBM个人电脑业务；TCL在2002—2003年先收购了施耐德电气并与汤姆逊电子成立合资公司；2010年，国际知名的瑞典汽车厂商沃尔沃被吉利汽车收购。除此之外，中国自主品牌建设速度加快，本土企业也能够打出营销组合拳，开始在部分领域的市场竞争中占据优势，如娃哈哈综合使用多种品牌传播方式和自身深耕的营销渠道，在与国外同行达能的竞争中获得了竞争优势。互联网行业的快速兴起，也为这一阶段中国的市场营销实践增添了浓墨重彩的一笔。互联网应用水平和普及程度越来越高，造就了百度（搜索引擎）、阿里巴巴（电子商务）和腾讯（社交网络）的三足鼎立态势。国际营销的人才、知识成为新的市场营销需求点，市场营销学科发展也迎来了快速发展阶段，而营销理论创新和实践革新的探讨也逐渐成为新的时代主题。市场营销学科也从知识的普及、人才培养逐渐扩展到管理科学研究的层面。高校开始设置市场营销的博士研究生培养项目，国内外的相关成果逐渐增多、相关学术会议交流蓬勃发展，市场营销的学术研究百家争鸣、百花齐放。

5. 经济增长动能转换下的市场营销创新发展阶段（2013年至今）

中国共产党第十八届中央委员会第三次全体会议发布的《中共中央关于全面深化改革若干重大问题的决定》，是新时期中国对政治、经济、社会、文化以及生态文明建设提出的总体要求，也对中国企业营销提出了新要求。技术的发展与商业模式的创新对消费者需求演变和顾客价值产生了深远的影响，使得营销实践发展面临着新的机遇和挑战。一方面，由于数字化智能设备的普及以及大数据、移动互联网、人工智能等技术的发展，使得企业拥有了新的营销工具，尤其是各种"精准营销"模式应运而生。企业通过客户关系管理系统和客户的行为数据绘制"客户画像"，并与目标客户建立联系、发送精准的营销信息，通过电子商务平台和高效的物流系统为客户交付商品与服务。在科技赋能下，新型的营销传播工具应运而生，如短视频营销、社交网络营销等，企业塑造品牌、营销客户的方法渐趋多元化。另一方面，技术的进步也催生了新的商业模式，如共享经济的兴起。相应地，中国营销的理论研究也同步进入了一轮创新期。中国市场营销学者在国际顶级学术期刊上发表的论文飞速增长、市场营销的教材与著作得到进一步的丰富、相关学术会议交流日益频繁，中国迎来了市场营销实践和学术研究的大发展。

资料来源：汤正如. 改革开放30年市场营销学在中国传播应用的发展变化［J］. 市场营销导刊，2008，（6）：3-10.

专栏分析题

1. 请大胆预测未来中国市场营销研究的重点所在？
2. 思考新世纪我国企业在市场营销方面应该注意哪些问题？
3. 食品行业作为在国内市场营销发展的一分子，结合相关知识试着提出建议。

第二章 食品工业与食品企业营销

第一节 食品企业的特点

一、食品企业的分类

我国的饮食文化发达,食品种类繁多,至今对食品企业尚无统一、规范的分类方法。通常对生产经营农产食品的企业,如果树农场、养鸡场、农产品运销公司等不作为食品企业看待。食品企业主要是指从事食品加工、制造的工业企业,在食品工业上根据原产材料和产品对食品工业企业进行分类,大体上可以分为以下几大类:农产品加工企业,包括粮油、制糖及其他深加工;园艺产品加工企业,包括饮料及果蔬的加工,畜产品加工企业包括乳、肉、蛋的加工企业;水产品加工企业,主要为鱼类制品的加工企业;膨化和烘焙食品的加工企业;酒类、糖果、烟草和罐头的加工企业。

二、食品企业的特点

(一)原料和成品特殊

食品加工的原料基本上都是生物体,主要依赖于农畜产品,而其生产成品属于人类食品组成。因此,在组织食品生产时,就必须考虑到原料来源和消费者的直接需要。这是政策性很强的工作。

一般的工业生产中要降低成本和提高劳动生产率,往往以大规模生产为宜,但在食品企业则不尽然,有些原料不易保存且不便于运输,则宜于在原料产地组织适当分散地就地加工,有些产品容易变质,不便搬运和保管,则不需要到消费集中处组织加工。有时需要在原料产地将原料进行初步加工,然后再将中间产品送往消费地再加工成直接消费品。设厂的地点和规模无法规范,必须根据具体条件进行分析处理。

(二)生产具有季节性

食品工业的原料供应往往受季节的约束,由此带来生产上的季节性,例如含水分较多的水果、蔬菜不耐久储,在原料旺季,量多、质优而价廉,此时必然形成加工旺季;季节一过则原料匮乏,即使能少量提供,也是质次价高。又如禽蛋、水厂、乳品类原料的供应等也都有旺季、淡季之分。

原料品质的高低和采收时间关系密切,例如,制糖所用的甘蔗和甜菜,在其生长期中适时收获加工,则出糖量最高,过早和过晚收获皆不适宜,且收获后又要尽快加工处理,否则会降低糖的产出率。

因为食品的消费也有季节性,不同的季节,人民对食品有不同的要求,也是组织食品生产时必须考虑的因素。

(三) 评价的标准复杂

在许多工业部门,原料、中间产品或成品的质量、都可以根据客观的指标,用科学仪器来进行检测,例如机器零件的形状尺寸,化学产品的成分分析等,都是可以进行比较的,对于食品的原料和产品的品质标准就要复杂得多,除了部分可比的指标,如形状尺寸、化学成分、微生物指标等以外,还有许多项目很难使用仪器加以检测,要凭视觉、嗅觉、味觉、触觉、听觉等感官指标加以测定,如软、硬、松、脆、酥、稠、黏、弹性以及咀嚼感等各种性状,除少数有物理测定方法外,大多数仍以品尝判定,这实际上也反映了人民生活需要的多样性,因此食品加工过程的控制,在相当程度上还是由熟练的经验所决定,不过随着科学技术的发展,检测手段的提高,可量化指标的比例也越来越高,尤其是在大生产中,没有可量化指标来对生产过程进行控制,就不能保证产品的质量稳定,也不能保证产品的经济效果。

(四) 物料对环境条件敏感

自从人类熟食以来,对食品的加工处理主要是依据加热。加热处理可以达到如下目的:①杀死微生物,防止病害及食物变质;②破坏食品原料中的各种酶,避免食物变质;③改变食品的成分结构,使之容易消化;④改变食品的色、香、味。

一般的食品物料,除少数无机盐外,随着温度的升高其性质会发生改变。在通常情况下,淀粉在50℃左右开始糊化;蛋白质在45℃开始变性;75~122℃各种酶受到破坏,蛋白质完全变性,微生物被杀死,但油炸食品时,热油温度高达150~160℃;烤面包炉温度200~250℃,导致面包外皮呈棕色,而其内部则达不到如此高温。过高的温度会引起食物的分解、氧化、变质甚至燃烧,失去食用价值。如油炸温度过高,脂肪要发生高温聚合,产生变性。维生素等成分对热更敏感,会因加热而有所损失。温度对食品的影响与加热时间有关,长时间不太高的温度有时比瞬时高温对食物品质的影响更大,故目前牛乳、果汁等杀菌多采用高温瞬时杀菌法。

食品在低温时一般处于较稳定的状态,但有些果蔬类可能被冻伤,在高水分物料中,低温使水分形成冰晶,以致破坏细胞组织结构。含有蛋白质、糖类、脂类等营养的食品也在微生物生长的培养基,因此食品很容易因为微生物的作用而腐败变质。当然微生物在食品中的生长发育也与环境条件有关,如食品的水分和空气湿度。空气湿度大则利于微生物的生长而易导致食品变质,此外,光的照射、氧气的接触也会使食物变质。

第二节 我国食品工业的现状及趋势

一、我国食品工业发展的现状

食品工业是关系国计民生的"生命工业",也是一个国家、一个民族经济发展水平和人民生活质量的重要标志。1949年以前,中国食品工业的发展十分落后。中华人民共和国成立70多年以来,我国已建立了起独立的、门类基本齐全的现代食品工业体系,食品工业成为国家现代工业体系中的第一大产业,而且产业规模位居全球第一,为保障中国与世界的食品供应做出了历史性贡献。1952—1990年是我国食品工业缓慢增长阶段,学科建设开始起步,产业发展缓慢,改革开放后增速加快。1990—2000年是我国食品工业觉醒发展阶段,产业发展开始提速,主要产品产量居世界前列,但问题依然突出,亟待创新突破。2000—2015年是我国食品工业高速增长阶段,而如今我国食品工业又转向中高速增长阶段。近年来食品工业的发展表现如下。

(一) 产业高速增长,支柱地位凸显

自1996年至今,食品工业产值始终位居国民经济各行业之首。2018年,全国规模以上食品工业企业主营业务收入90194.3亿元,食品工业产值占全国工业总产值的比重达到10.60%,产业规模继续在国民经济各门类中位列第一。另外,在2012—2018年,食品工业约占全国工业资产总额的6.65%,吸纳了8.17%的就业,贡献了主营业务收入和利润总额的9.54%和11.04%,完成了整个工业11.51%的增加值。近年来食品工业总量规模不断扩大,2017年上半年,食品工业增加值同比增长6.7%,若不计烟草制品业,同比增长则达到8.3%,比全部工业高1.4个百分点。2012—2015年,对全国工业增长贡献率均超过了10%。从经济效益来看,食品工业整体保持了平稳增长,2012—2016年,规模以上食品工业企业主营业务收入增长速度均高于全国工业平均水平。2017上半年,食品工业主营收入和利润总额分别达到5499.2亿元和4092.4亿元,同比分别增长8.7%和6.9%。中华人民共和国成立70多年来,食品工业由小到大,不断发展壮大,已成为我国国民经济重要的支柱性产业。

(二) 结构不断优化,产品丰富充足

第十个五年计划以来,中国食品工业产业结构、产品结构和企业组织结构不断调整和优化,主要食品产量稳步增长,新产品不断涌现,产品结构向多元化、优质化、功能化方向发展,深加工产品比例上升,形成了4个大类、22个中类、57个小类共计数万种食品,有效保证了14亿人口对安全、营养、方便食品的消费需求。过去15年,在食品工业的四大行业中食品加工业发展最为迅速,年均增速达到21.3%,其次为食品制造业20.2%,第三为酒、饮料和精制茶制造业16.84%,烟草制品业发展速度最低为13.44%;从四大行业的比重来看,食品加工业和食品制造业的比重增加,分别由2000年的44.4%、16.9%增长到2015年的57.3%、19.0%,而酒、饮料和精制茶制造业及烟草制品业占比下降,分别由2000年的20.9%、17.8%降低到2015年的15.3%和8.4%。说明随着中国经济发展、人们生活水平的提高,特别是人民对于营养健康长寿等美好生活的日益向往和追求,碳酸饮料、酒、烟草消

费在逐步减少，而对于丰富多样的营养健康食品加工品的需求则快速增加。

（三）科技创新取得系列突破

第十个五年计划以来，我国政府通过国家科技攻关计划、国家高技术研究发展计划、国家科技支撑计划、国家自然科学基金等专项的实施，逐步加大了对食品及相关产业科技发展的支持力度，中央财政累计资助额度超过 50 亿元，支持力度、广度和强度在共和国历史上绝无仅有。与此同时，一批大中型企业也加大了科技研发的投入，在企业主导的科技研发活动中企业资金占80%以上，企业已逐渐开始成为科技经费投入的主体。2015 年规模以上食品企业研发经费达到 461 亿元，投入强度为 0.40%，虽低于全国 2.07% 和制造业 0.97% 的水平，但与自身以往相比已属巨大进步。在国家高强度投入的支持下，建设了一批国家重点实验室、工程技术研究中心、产业技术创新战略联盟、企业博士后工作站和研发中心等，食品科技研发实力不断增强，基础研究水平显著提高，高新技术领域的研究开发能力与世界先进水平的整体差距明显缩小，部分领域达到世界领先水平，实现了由单一的"跟跑"向"三跑"并存（跟跑、并跑、领跑）格局的历史性转变。在工业化连续高效分离提取、非热加工、低能耗组合干燥、无菌灌装、自动化屠宰、在线品质监控和可降解食品包装材料等绿色制造、食品安全技术装备等技术方面上取得了重大突破，攻克了高效发酵剂制备等一批食品生物工程领域的前沿关键技术。

（四）标准法规体系不断完善，食品质量安全水平总体提高

党中央、国务院高度重视食品安全工作，加强了组织领导，颁布实施了《中华人民共和国农产品质量安全法》，修订了《中华人民共和国食品安全法》，在食品安全监测检测、风险评估、追溯预警、安全控制等方面取得了系列突破，清理了 5000 项各类食品标准，发布了 501 项食品安全国家标准，涵盖 1.2 万余项指标，初步构建起符合中国国情的食品安全国家标准体系，为保障食品安全、提升产品质量、规范食品进出口贸易提供了坚实的标准法规保障。2015 年国家食品质量安全监督抽检合格率达 96.8%，较 2005 年的 80.1% 提高了 16.7 个百分点，其中，蔬菜及其制品合格率为 95.6%，调味品合格率为 96.9%，茶叶及其相关制品合格率为 99.3%，酒类的样品合格率为 97.0%，中国的食品安全性呈现出总体稳定、持续向好的发展态势。

（五）食品工业发展进入新常态，保持中高速增长

2014 年之后，中国食品工业主动适应经济发展新常态，在刚性需求和消费升级的推动下，稳中求进，由高速增长转向中高速增长。2014 年食品工业发展速度由 2013 年的 14.95% 降低到 7.33%；2015 年和 2016 年维持在 5.5% 左右（若不计烟草制品业，食品工业增加值同比增长分别达到 6.5%、7.2%，与当年 GDP 增速基本持平）。2016 年 41623 家规模以上食品工业企业主营业务收入 11.97 万亿元，同比增长 5.4%，高出全部工业 0.4 个百分点，在制造业中占比居全国第一，达到 10.4%，食品工业已经成为国民经济的第一大支柱产业和基础产业，在国民经济、食品安全、国民营养健康、推动供给侧结构性改革、促进一二三产业融合发展等方面扮演着举足轻重的角色。

（六）营养健康食品需求旺盛，食品产业加快升级转型

2014 年中国人均 GDP 达到 7485 美元，恩格尔系数 31%，城乡居民对食品的消费已由生存型消费加速向健康型、享受型消费转变，由"吃饱、吃好"向"吃安全、吃营养、吃健康"转变。习近平总书记指出："没有全民健康，就没有全面小康。要把人民健康放在优先

发展的战略地位。"2015 年以来，党中央、国务院相继出台《"健康中国 2030"规划纲要》《国民营养计划（2017—2030 年）》《中国食物与营养发展纲要（2014—2020 年）》等规划，对营养健康产业发展进行系统部署，绿色有机食品，低糖、低盐、低脂"三低"食品，方便食品，营养补充食品等营养健康食品发展迅速。食品工业内部四大行业优化调整、转型升级步伐加快，2016 年食品加工业，食品制造业，酒、饮料和精制茶制造业三大行业保持较高的增长速度，超过 6%，而烟草制品业出现负增长（-8.3%），烟草和碳酸饮料制造利润降幅分别为 15.9% 和 15.1%。我国国民经济和社会发展第十三个五年规划纲要（以下简称"十三五"）重点研发计划"现代食品加工及粮食收储运技术与装备"和"食品安全关键技术研发"专项启动实施，投入经费超过 20 亿元人民币，对肠道微生态、精准营养、智能制造等营养健康食品制造理论与技术进行重点支持。与此同时，各种协同创新联盟如雨后春笋般纷纷成立，2015 年以来仅中国农业科学院农产品加工研究所就先后牵头组织全国的科研院所、高校、企业，组建成立了国家食物与营养健康产业技术创新战略联盟、国家食药同源产业科技创新联盟、中国农学会食物与营养专业委员会、农产品加工营养大数据创新战略联盟、全国中式食品工业化技术创新联盟、国家马铃薯主食化科技创新联盟等，开展协同创新，率先突破了精准营养 3D 打印关键技术与装备，2017 年作为农业部唯一参展成果参加"砥砺奋进的五年"大型成就展，为加速实现食品产业转型升级和可持续发展提供了创新支撑。

食品工业还存在一些突出问题，呈现出较为明显的"四个并存"特征。即生产集中度提升与"小、弱、散"并存、绿色高新精深加工与粗放生产方式并存、品牌价值凸显与自主品牌培育不足并存、食品安全稳定向好与风险隐患严峻并存，导致产业规模巨大而有效供给不足、制造能力较强而创造能力不足的结构性矛盾依然突出。对此食品工业正面临"调结构、转方式、换动能"的攻关时刻，正处于大有作为的重大战略机遇期。

二、我国食品工业的未来趋势

进入新时代，我国经济社会发展的需求、目标、任务、重点、动力、趋势将发生根本性和历史性的转变，"十三五"期间中国社会将全面进入营养健康时代，人民对美好生活向往的营养健康需求，必将成为食品工业发展的战略目标、优先方向和重点任务。人民群众对营养健康饮食的需求，使营养健康将不但成为未来中国食品工业的主题，也将成为整个现代农业发展的目标、任务和主题，是实现一二三产融合发展、振兴乡村经济的动力核心与战略重点，是健康中国、美丽中国总体大战略中牵一发而动全身的第一抓手、突破口和物质基础。展望中国食品工业未来发展，将呈现以下特征：

（一）推动食品工业向安全、健康、营养、方便的方向发展

食品消费由生存型消费向健康型、享受型消费转变，由过去的吃饱、吃好、吃安全，向基本保障营养健康、满足食品消费多样化和个性化需求转变，食品消费日益呈现营养化、健康化、风味化、休闲化、高档化、多样化、个性化的发展趋势。

（二）发展提高平衡膳食水平和降低营养损失为特点的加工新技术

随着民众对疾病预防意识的提高，健康的管理内涵也逐渐由药养转变到食养，在满足基本生活保障的前提下，通过健康食物的合理搭配，从营养的层面强身健体，使更多的药食同源食物发挥其功效，已经成为未来食品工业高层次发展的必然需求。

（三） 加快机械化、自动化、智能化和信息化的食品制造装备应用

食品机械技术在食品工业发展中所扮演的角色日益重要，在食品工业发展质量上产生着决定性的影响。当前食品生产加工流水化作业的背景下，迫切需要通过引入食品机械设备的方式实现生产全自动化、智能化和信息化。同时，食品的口味以及品质也会直接受到食品制造程序控制质量的影响，故相关人员必须树立起生产自动化的工作理念，以促进食品机械生产加工的高效、优质发展。

（四） 优化产业结构

重点在粮食加工、油脂加工、肉类加工、水产品加工、乳制品加工、饮料制造、制糖、发酵、酒类生产、罐头食品制造、营养与保健食品制造、食品加工与技术装备制造等领域大力推进产业结构调整。

（五） 企业诚信建设和产品可追溯体系建设

确保食品质量，保障食品工业的健康发展，必须建立完善有效的食品质量管理和保障体系，树立企业诚信意识，提高食品企业诚信形象。食品的溯源主要是通过物联网技术实现的，其涉及食品的生产、流通及销售全环节，食品溯源制度的实施可以有效地对食品生产过程进行监控，并采集相关数据供监管部门与消费者查询。

三、我国食品工业发展的建议

（一） 要创新发展

中国食品工业的研发投入强度仅为 0.40%，不仅低于全国 2.11% 的水平，更低于制造业 0.97% 的水平。要加大对食品科技创新投入的力度、深度和广度，大力发展食品高新技术产业，提升产业竞争力；强化企业创新主体地位，打造一批具有国际竞争力的创新型食品领军企业；强化原始创新能力，依靠科技创新推动食品产业持续健康发展；强化技术成果转化服务，促进创新创业。

（二） 要融合发展

按照"发展现代农业，出路在融合、重点在加工"的重要指示精神和国务院办公厅《关于推进农村一二三产业融合发展的指导意见》的要求，多要素聚集、多主体培育、多业态打造、多支撑体系建设，大力推进一二三产融合发展，带动三产、拉动一产，挖掘现代农业与食品工业的观光、文化、环境、科普、养生的价值，发挥生态休闲、旅游观光、文化传承、科普教育等多种功能，不但卖产品还要卖过程、卖体验、卖享受、卖观感、卖文化、卖环境、卖科普、卖乡愁，拉长产业链、提升价值链、融合创新链、加粗品牌链、接入金融链，实现"大地增绿、农民增收、企业增效、政府增税"的目标。

（三） 要绿色发展

中国平均每生产 1t 速冻食品，所用能耗比国际水平高出近 30%~200%；每生产 1t 罐头食品耗水量为日本的近 3 倍。要大力推进食品现代加工与绿色制造，加快转型升级，大力发展循环经济，构建资源节约型、环境友好型的生产方式和消费模式，解决耗能、耗水、耗人工等资源消耗的急迫问题。

（四） 要开放发展

充分利用两个市场、两种资源，主动布局和融入全球市场，推进双向开放；结合"一带

一路"、京津冀协同发展、长江经济带、健康中国建设、创新型国家建设等要求，拓展发展空间；加快中国食品工业"走出去"步伐，鼓励中国食品企业通过并购、合资方式进行海外投资、设立境外办事处和技术中心；开展多种形式的食品科技交流合作，构建与国际接轨的创新体系，抢占若干领域制高点。

（五）要重点发展

大力发展具有中国特色和创新优势的中式食品工业化、个性化精准营养食品制造、基于工业4.0的智能化装备制造等重点领域，打造一批可全球垄断的中国特色食品产业，实现新劈跑道、领跑发展的战略目标。对中式传统食品工艺进行系统挖掘和工业化适应性改造，创新中式传统食品工业化加工核心关键技术装备，实现工业化生产；基于基因组、转录组、代谢组、蛋白质组学技术，根据不同性别、不同地区、不同年龄、不同职业消费者的个性化营养需求，进行食品的个性化定向设计，研发食品绿色智能制造技术；基于人工智能、云计算、大数据和互联网+等技术，建设食品加工智慧工厂。

（六）要人才发展

要以人为本，大力发展营养健康食品学科、专业和平台。目前，中国设有食物营养专业的科研院所、高校共计46所，其中医学院占82.6%，农业院校占8.7%，食品院校占4.3%，生命学院占4.3%，大多偏向医学领域，学科布局不平衡，很难满足营养健康产业快速发展对人才的需求，亟待加强营养健康学科、专业、平台建设，建设国家食物营养与健康重大科学工程基地，完善食物营养健康学科体系，为营养健康产业发展提供强大的持续创新支撑。

（七）要前瞻发展

大力发展营养健康食品产业前沿新理论、新方法、新技术、新装备，发展基因检测、代谢组学和微生物组学等检测技术与手段，创建不同人群健康大数据，建设潜在健康风险实时在线监测跟踪与服务系统；针对不同人群健康状况提供个性化营养预测、营养监测和精准营养干预解决方案，解决传统的饮食习惯与营养均衡、科学膳食中存在的矛盾；发展基于食品工业4.0的智能制造或食品3D、4D打印等现代技术实现精准营养食品的个性化定制生产体系，为消费者提供更精准、更营养、更健康的食品，适应广大消费者吃得安全、吃得健康、吃得营养、吃得方便的要求，实现家庭厨房的社会化、个性化。

（八）要理念发展

要树立全民营养消费新观念，通过营养健康宣传和科学普及，使社会成员正确认识食品营养对健康的重要性。在中小学校开设食育课，在有条件的食品加工企业设立面对中小学生和家长的食品试作室，使中小学生从小养成科学的饮食消费习惯。要改革现行的医院科室体系，将医疗的战略重点转移到预防为主的正确轨道上来，强化营养科室在各级医院科室构架中的先决基础地位和主导作用。正确引导媒体宣，有效打通食品健康产业与市场消费的上下游，开启食品健康消费的新时代，引导全民健康饮食消费的新潮流。

（九）要改革发展

去产能、去库存、去杠杆、降成本、补短板，调整存量、淘汰落后产能，消化过剩库存；解决在新时代下中国食物原料供给与居民营养健康需求不平衡的现状，加大对能量、肉类、蛋类、食用油等供给量高于膳食指南推荐量食物的质量提升；提高蔬菜、豆类、乳类、水产类等供给量低于膳食指南推荐量的生产能力。推进新食品原料、既是食品又是药品的物品的开发和引进,加快国家食材与食品营养数据库的建立,拓宽食物供给的新渠道。

（十）要跨越发展

构筑大数据引领、智能化制造、精准化产品、个性化服务的全民食物营养健康大产业,利用信息技术、生物技术、纳米技术、新材料技术等新工艺、新技术、新装备、新材料,在生产技术上创新、工艺上创新、产品上创新、消费上创新、业态上创新,发展新动能、新产品、新服务、新业态,形成新的商业模式、就业模式、生产模式、生活模式、文明模式和发展模式,领跑世界食品工业发展新潮流。

第三节　我国食品企业营销的现状

一、食品生产发展史

"民以食为天",食品工业的发展关系着国民的生活水平。回溯既往,从1949年到2019年,我国走过了70年,食品工业经历了磨炼,逐渐建立起门类齐全的现代食品工业体系,同时成为我国现代工业体系中的第一大产业。回顾我国食品工业的发展历程,大体上可以分为四个阶段。

（一）计划经济时期（1949—1978年）

中华人民共和国成立到1957年,是国民经济恢复和第一个五年计划时期,食品工业迎来了一个发展高潮。随后受社会生产、自然灾害的影响,食品工业发展相对较慢,主要以粮食生产加工为主。产业科技基础十分薄弱,食品生产长期处在低水平阶段。在计划经济体制下,农业生产者只管生产,不管销售,缺乏商品意识,产品更是供不应求,生产什么就销售什么,不用担心卖不出去。

基于历史与现实的原因,我国采用苏联模式的工业化道路,优先发展重工业,而忽略了食品工业的发展。农产品市场的短缺,解决温饱问题成为重点,发展食品工业,保障食品供应成为一项艰巨的任务。尽管资金十分不足,国家仍对食品工业进行大规模投资,建立一大批食品工业企业。同时,我国积极发展农业,为食品工业发展奠定较好的原料基础。

（二）快速增长时期（1979—1992年）

我国食品工业进入了全新的发展阶段,保持较快的增长速度。20世纪80年代初,我国通过多项政策优先发展食品工业等轻工业。农村经济体制改革极大地调动了农业生产者的积极性,使农产品产量快速增长。此时期食品工业总产值增加了3.72倍,年均增长率为9.48%。大大缓解了生产者卖难和消费者买难的问题,保障了食品的供应关系。

随着改革开放不断推进,打破我国与西方发达国家之间封闭的状态。企业在将先进的食品生产工艺技术和食品机械设备引进国内,努力扩大食品出口,与计划经济时期相比,外部环境有了明显改善。20世纪90年代初,通过对国外先进食品机械技术的消化吸收,我国的食品机械工业水平得到很大提高,食品工业设备规模已居世界中等水平,初步形成了相对独立的现代化食品工业体系。此阶段与以往初级加工产品不同,国家开始重视食品加工的品质、数量,鼓励食品产业参与国际竞争,极大推动了我国食品工业及食品机械制造业的发展。

（三）市场经济体制时期（1993—2012年）

1992年，中国共产党第十四次全国代表大会确定了市场经济体制的改革目标，我国食品工业进入了快速发展的阶段。主要是农产品数量增长加快，市场开始供大于求，形成买方市场。生产企业之间的竞争日趋激烈，对食品工业企业来说，影响企业发展已经不再是生产技术和设备，主要是市场需求。企业要想生存和获取效益，需要了解市场需求，不断创新科技。

从20世纪90年代中后期，随着我国食品工业以数量扩张为主向提高产业素质的转变，食品工业科技创新也步入了快车道。并且引进技术和外资并重，为适应经济全球化的趋势，我国食品工业技术逐渐向全方面、多层次、宽领域的对外开放发展。外资食品企业在发展中形成示范效应、竞争效应、人员流动效应和产业关联效应等，对我国食品工业产生了明显的溢出效应，并弥补我国食品科技基础设施的不足。

（四）新时代发展时期与展望

中国共产党第十九次全国代表大会开启了中国特色社会主义的新时代，我国社会的主要矛盾已经转变为人民追求美好生活水平的需求和不平衡不充分的发展之间的矛盾，食品工业也进入了由数量保障转向安全保障的新时期。食品工业进一步向营养、健康、安全、多样、方便、美味的方向发展，食品消费日益呈现营养化、健康化、风味化、休闲化、高档化、多样化、个性化。在产业形态上，工业云、大数据、互联网、物联网、智能机器人等新一代工业革命的技术在食品工业研发设计、生产制造、流通消费等领域深度应用。

二、食品企业营销存在的问题及对策

食品企业与人们的生活密切相关，随着我国社会主义经济的不断完善，国民经济也迅速发展，人们进入了小康和富裕的时代。我国食品企业在竞争中不断发展，经历了磨炼，逐渐走向强大，并涌现出一大批大规模、高效益的大型食品企业集团成为各自行业中的带头人，同时也在带动农业产业化发展中发挥了龙头作用。他们都是依靠开展市场营销取得成功的典型例子。食品企业在开展营销、实施名牌战略中，开创了一批信誉好的知名品牌。市场营销日益成为食品企业参与市场竞争的有力武器。

我国自20世纪80年代初开始引进市场营销的观念至今已有40年，但食品企业在市场营销方面仍存在不少问题。近年来，由于国外大型食品跨国公司开始进入我国，不仅给我国的食品企业带来了学习发展的机遇，同时也带来严峻的挑战，从而使我国内部食品市场的竞争更加激烈。我国食品企业的市场营销与国外企业相比，依旧有待提高。从国际上看，世界经济复苏乏力，国际大型食品跨国公司，如可口可乐、卡夫、雀巢等凭借其雄厚的资本、先进的技术、世界著名的品牌和准确的营销目标、成熟的市场开拓能力，加快全球布局，不断提升核心竞争力。在如此大规模进军中国市场的形势下，我国食品企业由于营销观念的滞后和营销能力的欠缺，在竞争中处于劣势，并直接导致不断失去国内和国际市场份额。在传统的企业制度下，市场研发、生产、销售三个环节在经营活动中所占的份额是两头小、中间大，有人形象地称其为"橄榄式"。而市场经济条件下的现代企业经营理念应是"哑铃式"的，生产应服从于市场研发和营销。今后，我们要不断挖掘自身在整体营销和市场运作方面存在的不足，跟上时代的快速发展，与时俱进。

我国食品企业营销存在的问题主要表现在以下几个方面：

（一）大部分食品企业还处在推销观念阶段

企业仍然固守传统的营销方式和手段，以生产产品为中心，把生产看成"一线"，经营销售作为"二线"，没有从消费者和市场的实际需求出发。而是希望通过加强推销活动在大量销售中获得利润，致使产品货不对路，有的产品即使销售不动，也要边积压边生产，包袱越背越重。企业应充分考察市场和细分市场，了解消费者和市场需求，从消费者角度推销适合消费者的产品。而不是一心只为推销产品，这样带来的效益只是暂时的，而不是长久的。

（二）营销道德水准偏低

有些企业为了片面追求利润最大化，置消费者利益与社会公德于不顾，甚至违法经营。如在市场上生产和销售假冒伪劣产品、采取掠夺性价格、欺压性价格、垄断性价格等不正当的价格手段牟取暴利，制作及播放虚假广告来诱惑甚至强迫消费者购买，食品掺假危害消费者健康等，目前违背营销道德的企业大部分是食品、饮料等与消费者生活息息相关的行业，给消费者造成严重的后果，给社会带来恶劣的影响，使消费者对食品质量安全不放心，对企业失去信心。

（三）食品企业对整体产品概念理解模糊

目前，我国食品企业普遍比较重视实质产品，忽视形式产品和延伸产品带给消费者的利益。一是企业产品雷同化，缺乏创新意识。在新产品的决策和生产中，应变能力差、创新能力低，导致产品结构单一。食品企业目前的经营主要是以主打产品进行市场推广，很多人并不了解企业真正的组成成分，往往是高额的推广费用带来较低的收益，投入和产出明显不成正比。二是产品的质量不过关，销售服务不完善。质量是一个企业生产经营的核心，销售服务则是质量的承诺和保障，但国内的许多食品企业并没有意识到这一点。有许多食品企业尚未进行 ISO9000 质量管理体系认证、ISO22000 食品安全管理体系认证。三是食品企业的产品存在着外观包装粗糙、颜色单调、毫无时代气息等问题，致使产品无特色、不引人注目，影响了产品的价格和竞争力。

（四）食品企业品牌意识薄弱

品牌可以为企业带来效应，它是企业价值的延续，而一些食品企业在营销中只注重短期的销售量、营业额，不注重品牌和公司形象的宣传工作。主要表现为没有品牌意识，没有把创立名牌作为企业发展的主体行为，没有把品牌作为一种重要的无形资产加以珍惜和爱护。现代市场营销中特别强调品牌的作用，这是因为：①品牌能给企业带来财富，是企业最珍贵的无形资产。②名牌意味着市场和效益，谁拥有名牌，谁就拥有了市场、效益和竞争力。如：《福布斯》发布了 2018 年度全球最具价值品牌榜，"可口可乐"品牌以价值 573 亿美元，排名第六。树立企业品牌，将企业本质一面通过品牌展示给消费者，这就需要企业通过广告、市场宣传、做好售后服务等措施，来提升企业的知名度。

（五）食品企业患有"市场营销近视症"

"市场营销近视症"是企业不适当地把注意力放在产品上，而不是放在市场需求上，在市场营销管理中缺乏远见，只看到自己的产品质量好，看不到市场需求在变化，致使企业经营陷入困境。有些企业患有"市场营销近视症"，片面地认为"酒香不怕巷子深"，认为把有限的资金投到生产、技术改造上是正道，广告宣传投入是花"冤枉钱"。"酒香不怕巷子深"是一种以产品为中心的营销观念，这种观念在商品经济不很发达、市场竞争弱、产品销售范围不大的情形下有一定的效果，但在现代市场经济高度发展的条件下已经不适用了。著名管理学家西奥多·莱维特断言："市场的饱和并不会导致企业的萎缩，造成企业萎缩的真正原因是营销者目光短浅，不能根据消费者的需求变化而改变销售策略。"

（六）销售手段单一

与国外同类食品相比，企业的销售手段单一，急于求成的心理目前在食品企业普遍存在，突出表现为广告和价格手段的频繁使用，忽视其他促销方法。广告的制作水平低，甚至虚假不真实，表达出的效果难以令消费者信服。打价格战导致企业自相残杀，不仅损害自身利益，还危及整个食品行业的发展，因为薄利不一定多销，同时价格低容易造成产品质量下降，导致产品的信誉受损，诱发消费者的信任危机。企业的促销往往侧重于如何最大限度地招揽新顾客，不断扩大产品销售区域和市场份额，忽视与老顾客建立长期稳定的关系以及不同区域人们的消费个性和特点也有所不同。这种促销策略导致促销成本居高不下，促销资源不能被最大化利用，而促销效率也难以提高。

（七）销售渠道的网络不健全、不通畅、运行效率低

分销网络是食品企业最宝贵的营销资源，它的建立需要一定时间，一旦建立就不能像广告、产品、公告关系、促销等方式容易被人模仿，且能给企业带来源源不断的市场信息和动力，因此成为企业生命活力的基本标志。但目前国内的食品企业却很难找出有特色并运行良好的营销网络。原因是：①企业在分销网络的设计上，仍然体现出以生产为中心的观念，没有意识到分销网并不应附属于产品的推销，而应是企业经营的龙头，应以市场为中心，并随着市场的变化引导生产，随之调整。②在网络的设计和建设中，企业过于考虑眼前自身利益，以自我为中心，市场意识淡薄，服务意识缺乏，未能与分销商建立长期稳定的合作关系，导致分销商忠诚度低。利益的分配失衡和网络运行的大量耗损，不注重分销网络的建设和维护，导致网络的稳定性减弱。③企业在销售渠道的长短和宽窄搭配上决策失误。一是销售渠道太长，从厂家到消费者的环节过多，增加企业成本和消费者的负担；或是太短，销售渠道的延伸不够，导致销售渠道的中下段往往掌握在一些"大户"手中，生产企业的市场调控能力弱，假冒商品大肆横行；二是销售渠道宽度上的选择出现冲突，本来适合密集营销方式的食品，却运用专卖店形式，导致商品覆盖面窄。

（八）不注重市场细分和目标市场营销意识薄弱

现代食品企业面对着复杂多变的庞大市场，顾客人数众多，需求多样性，忽略市场细分的重要性，企业只有通过市场细分才能明确自己的目标顾客和竞争对手，才能有效地进行市场调查和预测。我国食品企业的许多管理者不知道自己产品的目标市场在哪里，不清楚目标客户是谁，于是将出现两种情况：一是对顾客来说，不是我想买我需要的产品，而只能是买你所有的产品，顾客的需求得不到很好的满足；二是对同行业内众多企业来说，产品具有雷同化、趋同化，并去抢占同一市场而形成恶性竞争。没有差别竞争力，企业应做到"人无我有，人有我优"。

（九）管理部门设置不合理

管理部门设置不合理包含两方面：一是企业管理理念滞后，管理与市场脱轨；二是企业没有市场敏锐感，管理体制不推陈出新。许多接受和奉行市场营销观念的食品企业，其组织结构都做了相应调整，组建了市场部。产品开发权从研究与开发部门转向市场部，产品定价权由财务部门转向市场部，市场活动权也由销售部门转向了市场部，企业的经济效益由此得

到提高。但还有一些企业机构的设置不完善，如设有科技计划科、供应科、生产部门与销售科，却未设立市场部。新产品开发由科技计划科负责，他们多从纯技术的角度考虑问题，而不能刺激消费者购买并且忽略消费者的购买能力。销售科的任务是把已经生产出来的产品想办法卖出去，并成功获取效益，这是不同于市场部的工作。

> **思考题**
>
> 1. 国内食品企业的特点有哪些？
> 2. 我国食品企业未来的发展趋势？及对未来食品生产的启发？
> 3. 如何更好地发展壮大我国的食品工业？
> 4. 我国食品企业营销现存的问题及应对方法？

[案例]

"三只松鼠" 营销实践

"三只松鼠"系列的坚果类食品于2012年创立,直至今日已经走过了九个年头,就历年的发展情况来看,该品牌自创立以来连续五年占领坚果类食品的销售榜首,在每年的"双十一"和"双十二"中均取得不菲成绩。

根据对"三只松鼠"的实践进行分析,目前"三只松鼠"的成功的原因主要表现在以下四个方面:一是品牌形象化,让"三只松鼠"的形象和产品的形象深入人心;二是供应链物流智能化,供应链物流环节更加的科学便捷,不仅保证了产品的新鲜度,还为供应商创造了新的价值;三是服务个性化,通过拟人化和一对一服务等营销手段,借助数据分析工具来为顾客创造超预期的体验;四是可追溯信息化,在云计算和物联网技术逐步成熟的今天,打通一条产品与客户之间的信息链条,让顾客能轻松了解产品在生长、生产、销售和运输中的每一个环节。

1. 品牌形象化

① 突出品牌形象,明确产品定位。"三只松鼠"的目标消费群体集中在35岁以下,以三只卡通形象的松鼠作为品牌的形象代言,在造型上活泼可爱,色彩上鲜亮多姿,且分别为"小贱""小酷"和"小美"为名。企业通过对三只附有拟人情感的松鼠的个性化塑造,使其各具鲜明的代表性,吸引消费者眼球的同时,确定了企业品牌的定位。

② 多样的宣传形式,独特的品牌口号。互联网"森林食品"的概念在"三只松鼠"的品牌定位中不断出现,将来自森林,符合人类自然、环保、清洁生产技术要求,生态、优质、健康、营养的食用林产品作为其产品的独特卖点,由此展开对其电商品牌的宣传推广。通过上述品牌传播渠道和手段,"三只松鼠"成功的营造了一个健康、饱满的形象,吸引住了80、90后的消费者,满足了消费者憧憬美好品质生活的需求,从感官上给予了顾客消费刺激。

③ 在页面设计上,"三只松鼠"起初选择以"森林绿"和"高端黑"作为店铺的主打色,绿色是对产品的暗喻,与产品绿色健康的定位相符,给顾客品质保证的心理暗示,黑色显得高贵,表达产品精致,给顾客以高端大气的视觉感受,同时契合健康与高贵的定位;网店首页随节日和品牌推广的需要变化界面图画,满足了顾客视觉体验追求。

④ 增强产品延伸,拦截竞争对手。"三只松鼠"在坚果行业成功树立品牌形象,并保持坚果品类领先地位的情况下,把握市场发展变化趋势,延伸出"松鼠小美"茶饮类和"松鼠小贱"零食类等多品类产品,在拦截竞争对手方面起到了一定的作用,将品牌的市场份额提升,在一定程度上巩固了市场地位。

⑤ 除了主打产品外,对于很多"松鼠粉丝"来说,对周边产品的期待已经超过了对"三只松鼠"原本产品的期待。现在"松鼠"周边产品大到毛绒玩偶、拖鞋、抱枕、水杯,小到口罩、回形针等生活周边必需品都能在"松鼠口袋"中找到,也正是因为这些"周边"的出现,让产品本身更具吸引力,在产品及周边产品中传递了企业文化,同时也通过企业文

化的传播，让顾客强化个人情感喜好，建立品牌偏好，促成购买。

⑥ 折扣与广告的组合进一步促进销售。"三只松鼠"在销售的时候，遵循电商品牌推广的传统方式，同时通过其交流平台把握各个特定的时间节点，进行折扣销售诸如各种线上节日及传统节日，除此之外还会在淘宝聚划算、美团团购等各种网购平台进行团购销售，再加上各平台的直通车和广告，给顾客价格与广告的共同刺激，促成销售。

⑦ "三只松鼠"除了在自身的产品包装等各方面做到精致之外，每个包裹中都有的松鼠体验包是提升品牌印象的关键，松鼠体验包里"鼠大袋""鼠小袋""鼠小夹""鼠小器""鼠小巾"甚至服务卡以及赠品等一应俱全的工具，都在感官上给顾客以超出预期的愉悦感觉。

⑧ "三只松鼠"会通过微博、微信、"松鼠星球"App等各种方式，定期与消费者进行互动。在微信平台下成立吃货评定委员会，以试吃的名义召集消费者为产品提出改良建议；在微博平台发起话题讨论，为企业收集消费者反馈的信息。将消费体验性发挥至极致，让消费者的充分参与，既满足了与消费者的情感交流，也满足了企业收集反馈信息的需求，同时也让顾客有种"反客为主"的体验，真实地加入到"三只松鼠"的品牌建设、传播和维护中来。

2. 供应链物流智能化

"三只松鼠"认为良好的产品质量是对一个电商品牌最低的要求，而不能称其为品牌的优势，产品的品质是一项基础性工作。产品品质的关键在于对供应链的掌控。"三只松鼠"直接寻找产品的原产地采取订单式合作，把收购来的原材料委托给当地的企业按照"三只松鼠"的要求生产加工成半成品，半成品经过三只松鼠的检验最终才能在总部完成最后的分装。

"三只松鼠"采用互联网直销模式，消费者下订单后，产品直接从最近的仓库发货给消费者，也就是说产品在销售之前，是一直保存在保鲜仓库中，省去了供应链上过多的仓储和运输环节，保障了产品的新鲜度。建立互联网时代的绿色农业链是"三只松鼠"一直倡导的目标，绿色农业链的构建不仅能对产品的新鲜度、口味和品质进行及时监测和改进，而且能使链条上每个环节都获得新的价值和利益，此举最大的受益方就是消费者。

3. 服务个性化

"三只松鼠"将目标客户锁定在85后和90后群体。"三只松鼠"通过完善购买、互动、线下体验等各个环节，来寻找最优价值的顾客体验。借助拟人化的服务和对客户数据的收集和挖掘分析，吸引了大量的忠诚顾客。在拟人化服务方面，"三只松鼠"开创了中国电商场景化的服务模式，客服人员化身为松鼠，把顾客亲切地称为"主人"，并且提供的是一对一的咨询服务，在帮助顾客完成产品购买的同时进行感情交流，使消费者与三只松鼠产生情感上的共鸣。在客户数据收集方面，顾客在店铺中的购买行为会留下海量且碎片化的数据，主要会产生客户信息、行为、关系三个层面的数据，这些数据散落在不同的沟通平台和不同的沟通介质中。三只松鼠利用软件来识别筛选目标用户：顾客购买的客单价、二次购买频率、购买的产品是什么，购买产品中打折商品的比例，第几次购买等，然后基于大数据的收集和挖掘，充分了解消费者，从而做到个性化的服务。

4. 可追溯信息化

"三只松鼠"正在构建和完善的可追溯信息系统，就是运用云存储和物联网技术，打通一条产品与客户之间的信息链条。从客户角度来讲，目前他们通过手机应用程序可掌握到所购买的产品的部分详细信息，包括原料入库、生产加工流程、产品打包和物流。消费者在反馈平台上对产品做出评价，"三只松鼠"对评论进行数据分析，如果是产品口味或品质方面的问题，就会反馈到供应商层面去进行品质的改进，如果是服务方面的问题，就会反馈到"三只松鼠"的客服部口进行及时的调整。在这个过程中，消费者的知情权得到了满足，并且反映的各种问题都可及时地得到答复和解决，全面信息化最终带来的就是不断提升的销量和顾客的忠诚。从产品的角度来讲，可追溯信息系统的应用，使得"三只松鼠"能够掌握到上游供应商一系列制造的信息，对产品的质量和安全就会有一个全面的把控，虽然目前来讲，这一信息系统还不能反映所有的原料信息，但随着信息技术的不断开发，"三只松鼠"的这一信息链条就会完全打通，从而达到实时反馈、实时改进的目的。

资料来源：胡瑞敏. 三只松鼠电子商务有限公司体验营销案例研究［D］. 长沙：湖南大学，2015.

案例分析题

"三只松鼠"在售前阶段、销售阶段、售后阶段是如何进行营销的？

第三章 市场营销环境分析

食品企业的市场营销活动,是在复杂的市场营销环境中进行的。全面、正确地认识市场营销环境,监视、预测和分析企业周围的市场营销环境的发展变化,并使企业的市场营销战略和策略与变化的环境相适应,是决定食品企业市场营销活动成败的关键。

第一节 市场营销环境的概述

一、市场营销环境的概念

食品企业的市场营销活动是在一定的市场营销环境里进行的。各种环境因素与力量的变化,对同一企业来说,既可以带来机会,又可能形成某种威胁。同样的环境变化,会对有的企业产生威胁,也可能为其他企业带来机会。因此应该准确地把握市场营销环境,以便避开威胁、利用机会。环境通常是指影响一事物生存与发展的力量总和。食品企业市场营销环境是指与食品企业市场营销活动紧密相关,营销部门又难以控制的影响食品企业营销的各项因素和力量的总和。市场营销环境是企业的生存空间,是企业市场营销活动的基础和条件,它包括市场营销微观环境和市场营销宏观环境。

市场营销微观环境是指直接影响与制约企业市场营销活动的环境因素。主要包括企业、供应者、营销中介、顾客、竞争者和公众。市场营销微观环境因素往往与企业具有或多或少的经济联系。

市场营销宏观环境是指那些给企业造成市场机会和环境威胁的主要社会力量,包括人口环境、经济环境、自然环境、科学技术环境、政治法律环境及社会文化环境。市场营销宏观环境一般以市场营销微观环境为媒介去影响与制约企业的营销活动,在某些场合也可以直接影响企业的营销活动。企业与市场营销宏观环境之间不存在直接的经济联系。

市场营销微观环境与市场营销宏观环境两者之间不是并列关系,一般而言,市场营销微观环境要受制于市场营销宏观环境。

二、市场营销环境的特点

市场营销环境是食品企业营销活动的基础与条件,具有如下特点:

（1）客观性　市场营销环境是影响与制约食品企业营销活动的外在、客观存在的因素，它不以企业和人们的主观意志为转移，是事物客观存在的一种状态，反映着事物发展的基本规律。这是市场营销环境的基本特征。

（2）不可控性　市场营销环境的客观性决定了它的不可控性，即市场营销环境是企业不能控制的。食品企业主要是通过调查与预测的方法来认识市场营销环境变化的趋势及对企业经营的影响，然后调整企业内部营销力量，以与市场营销环境的变化相适应。

（3）动态性　市场营销环境不是静止不变的，恰恰相反，它是一个不断变动的动态概念。所以食品企业对市场营销环境的研究不是一劳永逸的，而是要长期不间断地进行研究分析，它要求食品企业建立并健全信息网络，在坚持日常对信息的收集、整理、分析的同时，还要有专门力量，能适应突发性的资料搜集工作的需要，并预测其发展变化的趋势，以便能够提前计划并有所准备。

（4）不均衡性　市场营销环境的变动和影响是不均衡的。有利与不利的环境，长期与短期的环境，微观与宏观的环境等交织在一起，对各个地区、各个企业的影响也是不一样的，呈现出明显的不均衡性。

（5）有限性　食品企业的市场营销环境总是有一定的时空界限的，所以市场营销环境的研究也总是有一定的范围，即表现为一定时间、一定地理区域的市场营销环境。

三、环境威胁与市场营销机会

环境发展趋势基本上分为两大类：一类是环境威胁；另一类是市场营销机会。

环境威胁是指环境中一种不利的发展趋势形成的挑战，如果不采取果断的市场营销行动，这种不利趋势将损害企业的市场地位。食品企业市场营销经理应善于识别所面临的威胁，并按其严重性和出现的可能性进行分类，并为那些严重性大且可能性也大的威胁制订应变计划。

市场营销机会是指企业市场营销管理富有吸引力的领域。在该领域内，企业将拥有竞争优势。这些机会可以按其吸引力以及每一个机会可能获得成功的概率来加以分类。食品企业在每一特定机会中成功的概率，取决于其业务实力是否与该行为所需要的成功条件相符合。

对食品企业所面临的主要威胁和最好的机会，最高管理层应当做出什么反应或采取何种对策呢？

1. 对机会的反应

最高管理层对食品企业所面临的市场机会，必须慎重地评价其质量。美国著名市场营销学者西奥多·莱维特曾警告企业家们，要小心评价市场机会。他说："这里可能是一种需要，但是没市场；或者这里可能是一个市场，但没有顾客；或者这里可能有顾客，但目前实在不是一个市场。又如，这里对新技术培训是一个市场，但是没有那么多的顾客购买这种产品。那些不懂得这种道理的市场预测者对于某些领域表面上的机会曾做出惊人的错误估计。"

2. 对威胁的反应

食品企业对所面临的主要威胁有三种可能选择的对策。

（1）反抗　即试图限制或扭转不利因素的发展。例如，西方国家的烟草公司可以疏通议员通过一个法令，允许人们在公共场所随意抽烟。

（2）减轻　即通过调整市场营销组合等来改善环境适应，以减轻环境威胁的严重性。例如，当可口可乐成立 17 年后，在美国的饮料市场上突然出现了百事可乐。它不仅在广告费用的增长和速度上紧跟可口可乐，而且在广告方式上也针锋相对："百事可乐是年轻人的恩物，青年人无不喝百事可乐。"其潜台词很清楚，即：可口可乐是老年人的，是旧时代的东西。可口可乐面对这种威胁，及时调整市场营销组合，来减轻环境威胁的严重性。一方面，聘请社会上的名人（如心理学专家、精神分析家、应用社会学家、社会人类学家等）对市场购买行为新趋势进行分析，采用更加灵活的宣传方式，向百事可乐展开了宣传攻势；另一方面，花费比百事可乐多 50%的广告费用，与之展开了一场广告战，力求将广大消费者吸引过来。经过上述努力，收到了一定的效果。

（3）转移　即决定转移到其他赢利更多的行业或市场。例如，烟草公司可以适当减少香烟业务，增加饮料等业务，实行多元化经营。

第二节　市场营销的宏观环境

微观环境中所有的分子都要受宏观环境中各种力量的影响。宏观环境是指那些给企业造成市场机会和环境威胁的主要社会力量，包括人口环境、经济环境、科技环境、政治和法律环境、自然环境以及社会文化环境。这些主要社会力量代表企业不可控制的变量。

一、人口环境

人口是构成市场的第一因素。因为市场是由那些想购买商品同时又具有购买力的人构成的。因此，人口的多少直接决定市场的潜在容量，人口越多，市场规模就越大。人口的年龄结构、地理分布、婚姻状况、出生率、死亡率、人口密度、人口流动性及其文化教育等人口特性，会对市场格局产生深刻影响，并直接影响食品企业的市场营销活动和食品企业的经营管理。所以，食品企业必须重视对人口环境的研究，密切注意人口特性及其发展动向，不失时机抓住市场机会，当出现威胁时，应及时、果断调整营销策略以适应人口环境的变化。

（一）人口数量与增长速度对食品企业营销的影响

世界人口正呈现"爆炸性"的增长。众多的人口及人口的进一步增长，给食品企业带来了市场机会，也带来了威胁。人口数量是决定市场规模和潜量的一个基本要素，人口越多，如果收入水平不变，则对食物的需要量也越多，那么市场也就越大。因此，按人口数目可大略推算出市场规模。2005 年 12 月 19 日，全球人口已经达到 65 亿，到 2050 年将会达到 91 亿。我国目前有 14 亿多人口，无疑也是一个巨大的市场。

人口的迅速增长也会给食品企业营销带来不利的影响。例如，随着我国人口增加，人均耕地减少，粮食供应不足，人们的食物消费模式将发生变化，这就可能对我国的食品加工业产生重要影响。

（二）人口结构对食品企业营销的影响

人口结构主要包括人口的年龄结构、性别结构、家庭结构、社会结构以及民族结构等。

1. 年龄结构

不同年龄的消费者对食品的需求不一样。现阶段我国人口年龄结构的显著特点是青少年约占总人口的一半，反映到市场上，在今后 20 年内，婴幼儿和少年儿童食品的需求将明显增长。20 世纪我国人口老化的现象还不十分严重，但进入 21 世纪后，同世界整体趋势相仿，我国已出现人口老化现象，而且人口老化速度将大大高于西方发达国家。这种趋势反映到市场上，将使老年人的需求呈现高峰。这样，老年人食品市场将会兴旺。

2. 性别结构

人口的性别不同，其市场需求也有明显的差异。据调查，0~62 岁年龄组内，男性略多于女性，其中 37~53 岁的年龄组内，男性约多于女性 10%，但到 73 岁以上，女性约多于男性 20%。反映到市场上就会出现男性食品市场和女性食品市场就会有一定的差异。

3. 家庭结构

家庭是购买、消费的基本单位。家庭的数量直接影响到某些商品的数量。目前，世界上普遍呈现家庭规模缩小的趋势，越是经济发达地区，家庭规模就越小。欧美国家的家庭规模基本上户均 3 人左右，亚非拉等发展中国家户均 5 人左右。在我国，"四代同堂"现象已不多见，"三位一体"的小家庭则很普遍，并逐步由城市向乡镇发展。家庭数量的剧增必然会引起人们对各种食品需求的迅速增长。

4. 社会结构

我国的人口绝大部分在农村。因此，农村是个广阔的市场，有着巨大的潜力。这一社会结构的客观因素决定了企业在国内市场中，应当以农民为主要营销对象，市场开拓的重点也应放在农村。尤其是一些中小食品企业，更应注意开发价廉物美的食品以满足农村的需要。

5. 民族结构

我国除了汉族以外，还有众多少数民族。民族不同，其生活习性和文化传统也不相同。反映到市场上，就是各民族的市场需求存在着很大的差异。因此，企业营销者要注意民族市场的营销，重视开发适合各民族特性、受其欢迎的食品。

（三）人口的地理分布及区间流动对食品企业营销的影响

地理分布是指人口在不同地区的密集程度。由于自然地理条件以及经济发展程度等多方面因素的影响，人口的分布绝不会是均匀的。从我国看，人口主要集中在东部地区，而西北地区人口较少，而且人口密度逐渐由东南向西北递减。另外，城市的人口比较集中，尤其是大城市人口密度很大，我国上海、北京、重庆等城市的人口超过 1000 万人，而农村人口则相对分散。人口的这种地理分布表现在市场上，就是人口的集中程度不同，则市场大小不同；消费习惯不同，则市场需求特性不同。例如南方人以大米为主食，北方人以面粉为主食，江浙沪沿海一带的人喜甜食，而川湘鄂一带的人则喜食辣。

随着经济的活跃和发展，人口的区域流动性也越来越大。在发达国家除了国家之间、地区之间、城市之间的人口流动外，还有一个突出的现象就是城市人口向农村流动。在我国，人口的流动主要表现在农村人口向城市或工矿地区流动；内地人口向沿海经济开放地区流动。另外，经商、观光旅游、学习等使人口流动加速，对于人口流入较多的地方而言，一方面由于劳动力增多，就业问题突出，从而加剧行业竞争；另一方面，人口增多也使当地基本需求量增加，消费结构也发生一定的变化，继而给当地食品企业带来较多的市场份额和营销机会。

二、经济环境

经济环境是指企业营销活动所面临的外部经济条件,其运行状况及发展趋势会直接或间接地对食品企业营销活动产生影响。

(一) 直接影响营销活动的经济环境因素

市场不仅是由人口构成的,这些人还必须具备一定的购买力。一定的购买力水平是市场形成并影响其规模大小的决定因素,也是影响食品企业营销活动的直接经济环境因素。

1. 消费者收入水平的变化

消费者收入是指消费者个人从各种来源中所得的全部收入,包括消费者个人的工资、退休金、红利、租金、赠予等收入。消费者的购买力来自消费者的收入,但消费者并不是把全部收入都用来购买商品或劳务,购买力只是收入的一部分。因此,在研究消费收入时,要注意以下几点:

(1) 国内生产总值(GDP) 它是衡量一个国家经济实力与购买力的重要指标。从国内生产总值的增长幅度,可以了解一个国家经济发展的状况和速度。一般来说,工业品的营销与这个指标有关,而消费品的营销则与此关系不大。国内生产总值增长越快,对工业品的需求和购买力就越大;反之,就越小。

(2) 人均国民收入 这是用国民收入总量除以总人口的比值。这个指标大体反映了一个国家人民生活水平的高低,也在一定程度上决定了商品需求的构成。一般来说,人均收入增长,对消费品的需求和购买力就大;反之就小。

(3) 个人可支配收入 这是在个人收入中扣除税款和非税性负担后所得余额,它是个人收入中可以用于消费支出或储蓄的部分,它构成实际的购买力。

(4) 个人可任意支配收入 这是在个人可支配收入中减去用于维持个人与家庭生存不可缺少的费用(如房租、水电、食物、燃料、衣着等开支)后剩余的部分。这部分收入是消费需求变化中最活跃的因素,也是企业开展营销活动时所要考虑的主要对象。因为这部分收入主要用于满足人们基本生活需要之外的开支,一般用于购买高档食品等,它是影响非生活必需品和劳务销售的主要因素。

(5) 家庭收入 很多产品是以家庭为基本消费单位的,因此,家庭收入的高低会影响很多产品的市场需求。一般来说,家庭收入高,对消费品需求大,购买力也大;反之,需求小,购买力也小。

需要注意的是,企业营销人员在分析消费者收入时,还要区分"货币收入"和"实际收入"。只有"实际收入"才影响"实际购买力"。因为,实际收入和货币收入并不完全一致,由于通货膨胀、失业、税收等因素的影响,有时货币收入增加,而实际收入却可能下降。实际收入是扣除物价变动因素后实际购买力的反映。

2. 消费者支出模式和消费结构的变化

(1) 消费支出模式 随着消费者收入的变化,消费者支出模式会发生相应变化,继而使一个国家或地区的消费结构也发生变化。西方一些经济学家常用恩格尔系数来反映这种变化。19世纪中叶,德国统计学家恩斯特·恩格尔(1821—1896年)根据他对英国、法国、德国、比利时的许多工人家庭收支预算的调查研究,发现了关于工人家庭收入变化与各方面支出之间比例关系的规律,即恩格尔定律。目前西方经济学对恩格尔定律的表述一般如下。

随着家庭收入增加，用于购买食品的支出占家庭收入的比重（即恩格尔系数）就会下降；随着家庭收入增加，用于住宅建筑和家务经营的支出占家庭收入的比重大体不变（燃料、照明、冷藏等支出占家庭收入的比重会下降）；随着家庭收入增加，用于其他的方面的支出（如服装、交通、娱乐、卫生保健、教育的支出）和储蓄占家庭收入的比重就会上升。

恩格尔系数是恩格尔定律中最重要的内容。恩格尔系数表明，在一定的条件下，当家庭个人收入增加时，收入中用于食物开支部分的增长速度要小于用于教育、医疗、享受等方面的开支增长速度。食物开支占总消费量的比重越大，恩格尔系数越高，生活水平越低；反之，食物开支所占比重越小，恩格尔系数越小，生活水平越高。

这种消费支出模式不仅与消费者收入有关，而且还受到下面两个因素的影响：一是家庭生命周期阶段的影响。据调查，没有孩子的年轻人家庭，往往把更多的收入用于购买冰箱、电视机、家具、陈设品等耐用消费品上，而有孩子的家庭，则在孩子的娱乐、教育等方面支出较多，而用于购买家庭消费品的支出减少。当孩子长大独立生活后，家庭收支预算又会发生变化，用于保健、旅游、储蓄部分就会增加；二是家庭所在地点的影响。如住在农村与住在城市的消费者相比，前者用于交通方面支出较少，用于住宅方面的支出较多，而后者用于衣食、交通、娱乐方面的支出较多。

恩格尔系数是衡量一个国家、地区、城市、家庭生活水平高低的重要参数。根据国家统计局1995年调查资料，按全国居民平均水平计算，我国的恩格尔系数约为54%；2000年，我国城镇居民的"恩格尔系数"达到45%；2006年，我国许多地区的恩格尔系数都已经降到40%以下，尤其是一些大中城市已经降到了30%。按联合国划分富裕程度的标准，"恩格尔系数"在60%以上的国家为绝对贫困；在50%~59%的为温饱；40%~49%的为小康；20%~39%的为富裕；低于20%的为最富裕。

（2）消费结构　消费结构是指消费过程中人们所消耗的各种消费资料（包括劳务）的构成，即各种消费支出占总支出的比例关系。优化的消费结构是优化的产业结构和产品结构的客观依据，也是企业开展营销活动的基本立足点。第二次世界大战以来，西方发达国家的消费结构发生了很大变化：①恩格尔系数显著下降，目前大都下降到20%以下；②衣着消费比重降低，幅度在20%~30%；③住宅消费支出比重增大；④劳务消费支出比重上升；⑤消费开支占国民生产总值和国民收入的比重上升。从我国的情况看，消费结构还不尽合理。长期以来，由于政府在住房、医疗、交通等方面实行福利政策，从而引起了消费结构的畸形发展，并且决定了我国居民的支出模式以食物、衣物等生活必需品为主。随着我国社会主义市场经济的发展，以及国家在住房、医疗等制度方面改革的深入，人们的消费模式和消费结构都会发生明显的变化。食品企业要重视这些变化，尤其应掌握拟进入的目标市场中支出模式和消费结构的情况，输送适销对路的产品和劳务，以满足消费者不断变化的需求。

3. 消费者储蓄和信贷情况的变化

消费者的购买力还要受储蓄和信贷的直接影响。

（1）消费者的储蓄　消费者的个人收入不可能全部花掉，总有一部分以各种形式储蓄起来，这是一种推迟了的、潜在的购买力。消费者储蓄一般有两种形式：一是银行存款，增加现有银行存款额；二是购买有价证券。当收入一定时，储蓄越多，现实消费量就越小，但潜在消费量越大；反之，储蓄越少，现实消费量就越大，但潜在消费量越小。企业营销人员应当全面了解消费者的储蓄情况，尤其是要了解消费者储蓄目的的差异。储蓄目的不同，往往影响到潜在需求量、消费模式、消费内容、消费发展方向的不同。这就要求企业营销人员在调查、了解储蓄动机与目的的基础上，制订不同的营销策略，为消费者提供有效的产品和劳务。

我国居民有勤俭持家的传统，长期以来养成了储蓄的习惯。近年来，我国居民储蓄额和储蓄增长率均较大。据调查，居民储蓄的目的主要用于供养子女生活及受教育和婚丧嫁娶，但从发展趋势看，用于购买住房和大件用品的储蓄占整个储蓄额的比重将逐步增加。我国居民储蓄增加，显然会使企业目前产品价值的实现比较困难，但另一方面，企业若能调动消费者的潜在需求，就可开发新的目标市场。

(2) 消费者信贷　西方国家广泛存在的消费者信贷对购买力的影响也很大。所谓消费者信贷，就是消费者凭信用先取得商品使用权，然后按期归还贷款，以购买商品。这实际上就是消费者提前支取未来的收入，提前消费。西方国家盛行的消费者信贷主要有短期赊销、购买住宅分期付款、购买昂贵的消费品分期付款、信用卡信贷等几类。信贷消费允许人们购买超过自己现实购买力的商品，从而创造了更多的就业机会、更多的收入以及更多的需求；同时，消费者信贷还是一种经济杠杆，它可以调节积累与消费、供给与需求的矛盾。当市场供大于求时，可以发放消费者信贷、刺激需求；当市场供不应求时，必须收缩信贷，适当抑制、减少需求。消费者信贷把资金投向需要发展的产业，刺激这些产业的生产，带动相关产业和产品的发展。

(二) 间接影响营销活动的经济环境因素

除了上述因素直接影响食品企业的市场营销活动外，还有一些经济环境因素也对食品企业的营销活动产生间接的影响。

1. 经济发展水平

食品企业的市场营销活动要受到一个国家或地区的整个经济发展水平的制约。经济发展阶段不同，居民的收入不同，顾客对食品的需求也不一样，从而会在一定程度上影响食品企业的营销。例如，以消费者市场来说，经济发展水平比较高的地区，在市场营销方面，强调食品的性能及特色，品质竞争多于价格竞争；在经济发展水平低的地区，则较侧重于食品的功能及实用性，价格因素比产品品质更为重要。在生产者市场方面，经济发展水平高的地区着重投资较大而能节省劳动力的先进、精密、自动化程度高、性能好的生产设备；在经济发展水平低的地区，其机器设备大多是一些投资少而消耗劳动力多、简单易操作、较为落后的设备。因此，对于不同经济发展水平的地区，企业应采取不同的市场营销策略。

美国学者罗斯托 (W. W. Rostow) 根据他的"经济成长阶段"理论，将世界各国的经济发展归纳为五种类型：①传统经济社会；②经济起飞前的准备阶段；③经济起飞阶段；④迈向经济成熟阶段；⑤大量消费阶段。凡属前三个阶段的国家称为发展中国家，而处于后两个阶段的国家则称为发达国家。不同发展阶段的国家在营销策略上也有所不同。以分销渠道为例，国外学者认为：①经济发展阶段越高的国家，其分销途径越复杂而且广泛；②进口代理商的地位随经济发展而下降；③制造商、批发商与零售商的职能逐渐独立，不再由某一分销路线的成员单独承担；④批发商的其他职能增加，只有财务职能下降；⑤小型商店的数目下降，商店的平均规模在增加；⑥零售商的加成上升。随着经济发展阶段的上升，分销路线的控制权逐渐移至中间商，再至制造商，最后大零售商崛起，控制分销路线。

我国目前正开始进入经济起飞阶段，市场规模进一步扩大，企业投资机会增多，市场交换成为企业的根本活动,信息竞争将成为市场竞争的焦点。食品企业应当注意经济起飞阶段市场中的变化,把握机会,主动迎接市场的挑战。

2. 经济体制

世界上存在着多种经济体制、计划经济体制、市场经济体制、计划-市场经济体制、市场-计划经济体制等。不同的经济体制对企业营销活动的制约和影响不同。例如,在计划经济体制下,企业是行政机关的附属物,没有生产经营自主权,企业的产、供、销都由国家计划统一安排,企业生产什么、生产多少、如何销售,都不是企业自己的事情。在这种经济体制下,企业不能独立开展生产经营活动,因而,也就谈不上开展市场营销活动。在市场经济体制下,企业的一切活动都以市场为中心,市场是其价值实现的场所,因而企业必须特别重视营销活动,通过营销,实现自己的利益目标。现阶段,我国的社会主义市场经济体制已初步建立,但是仍然受到计划经济体制的束缚,一些企业的经营机制还没有完全转变过来,政府的直接干预也还比较常见,因而企业的营销活动在一定程度上还受到制约。另外,市场发育不完善,市场秩序混乱,行业垄断和地方保护主义,也极不利于企业开展营销活动。因此,食品企业要尽量适应这种局面,注意选择不同的营销策略。例如,可以运用"大市场营销"策略打破地区封锁,通过横向联合进入对方市场等,从而开拓自己的市场。

3. 地区与行业发展状况

我国地区经济发展很不平衡,形成了东部、中部、西部三大地带和"东高西低"的发展格局。同时在各个地区的不同省市,还呈现出多极化发展趋势。这种地区经济发展的不平衡,对企业的投资方向、目标市场以及营销战略的制订等都会带来巨大影响。

我国行业与部门的发展也有差异。今后一段时间,我国将重点发展农业、原料和能源等基础产业。这些行业的发展必将带动商业、交通、通信、金融等行业和部门的相应发展,从而也给市场营销带来一系列影响。因此,企业一方面要处理好与有关部门的关系,加强联系;另一方面,则要根据与本企业联系紧密的行业或部门的发展状况,制订切实可行的营销措施。

4. 城市化程度

城市化程度是指城市人口占全国总人口的比例,它是一个国家或地区经济活动的重要特征之一。城市化是影响营销的环境因素之一。这是因为,城乡居民之间存在着某种程度的经济和文化上的差别,进而导致不同的消费行为。例如,目前我国大多数农村居民消费的自给自足程度仍然较高,而城市居民则主要通过货币交换来满足需求。此外,城市居民一般受教育较多,思想较开放,容易接受新生事物,而农村则相对闭塞,农民的消费观念较为保守,故而一些新产品、新技术往往首先被城市所接受。食品企业在开展营销活动时,要充分注意到这些消费行为方面的城乡差别,相应地调整营销策略。

三、科技环境

众所周知,人类历史上经历了四次科技革命。第一次以蒸汽机技术为标志,第二次以电气技术为标志,第三次以电子技术为标志,第四次以信息技术为标志。

第二次世界大战以后,以物理学革命为先导,以现代宇宙学、分子生物学、系统科学等学科为标志的新科学革命蓬勃兴起,新科学革命又推动着信息技术、能源技术、新材料技术、生物工程技术、海洋工程技术、空间技术等现代技术革命迅猛发展,形成了科学-技术-

生产体系，科学技术在现代生产中起着领头和主导的作用。工业发达国家科技进步因素在国民生产总值中所占比例已经从20世纪初的5%~20%，提高到现在的80%以上。我国目前仅占30%左右，说明我国的科技水平还有待提高。科学技术的发展对于社会的进步、经济的增长和人类社会生活方式的变革都起着巨大的推动作用。现代科学技术是社会生产力中最活跃和起决定性的因素，它作为重要的营销环境因素，不仅直接影响食品企业内部的生产和经营，而且还同时与其他环境因素相互依赖、相互作用，影响食品企业的营销活动。

1. 科技环境的发展变化对食品企业营销的影响

（1）科学技术的发展直接影响食品企业的经济活动　在现代，生产率水平的提高，主要依靠设备的技术开发（包括原有设备的革新、改装，以及设计、研制效率更高的现代化设备），创造新的生产工艺、新的生产流程。同时，技术开发也扩大和提高了劳动对象的利用广度和深度，不断创造新的原材料和能源。这些不可避免地影响到食品企业的管理程序和市场营销活动。科学技术既为市场营销提供了科学理论和方法，又为市场营销提供了物质手段。

（2）科学技术的发展和应用影响食品企业的营销决策　科学技术的发展，使得每天都有新品种、新款式、新功能、新材料的食品在市场上推出。因此，科学技术进步所产生的效果，往往通过消费者的需求和市场环境的变化影响食品企业市场营销活动。营销人员在进行决策时，必须考虑科技环境带来的影响。

（3）科学技术的发展，使得食品更新换代速度加快，食品的市场寿命缩短　今天，科学技术突飞猛进，新原理、新工艺、新材料等不断涌现，使得刚刚热门的技术和产品很快过时。这种情况，要求食品企业不断地进行技术革新，赶上技术进步的浪潮。否则，食品企业的产品如果跟不上更新换代的步伐，跟不上技术发展和消费需求的变化，就会被市场无情淘汰。

（4）科学技术的进步，将会使人们的生活方式、消费模式和消费需求结构发生深刻的变化　科学技术是一种"创造性的毁灭力量"。它本身创造出新的东西，同时又淘汰旧的东西。一种新技术的应用，必然导致新的产业部门和新的市场出现，使消费对象的品种不断增加，范围不断扩大，消费结构发生变化。所以，企业在组织市场营销时，必须深刻认识和把握由于科学技术发展而引起的社会生活和消费的变化，看准营销机会，积极采取行动，并且要尽量避免科技发展给企业造成的威胁。

（5）科学技术的发展为提高营销效率提供了更新、更好的物质条件　首先，科学技术的发展，为企业提高营销效率提供了物质条件。例如，新的交通工具的发明或旧的运输工具的改进，使运输的效率大大提高；信息、通信设备的改善，更便于企业组织营销，提高营销效率。现代商业中自动售货、邮购、电话订货、电视购物等方式的发展，既满足了消费者的要求，又使企业的营销效率得以提高。其次，科学技术的发展，可使促销措施更有效。例如，广播、电视、传真技术等现代信息传媒的发展，可使企业的商品和劳务信息及时准确地传送到全国乃至世界各地，这将大大有利于本国和世界各国消费者了解这方面的信息，并起到刺激消费、促进销售的作用。最后，现代计算技术和手段的发明运用，可使企业及时对消费者的消费需求及动向进行有效的了解，从而使企业营销活动更加切合消费者需求的实际情况。科学技术的发展推动了消费者需求向高档次、多样化的方向变化，消费者消费的内容更加纷繁复杂。因此，生产什么商品、生产多少商品去满足消费者需要的问题，还得依靠调查研究和综合分析来解决。这种情况，完全依赖传统的计算和分析手段是无能为力的，而现代计算和分析手段的发明运用，提供了解决这些问题的武器。例如，利用高级电子计算机对消费者及其需求的资料进行模拟和计算、分析和预测，就能及时、准确地为企业提供相关资料，作为企业营销活动的客观依据。

总之，科学技术的进步和发展，必将给社会经济、政治、军事以及社会生活等各个方面带来深刻的变化，这些变化也必将深刻影响食品企业的营销活动，给食品企业造成有利或不利的影响，甚至关系到食品企业的生存和发展。因此，食品企业应该特别重视科学技术这一重要的环境因素对企业营销活动的影响，以使企业能够抓住机会，避免风险，求得生存和发展。

2. 知识经济带来的机会与挑战

（1）知识经济的含义　知识经济与传统农业不同，传统农业是以耕地和众多的人口劳动力为基础的；知识经济与传统工业不同，传统工业是以大量的矿物能源和矿藏原料冶炼、加工、制造为基础的。这种新的经济，是以不断创新和对这种知识的创造性应用为主要基础而发展起来的。它依靠新的发展、发明、研究、创新的知识，是一种知识密集型、智慧型的新经济。它以不断创新为特色，新的超过旧的，旧的退出市场丧失效用，新的占领市场获得超额价值。而这个创新过程是急速旋转、快捷异常、没有终止的。这种不断创新的知识和智慧与土地、矿藏不同，它不具有唯一性。知识和智慧可以同时为多人所占有，并可一再重复使用。作为人类智慧的成果，它可以与其他知识连接、渗透、组合、交融，从而形成新的有用的知识。知识也有"自然磨损"，它的直接效用没有了，但还可以再开发，成为嫁接、培育新知识的"砧木"，成为启发新的智慧的火花。

（2）知识经济与现代信息技术革命　新知识的爆炸性增长和知识经济的爆发性扩张，是以数字化、网络化为特征的现代信息技术革命之翼而飞扬升空的。不断革新的计算机与光纤网络通信、卫星远程通信相结合，极大地提高了知识的编码、储存、传输、扩散速度，极大地简单化了方式，极大地降低了成本，从而使数字化的多媒体网络通信成为一种普遍性的大众技术，使不断更新的知识让全球任何角落里的人群都可以随时廉价获得。数字化、网络化通信技术革命与现代市场经济制度相结合，与风险投资和现代企业制度相结合，极大地促进了新知识的实际使用，促进了发明创新的物化过程，极大地加速了新知识的商品化、市场化、产业化过程。正是这样，计算机和网络通信领域首先成为知识经济发展最快的领域，而站在计算机网络通信领域前列的，开创高科技风险的企业，率先经营知识经济的科技企业家，发展迅速就不是不可理解的"海外奇谈"了。

（3）知识经济与知识管理　在知识经济时代，企业如果离开了知识管理就不可能有竞争力。所谓知识管理，是对企业知识资源进行管理，使每一个员工都最大限度地贡献其积累的知识，实现知识共享的过程。运用集体和智慧提高企业的应变能力和创新能力，使企业能够对市场需求做出快速反应，并利用所掌握的知识资源预测市场需求的发展趋势，开发适销对路的创新产品，更好地满足市场需要。这正是知识管理的目的所在。

四、政治和法律环境

政治和法律环境是影响食品企业营销活动的重要宏观环境因素。政治因素像一只无形的手，调节着食品企业营销活动的方向，法律则为食品企业规定商贸活动行为准则。政治与法律相互联系，共同对食品企业的市场营销活动产生着影响。

（一） 政治环境因素

政治环境因素是指有可能对企业市场营销活动带来影响的外部政治形势和状况以及国家方针政策。

1. 政治局势

政治局势是指企业营销所处的国家或地区的政治稳定状况。一个国家的政局稳定与否会给企业营销活动带来重大的影响。如果政局稳定、生产发展安定、人民安居乐业，就会给食品企业造就良好的营销环境。相反，政局不稳、社会矛盾尖锐、秩序混乱，不仅会影响经济发展和人民的购买力，而且对食品企业的营销心理也有重大影响。战争、暴乱、罢工、政权更替等政治事件都可能对食品企业营销活动产生不利影响，能迅速改变企业环境。例如，一个国家的政权频繁更替，尤其是通过暴力手段改变政局，这种政治的不稳定会给企业投资和营销带来极大风险。因此，社会是否安定对企业的市场营销关系极大，特别是在对外营销活动中，一定要考虑东道国政局变动和社会稳定情况可能造成的影响。

2. 方针政策

各个国家在不同时期，根据不同需要会颁布一些经济政策，制定经济发展方针，这些方针、政策不仅会影响本国企业的营销活动，而且还会影响外国企业在本国市场的营销活动。例如，产业政策、人口政策、能源政策、物价政策、财政政策、金融与货币政策等，都给企业研究经济环境、调整自身的营销目标和产品构成提供了依据。就对本国企业的影响来看，一个国家制定出来的经济与社会发展战略、各种经济政策等，企业都是要执行的，而执行的结果必然要影响市场需求、改变资源的供给，扶持和促进某些行业的发展，同时又限制另外一些行业和产品的发展，那么企业就必须按照国家的规定，生产和经营国家允许的产品和行业。这是一种直接的影响。国家也可以通过方针、政策对企业营销活动施以间接影响。例如，通过征收个人所得税，调节消费者收入，从而影响消费者的购买力，进而影响消费者的需求；国家还可以通过增加消费税来抑制某些产品的需求，如对香烟、酒等以较重的税收来抑制消费者的消费需求。这些政策必然影响社会购买力，影响市场需求，从而间接影响企业营销活动。从对国外企业的影响来看，东道国的方针、政策是外国企业营销的重要环境因素，会直接和间接影响到外国企业在东道国的营销活动。例如，改革开放之初，我国的外贸政策还比较谨慎，有关外贸的法律制度既不健全，又缺乏稳定性和连续性，因此，外国资本来华投资很多表现为短期行为，投资期限短。随着我国改革的进一步深入和对外开放的进一步扩大，特别是加入世界贸易组织以后，对外开放政策的进一步透明化，外贸、外商投资法律制度的进一步完善，外商看到了在华投资的前景，因而扩大投资规模，延长投资期限（由最初的1~3年，延长到5年以上，甚至10年、20年、50年），来华投资的外国企业也越来越多。以零售业为例，目前世界50家最大的零售商，已有半数以上进入中国，这说明东道国的方针、政策对外来投资有非常大的影响。

目前，国际上各国政府采取的对企业营销活动有重要影响的政策和干预措施主要包括：

（1）进口限制　是指政府所采取的限制进口的各种措施，如许可证制度、外汇管制、关税、配额等，它包括两类：一类是限制进口数量的各项措施；另一类是限制外国产品在本国市场上销售的措施。政府进行进口限制的主要目的在于保护本国企业，确保本国企业在市场上的竞争优势。

（2）税收政策　政府在税收方面的政策措施会对企业经营活动产生影响，比如对某些产品征收高额税，则会使这些产品的竞争力减弱，给经营这些产品的企业效益带来一定影响。

(3) 价格管制　当一个国家发生了经济问题时，如经济危机、通货膨胀等，政府就会对某些重要物资甚至所有产品采取价格管制措施，政府实行价格管制通常是为了保护公众利益，保障公众的基本生活，但这种价格管制直接干预了企业的定价决策，影响了企业的营销活动。

(4) 外汇管制指政府对外汇买卖及一切外汇经营业务所实行的管制　它往往是对外汇的供需与使用采取限制性措施。外汇管制对企业营销活动特别是国际营销活动产生重要影响。例如，实行外汇管制，使企业生产所需的原料、设备和零部件不能自由地从外国进口，企业的利润和资金也不能或不能随意汇回母国。

(5) 国有化政策指政府由于政治、经济等原因对企业所有权采取的集中措施　例如，为了保护本国工业避免外国势力阻碍等原因，将外国企业收归国有。不过国家一般也不会无偿征收，对企业的所有者会有一定的补偿。

3. 国际关系

这是指国家之间的政治、经济、文化、军事等关系。发展国际经济合作和贸易关系是人类社会发展的必然趋势。企业在其生产经营过程中，都可能或多或少地与其他国家发生往来，开展国际营销的企业更是如此。因此，国家间的关系也就必然会影响企业的营销活动。这种国际关系主要包括两个方面的内容：

(1) 企业所在国与营销对象国之间的关系　例如，中国在外经营的企业要受到市场国对于中国外交政策的影响。如果该国与我国的关系良好，则对企业在该国经营有利；反之，如果该国对我国政府持敌对态度，那么，中国的企业就会遭到不利的对待，甚至攻击或抵制。比如中美两国之间的贸易关系就经常受到两国外交关系的影响。美国在贸易上常采取一些政策，如利用配额限制，所谓"反倾销"等，阻止中国产品进入美国市场，即便是中国加入世界贸易组织（WTO）后，这种状况依然存在。这对中国企业在美国市场上的营销活动是极为不利的。

(2) 国际企业的营销对象国与其他国家之间的关系　国际企业对于市场国来说是外来者，但其营销活动要受到市场国与其他国家关系的影响。例如，我国与伊拉克很早就有贸易往来，后者曾经是我国钟表和精密仪器的较大客户。海湾战争后，联合国对伊拉克的经济制裁，使我国企业有很多贸易往来不能进行。又如，阿拉伯国家曾经联合抵制与以色列有贸易往来的国际企业。当可口可乐公司试图在以色列办厂时，引起阿拉伯国家的普遍不满，因为阿拉伯国家认为，这样做有利于以色列发展经济。当可口可乐公司在以色列销售成品饮料时，却受到阿拉伯国家的欢迎，因为他们认为这样做会消耗以色列的外汇储备。这说明国际企业的营销对象国与其他国家之间的关系，也是影响国际企业营销活动的重要因素。

（二）法律环境因素

法律是体现统治阶级意志，由国家制定或认可，并以国家强制力保证实施的行为规范的总和。对食品企业来说，法律是评判企业营销活动的准则，只有依法进行的各种营销活动，才能受到国家法律的保护。因此，食品企业开展市场营销活动，必须了解并遵守国家或政府颁布的有关经营、贸易、投资等方面的法律、法规。如果从事国际营销活动，食品企业既要遵守本国的法律制度，还要了解和遵守市场国的法律制度和有关的国际法规、国际惯例和准则。也有一些国家利用法律对企业的某些行为做特殊限制。美国《反托拉斯法》规定，不允许几个公司共同商定产品价格；一个公司的市场占有率超过20%就不能再合并同类企业。除上述特殊限制外,各国法律对营销组合中的各种要素,往往有不同的规定。例如,产品如果由于其物理和化学特性事关消费者的安全,各国法律则会对产品的纯度、安全性能有详细甚至苛刻的规定,目的在于保护本国的生产者而非消费者。美国就曾以安全为由,限制欧洲制造商在美国销售汽车,以致欧洲汽车制造商不得不专门修改其产品,以符合美国法律的要求;英国也曾借口法国牛乳计量单位采用的是公制而非英制,将法国牛乳逐出本国市场;而德国则以噪声标准为由,将英国的割草机逐出德国市场。各国法律对商标、广告、标签等都有自己特别的规定。比如加拿大的产品标签要求用英、法两种文字标明;法国却只使用法文产品标签。广告方面,许多国家禁止电视广告,或者对广告播放时间和广告内容进行限制。例如德国不允许做比较性广告和使用"较好""最好"之类的广告词;许多国家不允许做烟草和酒类广告等。这些特殊的法律规定,是食品企业特别是进行国际营销的企业必须了解和遵循的。

从当前企业营销活动法治环境的情况来看,有两个明显的特点:

(1) 管制企业的立法增多,法律体系越来越完善　立法主要有三个内容或目的:一是保护企业间的公平竞争,制止不公平竞争;二是保护消费者的正当权益,制止企业非法牟利及损害消费者利益的行为;三是保护社会的整体利益和长远利益,防止对环境的污染和生态的破坏。近几年来,我国在发展社会主义市场经济的同时,也加强了市场法制方面的建设,陆续制定、颁布和完善了一系列有关的重要法律法规,如公司法、广告法、商标法、经济合同法、反不正当竞争法、消费者权益保护法、产品质量法、外商投资企业法等。这对规范企业的营销活动起到了重要作用。

(2) 政府机构执法更严　有了法律,还必须认真执法,这样法律才能起到应有的作用。我国的市场管理机构比较多,主要有国家市场监督管理总局、生态环境部、卫生防疫部门等机构,分别从各个方面对企业的营销活动进行监督和控制,在保护合法经营,取缔非法经营,保护正当交易和公平竞争,维护消费者利益,促进市场有序运行和经济健康发展方面,发挥了重要作用。因此,企业必须知法守法,自觉用法律来规范自己的营销行为并自觉接受执法部门的管理和监督。同时,还要善于运用法律武器维护自己的合法权益。当其他经营者或竞争者侵犯自己正当权益的时候,要勇于用法律手段保护自己的利益。

五、自然环境

一个国家、一个地区的自然地理环境包括自然资源、地形地貌和气候条件,这些因素都会不同程度地影响食品企业的营销活动,有时这种影响对企业的生存和发展起到决定性的作用。食品企业要减少由自然地理环境带来的威胁,最大限度利用环境变化可能带来的市场营销机会,就应不断分析和认识自然地理环境变化的趋势,根据不同的环境情况来设计、生产和销售产品。

1. 物质自然环境

物质自然环境是指自然界提供给人类的各种形式的物质财富,如矿产资源、森林资源、土地资源、水力资源等。这些资源分为三类:一是无限资源,如空气、水等;二是有限但可以更新的资源,如森林、粮食等;三是有限但不可再生资源,如石油、锡、煤、锌等矿物。自然资源是进行商品生产和实现经济繁荣的基础,和人类社会的经济活动息息相关。由于自然资源的分布具有地理的偶然性,分布很不均衡。因此,食品企业到某地投资或从事营销必须了解该地的自然资源情况。如果该地对本企业产品的需求大，但缺乏必要的生产资源，那么，企业就适宜向该地销售产品；但是如果该地有丰富的生产资源，企业就可以在该地投资建厂，当地生产，当地销售。可见，一个地区的自然资源状况往往是吸引外地企业前来投资建厂的重要因素。

此外，自然环境对食品企业营销的影响还表现在以下两个方面。

（1）自然资源短缺的影响 随着工业的发展，自然资源逐渐短缺。例如，我国资源从总体上看是丰富的，但从人均占有量来看又是短缺的。我国水资源名列世界第一，但人均占有量仅为世界人均占有量的1/4。土地超载且水土流失严重，耕地面积逐年减少。表土流失导致作物产量降低，化肥使用量增加，最终导致农产品产量减少和生产成本上升。资源紧张使得一些食品企业陷入困境，但又促使食品企业寻找替代品，降低原材料消耗。

（2）环境的污染与保护 环境污染已经成为举世瞩目的问题。占世界人口总数15%的工业发达国家，其工业废物的排放量占世界废物排放总量的70%。我国虽属于发展中国家，但工业"三废"（废渣、废水、废气）对环境也造成严重污染，其中煤烟型污染最为突出。为此，各个国家政府都采取了一系列措施，对环境污染问题进行控制。这样，一方面限制了某些行业的发展，另一方面也为企业提供了两种营销机会：一是为治理污染的技术和设备提供了一个大市场；二是为不破坏生态环境的新的生产技术和包装方法创造了营销机会。因此，企业经营者要了解政府对资源使用的限制和对污染治理的措施，力争做到既能减少环境污染，又能保证企业发展、提高经济效益。

2. 地理环境

一个国家或地区的地形地貌和气候，是食品企业开展市场营销所必须考虑的地理环境因素，这些地理特征对企业市场营销有一系列影响。例如，气候（温度、湿度等）与地形地貌（山地、丘陵等）特点，都会影响食品和设备的性能和使用。在沿海地区运转良好的设备到了内陆沙漠地区就有可能发生性能的急剧变化。有些国家地域辽阔，南北跨度大，各种地形地貌复杂，气候多变，企业必须根据各地的自然地理条件生产与之相适应的产品，才能适应市场的需要。例如我国北方寒冷与南方炎热的气候，都会对食品提出不同的环境适应性要求。如果从经营成本上考虑，平原地区道路平坦，运输费用比较低，而山区丘陵地带道路崎岖，运费自然就高。可见，气候、地形地貌不仅直接影响企业的经营、运输、通信、分销等活动，而且还会影响到一个地区的经济、文化和人口分布状况。因此，食品企业开展营销活动，必须考虑当地的气候与地形地貌因素，使其营销策略能适应当地的地理环境。

六、社会文化环境

社会文化是指一个社会的民族特征、价值观念、生活方式、风俗习惯、伦理道德、教育水平、语言文字、社会结构等的总和。它主要由两部分组成：一是全体社会成员所共有的基本核心文化；二是随时间变化和外界因素影响而容易改变的社会次文化或亚文化。人类在某种社会中生活，必然会形成某种特定的文化。不同国家、不同地区的人民，不同的社会与文化，代表着不同的生活模式，对同一产品可能持有不同的态度，直接或间接地影响产品的设计、包装、信息传递方法、被接受程度、分销和推广措施等。社会文化因素通过影响消费者的思想和行为来影响企业的市场营销活动。因此，企业在从事市场营销活动时，应重视对社会文化的调查研究，并做出适宜的营销决策。

1. 教育水平

教育水平是指消费者受教育的程度。一个国家、一个地区的教育水平与经济发展水平往往是一致的。不同的文化修养表现出不同的审美观，购买商品的选择原则和方式也不同。一般来讲，教育水平高的地区，消费者对商品的鉴别力强，容易接受广告宣传和接受新产品，购买的理性程度高。因此，教育水平高低影响着消费者心理、消费结构，影响着食品企业营销策略以及销售推广方式方法的差别的选择。例如，在文盲率高的地区，用文字形式做广告，难以收到好效果，而用电视、广播和现场示范表演形式，则更容易为人们所接受。因此，在产品设计和制定产品策略时，应考虑当地的教育水平，使产品的复杂程度、技术性能与之相适应。另外，企业的分销机构和分销人员受教育的程度，也会对食品企业的市场营销产生一定的影响。

2. 语言文字

语言文字是人类交流的工具，它是文化的核心组成部分之一。不同国家、不同民族往往都有自己独特的语言文字，即使同一国家，也可能有多种不同的语言文字；即使语言文字相同，也可能表达和交流的方式不同。语言文字的差异对食品企业的营销活动有很重大的影响，食品企业在开展市场营销尤其是国际市场营销时，应尽量了解市场国的文化背景，掌握其语言文字的差异，这样才能使营销活动顺利进行。

3. 价值观念

价值观念是人们对社会生活中各种事物的态度、评价和看法。不同的文化背景下，人们的价值观念差别是很大的，而消费者对商品的需求和购买行为深受其价值观念的影响。例如，在西方一些发达国家，大多数消费者追求生活上的享受，崇尚超前消费，采用分期付款、赊购等形式，甚至大举借债。在我国，勤俭节约则是传统美德，在 2000 年以前靠借贷消费的情形很少，消费者多半是量入为出。但必须注意的是，随着改革开放的发展，近些年来我国消费者的消费观念也在发生变化。

不同的价值观念在很大程度上决定着人们的生活方式，从而也决定着人们的消费行为。因此，对于不同的价值观念，企业营销人员应采取不同的策略。对于乐于变化、喜欢猎奇、富有冒险精神、较激进的消费者，应重点强调产品的新颖和奇特；而对注重传统、喜欢沿袭传统消费习惯的消费者，企业在制定促销策略时应把产品与目标市场的文化传统联系起来。例如，东方人将群体、团结放在首位，所以广告宣传往往突出人们对产品的共性认识，而西方人则注重个体和个人的创造精神，所以其产品包装装潢也显示出醒目或标新立异的特点。我国人民重人情、求同步，消费偏于大众化，这些东方人的传统习俗，也对食品企业营销产生广泛的影响。

4. 宗教信仰

不同的宗教信仰有不同的文化倾向和戒律，从而影响人们认识事物的方式、价值观念和行为准则，影响人们的消费行为，带来特殊的市场需求，与食品企业的营销活动有着密切的关系。企业应充分了解不同地区、不同民族、不同消费者的宗教信仰，提倡适合其要求的产品，制订适合其特点的营销策略。

5. 审美观

审美观通常是指人们对事物的好坏、美丑、善恶的评价。不同的国家、民族、宗教、阶层和个人，往往因社会背景不同，其审美标准也不尽一致。因此，不同的审美观对消费的影响是不同的，食品企业应了解不同的审美观所引起的不同消费需求，特别要把握不同文化背景下的消费者审美观念及其变化趋势，有针对性地制订市场营销策略。

6. 风俗习惯

风俗习惯是人们根据自己的生活内容、生活方式和自然环境，在一定的社会物质生产条件下长期形成，并世代相袭而成的一种风尚和由于重复、练习而巩固下来并变成需要的行动方式等的总称。它在饮食、服饰、居住、信仰、节日、人际关系等方面，都表现出独特的心理特征、伦理道德、行为方式和生活习惯。不同的国家、不同的民族有不同的风俗习惯，它对消费者的消费嗜好、消费模式、消费行为等具有重要的影响。

食品企业营销者应了解和注意不同国家、民族的消费习惯和爱好，做到"入境随俗"。可以说，这是食品企业做好市场营销尤其是国际营销的重要条件，如果不重视各个国家、各个民族之间的文化和风俗习惯的差异，就可能造成难以挽回的损失。

第三节　市场营销的微观环境

市场营销微观环境对食品企业营销活动的影响，主要体现在企业的具体对外业务往来过程中，企业本身、供应者、营销中介、目标顾客、竞争者、公众是市场营销微观环境的主要构成要素。每个食品企业的基本目标都是在赢利前提下为其所选定的目标顾客服务，满足目标市场的特定要求。要实现这一任务，食品企业要同许多供应者和营销中介联系起来，才能接近目标顾客。供应者—企业—营销中介—顾客，形成企业的基本营销系统。此外，食品企业营销的成败还要受到两个因素的影响：一是竞争者；二是公众。

一、企业本身

食品企业的市场营销部门不是孤立的，它面对着企业的许多其他职能部门，如高层管理者（董事会、总裁等）、财务、研究与开发、采购、制造等部门。营销部门在制订和实施营销计划时，必须首先取得食品企业决策层的理解和支持，同时还得考虑其他部门的意见，处理好同其他部门的关系。

高层管理者是食品企业的最高领导核心。负责规定企业的任务、目标、战略和政策。营销管理者必须在高层管理者规定的计划范围内从事决策，有些决策甚至必须经过高层管理者的批准才能实施。

营销管理者还必须同其他职能部门密切合作。如在营销计划的实施过程中资金的有效运用、资金在制造和营销之间的合理分配、可能实现的资金回收率、销售预测和营销计划的风险程度等，都同财务管理有关；新产品的设计和生产方法是研究与开发部门集中考虑的问题；生产所需的原材料能否得到充分的供应，是由采购部门负责的；制造部门负责生产指标的完成；会计部门则收集成本与收益的资料，协助营销部门了解其计划目标的实现程度。所有这些部门，都对营销部门的计划和活动产生影响。因此，营销部门实现其营销计划，不仅要善于获得其他部门的配合与支持，而且会妥善处理可能发生的矛盾。

二、供应者

供应者是指向食品企业提供进行营销活动所必需的原材料、基础件、能源、劳动力等资源的个人或组织。供应者作为一种环境力量对企业营销活动的影响主要体现在以下几个方面。

1. 供货的稳定性与及时性

原材料、零部件、能源以及机器设备等货源保证是食品企业营销活动顺利进行的前提。食品企业必须和供货人保持密切的联系，及时了解与掌握供货人的变化与动态，使货源的供应在时间上和连续性上得到切实的保证。

2. 供货的价格变动

供货的价格直接影响到产品的成本。食品企业要注意它们的价格变化趋势，特别是对原材料和主要零部件的价格现状及趋势更要做到心中有数，这样才能使企业应变自如，不致措手不及。

3. 供货的质量水平

供货的质量除了商品本身的内在质量外，还要包括各种销售服务水平。所以，供应货物的质量也直接影响到产品的质量。

要使食品企业与供货人相适应，对供货人应进行等级归类，并使之多样化。等级归类应根据所供货物在企业营销活动中的重要地位划分等级，以确保重点，兼顾一般。供货人的多样化在于避免企业过分依赖个别供货人，多个供货人会引起供货人之间的竞争，企业便处在一个有利的位置，从而使所供货物的质量得到保证并可稳定价格。但要注意的是供货人多样化，但并不排斥与一些主要的供货方保持长期良好的关系，这种关系在某种场合还是非常必要的。

食品加工企业的原材料主要为农产品，保证原料供应的稳定性对维持企业的正常生产和销售非常重要。生产原料的来源有三种方式：一是企业建立自己的原料生产基地，自己生产自己加工，即实现后向一体化；二是通过与生产者签订契约合同的形式，使生产者成为企业的专属供应商，这种形式在农村被称为"农业产业化经营"；三是企业从市场上购买原材料。食品企业采取何种方式采购原材料，是自行生产还是同供应商签合同，或是在开放的原料市场上购买，取决于哪种方式交易成本最低、企业获利最大。

三、营销中介

所谓营销中介是指为食品企业营销活动提供各种服务的中介机构及人员。具体包括中间商、仓储公司、营销服务机构和金融机构。

1. 中间商

中间商主要包括批发商和零售商两大类。除非食品企业建立自己的分销渠道，否则，中间商对食品企业产品从生产领域流向消费领域具有极重要的影响。中间商由于与目标顾客直接打交道，因而其销售效率、服务质量将直接影响到企业的产品销售。选择中间商并与之共同合作，并不是一件轻松、简单的工作。

2. 仓储公司

仓储公司是帮助食品企业进行产品保管、储存以及运输的专业公司。仓储公司提供的服务可以是针对生产出来的产品,也可以是针对原材料及零部件。一般情况下,食品企业只有在建立自己的分销渠道时,才会主要依靠仓储公司。在委托中间商销售产品的场合,仓储服务往往由中间商去承担。仓储公司的作用在于为企业创造时空效益提供帮助。

3. 营销服务机构

营销服务机构的范围比较广泛,如市场调研公司、广告公司、营销咨询公司等都在此列。这些机构提供的专业服务也是企业营销活动过程中不可缺少的。当然,有的大食品企业本身就有这种机构,或者自己能承担这方面的工作,但是对于大多数中小食品企业来说,这些机构是非常必要的。食品企业在利用这些机构时,须慎重选择,因为这些机构在创新、质量、服务与价格方面会有相当大的差异。

4. 金融机构

金融机构包括银行、信贷机构、保险公司等为食品企业营销活动提供融资及保险等的所有业务单位。在现代化社会里,金融机构是绝对必需的,每一个食品企业都要与金融机构建立一定的联系,开展一定的业务往来。银行的贷款利率上升或保险公司的保险金额上升会使食品企业的营销活动受到影响;信贷来源受到限制会使企业处于困境。诸如此类的情况都将直接影响到企业的日常运转。

四、顾客

顾客是食品企业的服务对象,或者说是食品企业的目标市场。市场营销学通常按顾客及其购买目的不同来划分市场,这样,食品企业的顾客可以形成消费者市场,也可以形成生产者市场或政府市场,甚至是国际市场。顾客对食品企业的重要程度是任何时候都不能忽视的,食品企业的一切营销活动都是围绕满足并引导顾客的需要来进行的。顾客的变化意味着食品企业市场的获得与丧失,分析与掌握顾客的变化趋势是食品企业营销工作的出发点和经常性的中心工作。

五、竞争者

食品企业在目标市场进行营销活动时,不可避免地会遇到竞争对手的挑战。一个食品企业垄断整个目标市场的情况是很少出现的。即使一个食品企业已经垄断了整个目标市场,竞争对手仍然有可能参与进来。因为只要存在着需求向替代品转移的可能性,潜在的竞争对手就会出现。竞争者是影响食品企业营销活动的重要力量。

竞争者泛指所有参与争夺同一事物的对手,对一个食品企业来说,它的竞争者便是所有与它争夺相同的消费者、用户或市场,以及他们手中货币的企业。市场营销观念表明:企业要想在市场竞争中获得成功,就必须能比竞争者更有效地满足消费者的需要与欲望。因此,食品企业所要做的并非仅去迎合目标顾客的需要,还要通过有效的产品定位,使得自己的产品与竞争者产品在顾客心目中形成明显差异,从而取得竞争优势。

从购买者决策过程的角度分析,任何一个食品企业在向目标市场提供服务的同时,都可能遇到愿望竞争者、一般竞争者、产品形式竞争者、品牌竞争者这四种竞争者的困扰。

(1) 愿望竞争者 即消费者想要满足的各种目前愿望的提供者。例如,一个消费者对高档保健品和高级茶叶都有购买欲望,但暂时由于购买能力有限,只能选择其一。这时,对于高档保健品生产厂家和高级茶叶生产厂家来说互为愿望竞争者。如何促使消费者先购买本企业的产品，双方就形成了一种竞争关系。

（2）一般竞争者　又称平行竞争者，即能够以各种方法满足购买者某种愿望的产品供应者。例如，啤酒、葡萄酒、威士忌、白酒都能满足消费者对酒类的需求，这四种产品的生产企业之间就形成了平行竞争关系。

（3）产品形式竞争者　即能满足购买者某种愿望的各种产品型号。例如，乳制品有鲜乳、酸乳和乳粉等，鲜乳又有低温灭菌乳和超高温灭菌乳，有袋装、瓶装、纸盒装等不同的产品形式。

（4）品牌竞争者　即能满足购买者某种愿望的同种产品的各种品牌。例如，同样的乳品市场上就有光明、蒙牛、伊利等多个品牌在竞争。

一般来说，食品企业应优先考虑对付品牌竞争者，它构成的威胁最大。然后，再考虑解决产品形式竞争者带来的问题。在这之后，企业与一般竞争者之间的矛盾会成为主要矛盾。最后考虑与愿望竞争者之间的关系。

六、公众

企业的市场营销微观环境还包括许多不同的公众。公众是指对企业实现营销目标的能力而言有着实际或潜在兴趣和影响的任何群体。具体来说可分为以下七类。

（1）财务公众　主要是指对食品企业筹集、融通资金有着直接影响的机构和组织，如银行、投资公司、保险公司、证券公司、财务公司、大财团等。

（2）媒体公众　主要是指报社、杂志、广播电台、电视台和网络等大众传播媒体。传播媒体对企业声誉具有举足轻重的作用。

（3）政府公众　主要是指有关的政府部门。营销管理者在制订营销计划时须认真研究考虑政府政策与措施的发展变化。

（4）社团公众　主要是指各种群众团体，如消费者协会、妇联、工会、环境保护组织等。

（5）社区公众　每个食品企业都同当地公众团体如邻里居民和社区组织保持联系。企业派专人负责处理社区事务，并对社区的发展做出贡献。

（6）一般公众　主要是指上述各种关系之外的公众。食品企业需关注一般公众对企业产品和活动的态度，虽然一般公众并不太会有组织地对企业采取行动，但是一般公众对企业的印象却影响着消费者对该企业及其产品的看法。

（7）内部公众　主要是指食品企业的所有员工，包括各类管理人员和普通工人，都属于内部公众范围。大企业通常发行内部刊物或利用其他的沟通方式，以增进员工的了解并激励他们内部公众的态度还会影响企业与外部公众的关系。

思考题

1. 分析食品企业的营销环境有什么重要的意义？如何进行分析？
2. 论述市场营销的宏观环境与微观环境。
3. 简述影响营销活动的经济环境因素。
4. 我国人口环境的变化趋势如何？应该怎样考虑食品行业的营销对策？

[案例]

旅游景区食品营销

  饮食文化是中国传统文化的一颗璀璨明珠,是在共同地域、共同历史和共同文化作用下形成的文化传统,是人类重要的文化景观之一,也是一种独特的物质与精神相结合的人文旅游资源。在旅游景区品尝美食不仅可以获得丰富的感官体验,也能在了解风俗习惯、风土人情中追寻历史文化特征。游景区食品营销,其基本属性是"旅游",能让消费者通过旅行、游览、住宿、饮食、购物和娱乐完成整个旅游活动,感受到食物带来的味觉美感和旅游风景带来视觉享受。旅游景区的食品营销:一方面,要基于旅游景区的特色风景和饮食,利用报纸、杂志、电视、广播等传统媒体以及微信、微博等新媒体进行宣传,制订相关的旅游资讯、旅游指南,帮助外地旅游者及时寻觅到各具特色的"老饕之所爱",借助互联网的"口碑营销"延长景区产业链,增加景区旅游食品营销的附加值;另一方面,各地景区也可以利用特色的美食元素进行民俗文化营销,例如四川省推出的"游'三国'线,品'三国'宴""川南悠闲游,大饱竹荪宴""游世界遗产,品藏羌风味",福建省推出的"福建传统闽菜品尝线""福建风味小吃品尝线"等地方特色旅游线路,从而丰富游客文化体验内容,塑造区域特色形象,增加区域旅游美誉度。

  对于酒文化旅游而言,其最大的营销特色是酒产业,包含酿酒遗址、酿酒园区、酿酒工厂、酿酒建筑和储酒设施等,可以在营销方面开展"吃住行游购娱"结合的"酒产业+旅游"项目,包括创意酒文化宴、煮酒糟蛋、酒庄和酒堡住宿等。对于茶文化旅游开发而言,也可以打造景区特色茶旅品牌,例如,通过举办各类传统的茶文化艺术节,以茶艺表演、茶具拍卖、制茶大赛等多种形式,全方位地向游客们宣传当地的茶文化,并促进当地茶叶营销,也可以在旅游景区内设置茶馆、茶亭等休闲场所,提供采摘茶叶、制作茶叶的平台,让游客在景区中感受茶叶带来的乐趣、达到身心愉悦。

  资料来源:张立明. 旅游景区食品营销策略分析 [J]. 食品研究与开发, 2020, 41 (12): 230.

第四章
消费者和竞争者行为分析

竞争是市场经济的基本特性。市场竞争所形成的优胜劣汰，是推动市场经济运行的强制力量，它迫使企业不断研究市场，开发新产品，改进生产技术，更新设备，降低经营成本，提高经营效率和管理水平，获取最佳效益并推动社会的进步。在发达的市场经济条件下，任何企业都处于竞争者的重重包围之中，竞争者的一举一动对企业的营销活动和效果具有决定性的影响。食品企业必须认真研究竞争者的优势与劣势、竞争者的战略和策略，明确自己在竞争中的地位，有的放矢地制订竞争战略，才能在激烈竞争中求得生存和发展。

第一节 消费者购买行为分析

一、消费者购买行为

市场营销学研究消费者市场，核心是研究消费者的购买行为。消费者购买行为是指消费者为满足需要，在一定购买动机驱使下，由购买主体通过支出货币而取得商品或服务的一种活动，即消费者购买商品的活动和与这种活动有关的各种决策过程。

任何一次购买行为都具有 6 个基本因素。它包括购买主体（who）、购买对象（what）、购买原因（why）、购买地点（where）、购买时间（when）和购买方式（how）等内容，也就是通常所说的 "5W1H"。具体内容如下：

（1）购买主体（who） 即谁是购买者。他是执行购买决策、从事购买的人，即支出货币换取商品的人。依消费者的年龄、性别、职业、收入可划分出不同的类型。

（2）购买对象（what） 即购买什么。也就是购买者选择哪种规格、式样、包装、价格、商标等的商品，这些商品往往是他喜欢且经常重复购买的商品。

（3）购买原因（why） 即为什么要购买。也就是购买者的主导动机或真正动机的反映。或是消费者的兴趣爱好、生活必需；或是收入增加、商品调价；或是出于新奇；或是馈赠亲友的需要等。消费者购买动机多种多样，不一而足。

（4）购买地点（where） 即到哪里去购买。也就是消费者喜欢的可信赖的且是经常光顾的商店。也许是专业商店，或是百货商店、杂货店；可以去市中心，也可去附近街边的摊点。这与所购商品的性质、消费者居住区、商店的名声、经营商品的品种数、商店橱窗陈列布置、销售方式（自选还是店员服务等）和营业员服务态度及交通便利情况等都有关系。

（5）购买时间（when）　即什么时间购买。也就是购买东西是选择早上、中午、还是晚上；一周的平日还是周末、假日；一年的春季还是秋季，夏季还是冬季。它与消费者的工作性质和生活习惯有关，还受到商店的季节性、时令性的影响。通常是节假日的购买量、购买次数多些。

（6）购买方式（how）　即如何购买。也就是消费者购买商品时的货币支付方式。它分为邮购、函购、自己买、托人买、付现金、延期付款、分期付款等。

二、消费者行为模式

经济学家对消费者购买行为进行分析时，往往把消费者看成是"经纪人"，把他们的购买行为看作是完全理性的购买，根据充分的市场情报，购买自己最有价值的商品，并追求"最大效用"。但随着市场经济的发展，消费者收入的大幅增加，市场上商品和服务日益繁多，消费者选择余地越来越大，此时，仅用经济因素已经很难解释消费者需求选择的多样化了。

事实上，人的行为是受心理活动支配的，消费者的消费行为自然受到消费者心理活动的支配。那么，心理活动是如何起作用的呢？为了研究消费者购买行为，专家们建立了一个"刺激-反应（S-R）"模式来说明外界营销环境刺激与消费者反应之间的关系（图4-1）。

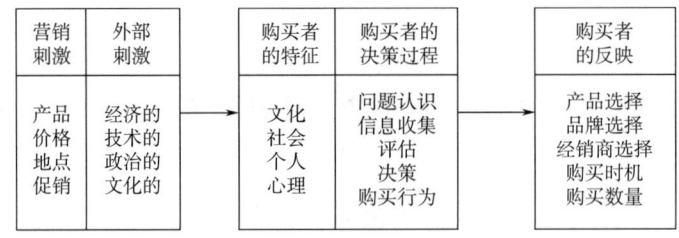

图4-1　消费者购买行为模式

消费者购买行为的发生首先发端于外界的刺激，这种刺激包括两种类型：一类是企业所能控制的各种因素，即"4P"：产品、价格、分销、促销；另一类是企业不能控制的各种宏观环境因素，如经济、技术、政治、文化等对消费者的刺激。这些不同类型的刺激进入消费者的意识后，基于不同购买者的不同个人特征，在思想意识领域进行了受这些个人特征影响的复杂的决策过程。外界刺激进入购买者意识最后产生的反应就是购买者做出的购买决策和发生的相应的购买行为。

可见，营销者要了解顾客、懂得其购买行为，关键就是去揭示当外界刺激进入购买者意识后到购买者做出购买决策之间，在购买者意识中究竟发生了一些什么事情。

三、购买行为的类型

在购买活动中，可以说没有任何两个消费者的购买行为是不存在某些差异的。研究消费者的购买行为，不可能逐个分析，只能大致进行归类研究。

1. 按消费者购买目标的选定程度区分

（1）全确定型　此类消费者在进入商店前，已有明确的购买目标，包括食品的名称、商标、规格、样式、颜色，以至于价格的幅度都有明确的要求。他们进入商店后，可以毫不迟疑地买下该种食品。

（2）半确定型　此类消费者进入商店前，已有大致的购买目标，但具体要求还不甚明确。这类消费者进入商店后，一般不能向营业员明确清晰地提出对所需食品的各项要求，实现其购买目的需要经过较长时间的比较和评定阶段。

（3）不确定型　此类消费者在进商店前没有明确或坚定的购买目标，进入商店一般是漫无目的地看食品，或随便了解一些商品销售情况，碰到感兴趣的商品也会购买。

2. 按消费者购买态度与要求区分

（1）习惯型　消费者对某种食品的态度，常取决于对食品的信念。信念可以建立在知识的基础上，也可以建立在见解或信任的基础上。属于此类型的消费者，往往根据过去的购买经验和使用习惯采取购买行为，或长期惠顾某商店，或长期使用某个厂牌、商标的食品。

（2）慎重型　此类型消费者购买行为以理智为主，感情为辅。他们喜欢收集食品的有关信息，了解市场行情，在经过周密的分析和思考后，做到对食品特性心中有数。在购买过程中，他们的主观性较强，不愿意别人介入，受广告宣传及售货员的介绍影响甚少，往往要经过对食品细致的检查、比较，反复衡量各种利弊因素，才做购买决定。

（3）价格型（即经济型）　此类消费者选购产品多从经济角度考虑，对食品的价格非常敏感。例如，有的从价格的昂贵判断产品为质优，从而选购高价食品；有的则正好相反。

（4）冲动型　此类消费者的心理反应敏捷，易受食品外部质量和广告宣传的影响，以直观感觉为主，新产品、时尚产品对其吸引力较大，一般能快速做出购买的决定。

（5）感情型　此类消费者兴奋性较强，情感体验深刻，想象力和联想力丰富，审美感觉也比较灵敏。因而在购买行为上容易受感情的影响，也容易受销售宣传的诱引，往往以食品的品质是否符合其感情的需要来确定购买决策。

（6）疑虑型　此类消费者具有内向性，善于观察细小事物，行动谨慎、迟缓，体验深而疑心大。他们选购食品从不冒失仓促地做出决定，在听取营业员介绍和检查食品时，也往往小心谨慎和疑虑重重；他们挑选食品动作缓慢，费时较多，还可以因犹豫不决而中断；购买食品需经"三思而后行"，购买后仍放心不下。

（7）不定型　此类消费者多属于新购买者，这种人由于缺乏经验，购买心理不稳定，往往是随意购买或奉命购买食品。他们在选购食品时大多没有主见，一般都渴望得到营业员的帮助，乐于听取营业员的介绍，并很少亲自再去检验和查证食品的质量。

3. 按消费者在购买现场的情感反应区分

（1）沉稳型　此类消费者由于神经过程平静而灵活性低，反应比较缓慢而沉着，一般不为无所谓的动因而分心。因此，在购买活动中往往沉默寡言，情感不外露，举动不明显，购买态度持重，不愿与营业员谈一些脱离食品内容的话题。

（2）温顺型　这种人由于神经过程比较薄弱，在生理上不能忍受或大或小的神经紧张，这类消费者选购食品往往尊重营业员的介绍和意见，做出购买决定较快，并对营业员的服务比较放心，很少亲自重复检查食品的质量。这类消费者对购买食品本身并不过于考虑，而更注重营业员的服务态度与服务质量。

（3）健谈型　这种人神经过程平衡而灵活性高，能很快适应新的环境，但情感易变，兴趣广泛。在购买食品时，能很快与人们接近，愿意与营业员和其他顾客交换意见，并富有幽默感，喜爱开玩笑，有时甚至谈得忘掉选购食品。

（4）反抗型　此类消费者具有高度的情绪敏感性，对外界环境的细小变化都能有所警觉，显得性情怪僻、多愁善感。在选购中，往往不能接受别人的意见和推荐，对营业员的介绍异常警觉，抱有不信任态度。

（5）激动型　这种人由于具有强烈的兴奋过程和较弱的抑制过程，因而情绪易于激动，暴躁而有力，在言谈和举止、表情中都有狂热的表现。此类消费者选购食品时表现有不可遏止的劲头，在言语表情上显得傲气十足，甚至用命令口气提出要求，对食品品质和营业员的服务要求极高，稍不如意就可能发脾气。这类消费者虽然为数不多，但营业员要用更多的注意力和精力接待好这类顾客。

4. 按购买者在购买时介入的程度和产品厂牌差异的程度区分

具体区分如表 4-1 所示。

表 4-1　　　　　　　　　　　购买行为的四种类型

差异	高度介入	低度介入
厂牌之间差异极大	复杂的购买行为	寻求多样性的购买行为
厂牌之间差异极小	减少失调感的购买行为	习惯性的购买行为

（1）复杂的购买行为　如果消费者属于高度购买介入者，并且了解现有各厂牌之间存在的显著差异，则消费者会产生复杂购买行为。如果购买属于昂贵的、不常购买的、冒风险的和高度自我表现的，则消费者属于高度介入购买。通常这种情况是消费者对此类产品知道不多且要了解的地方又很多。

在这种情况下，消费者将经过认知性的学习过程，其特征是首先逐步建立他对此产品的信念，然后转变成态度，最后做出谨慎的购买决定。营销者必须了解高度介入的消费者其信息收集与评估的行为。营销者必须制订各种策略以帮助购买者掌握该类产品的属性、各属性的相对重要性以及其厂牌具有较重要的属性等。同时，营销者必须使得其厂牌特征与众不同，运用主要的印刷媒体和详细的广告文稿来描述其厂牌的好处，并发动其商店的售货员和购买者的朋友来影响消费者的最终决定。

（2）减少失调感的购买行为　有时消费者高度介入某项购买，但他看不出各厂牌有何差异，这种高度介入的原因在于该项购买是昂贵的、不经常的和冒风险的这样一个事实。在这种情况下，购买者将四处察看以了解何处可以买到该商品，但由于厂牌差异不明显，故其购买将极为迅速。购买者可能主要因便宜的价格或某时、某地方便而决定购买。

但在购买之后，消费者可能会感到购买后的失调，这时该消费者将着手了解更多的东西，并力图证明其原决定是有道理的以降低失调感。在这种情况中，营销人员的主要作用在于，提供能有助于购买者在购买后对其选择感到心安理得的信念与评价。

（3）习惯性的购买行为　许多产品是在消费者低度介入和厂牌没有什么差异的情况下被购买的。盐的购买就很能说明问题。消费者很少介入这类产品，他们走进商店随手拿起一种厂牌就买下了。如果他们一直在寻找某一厂牌，比如说"光明"牌，这是出于习惯，并没有强烈的厂牌忠诚感。事实证明消费者对大多数价低且经常购买的产品介入度低在此情形下的消费者行为并不经过"信念—态度—行为"的正常顺序。消费者并未深入地寻找与该厂牌有关的信息，并评估其特性以及对应该买哪一种厂牌做最后的决定，反而他们只是被动地接受电视或印刷广告所传递的信息。结果，广告的重复只造成他们对厂牌的熟悉而非被厂牌所说服。也就是说，消费者选择某种产品并非是由于他对它持有什么态度，而只是熟悉程度。对于低度介入且厂牌差异极小的产品而言，营销者发现利用价格与销售促进作为产品试用的诱因是一种很有效的方法。因为购买者并未对任何厂牌有高度的忠诚。在为低度介入产品做广告时，必须注意许多问题：如广告词只能强调少数几个重要的论点，视觉符号与形象也很重要，因为它们很容易被记住并与厂牌联系起来；广告的信息应简短有力且不断重复；电视比印刷媒体有效，因为它是低度介入的媒体，容易引起他人的模仿；广告规划应以古典控制理论为根据，这种理论认为，通过不断重复代表某产品的符号，购买者就能从众多的同类产品中认出该种产品。

市场营销者也可尝试将低度介入产品转换成某种较高度介入的产品，如将某些相关论点与产品联系起来；可借能引出与个人价值观或自我防卫相关的强烈情绪的广告来吸引消费者；可在一种不重要的产品中加入一个重要的特性，例如在一种清淡、好喝的饮料中加入维生素成分。然而，必须指出的是，这些策略最多只能将消费者的介入从低度提高到中度的水平，它们无法推动消费者达到复杂的购买行为。

（4）寻求多样性的购买行为 有些购买情境的特征是低度消费者介入但有着显著的厂牌差异，此时可看到消费者经常转换厂牌。饼干的购买就是一例，消费者有一些信念，不过没有做太多评估便选择了某种厂牌的饼干，然后在消费时才加以评估。但可能消费者在下一次购买时会因为厌倦原有口味或想试新口味而寻找其他厂牌。厂牌转换是因为追求多样性而不是有什么不满意之处。

这类产品的市场领导者的营销策略和其他二三线厂牌的营销策略是不同的。市场领导者将企图通过占有货架、避免脱销和提供能提醒消费者购买的广告来鼓励习惯性的购买行为。反之，欲挑战的公司则以提供较低的价格、折扣、赠券、免费赠送样品和强调试用新东西的广告来鼓励消费者寻求不同种类的产品。

5. 按消费者解决问题的状况

美国市场营销学家霍华德（Howard）和西斯（Sheth）曾把消费者的购买行为视同解决问题的活动，可分为三种类型。

（1）常规反应行为（routinized response behavior） 这是最简单的购买行为，一般是指对价值低、次数频的商品的购买行为。购买者已熟知商品特性和各种主要品牌，并在各品牌中有明显的偏好，因此购买决策很简单。但由于缺货、商店的优惠条件，或受喜新尝鲜心理的影响，有时也会更换品牌。一般说来，这类购买行为如同日常的例行活动，不需花费太多的时间和精力。营销者在此种情况下的对策是，质量和价格尽量保持稳定，以便保住现有顾客，同时宣传自己品牌较其他品牌优越的方面，尽量吸引其他品牌的顾客。

（2）有限解决问题（limited problem solving） 消费者熟悉某一类商品，但不熟悉所有的品牌，要想买一个不熟悉的品牌时，购买行为就较为复杂。对此，营销者应通过各种促销手段，加强信息传递，增强消费者对新品牌的认识和信心。

（3）广泛解决问题（extensive problem solving） 消费者面对一种从来不了解、不熟悉的商品，购买行为最为复杂。例如，第一次购买高档保健品的消费者，对品牌、功能等一无所知，这就需要广泛解决有关该商品的一切问题。营销者必须了解潜在购买者如何搜集信息和评估产品，多方设法介绍产品的各种属性，使消费者对产品增加了解，便于做出购买决策。

消费者购买行为没有固定不变的模式，随着社会经济的发展，人们的消费习惯和购买行为也必然随之变化。近 30 年来，在一些经济发达国家，消费者购买习惯已有显著变化，主要有以下三种趋势：

第一，冲动式购买大量增加。冲动式购买即事先没有计划的，在现场临时决定的购买。在个人"可随意支配收入"增加的条件下，由于商品包装和广告的吸引，售货人员的良好服务，以及自选售货等因素的作用，消费者往往在售货现场临时决定购买，这对企业扩大销售是很有意义的。

第二，对便利的要求更高。现代消费者由于收入增加和生活节奏加快，对便利的要求越来越高。这就要求产品的形式多样，数量充足，规格品种齐全，售货时间、地点、方式便利以及产品本身的自动化、小型化、组合化等。

第三，闲暇时间的更充分利用。由于工时缩短和休假增多，人们有越来越多的闲暇进行消费，因此这方面有大量未满足的需求，潜在市场容量很大。

第二节　消费者购买决策过程分析

消费者行为取决于他们的需要和欲望，而人们的需要和欲望以至消费习惯和行为，是在许多因素的影响下形成的。这些因素主要有文化、社会、个人、心理因素四大类。这四类因素属于不同的层次，对消费者行为的影响程度是不同的，影响最深远的是一个民族的传统文化，它影响到社会的各个阶层和家庭，进而影响到每个人的心理及行为。影响消费者行为最直接的、决定性的因素，是个人及其心理特征。下面分别阐述这四类因素的具体内容及其与购买者的关系。

一、文化因素

1. 文化和亚文化

文化是根植在一定的物质、社会、历史传统基础上形成的特定价值观念、信仰、思维方式、宗教、习俗的综合体。文化因素对消费者的行为有着最广泛而深远的影响，人们的价值观念、风俗习惯、伦理道德和思维方式等，都受传统文化的制约。但传统文化也不是凝固不变的，在各种复杂因素的影响下也会发生变化，但需经过漫长的时间，任何力量想在短期内强行使其改变几乎是不可能的。在当代发达国家和地区以及我国主要有如下变化趋势：

①由于收入的增加和工时的缩短，人们的闲暇时间增多。于是，需要更多的旅游、观光、餐饮活动，并且人们为了得到更多的闲暇时间，需要节省时间的产品和服务，如快餐店等。

②文化教育水平的提高，必然向传统观念提出挑战。近年来，在西方国家中，宗教和家庭对青年一代的影响日益下降。现在，我国青年一代也有很大变化，越是教育层次高的，思想越开放，向某些传统观念的挑战越强烈，这种倾向必然对消费行为产生影响。

③由于生活水平的提高，人们对健康和仪表更加关注。现在，人们主张少食多餐，吃自然食物，增加运动，保持健美。

④人们希望生活宽松些，喜欢轻松的生活方式。

⑤由于交通和通信的发达，相对缩短了地理上的距离，促进了各地区、各民族间的文化交流，从而也势必对传统文化结构产生深远的影响。

每一种文化中，往往都存在许多在一定范围内具有文化同一属性的群体，他们被称为亚文化群。主要有如下四种：

①民族亚文化群体：我国除汉族外还有众多的少数民族，他们各自有不同的民族习惯、生活方式和文化传统。

②宗教亚文化群体：一个国家往往同时存在不同宗教信仰的人群，如天主教徒、基督徒、穆斯林和佛教徒等，各有其宗教的尊崇和禁忌，形成一定的宗教文化。

③种族亚文化群体：如白种人、黄种人、黑种人，各有不同的文化传统和生活方式。

④地理区域亚文化群体：我国地广人多，各地区素有不同的习俗与爱好，仅在菜肴风味方面，就各有特色。

以上这些文化和亚文化因素，都对消费者行为有直接或间接的影响。因为人的行为大部分是后天学习而来的，不像低级动物完全受本能支配。人们从小在一定的文化环境中成长，自然形成了一定的观念和习惯。因此，营销者在选择目标市场和制定营销方案时，必须了解各种不同的文化对于他的产品处于什么样的发展与兴趣阶段。

2. 社会阶层

社会阶层是由具有相似的社会经济地位、利益、价值观倾向和兴趣的人组成的群体或集团。西方学者划分社会阶层，主要是根据职业、收入、教育和价值倾向等因素。不同阶层的人具有不同的价值观念、生活习惯和消费行为，他们对一些商品、品牌、商店、线下活动、大众宣传媒介等都有各自的偏好。这当然主要是由经济地位的不同所决定的，但有时即使收入水平相同，不同阶层人们的生活方式和消费行为，也仍然有明显差别。

在我国社会中虽然没有等级之分，然而由于工作职业等各方面条件的不同，阶层的差异是存在的，不同社会阶层和消费群体的购买行为和消费方式也是存在很大差异的。国家统计局在对全国主要城市进行调查后，根据人们的工作、生活、收入、心理等基本概况，产品和品牌的消费习惯，媒体接触以及生活形态、消费观念等因素进行分析后认为，我国城市居民可分为以下八大消费群体：

第一，消费群取向现实，心态稳定，注重家庭生活，爱看新闻、综艺节目，爱读生活、健康方面的书刊，他们推崇社会经验，关注社会变迁，注重别人对自己的观感，购物很少"冲动"，对太创新的商品缺乏热情，日常消费的主要是价格适中的产品。

第二，消费群取向前卫、进取，他们大都从事"劳心"工作，由于收入较高，有能力追求生活享受和消费品位，购物不在乎价钱而注重质量和格调，他们追随流行、奔波忙碌，频繁光顾餐馆，重视朋友和社交。

第三，消费群主要由高收入阶层组成，他们追求高品质消费方式，着重能凸显财富地位的商品，他们大多经常去餐馆就餐，相对而言，他们的家庭观念较为薄弱，对金钱的评判常是幸福的代名词，这部分居民购买力数量不大，但购买力却很强。

第四，消费群主要由低收入阶层组成，由于消费能力不强，他们对商品的要求常是

"量"而不是"质"。他们习惯于保守稳定的生活,秉持传统的家庭观念。

第五,消费群主要由知识阶层组成,他们喜欢阅读,注重精神享受,休闲活动较为克制,日常生活追求节俭,金钱大多花在文化消费上。这些人思想开放但不偏激,持批判态度但抱有宽容。

第六,消费群主要由管理层人士、专业人员组成,由于有一定的社会地位,加之收入相对较高,故对现实生活的评价取向肯定。这个群体对自己的成就寄予很大的期望,重视金钱,愿意接受挑战。

第七,消费群主要由传统文化观念较为薄弱的人群组成,他们喜欢运动、炒股,爱看体育节目和外国电影,经常出入餐馆、酒吧,这个群体喜爱阅读,不大信任广告,与朋友在一起,很能放纵自己并享受乐趣。

第八,消费群主要由中年女性组成,他们负责食品和家庭日用品的购买,承担着主要的家庭事务,奔波忙碌,很少参加运动和休闲活动,买东西惯于货比三家,对电视广告较为信任。

值得营销人员重视的是划分社会阶层的目的,在于区别不同社会阶层的消费需求和购买行为的特点,以便结合企业的能力合理选择目标市场和制定适当的营销组合。不同社会阶层和消费群体的人,对产品和品牌有不同的需求和偏好。因此,一个营销者只能集中力量为某些阶层服务,而不可能同时满足所有各阶层的需求。不同阶层还决定了不同的零售方式以及广告媒体的选择,因为不同阶层的人们在阅读报纸杂志和看电视节目等方面也有很大区别。

不同社会阶层的消费者行为上的差别,不仅由于他们购买能力的不同,而且还取决于消费心理上的差异。例如,一个货车司机家庭和一个普通律师家庭,假定他们的年收入都是3万美元,但生活方式和消费行为可能有很大不同。前者在本阶层内可能是较富裕户,并且邻居也多是蓝领工人;而后者由于要购买一些显示身份地位的物品,有各种必要的文化和社交开支,其结果是"可随意支配的收入"可能比司机家庭更少,在本阶层内是较困难户。

二、 社会因素

1. 相关群体

相关群体是指购买者的社会联系,是对个人的态度、意见和偏好有重大影响的群体。人们的生活方式和偏好不是天生的,而是后天形成的。对消费者的生活方式和偏好有影响的各种社会关系,称为相关群体。相关群体可分为三类:一是对个人影响最大的群体称为初级群体,如家庭、亲朋好友、邻居和同事等,消费者生活在其中并与他们发生面对面的关系,他们对消费者的购买行为产生直接的影响;二是影响较次一级的群体称为次级群体,如个人所参加的各种社会团体、职业团体等,消费者与次级群体的接触不如初级群体频繁,这些群体对消费者的购买行为产生间接的影响;三是个人并不直接参加、但影响也很显著的群体称为渴望群体,如社会名流、影视明星、体育明星等,又称崇拜性群体,消费者不属于该群体,但以其规范和行为作为自己生活的准绳,并渴望加入这一群体。这种崇拜性群体的一举一动常会成为人们模仿的样板,因此,有些厂商花高价请明星们享用他们的产品,可收到显著的示范效应。

2. 家庭

家庭对消费者的购买行为影响最大。人们的价值观、审美观、爱好和习惯,多半都是在家庭的影响下形成的。在购买者决策的所有参与者中，购买者家庭成员对其决策的影响最大。对购买者决策影响的大小，在不同类型的家庭和不同商品的购买中，也不尽相同。美国社会学家按家庭权威中心的不同，把家庭分为四种类型，即丈夫决定型、妻子决定型、共同决定型及各自做主型。另外，不同的商品，在家庭中购买决策的重心也不同，通常可分为三种情况：

①丈夫有较大影响力的商品，如烟、酒等；
②妻子有较大影响力的商品，如女性保健品等；
③夫妻共同决定的商品，如高级礼品等。

3. 社会角色

社会角色是指一个人在一定的社会中所处的某种在权利和义务方面的地位。社会无形地为每一个人规定了他所扮演的角色和职责，并以一定的社会规范为标准来衡量和评价每一个角色履行其职责的情况。所以每一个角色都会自觉地按其角色的规范行事，都是通过消费行为来表现出他所扮演的角色。企业通过了解和识别每一个人担任的角色，就可以了解他的购买行为，以便有的放矢地对不同角色采取各种诱导措施，取得良好的营销效果。

三、个人因素

在社会文化诸因素都相同的情况下，每个消费者的行为仍然会有很大差异，这是由于年龄、职业、收入、个性和生活方式等个人情况的不同而造成的。

1. 年龄和家庭生命周期阶段

不同年龄的人有不同的需要和偏好，这是毫无疑问的。人们在衣、食、住、行各方面的消费需要，都随自然年龄的变化而变化，年龄影响着人们的消费行为。

年龄不仅影响个人的消费行为，而且还关系到婚姻家庭状况，如是否有子女以及子女的年龄等。根据美国学者威尔斯（Wells）和帕特里克（Patrik）的研究，家庭的生命周期划分成9个阶段。

（1）单身期　离开父母独居的青年。几乎没有经济负担，购买重点以满足个人需要为主，崇尚时代潮流。

（2）新婚期　新婚的年轻夫妻，无子女。经济情况较有子女时要好，购买重点以组织家庭为主。该阶段是购买耐用消费品最多、购买频率最高的阶段。

（3）"满巢"Ⅰ期　即养育孩子初期，子女在6岁以下，即学龄前儿童。负担重，购买重点是婴幼儿用品，如婴儿食品等。

（4）"满巢"Ⅱ期　即养育孩子中期，子女大于6岁，已入学。经济情况好转，购物喜欢大包装、多容量，以适应孩子成长中日益增大的需求。购买重点除了大量食品以外，以教育培养孩子的产品为主。

（5）"满巢"Ⅲ期　又称养育孩子晚期，结婚已久，子女已长大，但仍需抚养。经济情况仍然较好，有的孩子已经参加工作，负担减轻，购物转向档次高、新式雅致的产品。

（6）"空巢"Ⅰ期　结婚已很久，子女已成人分居，夫妻仍有工作能力。经济情况好，购买的重心是度假、奢侈品等。

（7）"空巢"Ⅱ期　已退休的老年夫妻，子女早已离家分居。收入大幅减少，购买的重心是医药保健品。

（8）鳏寡就业期　独居老人，尚有工作能力。

（9）鳏寡退休期　独居老人，已退休养老。

不同阶段的家庭有不同的需求特点，如新婚家庭与子女已成人离家的老年夫妻家庭，肯定有不同需要。营销者只有明确自己的目标市场处于家庭生命周期的什么阶段，并据以发展适销的产品和拟定适当的营销计划，才能取得成功。除了自然年龄的不同阶段外，还要注意消费者心理生命周期的阶段。有些人心理上的年龄往往与他们的实际年龄不一致，如有些青年人"少年老成"，有些中老年人却充满青春的活力，因而他们的消费行为同他们的自然年龄相异。

2. 职业

不同的职业决定着人们的不同需要和兴趣，如蓝领工人与公司总裁的需求肯定不同；大学教授和保育员的需要也会有很大差别。一般说来，营销者应当分析出哪种职业的人们对自己的产品或服务有兴趣。

3. 经济状况

经济状况决定着个人和家庭的购买能力，因此，营销者必须研究个人可支配收入的变化情况，以及人们对消费开支和储蓄的态度等。如果对经济前景预测不佳，企业有必要重新设计产品，制定价格，或减少产量和存货，或采取一些其他应变措施。

人们的个人收入和购买能力，同价值观念和审美情趣也有直接的关系。目前，经济发达国家由于人均国民收入达到相当的高度，已经进入价值观个性化和多样化的时代，很难有一种价值观占统治地位。过去的时代，示范效应非常明显，而今，消费者都按照个人爱好和习惯来购买商品，消费者的动向越来越难以把握。有人认为，大众式、大批量消费已转变为多样化、个性化的"分众式"消费，因此，应按某一消费层次设计产品。日本伊藤百货公司总裁伊藤雅俊曾指出："从零售行业的角度观察，人均国民收入达到 2500 美元左右时，消费者行为开始出现明显的变化。"这些都是营销者不能不认真调查研究的。

4. 生活方式

生活方式对人们消费需求的影响是显而易见的。有些人虽然出身于同一社会阶层，来自同一文化群体，具有相似个性，但由于有不同的生活方式，他们的活动、兴趣和见解均不相同。因此了解目标顾客的生活方式，对营销者很有意义。市场营销是向消费者提供各种可能的生活方式的一个过程，他使消费者有可能按自己的爱好选择最适当的生活方式。营销者应尽力了解产品与消费者生活方式的关系，并努力加强产品对消费者生活方式的影响，使消费者的生活更加文明、健康和舒适。

5. 个性和自我观念

个性是指个人的性格特征，如外向、内向、开拓、保守、文静、急躁等。与此相关联的另一个概念是购买者的自我观念（自我形象），它也是影响消费者行为的一个因素。营销者必须了解其目标市场可能存在的个性特征和消费者的自我形象，所设计的品牌形象应当符合目标消费者的个性及自我形象。例如，美国有一家啤酒公司发现，经常饮用啤酒的人大多数是较外向的、积极进取的人，于是，公司决定设计一个能够吸引这种类型消费者的品牌形象；同时，在广告中也选用具有此类个性的人，消费者就会乐于接受这个品牌，感到这是属于他们自己的品牌。但是，个性这一因素的影响，并非在一切产品的营销过程中都能明显表现出来。营销者应了解自己目标市场的消费者居于哪种类型，然后有针对性地开展促销活动。

四、心理因素

消费者行为除受上述因素影响外,还要受消费者心理因素的影响。要了解消费者行为的起因,就必须研究这些心理过程。

1. 消费者需要

消费活动从根本上讲是满足需要的活动,消费者需要是消费行为的根本源泉和动力。人们的消费活动不纯粹是一种为生存而消费社会产品的过程,还是人们享受生活的乐趣,从消费商品中获得精神满足的过程。因此,学习消费者心理学、行为科学,研究消费者的需要、动机和行为,是每一个营销管理者竞争取胜的必修之课。营销者只有了解消费者的真正需要,有的放矢,才能取胜。

美国著名心理学家马斯洛的"需要层次论(hierarchical theory of needs)"可以帮助市场营销人员理解各种产品如何才能适应消费者的计划、目标和生活。马斯洛在1954年发表的代表作《动机与人格》里提出了这个理论。这个理论的基本点是:

①人类是有需要和欲望的,随时有待于满足;需要的是什么,要看已满足的是什么;已满足的需要不会形成动机,只有未满足的需要才会形成引起行为的动机。

②人类的需要是从低级到高级具有不同层次的,只有当低一级的需要得到相对满足时,高一级的需要才会起主导作用,成为支配人们行为的动机。一般说来,需要强度的大小和需要层次的高低成反比,即需要的层次越低,其强度越大。

马斯洛按需要强度的顺序,把人类需要分为五个层次,即生理的需要、安全的需要、社会的需要、尊重的需要和自我实现的需要。但这种结构不是刚性的,有的人情况特殊,需要层次的顺序不同或无高层次的需要。

对马斯洛的"需要层次论"的评价,在我国颇有争议。当然,在不同社会制度下,人们的需要具有不同的特性,生理的、本能的需要可能差别不大,社会性的需要却有重大差别。但是,将人类需要分为不同层次这一点,无论在什么社会制度下都有必要,特别是对企业的经营管理都是有用的。按照这一理论,经营者必须了解目标市场尚未满足的需要是什么,管理者必须知道被管理者的需要是什么,然后才能有的放矢、对症下药地进行经营管理,才能避免经营管理工作中的盲目性。

2. 感觉和知觉

消费者有了购买需要,产生购买动机以后,就要采取行动。至于怎样采取行动,则受到认识过程的影响。消费者的认识过程是对商品等刺激物的情绪反应过程,他由感性认识和理性认识两个阶段组成。感觉和知觉属于感性认识,是指消费者的感官直接接触刺激物和情境所获得的直观、形象的反应。这种认识由感觉开始。刺激物或情境的信息,如某种商品的形状、大小、颜色、气味等,刺激了人的视、听、触、嗅、味等器官,使消费者感觉到它的个别特性。随着感觉的深入,各种感官信息在头脑中被联系起来进行初步的分析综合,使人形成对刺激物或情境的整体反映,就是知觉。

由于每个人以各自的方式注意、整理、解释感觉到的信息,因此不同消费者对同种刺激物或情境的知觉很可能是不同的。消费者的知觉有以下特点:

(1)选择性注意 人的一生中时刻面临着许多的刺激物,以商业广告来说,在经济发达地区的人平均每天见到的广告超过1500条,不可能都引起注意,绝大多数都是转瞬即逝,留不下什么印象。人们将有选择地注意哪些刺激物呢？有三种情况较能引起人们的注意：一是与目前需要有关的；二是预期将出现的；三是变化幅度大于一般的、较为特殊的刺激物，如降价 50% 比降价 5% 的广告，会引起人们更大的注意。因此，在激烈的市场竞争中，营销者要开动脑筋，千方百计引起消费者注意。

（2）选择性曲解　人们面对客观事物，不一定都能正确认识、如实反映，往往是按照自己的偏见或先入之见来曲解客观事物，即人们有一种把外界输入的信息与头脑中原有的信息相结合的倾向。这种按个人信念曲解信息的倾向，称为选择性曲解。例如，某一名牌食品在消费者心目中早已树起信誉，形成品牌偏好，就不会轻易消失；另一新的品牌即使实际质量已优于前者，消费者也不会轻易认可，总认为原先的那个名牌货更好些。

（3）选择性记忆　人们对所了解到的信息不可能统统记住，而主要是记住那些符合自己信念的信息。例如，只记住自己所喜欢的品牌的优点，每次需要再购买时，就想起了这个品牌而不是其他品牌。这种心理机制，称为选择性记忆。

上述三种知觉过程，营销者只有多次反复使用有吸引力的强刺激，才能加深消费者的直观印象，突破其牢固的知觉壁垒。

3. 思维和学习

思维是消费者在感性认识的基础上，对某些刺激物和情境进行分析、综合、判断、推理，从而获得对他们本质反映的理性认识的过程。消费者经过思维，形成购买意向，做出购买决定。学习，是在行动中由于经验而引起的个人行为的变化，即消费者在购买和使用商品的实践中，逐步获得和积累经验并根据经验调整购买行为过程。学习论者认为学习的发生是由于驱策力、刺激物、诱因、反应和强化的交互作用。因此，企业为了扩大对某种商品的需求，可以激发消费者驱策力，反复提供诱发购买该商品的提示刺激，尽量使消费者购买后感到满意从而去强化积极的反应。

4. 信念和态度

通过学习和行动，人们可产生一定的信念和态度，从而影响人们的行为，包括消费行为。信念是指人们对事物所持的认识。人们对商品的信念可以建立在不同的基础上，有的建立在科学的基础上，有的建立在某种见解的基础上，有的建立在信任（如对知名品牌产品）的基础上，有的则可能基于偏见、讹传。不同的信念可导致人们不同的态度、不同的倾向，如消费者对名牌商品争相选购，而对不熟悉的新产品则犹豫观望，疑虑重重，很难做出决策。消费者的态度一旦形成很难改变，企业应设法适应消费者持有的态度，而不要勉强去改变。当然，通过各种广告宣传手段，也可以改变人们的信念和态度，但这要付出很大代价，要权衡得失再做出决策。

总之，以上文化、社会、个人、心理四个方面的因素，是影响消费者行为的主要因素，营销者为了更有效地为消费者服务，不断开拓市场，必须认真研究。

五、购买者的决策过程

仅了解影响消费者行为的主要因素，对于营销者还是不够的，还需要了解目标购买者是谁，他们面临着什么样的决策，谁参与决策，购买者决策过程的主要步骤是什么等。

1. 消费者购买决策的参与者

消费通常是以家庭为单位进行的，但购买决策者一般是家庭中的某一个或几个成员。究竟谁是决策者，要依据不同的商品而定。有些产品的购买决策单位只有一个人，如香烟、口红、洗衣粉等。还有些产品如钢琴、摩托车等日用消费品，其决策单位往往包括一个家庭的主要成员甚至所有成员。人们在购买决策过程中可能充当以下角色：

①发起者：即首先提出购买某种产品或劳务的人；
②影响者：即其看法或建议对最终决策具有一定影响的人；
③决策者：即最后决定购买决策的人；
④购买者：即进行实际购买的人；
⑤使用者：即消费或使用产品或服务的人。

企业必须识别以上这些角色，比如在某家庭购买补品的决策过程中，妻子是发起者，首先提出购买补品的意见；这个家庭成员和亲友对购买的最后决定都有一定的影响，丈夫和妻子是决定者和购买者；女儿是使用者。保健品企业应根据以上各种不同作用的人员，采取不同措施，分别去影响他们。

2. 消费者的购买决策过程

企业调查研究和了解消费者购买过程阶段的主要目的是针对消费者在购买过程多个阶段的思想、行为，酌情采取适当措施，影响消费者的购买决策，使消费者的购买决策和购买行为有利于扩大本企业产品的销售。对于不同类型的购买行为，消费者在购买决策上所花费的时间与精力并不一样。对于复杂的购买行为，消费者的购买过程分为五个阶段：引起需要、收集信息、评估信息、购买决策、购后感受。

（1）引起需要　消费者的购买过程是从唤起需要开始的。需要是购买行为的原动力。一般来说，消费者的需要由两种刺激引起：一种是人体内部的刺激，如饿、冷、渴等的刺激；一种是人体外部的刺激，如周围环境、广告宣传、商品外观等的刺激。引起需要这一阶段的存在对营销人员有两方面的意义：第一，营销人员必须了解本企业产品实际上或能潜在地引起消费者哪些需要，以作为设计触发诱因的根据；第二，消费者对某种商品的需求强度会随时间的推移而变动，并且被一些诱因所触发。因此，营销人员一方面要掌握引起需要的时机，另一方面要善于安排适当的诱因，促使消费者对本企业所生产经营产品的需要变得很强烈，并转化为购买行动。

（2）收集信息　在多数情况下，被唤起的需要并不能马上就能满足。通常是"需要"最先进入消费者的记忆中，进而促使消费者四处寻找信息。消费者所需信息有四个来源：①个人来源，消费者可从家庭、亲友、邻居及其他熟人等处得到信息；②商业性来源，即从广告、售货员介绍、商品展览与陈列、商品包装、商品说明书等得到信息；③大众来源，即从大众传播媒体如报纸、杂志、电视、广播等获取信息；④经验来源，即从操纵、实验、使用商品方面获取信息。营销人员了解消费者可能的信息来源及各种来源得到的信息的影响力，据以向目标市场有效地传递信息。

（3）评估信息　消费者收集到所需要的信息之后，就会对一些资料进行分析对比、综合评价，以做出抉择，即购买哪种品牌的产品最为理想。评价的内容一般包括商品的式样、花色品种、规格、功能等商品属性以及价格、保修条件等项内容。在这一阶段，企业首先要了解消费者评价标准，即"理想产品模式"，然后拿实际产品同这种"理想产品"相比较，倘若实际产品与"理想产品"有差距，这时候企业应该：①可以改变现有产品的某些属性，以接近这个消费者群的"理想产品"，这称为实际的重新定位；②可以实事求是地宣传该品牌的优点，使这个消费群体在心目中认为该品牌更接近"理想产品"，这称为心理的重新定位；③可以通过比较广告，设法改变这个消费群对其竞争对手的品牌信念，这称为竞争的定位；④可以设法使这个消费者群改变其"理想产品"的标准。

（4）购买决策　信息评估阶段使消费者对可供选择的若干种品牌，根据合乎自己心理的程度排出了先后的次序，形成了购买意图。在正常情况下，消费者通常会购买他们最喜欢的品牌。但在决定购买之前，还可能因他人的意见或其他情况而改变原来的选择。

他人意见或态度对消费者购买决策的影响，取决于两个因素：①他人反对消费者品牌选择的强烈程度；②反对者与消费者关系的密切程度。他人反对的态度越是强烈，与消费者的关系越是密切，消费者越有可能改变原来的品牌选择。

环境的意外变化也可能促使消费者改变品牌的选择，或者导致购买行为的推迟或取消，如经济状况恶化，家庭收入剧减等意外变化。

企业在这个阶段的营销重点分为两方面：一是加强广告宣传活动，增强消费者购买企业产品的信心；二是加强销售地点的促销活动。

（5）购后感受　消费者购买某种产品并使用了该产品一段时间后，必然会产生某种程度的满意或不满意的感受。如果感到满意或很满意，他们下次就很可能还购买这种品牌的产品，并且常对他人称赞这种产品。顾客的满意是最好的广告，对其他消费者具有很大影响力。反之，如果消费者的购后感受是不满意或很不满意，则不但他们自己以后不会去购买这种产品，而且会传播该产品的缺点，使原来想买这种产品的人不再购买。可见，消费者的购后感受和行为，与企业产品销路关系极大。西方学者认为，消费者的满意感或不满意感（以 S 代表）是其预料（以 E 代表）和产品的觉察性能（以 P 代表）的函数，即 $S = f(E, P)$。这就是说，如果产品的觉察性能符合消费者的预料，消费者就满意；如果产品的觉察性能超过消费者的预料，消费者就很满意；反之，如果产品的觉察性能不如消费者预料的好，消费者就不满意。因此，企业在营销活动中应注意采取下列措施：

①对产品的广告宣传应实事求是，恰如其分。过分地吹嘘或者过多地许诺，消费者一旦发现实际与期望不符，极易产生强烈的反感。

②与顾客保持联系，肯定其购买决策的正确性，刊登购后满意的宣传报道，加强消费者的满意感觉。

③介绍产品的正确使用方法，避免因使用不当引起的不满；向消费者征求改进意见，提供质量担保与维修服务，尽量减少购后的不满意感觉。

综上所述，消费者在市场上要购买什么东西，怎么买，买多少，在什么时间或什么地方买等一系列购买行为，是经济因素、心理因素和社会因素综合地作用于购买者感官的结果，是一个复杂的系统工程。

第三节　竞争对手分析

"知己知彼，百战不殆"。食品企业要制订正确的竞争战略和策略，就要深入地了解竞争者，主要方面有：识别竞争者、判定竞争者的战略和目标、评估竞争者的实力和反应。

一、识别竞争者

识别竞争者似乎是一件很容易的事,但是,食品企业的现实和潜在竞争者的范围是极其广泛的,如果不能正确地识别,就会患上"竞争者近视症"。企业被潜在竞争者击败的可能性往往大于现实竞争者。食品企业应当有长远的眼光,从行业结构和业务范围的角度识别竞争者。

(一) 从行业竞争角度识别竞争者

行业是一组提供一种或一类密切替代产品的相互竞争的公司。密切替代产品是指具有高度需求交叉弹性的产品。

经济学家认为,行业动态首先决定于需求与供应的基本状况,供求会影响行业结构,行业结构又影响行业的行为,比如食品开发、定价和广告战略等,行业的行为决定着行业的绩效,如行业的效率、成长和就业等。这里主要讨论决定行业结构的主要因素。

决定行业结构的主要因素有:销售商数量及产品差异程度;进入与流动障碍;退出与收缩障碍;成本结构;纵向一体化;企业化经营的程度。

1. 销售商数量及产品差异程度

这两个特点产生了5种行业结构类型。

(1) 完全垄断 是指在一定地理范围内某一行业只有一家公司供应产品或服务。完全垄断可能由规章法令、专利权、许可证、规模经济或其他因素造成。在西方国家,完全垄断可分为"政府垄断"和"私人垄断"两种。在私人垄断条件下,追求最大利润的垄断者会抬高商品价格,少做或不做广告,并提供最低限度的服务。如果该行业内出现了替代品或紧急竞争危机,垄断者会改善产品和服务作为阻止新竞争者进入的障碍。

(2) 完全寡头垄断 完全寡头垄断是寡头垄断的一种类型。寡头垄断是指某一行业内少数几家大公司提供的产品或服务占据绝大部分市场并相互竞争,分为完全寡头垄断和不完全寡头垄断。完全寡头垄断又称无差别寡头垄断,是指某一行业内少数几家大公司提供的产品或服务占据绝大部分市场并且顾客认为各公司产品没有差别,对不同品牌无特殊偏好。寡头企业之间的相互牵制导致每一企业只能按照行业的现行价格水平定价,不能随意变动,竞争的主要手段是改进管理、降低成本、增加服务。

(3) 不完全寡头垄断 又称差别寡头垄断,是指某一行业内少数几家大公司提供的产品或服务占据绝大部分市场且顾客认为各公司的产品存在差异,对某些品牌形成特殊偏好,其他品牌不能替代。顾客愿意以高于同类产品的价格购买自己所喜爱的品牌,寡头垄断企业对自己经营的受顾客喜爱的名牌产品具有垄断性,可以制定较高价格以增加赢利。竞争的焦点不是价格,而是产品特色。

(4) 垄断竞争 是指某一行业内有许多卖主且相互之间的产品有差别,顾客对某些品牌有特殊偏好,不同的卖主以产品的差异性吸引顾客,展开竞争。企业竞争的焦点是扩大本企业品牌与竞争品牌的差异,突出特色。应当注意,产品的差异性有些是客观上存在的,易于用客观手段检测或直观感觉证实;有些则是购买者主观心理上存在的,不易用客观或主观方法加以检测。对于客观上不易造成差别的同质产品或不易用客观和主观手段检测的产品,企业可以运用有效的营销手段如款式、商标、包装、价格和广告等在购买者中造成本品牌与竞争品牌的心理差别,强化特色,夺取竞争优势。

（5）完全竞争　是指某一行业内有许多卖主且相互之间的产品没有差别。完全竞争大多存在于均质产品市场，如食盐、农产品等。买卖双方都只能按照供求关系确定的现行市场价格来买卖商品，都是"价格的接受者"而不是"价格的决定者"。企业竞争战略的焦点是降低成本，增加服务并争取扩大与竞争品牌的差别。

2. 进入与流动障碍

一般而言，如果某个行业具有高度的利润吸引力，其他企业会设法进入。但是，进入一个行业会遇到许多的障碍，主要有缺乏足够的资本、未实现规模经济、无专利和许可证、无场地、原料供应不充分、难以找到愿意合作的分销产品、市场信誉不易建立等。其中一些障碍是行业本身固有的，另外一些障碍是先期进入并已经垄断市场的企业单独或联合设置的，以维护其市场地位和利益。即使企业进入了某一行业，在向更有吸引力的细分市场流动时，也会遇到流动障碍。各个行业的进入与流动障碍不同，比如，进入食品制造业十分容易，进入飞机制造业则极其困难。某个行业的进入与流动障碍高，先期进入的企业就能够获取高于正常水平的利润率，其他企业只能望洋兴叹；某个行业的进入与流动障碍低，其他企业就会纷纷进入，使该行业的平均利润率降低。

3. 退出与收缩障碍

如果某个行业的利润水平低下甚至亏损，已进入的企业会主动退出，并将人力、物力和财力转向更有吸引力的行业。但是退出一个行业也会遇到退出障碍，主要有对顾客、债权人或雇员的法律和道义上的义务，政府限制，过分专业化或设备陈旧造成的资产利用价值低，未发现更有利的市场机会，高度的纵向一体化，感情障碍等。即使不完全退出该行业，仅是缩小经营规模，也会遇到收缩障碍。由于存在退出与收缩障碍，许多企业在已经无利可图的时候，只要能够收回可变成本和部分收回固定成本，就会在一个行业内维持经营。它们的存在降低了行业的平均利润率，打算在该行业内继续经营的企业出于自身的利益考虑应设法减少它们的退出障碍，如买下退出者的资产、帮助承担顾客义务等。

4. 成本结构

在每个行业里从事业务经营所需的成本及成本结构不同。比如，食品业所需成本小，而所需分销和促销成本大。企业应把注意力放在最大成本上，在不影响业务发展的前提下减少这些成本。食品制造商将主要成本用于建立广泛分销渠道和广告宣传可能比投入生产更有利。

5. 纵向一体化

在许多行业中，实行前向或后向一体化有利于取得竞争优势。农工商联合体从事农产品的生产、加工和销售业务，可以降低成本、控制增值流，还能在各个细分市场中控制价格和成本，使无法实现纵向一体化的企业处于劣势。

6. 全球经营

有些行业局限于地方经营，有些行业则适宜发展全球经营，可称为全球性行业。在全球性行业从事业务经营，必须开展以全球为基础的竞争，以实现规模经济和赶上最先进的技术。

（二）从业务范围来识别竞争者

每个食品企业都要根据内部和外部条件确定自身的业务范围并随着实力的增加而扩大业务范围。企业在确定和扩大业务范围时都自觉或不自觉地受一定导向支配，导向不同，竞争者识别和竞争战略就不同。

1. 产品导向与竞争者识别

产品导向指企业业务范围限定为经营某种定型产品,在不从事或很少从事产品更新的前提下设法寻找和扩大该产品的市场。

食品企业的每项业务一般都包括4个方面的内容:①要服务的顾客群;②要迎合的顾客需求;③满足这些需求的技术;④运用这些技术生产出的产品。根据这些内容可知,产品导向指食品企业的产品和技术都是既定的,而购买这种产品的顾客群体和所要迎合的顾客需求却是未定的,有待于寻找和发掘。在产品导向下,食品企业业务范围扩大是指市场扩大,即顾客增多和所迎合需求增多,而不是指产品种类或花色品种增多。

实行产品导向的食品企业仅把生产同一品种或规格产品的企业视为竞争对手。产品导向的适用条件是:市场产品供不应求,现有产品不愁销路;企业实力薄弱,无力从事产品更新。当原有产品供过于求而企业又无力开发新产品时,主要营销战略是市场渗透和市场开发。市场渗透是设法增加现有产品在现有市场的销售量,提高市场占有率。市场开发是寻找新的目标市场,用现有产品满足新市场的需求。

2. 技术导向与竞争者识别

技术导向是指企业业务范围限定为经营用现有设备或技术生产出来的产品。业务范围扩大是指运用现有设备和技术或对现有设备和技术加以改进而生产出新的花色品种。对照食品企业业务的4项内容看,技术导向是指食品企业的生产技术类型是确定的,而用这种技术生产出何种产品、服务于哪些顾客群体、满足顾客的何种需求却是未定的,有待于根据市场变化去寻找和发掘。

技术导向把所有使用同一技术、生产同类产品的企业视为竞争对手。适用条件是某具体品种已供过于求,但不同花色品种的同类产品仍然有良好前景。与技术导向相适应的营销战略是产品改革和一体化发展,即对产品的质量、样式、功能和用途加以改革,并利用原有技术生产与原产品处于同一领域的不同阶段的产品。技术导向未把满足同一需要的其他大类产品的生产企业视为竞争对手,易于发生"竞争者近视症"。当满足同一需要的其他行业迅猛发展时,本行业产品就会被淘汰或严重供过于求,继续实行技术导向就难以维持企业生存。

3. 需要导向与竞争者识别

需要导向指企业业务范围确定为满足顾客的某一需求,并运用可能互不相关的多种技术生产出分属不同大类的产品去满足这一需求。对照食品企业业务范围的4项内容来看,需要导向是指所迎合的需要是既定的,而满足这种需要的技术、产品和所服务的顾客群体却随着技术的发展和市场的变化而变化。根据需要导向确定业务范围时,应考虑市场需求和企业实力,避免过窄或过宽。过窄则市场太小,无利可图;过宽则力不能及。

实行需要导向的食品企业把满足顾客同一需要的企业都视为竞争者,而不论他们采用何种技术、提供何种产品。适用条件是市场商品供过于求,企业具有强大的投资能力、运用多种不同技术的能力和经营促销各类产品的能力。如果企业受到自身实力的限制而无法按照需要导向确定业务范围,也要在需要导向指导下密切注视需求变化和来自其他行业的可能的竞争者,在更高的视野上发现机会和避免风险。需要导向的竞争战略是新产业开发,进入与现有产品和技术无关但满足顾客同一需要的行业。

4. 顾客导向和多元导向

顾客导向是指企业业务范围确定为满足某一群体的需要。业务范围扩大则是指发展与原顾客群体有关但与原有产品、技术和需要可能无关的新业务。对照食品企业业务的 4 项内容看，顾客导向是指食品企业要服务的顾客群体是既定的，但此群体的需要有哪些，满足这些需要的技术和产品是什么，则要根据内部和外部条件加以确定。

顾客导向的适用条件是企业在某类顾客群体中享有盛誉和销售网络等优势并且能够转移到公司的新增业务上。换句话说，该顾客群体出于对公司的信任和好感而乐于购买公司增加经营的与原产品生产技术上有关或无关的其他产品，公司也能够利用原有的销售渠道促销新产品。顾客导向的优点是能够充分利用企业在原顾客群体的信誉、业务关系或渠道销售其他类型产品，减少进入市场的障碍，增加企业销售和利润总量。缺点是企业要有丰厚的资金和运用多种技术的能力，并且新增业务若未能获得顾客信任和满意将损害原有产品的声誉和销售。

多元导向是指企业通过对各类产品的市场需求趋势和获利状况的动态分析确定业务范围，新发展业务可能与原有产品、技术、需要和顾客群体都没有关系。比如，宝洁公司经营幼儿食品，菲利浦·莫里斯国际公司经营啤酒、饮料和冷冻食品等。适用条件是企业有雄厚的实力、敏锐的市场洞察力和强大的跨行业经营能力。多元导向的优点是可以最大限度地发掘和抓住市场机会，撇开原有产品、技术、需要和顾客群体对企业业务发展的束缚；缺点是新增业务若未能获得市场承认将损害原成名产品的声誉。

二、 判定竞争者的战略和目标

1. 判定竞争者的战略

公司最直接的竞争者是那些处于同一行业、同一战略群体的公司。战略群体指在某特定行业内推行相同战略的一组企业。战略的差别表现在目标市场、产品档次、性能、技术水平、价格、销售范围等方面。区分战略群体有助于认识以下 3 个问题：

第一，不同战略群体的进入与流动障碍不同。比如，某食品企业在产品质量、声誉等方面缺乏优势，则进入低价格、中等成本的战略群体较为容易，而进入高价格、高质量、低成本的战略群体较为困难。

第二，同一战略群体内的竞争最为激烈。处于同一战略群体的食品企业在目标市场、产品类型、质量、功能、价格、分销渠道和促销战略等方面几乎无差别，任何企业的竞争战略都会受到其他企业的高度关注并在必要时做出强烈反应。

第三，不同战略群体之间存在现实或潜在的竞争。不同战略群体的顾客会有交叉。每个战略群体都试图扩大自己的市场，涉足其他战略群体的领地，在企业实力相当和流动障碍小的情况下尤其如此。

2. 判定竞争者的目标

竞争者的最终目标当然是追逐利润，但是每个食品企业对长期利润和短期利润的重视程度不同，对利润满意水平的看法不同。有的食品企业追求利润"最大化"目标，不达最大，决不罢休；有的食品企业追求利润"满足"目标，达到预期水平就不会再付出更多努力。具体的战略目标有多种多样，如获利能力、市场占有率、现金流量、成本降低、技术领先、服务领先等，每个食品企业有不同的侧重点和目标组合。了解竞争者的战略目标及其组合可以判断他们对不同竞争行为的反应。比如，一个以低成本领先为目标的食品企业对竞争企业在制造过程中的技术突破会做出强烈反应，而对竞争企业增加广告投入则不太在意。美国企业多数按照最大限度扩大短期利润的模式经营，因为当前经营绩效决定着股东满意度和股票价值。日本企业则主要按照最大限度扩大市场占有率的模式经营，由于贷款利率低、资金成本低，所以对利润的要求也较低，在市场渗透方面显示出更大的耐心。竞争者的目标由多种因素确定，包括企业的规模、历史、经营管理状况、经济状况等。

三、评估竞争者的实力和反应

1. 评估竞争者的优势与劣势

竞争者能否执行和实现战略目标，取决于资源和能力。评估竞争者可分3步进行。

（1）收集信息　收集竞争者业务上最新的关键数据，主要有销售量、市场份额、心理份额、情感份额、毛利、投资报酬率、现金流量、新投资、设备能力利用等。其中，"心理份额"是指回答"举出这个行业中你首先想到的一家公司"这个问题时，提名竞争者的顾客在全部顾客中的比例。"情感份额"是指回答"举出你最喜欢购买其产品的一家公司"这一问题时，提名竞争者的顾客在全部顾客中的比例。收集信息的方法是查找第二手资料和向顾客、供应商及中间商调研得到第一手资料。

（2）分析评价　分析评价根据所得资料综合分析竞争者的优势与劣势。

（3）优胜基准　找出竞争者在管理和营销方面的最好做法作为基准，然后加以模仿、组合和改进，力争超过竞争者。优胜基准的步骤为：①确定优胜基准项目；②确定衡量关键绩效的变量；③确定最佳级别的竞争者；④衡量最佳级别竞争者的绩效；⑤衡量公司绩效；⑥制订缩小差距的计划和行动；⑦执行和监测结果。

2. 评估竞争者的反应模式

了解竞争者的经营哲学、内在文化、主导信念和心理状态可以预测它对各种竞争行为的反应。竞争中常见的反应类型有以下4种。

（1）从容型竞争者　是指对某些特定的攻击行为没有迅速反应或强烈反应。可能原因是：认为顾客忠诚度高，不会转移购买；认为该行为不会产生大的效果；缺乏做出反应所必需的资金条件等。

（2）选择型竞争者　是指只对某些类型的攻击做出反应，而对其他类型的攻击无动于衷。比如，对降价行为做出针锋相对的回击，而对增加广告费用则不做反应。了解竞争者会在哪些方面做出反应，有利于食品企业选择最为可行的攻击类型。

（3）凶狠型竞争者　是指对所有的攻击行为都做出迅速而强烈的反应。这类竞争者意在警告其他企业最好停止任何攻击。

（4）随机型竞争者　是指对竞争攻击的反应具有随机性，有无反应和反应强弱无法根据其以往的情况加以预测。许多小企业往往是随机型的竞争者。

第四节　企业竞争性营销战略

一、企业间一般竞争战略

制订竞争战略的本质在于把某企业与其所处的环境联系起来，而厂商环境的关键方面在于某企业的相关行业、行业结构，它们对竞争者战略的选择有强烈影响。行业是指生产彼此可密切替代的产品的厂商群。行业内部的竞争状态取决于五种基本的竞争势力，即细分市场新参加竞争的厂商的威胁、替代产品的威胁、买方的讨价还价能力、供应方的讨价还价能力以及行业现有竞争者之间的抗衡。

1. 细分市场内激烈竞争的威胁

如果某个细分市场已经有了众多的、强大的或者竞争意识强烈的竞争者，那么该细分市场就会失去吸引力。如果该细分市场处于稳定或者衰退，生产能力不断大幅度扩大，固定成本过高，撤出市场的壁垒过高，竞争者投资很大，那么情况就会更糟。这些情况常会导致价格战、广告争夺战、新产品推出，若企业要参与竞争就必须付出高昂的代价。

2. 新竞争者的威胁

某个细分市场的吸引力随其进退的难易程度而有所区别。根据行业利润的观点，最有吸引力的细分市场应该是进入的壁垒高、退出的壁垒低。在这样的细分市场里，新的企业很难打入，但经营不善的企业可以安然撤退。如果细分市场进入和退出的壁垒都高，那里的利润潜量就大，但也往往伴随较大的风险，因为经营不善的企业难以撤退，必须坚持到底。如果细分市场进入和退出的壁垒都较低，企业便可以进退自如，获得的报酬虽然稳定，但不高。最坏的情况是进入细分市场的壁垒较低，而退出的壁垒却很高。于是在经济良好时，大家蜂拥而入，但在经济萧条时，却很难退出。其结果是大家都生产能力过剩，收入下降。

3. 替代产品的威胁

如果某个细分市场存在着替代产品或者有潜在替代产品，那么该细分市场就会失去吸引力。替代产品会限制细分市场内价格和利润的增长。企业应密切注意替代产品的价格趋向。如果在这些替代产品行业中技术有所发展，或者竞争日趋激烈，这个细分市场的价格和利润就可能会下降。

4. 购买者讨价还价能力加强的威胁

如果某个细分市场中购买者的讨价还价能力很强或正在加强，该细分市场就没有吸引力。购买者便会设法压低价格，对产品质量和服务提出更高的要求，并且使竞争者互相斗争，所有这些都会使销售商的利润受到损失。如果购买者比较集中或者有组织，或者该产品在购买者的成本中占较大比重，或者产品无法实行差别化，或者顾客的转换成本较低，或者由于购买者的利益较低而对价格敏感，或者顾客能够向后实行联合，购买者的讨价还价能力就会加强。销售商为了保护自己，可选择议价能力最弱或者转换销售商能力最弱的购买者。较好的防卫方法是提供顾客无法拒绝的优质产品供应市场。

5. 供应商讨价还价能力加强的威胁

如果企业的供应商、公用事业、银行等，能够提价或者降低产品和服务的质量，或减少供应数量，那么该企业所在的细分市场就会没有吸引力。如果供应商集中或有组织，或者替代产品少，或者供应的产品是重要的投入要素，或者转换成本高，或者供应商可以向前实行联合，那么供应商的讨价还价能力就会比较强。因此，与供应商建立良好关系和开拓多种供应渠道才是防御上策。

为了长期保持与这五种竞争势力相抗衡的防御地位，并且能在行业中超过所有的竞争者，企业可选择以下三种互相有内在联系的一般竞争战略，即成本领先战略、差异化战略和集中战略。

二、成本领先战略

1. 成本领先战略的含义

成本领先战略是指通过有效途径，使企业的全部成本低于竞争对手的成本，以获得同行业平均水平以上的利润。实现成本领先战略需要有一整套具体政策，即要有高效率的设备，积极降低成本，紧缩成本和控制间接费用以及降低研究、开发、服务、销售、广告等方面的成本。要达到这些目的，必须在成本控制上进行大量的管理工作，即不能忽视质量、服务及其他一些领域的工作，尤其要重视与竞争对手有关的低成本的任务。

2. 成本领先战略的优点

只要成本低，企业尽管面临着强大的竞争力量，仍可以在本行业中获得竞争优势。这是因为：

①在与竞争对手的斗争中，企业由于处于低成本地位上，具有进行价格战的良好条件，即使竞争对手在竞争中处于不能获得利润、只能保本的情况下，本企业仍可获利。

②面对强有力的购买者要求降低产品价格的压力，处于低成本地位上的企业仍可以有较好的收益。

③在争取供应商的斗争中，由于企业的低成本，相对于竞争对手具有较大的对原材料、零部件价格上涨的承受能力，能够在较大的利润范围内承受各种不稳定经济因素所带来的影响。同时，由于低成本企业对原材料或零部件的需求量一般较大，因而为获得廉价的原材料或零部件提供了可能，同时也便于和供应商建立稳定的协作关系。

④在与潜在进入者的斗争中，那些形成低成本地位的因素常使企业在规模经济或成本优势方面形成进入障碍，削弱新进入者对低成本者的进入威胁。

⑤在与替代品的斗争中，低成本企业可用削减价格的办法稳定现有顾客的需求，使之不被替代产品所替代。当然，如果企业要较长时间地巩固其现有竞争地位，还必须在产品及市场上有所创新。

3. 成本领先战略的缺点

①投资较大。企业必须具备先进的生产设备，才能高效率地进行生产，以保持较高的劳动生产率。同时，在进攻型定价以及为提高市场占有率而形成的投产亏损等方面也需要进行大量的预先投资。

②技术变革会导致生产工艺和技术的突破，使企业过去大量投资和由此产生的高效率很快丧失优势，并给竞争对手造成以更低成本进入的机会。

③将过多的注意力集中在生产成本上，可能导致企业忽视顾客需求特性和需求趋势的变化，忽视顾客对产品差异的兴趣。

④由于企业集中大量投资于现有技术及现有设备，提高了退出障碍，因而对新技术的采用以及技术创新反应迟钝，甚至采取排斥态度。

4. 成本领先战略的适用条件

低成本战略是一种重要的竞争战略，但是也有一定的适用范围。当具备以下条件时，采用成本领先战略会更有效力：

①市场需求具有较大的价格弹性；

②本行业的企业大多生产标准化产品，从而使价格竞争决定企业的市场地位；

③实现产品差异化的途径很少；

④多数客户以相同的方式使用产品；

⑤用户从一个销售商改变为另一个销售商时，不会发生转换成本，因而特别倾向于购买价格最优惠的产品。

三、差异化战略

1. 差异化战略的含义

差异化战略是指为使企业产品与对手产品有明显的区别、形成与众不同的特点而采取的战略。这种战略的重点是创造被全行业和顾客都视为独特的产品和服务以及企业形象。实现差异的途径多种多样，有产品设计、品牌形象、技术特性、销售网络、用户服务等。

2. 差异化战略的优点

只要条件允许，产品差异化是一种可行的战略。企业奉行这种战略，可以很好地防御五种竞争力量，获得竞争优势：

①实行差异化战略是利用了顾客对其特色的偏爱和忠诚，由此可以降低对产品的价格敏感性，使企业避开价格竞争，在特定领域形成独家经营的市场，并保持领先。

②顾客对企业（或产品）的忠诚性形成强有力的进入障碍，进入者要进入该行业则需花很大气力去克服这种忠诚性。

③产品差异可以产生较高的边际收益，增强企业对付供应者讨价还价的能力。

④由于购买者别无选择，对价格的敏感度又低，企业可以运用产品差异战略来削弱购买者的讨价还价能力。

⑤由于企业具有特色，又赢得了顾客的信任，在特定领域形成独家经营的市场，便可在与代用品的较量中，处于比其他同类企业更有利的地位。

3. 差异化战略的缺点

①保持产品的差异化往往以高成本为代价，因为企业需要进行广泛的研究开发、产品设计、采用高质量原料和争取顾客支持等工作。

②并非所有的顾客都愿意或能够支付产品差异所形成的较高价格。同时，买主对差异化所支付的额外费用是有一定支付极限的，若超过这一极限，低成本低价格的企业与高价格差异化产品的企业相比就显示出竞争力来。

③企业要想取得产品差异，有时要放弃获得较高市场占有率的目标，因为差异化战略的排他性与高市场占有率是矛盾的。

4. 差异化战略的适用条件

①有多种使产品或服务差异化的途径，而且这些差异化是被某些用户视为有价值的。

②消费者对产品的需求是不同的。

③奉行差异化战略的竞争对手不多。

上文分析了成本领先战略和产品差异化战略，那么，这二者之间存在什么关系呢？企业在这两种战略中如何做出选择呢？通过对许多成功企业的调查研究结果表明，这些企业有一个共同的特点，就是在确定企业竞争战略时都是根据企业内外环境条件，在产品差异化、成本领先战略中选择了一个，从而确定具体目标，采取相应措施而取得成功。当然，也有一些企业同时采取两种竞争战略而成功，如经营卷烟业的菲利浦·莫里斯国际公司，依靠高度自动化的生产设备，取得了世界上生产成本最低的好成绩，同时它又在商标、销售促进方面进行巨额投资，在产品差异化方面取得成功。但一般来说，不能同时采用这两种战略，因为这两种战略有着不同的管理方式和开发重点，有着不同的企业经营结构，反映了不同的市场观念。

在同市场的演进中，常会出现这两种竞争战略循环变换的现象。一般来讲，为了竞争及生存的需要，企业往往以产品差异化战略打头，使整个市场的需求动向发生变化，随后其他企业纷纷效仿跟进，使差异化产品逐渐丧失了差异化优势，最后变为标准产品。此时企业只有采用成本领先战略，努力降低成本，使产品产量达到规模经济，提高市场占有率来获得利润。这时市场已发展成熟，企业之间竞争趋于激烈。企业要维持竞争优势，就必须通过新产品开发等途径寻求产品差异化，以开始新一轮战略循环。

四、集中战略

1. 集中战略的含义

集中战略是指企业把经营的重点目标放在某一特定购买者集团，或某种特殊用途的产品，或某一特定地区，来建立企业的竞争优势及其市场地位。由于资源有限，一个企业很难在其产品市场展开全面的竞争，因而需要瞄准一定的重点，以期产生巨大而有效的市场力量。此外，一个企业所具备的不败的竞争优势，也能在产品市场的定范围内发挥作用。

集中战略所依据的前提是，厂商能比正在更广泛进行竞争的竞争对手更有效或效率更高地为其狭隘的战略目标服务，结果，厂商或由于更好地满足其特定目标的需要而取得产品差异，或在为该目标的服务中降低了成本，或两者兼而有之。尽管集中战略往往采取成本领先和差异化这两种变化形式，但三者之间仍存在区别。后两者的目的都在于达到其全行业范围内的目标，但整个集中战略却是围绕着一个特定目标服务而建立起来的。

2. 集中战略的优点

实行集中战略具有以下几个方面的优势：

①经营目标集中，可以集中企业所有资源于特定战略目标之上。

②熟悉产品的市场、用户及同行业竞争情况，可以全面把握市场，获取竞争优势。

③由于生产高度专业化，在制造、科研方面可以实现规模效益。这种战略尤其适用于中小企业，即小企业可以以小补大，以专补缺，以精取胜，在小市场做成大生意，成为"小型巨人"。

3. 集中战略的风险

集中战略也包含风险，主要是注意防止来自三方面的威胁，并采取相应措施维护企业的竞争优势。

①以广泛市场为目标的竞争对手，很可能将该目标细分市场纳入其竞争范围，甚至已经在该目标细分市场中竞争，构成对企业的威胁。这时企业要在产品及市场营销各方面保持和加大其差异性，产品的差异性越大，集中战略的维持力越强；需求者差异性越大，集中战略的维持力也越强。

②该行业的其他企业也采用集中战略，或者以更小的细分市场为目标，构成了对企业的威胁。这时选用集中战略的企业要建立防止模仿的障碍，当然其障碍的高低取决于特定的市场细分结构。另外，目标细分市场的规模也会造成对集中战略的威胁，如果细分市场较小，

竞争者可能不感兴趣，但如果是在一个新兴的、利润不断增长的较大的目标细分市场上也采用集中战略，开发出更为专业化的产品，就会剥夺原选用集中战略的企业的竞争优势。

③如果社会政治、经济、法律、文化等环境的变化，技术的突破和创新等多方面原因引起替代品出现或消费者偏好发生变化，导致市场结构性变化，此时集中战略的优势也将随之消失。

思考题

1. 影响消费者购买行为的要素有哪些？举例说明文化要素对消费者行为的影响。
2. 简述消费者购买行为的类型。
3. 试述消费者购买决策过程；为什么要把购后行为包括在购买者决策过程之中？
4. 目前企业面对的竞争威胁力量主要有哪些。
5. 怎样对竞争对手进行分析？

[案例]

旷日持久的可乐战

美国亚特兰大可口可乐企业和纽约百事可乐企业是美国软饮料市场上的两支生力军。这两支大军之间持续进行了数十年的可乐战。

可口可乐是具有一百多年历史的老牌软饮料。它的发明者是药剂师约翰·史蒂斯·彭伯顿。可口可乐刚上市时，并不是软饮料，只是作为一种含有古柯叶可卡因和可乐树子咖啡因的让人感到好奇的专卖药物。1903年，可口可乐企业剔除了可乐中的可卡因成分，改变了配方，从昂贵的古柯叶中摆脱了出来。在广告活动和戒酒风潮的支持下，可口可乐企业日益壮大，该企业及时地搬出了"这是无酒精的高级国民饮料"的广告口号，迎合了当时的消费者。1915年，印第安纳州的设计师特里·赫特设计出了一种6.5oz（1oz＝29.57mL）容量的新瓶，为"可口可乐"赢得了独特性。在20世纪20年代，可口可乐几乎没有真正的竞争者。

20世纪30年代的大萧条帮助了百事可乐企业的起飞。百事可乐的主要形象是那个容量为12oz的瓶子。同样是5分钱，只能买到6.5oz的可口可乐，却能买到12oz的百事可乐。百事可乐企业利用了电台广告，其中一首《约翰·皮尔》的歌中唱道："百事一瓶消困觉，12oz实在多；只要5分便宜不？快购理想的可乐！"这是以高明的方式实施高明的策略。这一策略击中了目标市场，赢得了广大的青年消费者。在萧条年代，年轻人在糖果和可乐的消费中，他们更看重数量、而不是质量。

第二次世界大战期间，由于百事可乐的推销精明有术，对可口可乐的进攻频频得手，因而其营业额迅速超过了众多的同行，一跃成为仅次于可口可乐的美国第二大软饮料企业。

此时，可口可乐才意识到必须认真对待。针对百事可乐推出更大的可乐瓶策略，可口可乐企业发起了一场闪电战：突然同时推出10oz、12oz和26oz容量的可乐瓶，并接二连三地推出应战广告：1956年推出"本企业推出更美味的可乐"，1957年推出"可乐是美味的象征"，1958年推出"清凉醒脑的可口滋味"，1959年又有新广告："名副其实的清凉提神可乐"。遗憾的是他们，年年更新广告，做得有些过分，使消费者对可口可乐的印象莫衷一是，发挥不了广告的作用，而它的内容只是词语的变动，并没有超出首次推出的广告，也就没有时代感、没有创新，更不用说运用心理学的技巧了。

百事可乐则于1961年推出"现在，是百事可乐在为那些自觉年轻的人们提供服务"。"现在"一词暗示顾客现在是百事可乐的时代，接着提"为……人们提供服务"易获得消费者的好感，而"自觉年轻"巧妙地将青年人和中老年人都包括在它的消费群中。事隔三年后，百事可乐企业又推出"雀跃吧，你属于百事可乐的一代！"加强了1961年广告的气氛。

20世纪70年代中期，百事可乐又推出竞争新招，发起一场"百事可乐的挑战"运动。他们将两种未提名的可乐交给消费者进行蒙眼品味，结果爱喝"百事"与"可口"的品尝者比例为3∶2。据此在新闻媒体上大加宣传，并抓住百事可乐的甜度比可口可乐高约9%，攻击可口可乐的弱点。

为了有效防御百事可乐的进攻，若干年后可口可乐企业突然宣布改变配方，推出"新可口可乐"，以此与百事可乐的甜度斗法。"新可口可乐"上市不到三个月，企业又宣布：正宗的"可口可乐"改名为"一流可口可乐"。在数十年的可乐战中，由于百事可乐企业的不断努力，它逐步侵蚀着可口可乐的领导地位。1960年，可口可乐的销量是百事可乐的2.5倍，到了1985年，仅有1.5倍，只剩下微弱的竞争优势。可口可乐与百事可乐之战至今仍在进行着。

案例分析题

1. 百事可乐企业是怎样向可口可乐企业发起进攻的？它采用了什么竞争战略？
2. 如果百事可乐企业要夺得市场领导者地位应采取怎样的竞争战略？
3. 可口可乐企业应采取怎样的竞争战略维持市场领导者的地位？

第五章

市场营销调研和需求预测

为了有效地履行营销职责，成功地开展营销活动，企业营销部门需要大量的信息。然而，企业却经常得到大量无效、过时、不可信的或者凌乱无序的信息。越来越多的企业意识到了这方面的问题，遂采取实际措施建立、改进、加强它们的市场营销信息系统。

市场营销调研，是企业获取有用信息的重要途径之一。实际上，在食品企业市场营销决策过程中，每一步都离不开营销调研。因此，掌握进行营销调研的技能十分必要。

第一节　营销信息管理系统

一、企业营销与信息

从市场营销的角度看，企业与市场的联系包含三种流向：①货物或劳务由企业流向买主；②货币由买主流向企业；③企业与市场、环境之间的信息沟通。企业开展市场营销活动不仅需要人、财、物等方面的资源要素，而且需要信息。可以认为，信息是营销活动的形成要素之一。

在现代经济生活中，以下三种发展趋势使企业对市场营销信息的需求较以往任何时候更为强烈：①市场地域的扩大。随着国内各地区之间乃至国际之间经济联系的加强，市场不再局限于本地区，市场营销从地区扩展到全国，甚至跨越了国家之间的界限，营销决策人员在不同地区市场或国际市场中面临较为生疏的环境，需要收集、加工许多新的信息。②购买者的购买行为复杂化。随着购买者收入水平的明显提高，他们在购买中的挑选性越来越强，这使得购买行为复杂化，由此引起对购买者行为研究的相应复杂化。③竞争由价格竞争发展至非价格竞争。在较高收入水准的市场中，购买者对产品价格不再像过去那样敏感，价格高低对最终决定是否购买的影响力度大为削弱，由此品牌、产品差异、广告和销售推广等竞争手段的作用日益凸显了出来，但这些非价格手段能否有效运用，前提条件也在于是否能获取正确的信息。

而现代信息技术突飞猛进的发展，也为企业大规模收集、处理信息提供了手段。计算机、复印机、录音机、传真机、摄像机、放像机、缩微摄影、闭路电视系统和其他设备投入应用，使信息的收集和处理产生了重大的革命，但这并不等于企业就能有效地利用它们，及时获得企业所需的信息。相比之下，企业缺少的往往是与现代信息技术配套的管理信息系统，或根本就没有市场营销调研部门，或即便有，工作也仅局限于日常信息收集、销售分析和简单的需求预测。

上述情况表明，为了及时、有效地寻求和发现市场机会，为了对营销过程中可能出现的变化与问题有所预料，为了在日趋激烈的市场竞争中取胜，企业需要建立一个有效的营销信息系统，以便及时系统地收集、加工与运用各种有关的信息。

市场营销信息作为广义信息的组成部分，除具有一般信息所具有的属性外，还有自己的特征，它们是：

（1）时效性　时效性强市场营销活动与市场紧密联系在一起，信息的有效性具有极强的时间要求。这是由于作为国民经济大系统中心位置的市场，受到错综复杂的要素的影响和制约，处于高频率的不断变化中，信息一旦传递加工不及时，就很难被有效利用。对此，日本的商业情报专家认为："一个准确程度达到百分之百的情报，其价值还不如一个准确性只有50%、但赢得了时间的情报，特别是在竞争激烈之际，企业采取对策如果慢了一步，就会遭到覆灭的命运。"可见，加强信息的收集能力，提高信息的加工效率，尽可能缩短从收集到投入使用的时间，对于最大限度地发挥营销信息的时效性十分重要。

（2）更新性　更新性强市场营销信息随市场的变化与发展处于不断运动中，客观上存在着新陈代谢。因此，市场活动的周期性并不意味着简单重复，而是在新环境下的新过程。虽然这种过程与原有的过程有着时间上的延续性，但绝不表明可以全部沿用原有的信息。信息总是不断随着环境的变化而变化、更新，这就要求企业营销部门必须不断、及时收集分析各种新信息，以便不断掌握新情况，研究新问题，取得营销主动权。

（3）双向性　双向性在市场商品流通中，商品的实体运动表现为从生产者的单向流动，而市场营销信息的流动则不然，它带有双向性，一面是信息的传递，另一面是信息的反馈。

企业收集信息是为营销决策服务，营销决策对所收集的营销信息有以下要求：

（1）准确　来源是否可靠？收集、处理的方法有无偏颇？可信度如何？

（2）及时　营销信息的时效性极强，因此对获得信息、传递信息和处理信息的速度有严格要求。

（3）恰当　信息量太少，传递间隔过长固然不好，而量太多造成无用信息过多或庞杂而理不出头绪，报告过频而使管理者疲于应付，也同样不行。

（4）系统　企业在营销活动中受到众多因素的影响和制约，如果仅得到杂乱无章的信息是无济于事的。为此企业必须连续、大量、多方面地收集、加工有关信息，分析它们之间的内在联系，提高它们的有序化程度。只有这样的信息，才是可以运用的信息。

（5）费用代价要小　收集、处理信息必然涉及费用支出，一方面，支出水平受企业预算制约；另一方面，支出水平不应超出所获信息可能给企业带来的收益，否则，这一信息收集、处理过程就失去了其存在的价值。

二、营销信息系统

（一）营销信息系统的基本认识

营销信息系统（marketing information system，MIS）是指由人、设备和程序组成的一个相互作用的连续复合系统，其任务是准确、及时地对所需要的信息进行搜集、分类、分析、评估和传递，供给营销者运用，以便使营销计划、实施、组织和控制具有科学性和准确性。

不同企业，其信息系统的具体构成会有所不同，但基本框架大体相同，一般由企业内部报告系统、营销情报系统、营销调研系统和营销分析系统四个子系统构成。

营销信息系统开始和结束于信息使用者。首先由营销管理者确定他所需要信息的范围。其次根据需要建立企业市场营销信息系统内的各个子系统，由有关子系统去收集环境提供的信息，再由营销分析评估系统对收到的信息进行处理，使其更具实用价值。最后由营销信息系统以适当形式，在适当时间将信息送至营销管理人员手中。

一个设计合理的营销信息系统，应使营销管理者希望得到的信息、真正对他有用的信息和可能提供的信息三个方面达到协调。信息系统的工作一般是由管理者提出需要开始的，但是管理者提出的需要同他们的实际需要并不总相一致，有时甚至会漏掉他们真正需要的信息，也有时信息系统不能提供他们所需要的全部信息。比如，有关竞争者将推出什么新产品的信息是营销管理者所需要的，但对方究竟有何种具体产品行将问世，他们并不了解，营销信息系统就应当根据对市场情况的调研资料，及时向管理者提供必要信息，以供决策时使用。

有时出于信息系统的局限性，也会使企业得不到所需要的信息。例如，某公司也许想了解它的竞争对手下一个年度的广告预算将有什么变动，以及这一变动对彼此的市场占有率将有何影响。但这一情况很难获得，即便获得也很难准确预测它对市场占有率的影响。

最后，企业还必须确定为获取某项信息所付出的代价是否值得，要避免得不偿失。但实际上，这两者都很难估算，因为信息本身并无固定价值，要看它被怎样利用。

（二）市场营销信息系统的构成

市场营销信息系统一般由以下四个部分组成。

1. 内部报告系统

内部报告系统提供的数据包括订单、销量、存货水平、费用、应收应付款、生产进度、现金流量等。企业的财务部门提供财务状况和销售、订单、成本、现金流动等详细数据，制造部门提供生产进度、发货、存货数据，销售部门提供中间商反映、竞争对手的活动情况。这些信息都可供管理者发现营销中的问题和机会。其中的核心是"订单-发货-账单"的循环，即销售人员将顾客的订单送至企业，负责管理订单的机构将有关订单的信息送至企业内的有关部门；有存货的立即备货，无存货的则要马上组织生产、最后，企业将货物及账单送至顾客手中。

大多数营销管理者都利用内部报告系统定期获取各种数据，特别是用于日常的计划、管理和控制。内部报告系统是决策者们利用的最基本的系统。它的最大特点是：①信息来自企业内部的财务、生产、销售等部门。②通常是定期提供，用于日常营销活动的计划、管理和控制，来自企业内部的信息通常比从企业外部获取信息更及时和节省。但这些信息通常是为其他目的搜集的，对营销决策往往不尽适用。例如，财务部门提供的销售和成本数据，原是用于财务分析的，现在却用来评估产品及其推销力量或渠道运行情况。因此，营销信息系统必须对其进行搜集、分类、整理和编目，以便于管理人员的使用。

内部报告系统的任务之一是要提高销售报告的及时性，以便在销售发生意料之外的上升或下降时，决策者能尽早采取应对措施。

在设计内部报告系统时，应避免发生某些容易犯的错误：一是每日发送的信息太多，以致决策者疲于应付；二是过于着重眼前，使决策者对每一微小的变动都急于做出反应。

2. 营销情报系统

市场营销情报系统的主要功能是向营销部门及时提供有关外部环境发展变化的情报。营销情报是每日发生的有关营销环境发展情况的信息，如新的法律条令、社会潮流、技术创新、竞争者状况等，这些信息有助于管理人员制订和调整营销计划。比如，在竞争对手向市场投入某种新产品之前汇报给上层管理者，以便及时采取对策保护本企业产品地位，或是发现社会环境的某种动向，及时调整企业战略或采取新策略措施，以顺应环境变化。

营销情报人员通常用以下四种方式对环境进行观察：①心无目的地观察，观察者心中无特定的目的，但希望通过广泛的观察来搜集自己感兴趣的信息；②条件性观察，观察者心中有特定的目的，但只在一些基本上已认定的范围内非主动地搜集信息；③非正式搜寻，营销情报人员为某个特定目的，在某一指定的范围内，做有限度而非系统性的信息搜集；④正式搜寻，营销人员依据事前拟定好的计划、程序和方法，以确保获取特定的信息，或与解决某个特定问题有关的信息。

食品企业的营销决策人员可从各种渠道获得情报，如阅读报刊书籍，与顾客、供应商、分销商等企业外部人员交谈，与本企业内部其他经理和员工交换信息等。还可通过下述途径来获取有关竞争者的情报：购买竞争者的情报，参加贸易展销会，阅读竞争者发表的经营报告，参加其股东大会，向竞争者过去或现在的员工、分销商、供应商和运输代理进行了解，搜集竞争者的广告，阅读行业工会主办的报刊等。此外，还可向专门的情报机构，如市场调研公司、咨询公司、广告公司等机构购买情报。

西方营销学学者曾就市场营销情报活动提出"情报循环"理论，可作为企业建立情报系统的一个范例。这种情报循环由五个阶段构成：

第一阶段，情报的定向。主要目的在于确定企业营销所需的外部环境情报及其优先次序，并观察这些情报的指标和收集系统的建立。

第二阶段，情报的搜集。主要目的在于观察各种环境，以搜集适当的情报。情报的来源通常十分广泛，如政府机构、竞争者、顾客、大众传播媒介、研究机构等。

第三阶段，情报的整理和分析。通常情况下，对于收集到的情报，要分析其是否适用、是否可靠、是否有效。也就是说，收集到的信息需要经过适当的处理才能转变成有用的情报。

第四阶段，将经过处理的情报在最短的时间内传播到适当的人手中。为此，要确定接收人、接收时间和接收方式。工作中，应特别注意经各种途径传播的情报有无失真的情况。

第五阶段，情报的使用。为有效地使用情报，必须建立一种索引系统，帮助营销人员方便地获得存储的情报。同时，还应定期清除过期或已失效的情报。

3. 营销调研系统

营销管理者不能总是被动地等待来自营销情报系统的或多或少的信息，在企业的营销管理过程中，还经常需要通过专门性的调查研究搜集有关信息。例如，某企业准备生产一种新产品，在做出决策之前，有必要对该产品的市场潜力进行较准确的预测。对此，无论是内部报告系统还是营销情报系统，都难以提供足够的信息并完成这一预测，这就需要组织专门力量或委托企业外部的专业组织，进行营销调研。

概括地说，市场营销调研和营销调研系统的任务就是企业为了实现营销管理和做出营销决策而对有关信息进行系统的搜集、分析和评价,并对研究结果提出正式报告的过程。

市场营销调研具有这样的功能,它可通过信息把营销者同消费者、客户和公众联结起来,营销者借助这些信息可发现和确定营销机会和问题,开展、改善、评估和监督营销活动,并加深对市场营销过程的认识。营销调研系统与内部报告系统和营销情报系统最本质的区别在于它的针对性很强,是为解决特定的具体问题而从事信息的收集、整理、分析。企业在营销决策过程中,经常要对某个特定问题或机会进行重点研究,如开发某种新产品之前,或遇到了强有力的竞争对手,或要对广告效果进行研究等。显然,对这些市场问题的研究,无论是内部报告系统还是营销情报系统都难以胜任,而需要专门的组织来承担。

企业可设立自己的调研部门承担营销调研任务,也可部分或全部委托外部专业调研公司完成某项调研任务。一般来说,小型企业多委托专门的咨询公司或市场调研公司进行调研,大企业多自设营销调研部门(如美国73%以上的大公司都设有营销调研部门),其规模大小不等,大者数十人,小者一二人。营销调研部门一般由营销副总裁领导,由市场研究、统计、行为科学等方面的专门人才组成。当然,即使自己有调研部门,也并不排除将这些大型复杂的营销调研项目委托给专业组织。

营销调研的范围很广,根据美国市场营销协会的统计,美国企业中最常见的一些调研项目是:市场特点研究,市场需求的衡量,市场份额分析,销售分析,商业趋势研究,竞争产品研究,短期预测,新产品的市场接受情况及需求量调查,长期预测,定价研究。

4. 信息分析系统

营销信息分析系统和调研系统搜集到的信息,通常还需要做进一步分析。营销信息分析系统的任务就是对情报系统和调研系统收集来的数据资料用数学方法进行分析归纳,从中得出多种有意义的结果。

营销信息分析系统由一个统计库(statistical bank)和一个模型库(model bank)组成。统计库包括系列统计程序,这些程序可帮助分析者了解一组数据中彼此之间的关系及其统计上的可靠性,可帮助管理者回答如下的一些问题:影响企业销售的主要变量有哪些?其重要程度如何?如果将售价提高10%并同时增加20%的广告费,将会给销售带来什么影响?哪些指标最能显示顾客可能购买本企业产品而不购买竞争者的产品?对某种产品的市场细分采用哪些变量作为细分依据最好?

模型库包括系列数学模型,这些模型有助于营销管理者做出更科学的决策。自20世纪60年代中期以来,一些营销专家借助现代数学工具建立了大量的数学模型,用于各种营销决策,如确定销售区域、设计零售网点的配置、选择最佳营销组合、预测新产品销售等。

在现代管理中,上述统计方法和决策模型都被编成程序,配置在计算机上,这大大提高了营销管理者做出更佳决策的能力。在我国,目前这方面的工作还有待加强。需要更多的管理科学家进入企业,与营销人员加强相互了解和配合,以提高企业科学决策的能力。

信息经分析处理后,有相当部分还有重复使用的价值,为方便日后再用,在初次使用后便进入存储状态。还有一部分信息暂不直接使用而径直进入存储。这就提出了营销信息的存储问题。在电子计算机进入信息系统后,将信息进行编码后放入计算机的存储系统便成了主要的储存方式。

为使处于存储状态的大量信息能及时、方便地加以使用,还需建立一套科学的查找方法和手段,这就是信息的检索。目前有多种检索方式,其中尤以计算机检索的效率为高,代表着营销信息检索的发展方向。

在当代，电子计算机作为一种有效的工具已在企业营销管理中得到了广泛的应用。可以认为，直至有了计算机，才有了现代的企业营销信息系统。

计算机在信息处理中的显著特点是：它能够实现大量数据的综合处理，从而提高了信息生成的及时性与准确性；其次是极大的存储容量和高效率的检索系统。从发展过程看，计算机用于信息处理，大体上经历了三个发展阶段：①单项数据处理阶段。属于计算机用于信息处理的初级阶段。其特点在于让计算机模仿手工处理程序，部分代替营销人员手工处理信息，以在一定程度上提高处理效率。②综合处理阶段。企业人员开始将计算机用于某子系统的信息处理中。这个阶段的特点是，在处理系统功能设计上，应用了信息反馈及控制理论；在计算机系统资源的利用上，采用了面向终端的计算机网络和实时系统；在数据范围上则扩展到与该子系统业务有关的各个方面。③系统处理阶段。这一阶段的特点是，企业依据决策对信息的需求，运用系统分析的方法，将企业各主要业务所涉及的数据处理工作全面纳入计算机系统，建立先进的企业信息系统。

现在，我国已有相当多的企业配备有电子计算机，但多数处于信息处理的第一阶段，少数处于第二阶段，离有效地将计算机用于营销信息处理还有相当距离。因此，重视并掌握将计算机用于营销信息处理的技术，仍是我国企业营销人员面临的重要课题。

市场营销信息只有被营销管理者利用，并制订出更完善的营销决策时，才能实现其价值。因此，由营销情报和调研系统获得的信息，还要在适当时间送到真正需要它的管理人员手里。大多数企业都有一套常规的信息报告制度，但这只能适用于日常的管理工作，同时还需要针对某些特殊情况或现场决策所需要的非常规信息。因为若按常规途径传送信息，很可能因太慢而延误时机。近年来信息处理技术的发展，已在信息传输上引发了一场革命。依靠先进的计算机、软件和传输系统，许多公司将其营销信息系统分散开来，管理者们可直接从信息系统中提取所需数据资料，还可利用电脑终端与整个公司的信息系统连接起来。这样，不用离开办公桌，就可获取公司内部报告以及外部信息服务机构所提供的信息。

第二节　营销调研的步骤与方法

一、营销调研的步骤

（一）营销调研的必要性

在企业的市场营销管理过程中，每一步都离不开营销调研。因为，在市场营销的分析、计划、实施和控制的每一阶段，营销管理者都需要信息，需要关于顾客、竞争者、中间商及其他方面的信息，而营销调研是取得这些信息的一个最重要的途径。曾有人这样说过："管好一个企业，就是要管好它的未来，而管好未来就意味着管理信息。"在19世纪，大多数企业对它们的顾客了解很少。但是，在现代，由于市场环境变化多端，企业对信息的需要在数量和质量上都空前增加，从而营销调研的必要性也与日俱增。

这首先是因为市场范围的扩大。当企业的业务从地方市场扩展到全国市场乃至世界市场时，必然需要更大范围和更远距离市场的信息。其次是消费者收入的增加和需求选择性的加强。在这种情况下，营销者更需要获得消费者的反应，再次是竞争的日益激化。当企业在日益激化的竞争环境中应用日益复杂的营销手段时，自然需要了解有关这些营销手段的效果的信息，最后是市场营销环境的变化越来越快。现代企业面临迅速变化的营销环境，为增强企业的应变能力和竞争能力需通过营销调研及时掌握必要的信息，是保证营销决策准确、及时所不可缺少的前提。因此，企业家把信息视为无形财富，其价值往往无法估量。因此，每个企业都需要或多或少地进行市场调研。现在，甚至许多非营利组织也运用市场调研的原理和方法为自己服务。

市场营销调研1910年首先在美国出现，第二次世界大战后逐渐推广于世界各国。现美国企业通常将销售额的0.02%~1%作为营销调研的预算，供企业市场营销研究部门使用或购买外部专业市场营销研究公司的服务。我国近年来随着经济体制改革深化，企业进入市场，无论是面对变幻莫测市场的企业，还是承担日益复杂的宏观调控任务的政府经济管理职能部门，都开始重视市场调研，并建立相应的研究机构。同时，社会上专门提供各种市场调研服务的公司也应运而生。

从最一般的意义上讲，市场营销调研是从营销管理和决策为目的，运用科学方法，对有关信息进行有计划、有步骤、系统地收集、整理、分析和报告的过程。

市场营销调研应用的范围很广，企业中常见的一些调研项目有宏观环境调研、市场需求分析、销售分析、市场占有率分析、竞争产品研究、价格研究、广告研究、分销渠道研究、消费者购买行为分析等。

（二） 营销调研过程

市场营销调研一般由以下几个主要步骤组成：确定问题和调研目标、制订调研计划、收集信息、分析信息、提出研究报告。

1. 确定问题和调研目标

市场营销调研的首要任务，是确定营销过程中存在的问题及营销调研所要达到的目标。营销管理人员最了解营销活动中存在的问题和应做出的决策，因而也最了解哪些信息对营销决策最重要；调研人员则最了解应如何取得这些信息。所以，这一步骤要由二者密切配合，共同完成。

确定问题及调研目标往往是营销调研过程中最困难的一个步骤。管理人员可能已经知道营销活动中存在问题，但找不出发生问题的真正原因。比如，某企业在一个时期内的销售额直线下降，管理人员以为是由于广告做得不好造成的，于是开始营销调研，寻找改进广告的途径。但调研结果表明，广告并没有问题，做到了"在适当的时间将适当的信息传递给适当的受众"。再经仔细了解，才发现导致销售额下降的真正原因是产品质量下降，售后服务也不够好。可见，如果该企业的管理人员能够在调研之前弄清营销中存在的实际问题，就可避免不必要的调研项目所造成的浪费，而把精力集中在必要的调研项目上去。

在确定了营销中存在的问题之后，管理人员和调研人员应共同确定调研目标。一个调研项目可能有三种目标：一是探索性调研（exploratory research）；二是描述性调研（descriptive research）；三是因果分析调研（causal research）。

探索性调研是指企业对需要调研的问题尚不清楚，无法确定应调查哪些内容，因此只能搜集一些有关资料并进行分析，找出症结所在，然后再做进一步调研。描述性调研是指通过调研如实地记录并描述诸如某种产品的市场潜力、顾客态度和偏好等方面的资料。因果分析调研是为了测试假设的因果关系的正确性，如降价10%能否使销售额上升10%。总之，探索性调研所要回答的问题是"是什么"，描述性调研所要回答的主要是"何时"或"如何"，因果关系调研所要回答的主要是"为什么"。一般先进行探索性调研后再进行描述性调研或因果关系调研。

2. 制订调研计划

调研计划实际是收集所需的资料信息的计划。要解决研究目标中的有关问题可能需要收集不同的信息，而这些不同的信息从来源渠道、得到的方式等方面可能会有很大的差别。所以需要制订一个有效的收集信息的计划，以保证能够收集到所有需要的信息。在制订研究计划时，主要涉及资料来源、收集资料的方法、收集资料的工具、抽样计划等方面的问题。

3. 收集信息

收集信息的过程实际是市场营销调研计划的执行过程。这一过程也是最艰苦、最易出问题，并且花费费用最多的一个环节。因此，对这一过程中的组织实施必须进行认真的管理。

在使用观察法和实验法收集资料时，如果借助于仪器设备，这一过程比较容易管理，将仪器设备安装到所选的地方即可，但是如果使用调查法中的个人访问法收集信息，则要涉及许多方面的管理工作，如访问员的选择、培训，访问工作的管理等。

对访问员的选择，一般要求访问人员必须具备一定的素质，如语言文字能力、社会交往能力等，以保证访问人员能够理解并正确核实所提的问题，并能应付访问工作中出现的其他问题。

所选的访问人员不一定对访问工作都比较熟悉，所以，访问人员选好后还必须进行必要的培训。培训工作的内容一般应包括对访问工作的要求，对问卷的理解与解释，访问的基本技能和程序，访问过程中遇到的特殊问题的处理等。

访问工作的管理是保证访问工作顺流而下进行的条件以及访问工作中遇到的各种问题的处理等。对访问工作的管理一般应写出管理的原则，特别是对访问工作中常出现的问题要有明确的处理方案，以保证每个访问人员能按统一的要求去完成访问工作。

4. 分析信息

在收集信息的工作结束以后，就要对所收集的信息进行整理分析，从中得出相应的研究结果。

分析信息的基础工作是对所收集到的信息进行整理。如将问卷进行进一步审查，剔除不合格的问卷，对合格问卷进行编辑、整理、输入等。当这些工作做完后，就可借助市场营销决策支持系统统计库中的统计分析方法进行统计分析，很快就可以得出相应的统计分析结果。

统计分析结果做出以后，还要求市场营销调研部门对所得结果进行综合分析，特别是在问卷调查中使用的开放式问题较多时，根据不能用计算机进行统计分析的问题的信息，对统计分析结果进行进一步的补充分析，以做出更可靠的研究结果更显得重要。

5. 提出研究报告

对收集到的信息进行分析，得出相应的研究结果后，还要根据企业决策人员的需要提出研究报告。所提出的研究报告，一般应包括研究目标、研究的问题、分析方法、研究的结论等方面的内容。但对研究报告的格式，现在存在不同的看法，有的认为研究结论应该在前，有的认为研究结论应该在后，对这个问题，应该根据研究人员的习惯或企业习惯，不应强求完全按一种格式。

不管研究报告以什么格式提出，都要求研究报告必须简明扼要、结论明确，特别要避免借题发挥，随意进行根据不充分的推论。

二、市场调研的方法

选择什么样的调查方法去实际调查也是取得调查佳效不可忽视的问题。一般而言，市场调查的基本方法可分为询问调查法、观察法、实验法、集体访谈法及消费者固定样本连续调查法五类。

（一）询问调查法

询问调查法又称直接调查法，是调查者将事先准备好的调查事项向被调查者提出询问，以获得所需资料的一种方法。这种方法所获得的资料大多为第一手资料。采用询问法调查时，询问的内容一般包括三个方面：其一是事实询问。即要求被调查人用事实来回答问题。例如"您所喝的牛乳是什么牌子？"要求被询问者回答是何种牌子。其二是意见询问。即调查人希望被调查者提出自己对所询问的事项的意见或见解，要求被调查人自己评论。其三是阐述询问。即当调查人想了解被调查人的购买行为或意见的理由及购买动机时采用。例如"您为什么要选购蒙牛牛乳？"

1. 走访调查法

走访调查法又称人员访问法，即根据选出的样本范围及规定的访问程序，由调查人员用当面谈话的方式来发问并记录答案以收集资料的方法。走访调查根据调查者和被调查者人数的多少，可分为个别走访和小组座谈开调查会等形式。

走访调查具有以下几方面优点：

（1）真实性　走访调查面对面地交谈，其真实程度高，回答问题也比较多。

（2）启发性　直接交谈能相互启发和探讨解释某些问题。

（3）问卷询问　面对面交谈可以采用较多的问卷形式，比如笔录、录音等。所以，这种调查方法具有较大的伸缩性和灵活性。

（4）直观性　走访调查可以直接观察被调查者所回答的问题是否正确。当场核对，有利于判断所得资料的可靠程度。

（5）激励性　有些调查者对走访调查甚感兴趣，通过发表个人意见或见解，达到心理和情绪上的满足，因此具有激励效果。

走访调查的缺点也是不可忽视的，主要表现在：

（1）调查费用　调查费用较高随着调查样本范围的扩大，往返差旅费用增高，加上调查人员的培训费用等更是如此。因此，走访调查只适合在较小的范围内使用。

（2）调查人员易受外界影响　调查人员可能受外界影响而产生偏见，导致错误结论。由于面对面谈话，调查人员一般会受被调查人的态度、心理、情绪、看法的影响。同样，面对面交谈很难得到被调查人对当前敏感问题的看法。

（3）调查人员素质　对调查人员的素质和责任心要求较高调查人员的工作态度、业务技术素质会直接影响调查结果。

基于上述优缺点，采用走访调查时，调查人员应以平等友好的态度去接近被调查人，创造一种让其愉快接受调查的环境，而不能将自己的意见强加于人。走访调查一般在调查区域较小、所听取的答复较复杂或所要询问的问题较多时采用。

2. 电话调查法

电话调查法是由调查人员根据事先确定的抽样原则抽取样本，用电话向被调查人询问以收集资料的方法。

电话调查的优点有：

(1) 及时性　采用电话调查，可以及时获取所要的资料，节省调查时间。

(2) 经济性　电话调查和走访调查相比，比较经济，可以节省大量的差旅费，只需花费很少的电话费。

(3) 深入性　对平时不易见面或不便面谈的敏感性问题，采用电话调查，可能取得成功。同时可以不受调查人在场的心理拘束，被调查人可以畅所欲言。

电话调查法的缺点主要表现在：

(1) 调查询问时间较短　电话调查问卷或提纲一般较短，问题较少，无法做细致调查。

(2) 资料显示的形式少　电话调查无法显示照片、图表等背景资料，最多只能采用录音形式。

(3) 主动性较差　电话调查不容易获得对方的合作。当某些被调查者不愿意回答时，调查者无法控制和劝说。

电话调查一般都用于初步调查，初步收集基本资料，或当作筛选样本的调查，以便找出合乎条件的特定样本。

3. 信函邮件调查法

信函邮件调查法，是调查人将所拟定的调查表通过邮件发给被调查者，要求被调查者填妥后提交即可以收集资料的方法。

信函邮件调查法的优点是：

(1) 调查范围广　被调查人所处地区只要能通邮，均可作为调查考虑的样本。

(2) 经济性　信函邮件调查和走访调查相比，调查费用比较低，节省差旅费。

(3) 充裕性　被调查者有充裕的时间考虑回答问题，不受时间约束，使回答问题的准确性较高。

(4) 深入性　被调查者可以不受调查人的影响，消除主观干扰和偏见影响，甚至对某些敏感的问题（如隐私等）也能谈出自己真实的看法。

(5) 时间花费短　从发出信函邮件到收回调查问卷，所需要的时间较短。

信函邮件调查法的缺点是：

(1) 回收率低　当被调查人对该调查项目不感兴趣或不愿合作时，就会影响回收率。当各调查区回收率不同时，会影响调查的代表性，无法正确估计误差。

(2) 真实性差　填表者可能不是目标被调查者，致使真实性差。当回答者责任心不强或因工作缠身时，可能会对调查问卷采用应付的方法，忽视问题实质，降低其准确性。

信函邮件调查只适用于被调查者有一定文化水平、对收集资料的时间要求不强，问卷不长且不太复杂的调查。

（二）观察法

1. 观察法的含义及应用

观察法是观察者深入现场或进入一定环境，观察调查对象，获得第一手资料的方法。调查人员直接到调查现场,耳闻目染顾客对市场的反应或公开言行,或若利用照相机、录音机、监测器等现代化设备间接地进行观察来收集资料等,都属于观察法。

观察法的特点就是从侧面观察被调查者的言行和反应,一般不直接向被调查人提出问题,所以被调查者往往是在不知情的状况下被调查的。

观察法经常应用于市场调查,主要有以下几种:

第一,顾客行为观察。在销售商品时,可由调查员观察并记录商店内有关事项或用摄像机拍摄顾客在店内活动情况,以此来促进商品的销售。如在某一大型超级市场,商店经理通过录像设备密切注意顾客购买商品情况,据此可以了解顾客对商品的喜好、倾向及购买行为。

第二,商品库存观察。对库存商品直接盘点计数,并观察库存商品的残次变质情况,以便掌握商品的库存量及结构状况,了解哪种商品畅销,哪种商品滞销,以评估现有经营方针。

第三,店铺观察。在零售商店了解和记录销售情况。调查人员从消费者实际购买和询问商品的品种、商标、规格、花色、包装等项目中了解消费者的需求,确定企业的生产或商店的进货,观察顾客流量、客流规律,统计顾客人次,在展览会、展销会、订货会上观察产品销售情况和顾客反应。

第四,行人观察。从观察行人的穿着和携带商品来确定商品流行款式,消费者的偏好,以此作为产品设计的依据。

第五,食品柜观察。采取深入居民家庭察看食品柜的方法,了解食品的消费结构,对某种商标的喜爱程度及食物的储存量,目前这种方法在国外较流行。

第六,替代品的替代程度观察。用于调查消费者对某商品的需求强度以及同类替代品的替代程度。例如,调查者亲临零售商店观察,当顾客需要某一品牌商品时,商店并不按顾客的要求提供,却代之以其他品牌的同类产品,观察顾客的接受程度。将顾客接受替代品的百分比计算出来,即为某一商品的替代度。

第七,痕迹观察。这种方法不是直接观察被调查对象的行为,而是观察被调查者留下的实际痕迹。如美国市场调查理论创始人之一的查里斯·巴林随机抽取城市各处的垃圾桶,清点被抽中垃圾桶中的罐头汤盒的个数,以此来分析研究蓝领工人的妻子中有多大比例不做汤,而是买罐头汤。

此外,现场观察法还可用于产品质量调查、批发市场调查等。

2. 观察法的类型

根据不同的标准,可以将观察法分为不同的类型。

首先,参与观察与非参与观察。

参与观察是指观察者在一定程度上直接介入被研究的客体,与被观察者发生联系,以内部成员的角色参与他们的活动,在共同生活中观察、搜集有关资料。如售货员向消费者推销一种商品,可主动向他们介绍产品的性质,回答他们感兴趣的问题,并观察消费者的购买意向。由于参与观察身临其境,不仅能了解到一些表面现象,而且能体验到被观察者的感情变化,从中了解产生这种现象的原因,取得深入的调查资料,参与观察还可以更快地掌握事态的发生、发展情况。

非参与观察是指观察者以旁观者的身份,置身于调查对象群体之外进行的观察。在非参与观察中,观察者像新闻记者一样进行现场采访和观察,他们不参与被观察者的任何活动,这种观察方式虽然比较客观,但却不易了解被观察者的内心世界。因此,非参与观察一般用于探索性调查和一般行为调查。

其次,结构式观察和非结构式观察。

结构式观察是事先制订好观察计划并严格按照规定的内容和程序实施的观察。这种方法的最大特点是将观察过程标准化。结构性观察要求观察的每个问题应事先编好几种可能的答案,然后根据观察结果填写,这种方法能够得到比较系统的观察材料,有利于定量分析和对比研究。

非结构性观察是对观察的内容、程序事先不做严格规定,依现场的实际情况灵活决定的观察。这种观察所得材料比较零散,缺乏系统,难以进行定量分析和对比研究。

结构性观察一般适用于对观察对象有一定了解的调查,非结构性观察适用于对被观察对象不太了解的研究。在实践中,往往通过非结构性观察过渡到结构性观察或其他更深入的调查。结构性观察、非结构性观察在参与观察和非参与观察中都可以运用。

再次,连续性观察和非连续性观察。

连续性观察是指在一定时期内围绕某个目的或某个研究问题对同一对象反复地进行观察。这种观察有两个特点:一是观察的连续性,即对某个问题要通过一段时间的反复观察才能完成;二是观察的同一性,即在反复观察中,观察对象不变。非连续性观察,就是一次性观察。

最后,直接观察和间接观察。

直接观察是指对被观察者的活动直接观测。间接观察是通过一些事物来间接反映被调查者的行为。间接观察中较有特色的是"损蚀物观察"与"累积物观察"两种。

损蚀物观察是一种对磨损程度的观测。如我们可以根据超级市场中各类商品的磨损情况、移动情况来推断消费者对某类或某一品牌商品的关注和偏好。

累积物观察是观察某些累积物或积聚物。如将某座城市垃圾堆中的酒瓶进行分类整理来度量城市的酒类消费量。

3. 观察法的实施步骤

第一,制订观察计划和提纲。制订观察计划,以明确观察地点、时间、对象和范围。观察提纲一般包括以下四个方面:一是环境和情景,二是人物活动,三是人际关系,四是目的动机。如要了解商店服务员对待顾客的态度,就要确定观察的商店、时间及哪些服务员,观察内容有哪些,顾客与服务员的关系如何等。

第二,进入观察现场。在自然状态下观察,能获得生动的资料,不仅能观察到商店服务员的态度,还能观察到与此有关的顾客的表情。

第三,与被观察者建立良好关系。如要了解服务员的心理状态,则必须与之建立良好关系。

第四,记录,将观察的信息变成文字记录。可以采取同步记录、事后追记、卡片记录、音像记录四种方式。

第五,退出观察现场。

4. 观察法的优缺点

观察法是进行市场调查的一个重要方法,它的主要优点是:

第一,可以直接获得资料。观察法无须中间环节,可以获得直接、具体、生动的感性认识,一般较为真实可信。

第二,观察法是收集非语言资料最基本有效的方法。调查方式是观察者单方面的活动,一般不依赖语言交流,有利于排除语言交流中可能发生的误解或干扰。

第三,观察所得结果比较及时。观察是调查者对现象的直接接触,因而具有及时性的特点,减少了记忆偏差。

第四,简便、易行、灵活性大。观察时人员可多可少,时间可长可短,而且可以随时随地进行,是一种使用广泛的调查方法。

观察法的缺点是:

第一,观察法一般只报告事实发生(包括已经发生和正在发生的)的外在现象,难以观察到内在的因素,如事件发生的原因、动机等。

第二,受时空条件的限制。观察法的使用范围有一定局限性,对某种尚未发生的现象、突发性事件或已发生过的现象无法进行观察。

第三,受观察者自身的限制。这种限制来自两方面:一方面,来自人的观察器官的限制。人的感官有一定的限度,超过这个限度,观察对象所具有的某些属性就难以观察到,因而使观察常带有表面性的缺点;另一方面,观察结果会受到主观意识的影响,由于观察者的主观素质不同,对同一对象的观察结果往往不同,使观察法结果不可避免地产生一定的误差。

第四,观察结果难以推论全局。一般来讲,观察法样本较少,并且一般难以把资料进行量化处理,所以,观察结果也难以推论全局。

(三) 实验法

1. 实验法及其特征

实验法是研究者根据一定的研究目的,控制某种市场条件,或在人工环境中使一定的现象产生,通过观察、记录收集资料,以揭示其发生原因或规律的方法,是一种复杂、高级的直接调查方法。

实验法的特点是:

首先,可以控制调查环境。访问法、观察法都不涉及改变调查对象所处的环境,实验法则可以有计划地强化或创造实验对象所处的市场环境,以得到自然条件下难以得到的资料。

其次,可重复性。即可以使某种现象在大致相同的条件下重复发生,便于反复研究,从而较为精确地验证结论或假设。

最后,实验对象具有主观能动性。与自然科学的实验法不同,市场人口学研究中的实验客体是具有主观能动性的人,可以自觉地适应和改变自己存在的条件。

在运用实验调查法时,必须遵循以下两个前提。一是实验的各种条件必须是和实验结果所能使用的状态条件相一致。在市场调查过程中,诸因素及条件无时无刻不在变动,因而不易把握。另一个前提是正确控制其他因素的可能影响。

实验调查法应用的范围比较广,一般来讲,商品品质、包装、价格、售后服务、广告宣传和商品陈列等,都可以采用实验调查法测试其经济效果。

2. 实验法类型

按照不同的分类标准,可将实验法分为形式不同的实验类型。

第一，按调查环境不同，实验调查可分为实验室实验和现场实验。

实验室实验，是在人工环境下进行的实验，实验者对实验环境可进行严格的有效控制。如在某个特别模拟的商场里，请一些潜在的顾客在观看了相关广告后购买商品，看他们购买哪一种商品，受广告影响的程度，购买决策的变化等。在实验室里，在同样情况下，试验三种电视旋钮的寿命及旋动的难易程度，将每一个旋钮与一个机器相连，每小时开关30次，在一个星期内，每个旋钮可开关5000余次，相当于正常条件下，一个家庭4年的使用次数。上述实验仅为内部有效，但不是外部有效的。在实际家庭使用中，电视机将承受不同的温度、湿度和灰尘，而在一个星期里不可能产生这么多外在条件的变化，有可能在实验室表现最好的旋钮在现实情况下或许是差的。

现场实验，则是在自然情况下进行的实验，实验者只能部分地控制实验环境的变化。现场实验可克服实验室实验的不足，但对于旋钮实验来讲，在时间和价值上又不值得做4年的现场实验，因而应该选择何种方式的实验，还应由决策者权衡而定。

第二，根据实验的组织方式、是否有对照组、对照组的多少和实验组的多少，可分为单一实验组实验（又称连续实验）、实验对照组实验（又称平行实验）。

单一实验组实验，只选择一批实验对象作为实验组，通过实验活动前后实验对象的变化来做出实验结论。例如，要实验租赁制对企业经济效益的影响，并以资金利税率作为衡量经济效益的主要指标，其具体步骤是：①选择实验对象，选甲、乙、丙三个企业组成实验组。②前检测，即计算实行租赁制前一年的资金利税率，假定1992年，三个企业均为5%。③实验过程。例如，从1992年底或1993年初起实行租赁制。④后检测，计算实行租赁制后一年的资金利税率。假定1993年末三个企业平均为12%。⑤做出实验结论，实验效应＝12%（后检测）－5%（前检测）＝7%。

应注意的是，只有在实验者能有效排除非实验因素对实验过程的干扰，或者能使非实验因素的影响缩小到可以忽略不计的情况下，连续实验的全部效应才能被看作是实验的结果，否则就不能做出这样的结论。

对照实验，又称平行实验，是指既有实验组又有控制组的一种实验。选择一批实验对象作为实验组，同时选择一批与实验对象相同或相似的对象作为对照组，并努力使实验组和对照组同时处于相类似的实验环境之中；然后只对实验组给予实验激发，对照组不给予实验激发；最后根据实验组和对照组前后检测的变化对比，做出实验结论。实验组与对照组设计的最大优点在于，它能大致离析出实验效应的范围或程度，从而对实验效应的评价更为客观和准确。实验组与对照组设计，可以是一实验组一对照组，也可以是一实验组双对对照组、三对照组设计。对照组的数量越多，可离析出来的非实验效应就越多，对实验效应的评价就越准确。但实验对象和实验环境的匹配也越困难。因此，在一般情况下，实验组与对照组设计，多采取一实验组一对照组的设计方法。例如，要了解某商品改变包装后消费者的反应，即可使用平行实验。选择A、B、C三个商店作为实验组，再选择条件与之相似的D、E、F三商店作为对照组。在A、B、C三商店出售新包装商品，D、E、F三商店出售原包装商品。一个月后，测得A、B、C三商店共售出该商品1500件，D、E、F三商店共售出1200件。为避免这种差异是由商店的差异所致，在下一个月6个商店更换商品，A、B、C三商店销售原包装商品，D、E、F三商店销售新包装商品。又一个月后，测得A、B、C三商店共售出1300件，D、E、F共售出1400件。可以算出，在两个月中，新包装商品共售出1500+1400＝

2900（件），原包装商品售出 1200+1300＝2500（件）。由此可知，改变包装后，该商品的销售量在两个月内提高了 400 件，改变包装是有利的。

3. 实验调查实施的步骤

实验调查法一般按如下步骤进行：

第一，根据调查课题，提出研究假设。如某电器公司欲对某产品进行有奖促销活动，但事先不知道有奖促销活动是否会成功，因而先进行一下实验，以确定促销活动是否进行。首先假设有奖促销会促进该电器产品的销售。

第二，进行实验设计，确定实验方法。决定有奖销售实验方法采取对照实验，即一组为实验组，进行有奖销售，另一组为对照组，不加任何控制手段，不进行有奖销售，以便观察两组今后各自销售量的状况，是否能验证假设。

第三，选择实验对象。根据调查课题的特点，用随机抽样或非随机抽样的方法选取实验对象，尽量使实验对象有代表性。因为该电器公司所要进行的有奖销售活动（如果实验成功的话），拟定于在大中城市广泛进行，因而随机抽取了 A、B 两市，并确定 A 市为实验组，B 市为对照组。

第四，进行实验。严格按照实验设计规定的进程进行实验，并对实验结果进行认真的观测和记录，必要时可进行重复实验。A、B 两地在进行有奖销售的前两个月的销售量相同，均为 2500 件，经过两个月的实验，A 地的销售量为 4000 件，B 地为 3000 件。将此实验结果记录下来，因为这种实验涉及面较广，没有重复的必要，因而只进行一次即可。

第五，整理分析资料，得出实验结果。根据实验记录及有关资料，进行统计分析，以揭示市场现象的规律及有关因素的影响，得出结论并完成调查报告。

以上实验可得出有奖促销的绝对值效果及相对值效果。

$$绝对值效果 = (4000-2500)-(3000-2500) = 1000 （件）$$

$$相对值效果 = [(4000-2500)/2500-(3000-2500)/2500] \times 100\% = 40\%$$

通过实验结果可知，有奖销售大大促进了销售额的增长，在两个月的实验中，多销售了 1000 件，比平时多销售了 40%。据此，可以向该公司提出建议报告，强调积极开展有奖促销活动的商业意义。

4. 实验法的优缺点

实验调查法是与自然科学研究方法较为接近的一种调查方法，可以通过合理的实验设计降低误差。

实验法的优点是：首先，实验调查法将实验与正常市场活动结合起来，通过实验所取得的数据和资料具有一定的客观性和可靠性，并可以排除部分主观估计的误差，具有一定的科学性。其次，可揭示事物之间的因果关系，实验调查是在实验基础上进行的调查，可以主动地、积极地改变某些市场条件，促使实验对象向预定的方向发展，从而达到实验目的。最后，通过实验，调查者可有意地使要研究的对象在相同条件下重复出现，反复进行研究。因此，可得出准确结论。

实验法最大的缺点是无法排除非实验因素对实验过程的影响。如前述某电器公司举行有奖销售活动，即使不加控制条件，B 地的销售量可能也在上升。这种上升可能是季节因素的影响，也可能是因产品知名度的上升，或者不同商场的销售方式不同所致，因而很难对实验过程进行完全有效的控制。

（四）集体访谈法

1. 集体访谈法的含义及特征

集体访谈法是访问调查法的延伸和扩展，是调查者邀请若干被调查者，通过集体座谈的方式了解有关情况或研究市场有关问题的方法。

集体访谈法的特点在于，它是通过与若干个被调查者集体访谈来了解有关情况。因此，集体访谈过程，不仅是调查者与被调查者之间互相影响、互相作用的过程，而且是若干个被调查者之间互相影响、互相作用的过程。在集体访谈法中，对调查者素质的要求较高，调查者不但要具备熟练的访谈技巧，还要有驾驭调查成功的能力。

目前在市场营销学方面，集体访谈法受到的重视程度越来越高，一般用以了解产品特性、产品促销、产品质量、广告效果评价、新产品的开发上市、对市场进行预测等方面。

2. 集体访谈法的类型

根据不同的划分标准，集体访谈法可以划分为不同的种类。

首先，按访谈的形式分为两种：一种是互相讨论式的座谈会，如某食品厂讨论如何使本厂食品销路更好，是改换工艺，还是改换原材料，或者是重新开拓市场，彼此之间互相讨论、启发，找出新的对策；另一种是各抒己见的调查会，与会者充分发表自己的意见，但不能批评别人的意见，著名的头脑风暴法就属于这种类型。

其次，按照访谈的方式可分为口头集体访谈和书面集体咨询。口头集体访谈，就是开座谈会、面对面进行调查，如前面所举例子是然；书面集体咨询，是属于背靠背的间接式调查，彼此之间互不相干，德尔菲法即属于此种类型。

下面简单介绍在市场调查、预测当中应用较广、影响较大的头脑风暴法及德尔菲法。

（1）头脑风暴法 头脑风暴法是鼓励创造性思维的一种座谈形式，其主要规则为：首先，主持人简要说明座谈主题，并规定讨论问题的范围。其次，与会者自由发言，但不得重复或反驳他人的意见，以形成一种自由讨论的气氛。再次，鼓励与会者综合、吸收他人的意见，修改、完善自己的意见，并提出新想法。最后，会议主持人不发表自己的意见，且不带有倾向性，也不对别人的意见提出批评，但激发与会者思维的创造性和积极性。

英国的一位制鞋商采用头脑风暴法来探测人们将来要穿什么样的鞋子，用什么材料制作等问题。会议成员围绕这个问题提出了近400个想法，最不同寻常的一个是使用屠宰场动物眼球制造鞋子的想法。人们并没有将此想法立即否定，而是围绕这个想法产生了黑暗中使用的鞋子及某种具有像眼睑功能的自洁机等制作鞋子的新想法，头脑风暴法是最具有开拓性和艺术性的一种调查方法。

（2）德尔菲法 德尔菲（Delphi）是古希腊阿波罗神殿所在地的名称，因为阿波罗神殿的神谕威望很高，该地被认为是预言家们活动的场所。20世纪40年代，美国兰德公司的研究人员设计出了一种预测方法，因其较高的准确性而被广泛采用，称为德尔菲法。

德尔菲法的具体步骤为：首先，预测机构将要预测的问题写成含义明确的调查提纲，分送给选择的专家，请他们书面回答。专家们在背靠背、互不相知的情况下，以无记名的方式将回答反馈给预测机构。其次，预测机构汇总专家们的意见，进行定量分析，再将统计分析结果反馈给专家。再次，专家根据反馈资料，重新考虑原先的预测意见，决定以后，再以书面形式反馈给预测机构。最后，循环反复经过三四次反馈，预测意见逐渐趋向集中，最后形成集体的预测结果。例如，某针织公司为了解1994年以后运动衣裤的市场需求，需要进行预测,为此,邀请了一批专家采用德尔菲法进行调查。共邀请专家 85 名,要求专家在品牌、价格、式样、吸汗、耐穿等项目当中,选择影响销售的三个主要原因,并按其重要性排序。评分标准规定为:评为第一的给 3 分,第二的给 2 分,第三的给 1 分。

经过三轮征询后,有 82 名专家做出了回答,结果如下(表5-1):

品牌项的总分比重:$(3×61+2×13+1×1)/[82×(1+2+3)]=0.43$

价格项的总分比重:$(3×6+2×4+1×48)/[82×(1+2+3)]=0.15$

式样项的总分比重:$(3×12+2×54+1×6)/[82×(1+2+3)]=0.30$

吸汗项的总分比重:$(3×0+2×3+1×1)/[82×(1+2+3)]=0.02$

耐穿项的总分比重:$(3×3+2×7+1×26)/[82×(1+2+3)]=0.10$

根据总分比重的大小,得出重要性排在前三位的项目依次是品牌、式样及价格,所以该公司将把生产的重点放在式样及价格上,以期提高质量,创造名牌,以产生名牌效益,从而促进该公司经济效益的提高。

表 5-1　　　　　　　　　　专家评分情况　　　　　　　　　　　　单位:人

项目	第一	第二	第三
品牌	61	13	1
价格	6	4	48
式样	12	54	6
吸汗	0	3	1
耐穿	3	7	26

3. 集体访谈法的实施步骤

首先,做好集体访谈前的准备。①明确会议主题,最好一个会议一个主题。②准备调查提纲,调查者应在调查会前认真考虑会议的具体内容,拟定出详细的调查纲目。③确定会议规模,一般情况下,每次会议的规模以 5~7 人为宜,人数太多,出现陪会现象,人数太少,又难以收到集思广益的效果。当访谈性质为背靠背式时,人数可增多,可在百人左右。④物色与会人员,到会人员应具有代表性,了解情况,敢于发表意见。⑤选好会议场所和时间,地点应适当、方便、安静,时间较充裕,使多数与会者感到合适。

其次,访谈过程的指导和控制。①打破短暂的沉默,可事先安排好带头发言人。②创造良好的会议气氛。③开展民主、平等的讨论,防止会议出现一部分人发言,另一部分人陪会的现象。④把握会议的主题,一旦跑题,主持人应能迅速引导与会者回到主题。⑤主持人应客观地引导座谈会,主持人不参与讨论,只起协调主持作用。⑥做好会议记录。

最后,做好访谈后的工作。①及时整理会议记录,看记录是否完整、准确,调查情况是否真实、可靠。②回顾和研究会议情况,分析与会者的态度和表现,对调查结果做出适当评价。③进一步查证事实,调查会上的口头信息,有时并不精确、具体,会后应对一些关键事实和重要数据进一步查证核实。④做必要的补充调查,如问题有遗漏或发现新线索,可进行补充调查。

4. 集体访谈法的优缺点

集体访谈法的优点是：

第一，了解情况快，工作效率高，每次访谈的不是一个调查者，因而节约人力、时间。

第二，人多见识广，集体访谈法参加的人员相对较多，提供的信息广，而且可以互相启发、互相补充、互相核对、互相修正。

第三，将调查与研究结合起来，把认识问题与探索解决问题结合起来，能更加全面、深刻地认识事物的本质及其发展规律，更有利于共同探寻解决市场供应与消费者需求诸多问题的途径和方法。

第四，简便易行，适合于各种调查对象。

集体访谈法的缺点是：

第一，无法完全排除被调查者之间心理因素的影响，职业地位较高、权威性较大、口辩能力较强的人往往会垄断会场，他们的意见往往会左右会议的倾向，以致影响调查结果。

第二，有些问题不宜在会议上当众讨论，如保密性问题、敏感性问题、隐私性问题等。

第三，讨论往往难以深入，一般受时间所限制，很难深入、细致地进行交谈。

第四，调查的质量和结论在很大程度上受调查者素质的影响。

（五） 消费者固定样本连续调查法

消费者固定样本连续调查法是首先采用随机抽样法确定调查对象，然后对同一调查对象每隔一定时期反复进行调查的调查方法。这种方法的调查周期一般为5年，有时也可采用一次性大样本调查后，再选用固定样本连续调查。

在采用消费者固定样本连续调查法进行市场调查时，一般由样本消费者逐日如实地记录所购商品的品牌、数量、单价、购物场所、各种服务支出等，由调查人员将记录按期收回进行统计。由于调查者要坚持逐日记账，长期会形成一种负担而中断，影响调查结果。因此，国内外通常是经常采用每两星期更换一个子样本，或者请求住户单位或居委会帮助完成。这样，既有效地使调查样本具有连续性和稳定性，又能减轻被调查者长期记账的负担，确保调查资料有较高的质量。

消费者固定样本连续调查法具有抽样调查的优点，从总体上避免了变动样本而带来的误差，且调查比较稳定，记账水平能逐步提高，调查资料比较真实可靠，可比性强。其缺点是，被调查者难以长期坚持如实做记录，使调查样本难以长期固定不变。

消费者固定样本连续调查法主要用于城乡居民家庭收支调查、消费水平和消费结构变化状况以及季节需求变动等的调查。

第三节 市场需求预测

市场营销预测是指企业在通过市场调查获得一定资料的基础上，针对企业的实际需要以及相关的现实环境因素，运用已有的知识、经验和科学方法，对企业和市场未来发展变化的趋势做出适当的分析与判断，为企业营销活动提供可靠依据的一种活动。

一、市场预测的内容

市场预测的内容是相当广泛的,主要有以下几方面:

(1) **市场需求预测** 市场需求预测是反映对某种产品未来市场需求的前景的推测和估算。

(2) **企业产品销售预测** 该项预测是在预测整个市场需求量和企业市场占有率基础上进行的。

(3) **企业投资效果预测** 对投资效果进行预测,首先预测社会需求状态及变化趋势,论证项目的必要性;其次对投资项目建成后的能源、原材料、交通运输等条件的保证程度进行预测,论证项目的可行性;最后对投资项目所需的资金、投产后的产品成本、利润率、投资回收期等做分析预测,为投资项目决策提供准确依据。

(4) **相关科技发展前景预测** 即对新产品、新工艺、新材料、新能源和新技术发展进行预测。

(5) **新产品开发前景预测** 预测新产品的开发方向,即预测顾客对新产品式样、规格、质量、价格、包装等方面的需求变化,以及新产品的上市销售量和销售潜量。

除此以外,还有专题预测及生产预测、流通预测、价格预测、消费者行为预测等。

二、市场预测的类型

1. 按照市场营销预测的时间分类

(1) **短期市场营销预测** 一般是指年度、季度或月度预测,有时也包括旬度预测。

(2) **中期市场营销预测** 一般是指一年以上三年以下时间长度的市场营销预测。中期市场营销预测由于时间较短期预测稍长,不确定因素较短期预测略多,数据资料较短期预测较少,故其预测的准确性比短期预测稍差,但仍然具有较好效果。

(3) **长期市场营销预测** 一般是指五年或更长时间段的市场营销预测,又称远景预测。它时间跨度长,不可控因素也就更多,在预测中难于全面把握和预测各种可能的变化因素,因此预测的精确度相对于中期和短期预测来说要低。

2. 按照市场营销预测的性质分类

(1) **定性预测** 是指对预测对象内在发展规律质的分析,判断其未来发展变化趋势的一种预测方法。

(2) **定量预测** 是依据历史的数据,通过建模和解模,对预测对象未来发展变化趋势进行量的分析和描述的方法。它通常用于原始数据比较充分或数据来源多且稳定的情况。

除了以上两种分类方法外,市场营销预测按空间区域划分还可分为区域性市场营销预测、全国性市场营销预测和国际市场营销预测;按预测的内容又可划分为市场需求衡、市场供应预测、产品生命周期预测和价格变动预测等。

三、市场预测的步骤

预测应该遵循一定的程序和步骤以使工作有序化、统筹规划和协作。市场预测的过程大致包含以下几个步骤:

1. 确定预测目标

明确目的是启用市场预测工作的第一步,因为预测的目的不同,预测的内容和项目、所需要的资料和所运用的方法都会有所不同。明确预测目标，就是根据经营活动存在的问题，拟定预测的项目、制订预测工作计划、编制预算、调配力量、组织实施，以保证市场预测工作有计划、有节奏地进行。

2. 收集资料

进行市场预测必须具有充分的资料。有了充分的资料，才能为市场预测提供进行分析、判断的可靠依据。在市场预测计划的指导下，调查和收集预测有关资料是进行市场预测的重要一环，也是预测的基础性工作。

3. 选择预测方法

根据预测的目标以及各种预测方法的适用条件和性能，选择出合适的预测方法。有时可以运用多种预测方法来预测同一目标。预测方法的选用是否恰当，将直接影响到预测的精确性和可靠性。运用预测方法的核心是建立描述、概括研究对象特征和变化规律的模型，根据模型进行计算或者处理，即可得到预测结果。

4. 预测分析和修正

分析判断是对调查收集的资料进行综合分析，并通过判断、推理，使感性认识上升为理性认识，从事物的现象深入到事物的本质，从而预计市场未来的发展变化趋势。在分析评判的基础上，通常还要根据最新信息对原预测结果进行评估和修正。

5. 编写预测报告

预测报告应该概括预测研究的主要活动过程，包括预测目标、预测对象及有关因素的分析结论、主要资料和数据，预测方法的选择和模型的建立，以及对预测结论的评估、分析和修正等。

思考题

1. 什么是营销调研？
2. 营销调研一般由哪几个步骤组成？
3. 简述营销调研的方法。
4. 什么是市场预测？简述市场预测的内容和类型。
5. 市场预测的步骤有哪些？
6. 市场营销信息系统由哪些构成？

[**案例**]

北京市场液态牛乳的品种与规格调查

为了解北京市场液态牛乳商品情况，北京美兰德信息公司于 1999 年 5 月在京城家乐福超市、亿客隆商城、城乡贸易中心、复兴商业城、长安商场、百盛购物中心和赛特购物中心 7 大商场的超市开展调查，了解液态牛乳商品的品牌、口味、花色、包装规格和价格等。本次调查的液态牛乳仅指纯牛乳，包括果蔬味、维生素、朱古力等口味液奶，不包括酸乳类和豆乳类饮料。

调查结果表明，北京市场出售的液态牛乳品种众多，一批主导品牌初步形成，品种、口味、花色成为竞争手段，液乳价格在不同品牌、不同商店之间存在明显差异。

一、液态牛乳品牌品种繁多

当前出现在北京市场的液态牛乳品牌众多，本次调查共有 21 个。在被调查的 7 家商场中，亮相的品牌主要是："三元""光明""天津中宏""世达乳品""帕玛拉特""伊利""卡夫""乐百氏""澳牛""子母""均瑶""倍康""亨侬""怡美""金仕奶""保利""夏进""康必如""家乐""大卫""多运"等。

（1）"三元""子母""帕玛拉特""卡夫"四个品牌种类最多。从调查数据看，落在"三元"牌名下的液态乳品种占全部样本的 18.2%，高居第一位。"子母"乳是荷兰名牌，打入中国市场后竞争攻势咄咄逼人，品种规格比例占样本的 14.2%。天津的"帕玛拉特"占 10.9%，"卡夫"占 9.3%。这四个品牌构成了液乳品种规格最丰富的第一方阵。

（2）"澳牛""光明""乐百氏"处在第二方阵。调查数据显示，"澳牛"牌液乳品种规格占全部样本的 7.7%，"光明"占 6.9%，"乐百氏"占 5.3%。

（3）其他品牌处在第三、四层，都以自己的优势和特点参加竞争。调查资料显示，品种规格比例在 4% 以下的品牌共有 14 个，具体如下：

处在第三方阵的品牌有 7 个，包括"夏进""均瑶""伊利""倍康""保利""怡美""家乐"等。

处在第四方阵的品牌有 7 个，包括"天津中宏""亨侬""康必如""多运""世达乳品""金仕奶""大卫"等。

二、液态牛乳的主要包装形式

（1）北京市场上液态牛乳的包装类型主要有六种。砖型纸盒超高温灭菌包装占样本品种总数的 39.7%；塑料瓶超高温灭菌包装占 29.1%；屋顶型纸盒保鲜包装占 16.6%；塑料袋消毒包装占 8.5%；纸袋包装占 4.0%；三角形纸盒保鲜包装占 2.0%。

（2）包装容量以 1000mL，500mL 和 250mL 为主。小包装液态乳是主力军。25mL 及以下小包装液态牛乳占近一半，比例达到 45.0%。500mL 的中包装和 1000mL 的大包装液态牛乳比例为 27.0% 和 28.0%。小包装比中包装和大包装的品种规格比例分别高出 18 和 17 个百分点。

纸盒包装的液态牛乳非常普遍。方砖型纸盒多用于大容量和小容量液态奶的包装，

1000mL 装的占 33.3%，250mL 以下装的占 52.4%，500mL 装的中包装比例较小，只占 14.3%。三角形纸盒主要用于中等容量和小容量液态牛乳包装，500mL 装的占 80%，250mL 装的占 20%。

塑料袋装液态牛乳多为小容量包装，250mL 及以下包装的占 80%，500mL 包装的只占 20%。

塑料瓶装液态牛乳容量多为 250mL 包装，比例最大，占该类包装乳的 60.2%，1000mL 大包装的占到为 32.7%，500mL 包装的较少，仅为 7.1%。

纸袋包装液态牛乳近年出现在北京商场中，从容量看，1000mL，500mL 和 250mL 装形成三分天下态势。

三、液态牛乳的口味花色繁多

调查数据显示，传统的纯牛乳仍占统治地位，比例为 46.0%，甜牛乳占 20.0%，巧克力口味牛乳占 11.0%，水果和蔬菜口味牛乳占 10.0%，低脂乳和脱脂乳占 9.0%，加钙乳占 3.0%，全脂乳占 1.0%，维生素乳占 0.1%。

四、北京市场液态牛乳的价格差异

1. 不同品牌液乳价格比较

从品牌来源看，国产品牌液态乳 100mL 价格为 0.87 元，进口品牌的价格为 1.35 元，是国产品牌的 1.55 倍。从各品牌液态牛乳的平均价格看，100mL 牛奶价格在 0.8 元以下的有"世达乳品""天津中宏""三元"和"亨侬"四个品牌。

100mL 牛乳价格在 0.8 元至 1.0 元的有"光明""乐百氏""金仕奶""夏进""伊利""怡美""帕玛拉特"和"倍康"8 个品牌；价格在 1.0 元至 2.0 元的有"卡夫""均瑶""大卫""家乐""子母""保利""澳牛""多运""康必如"9 个品牌。

价格最贵的是荷兰康必如牌牛乳，100mL 平均销价 1.86 元，最便宜的是国产世达乳品牌牛奶，100mL 只卖 0.5 元，两者比较，荷兰康必如牌牛乳的价格是世达乳品牌牛乳的 3.72 倍。

2. 不同花色液态牛乳价格比较

从各种口味花色液态牛乳的平均价格看，全脂乳最贵，100mL 价格为 1.36 元；其次是水果和蔬菜口味牛乳，100mL 价格为 1.17 元；纯牛乳、低脂乳和巧克力乳价位不高，分别为 100mL1.07 元、1.05 元和 1.01 元。最便宜的是甜牛乳，100mL 售价为 0.93 元。

3. 各商场液态牛乳的价格差异

本次调查显示，北京市场液态牛乳平均每 100mL 的价格为 1.08 元。各店价格有差别，具体可分为以下三种类型：第一类为低价商店，平均价为 0.92 元。具体看，平均价格最低的是长安商场，100mL 液态牛乳的出售价格为 0.88 元；其次是家乐福超市，为 0.93 元；再次是复兴商业城，为 0.95 元。

第二类是中价商店，平均价为 1.03 元，比低价店高 12%。具体看，亿客隆商城为 1.00 元，百盛购物中心为 1.02 元，城乡贸易中心为 1.06 元。

第三类是高价商店，主要是赛特购物中心，每 100mL 液态牛乳的平衡价格为 1.51 元，比中价商店高出 47%。

资料来源：北京美兰德信息公司. 北京市场液体牛奶的品种与规格 [J]. 销售与市场：管理版，1999，(10)：52-53.

案例分析题

1. 通过上述案例,总结一个完整的产品调查有哪些特点?
2. 根据上述调研结果,简述产品定位的重要性。
3. 参考本案例,重新设计并选择调研对象进行一次调研。

第六章 目标市场与食品企业营销战略

面对市场中各种不同的需求和爱好,任何一个企业,无论其规模如何庞大,资源如何雄厚都无法同时给予满足。企业只能根据本企业的资源和能力对整体市场进行细分,选择合适的目标市场,去满足某一部分消费者的需求和爱好。目标市场选择有三个步骤:一是按照一定的标准将市场分为若干个子市场;二是选择合适的子市场作为企业为其服务的目标市场;三是确定本企业的产品在目标市场上的竞争地位。进行市场细分,正确地选择目标市场,是现代企业经营管理的一项重要内容。

第一节 市场细分

市场细分(market segmenting)是企业根据消费者需求的差异性,以影响消费者需求的某些因素为依据,将一个整体市场划分为两个或若干个不同顾客群体的分类过程,以便从中选择、确定自己的目标市场(target market)。每一个顾客群体就是一个细分市场,又称"小市场群""子市场""亚市场"等。市场细分的目的是将企业的有限资源集中在最有可能的购买者身上,从而达到营销目标。不同细分市场的消费者,其需求和爱好存在着明显的差异,而属于同一细分市场的消费者,其需求和爱好较为相近。例如,保健食品生产企业,可以根据消费者年龄因素细分为老年市场、成年市场和儿童市场等。市场细分对发掘新的市场机会,集中使用企业资源,提高企业的竞争力,实现企业的营销目标有重要的意义。

市场细分的客观基础是不同消费者对同一产品的需求的多样性、差异性。例如,对火腿的原材料、颜色、味道、价格、质量、规格、形状、包装等方面,不同的消费者会有不同的要求,他们在购买行为和购买习惯上也存在着差别。正是这些差别为企业提供了市场细分的条件。而形成细分市场的基础是消费者之间的共性,庞大而复杂的消费市场中,总会有一部分消费者对某种产品的需求具有共同点。如火腿肠,孩子普遍喜爱规格小、形状好看,包装可爱的;成年人则大多看重原材料、味道、质量等。而消费者之间对同一产品的共性正是企业在市场细分中确定目标市场的基础。由此可见,企业要做好市场细分工作,能否准确辨别和把握消费者之间的共性和差异性是非常重要的。

企业市场营销方式的转变,大致经历了三个阶段:一是大量营销,即大量生产和销售单一产品。例如，20世纪80年代以前，酒厂生产的白酒几乎都是高度的烈性酒，乳品厂加工的乳粉都是袋装全脂乳粉；二是产品多样化营销，即生产和销售两种或多种不同式样、花色和规格的产品，但这种差异并不是专门针对某类消费者的不同需要而设计的，不是在市场细分的基础上实现的，只是提供多样产品供顾客选择。例如，冷饮制品厂生产各种口味的冰淇淋，迎合多数顾客的需要，但并没有对市场进行细分和确定各种产品的需要者；三是目标营销，即在市场细分的基础上，选择一个或几个子市场作为目标市场，针对目标市场的需要开发产品和制定营销计划。例如，饮料企业专门设计生产一种低热量饮料，以满足渴望减肥者的需要，这就是目标营销。这三种营销方式目前都存在，但是总的趋势是越来越多的企业开始转向目标营销。

一、市场细分的意义

企业在开展市场营销时，对整体市场进行细分是非常重要和必要的。因为市场细分是企业把握市场机会，有效利用有限资源，制订产品计划和营销方案不可或缺的关键一环。

（一）有利于企业发掘新的市场机会

市场机会（market opportunity）就是出现于市场，但尚未得到满足或尚未得到充分满足的需求。这种需求往往是潜在的，一般不易发现。但通过市场细分，企业可以充分了解各个不同的购买人群的需要情况和目前满足程度，能够掌握各细分市场的需求特征和竞争情况等，并且能够从中发掘那些尚未得到满足或尚未得到充分满足的潜在需求，从而找到新的市场机会。在满足程度较低的市场部分，就可能存在着最好的市场机会。

（二）有利于企业合理配置资源，提高市场竞争能力

任何企业的资源都是有限的，不可能满足整个市场的所有需求。进行市场细分，企业在选定的目标市场上开展营销活动，范围相对缩小，服务对象具体明确，可以合理配置和最大限度地利用资源。同时，集中力量打入目标市场，发展特色产品，更能够提高企业知名度和市场占有率。

（三）便于取得反馈信息，及时调整营销策略

企业在细分后的市场上，容易得到信息，察觉顾客反映，了解顾客需求。也便于分析和掌握同一目标市场上的竞争者的优势与不足，企业可以及时、准确地调整自己的营销计划和策略，以满足消费者的需求，有效地与竞争对手抗衡。

（四）有利于企业开拓新市场，扩大市场的占有率

不断开拓新市场，扩大市场占有率是企业营销的最终目标。通过市场细分，企业可以根据本身的情况优先选择最适合自己占领的一个或几个细分市场作为目标市场，待有了一定的基础后，再去选择新的目标市场，从而扩大市场面，提高市场占有率。

（五）为企业制定最优的营销策略提供依据

市场营销策略的优劣直接影响着企业的发展方向和前途。市场细分可以为企业制定最优的营销策略提供依据。目标市场一旦确定，企业就可以有的放矢，有针对性地制定有效的市场营销组合策略。

二、市场细分的依据和条件

能够把一个整体市场细分为若干个子市场的客观基础是顾客需求存在着差异性，影响顾

客需求的某些因素可以作为细分的依据对市场进行细分。消费者市场的细分依据可以概括为四大类：地理因素、人文因素、消费者心理和购买行为。

（一）地理因素

地理因素就是按照消费者所处的地理位置和自然环境来划分市场，包括国家、地区、城市、乡村、地形、气候、自然环境、交通运输、人口密度等。由于消费者所处的地理位置和自然环境不同，其消费需求和习惯也不同。如南方人爱吃米饭，北方人喜欢面食；四川人嗜好辣口菜，上海人偏爱甜口菜。地理因素作为细分依据通常被认为是进行市场细分的第一步，因为它是一个静态因素，易于辨别和分析，并且具有相对的稳定性，有助于企业开拓区域市场。值得注意的是，即使处于同一地理位置和相同环境下的消费者，其需求和爱好仍存在很大的差异性，如吉林省延边朝鲜族自治州虽地处北方，但那里的人大多喜欢吃米饭。因此，有效的市场细分要充分考虑其他因素。

（二）人文因素

人文因素就是按照国籍、民族、性别、年龄、职业、教育、宗教、收入、家庭规模等人口变量对市场进行细分。不同国籍或民族的消费者、不同年龄或性别的消费者、不同职业和收入的消费者，其需求和爱好是大不相同的。如面对"麦当劳"和"大排档"，青少年普遍喜爱前者，而成年人大多选择后者。人口统计变量与消费者对商品的需求爱好和消费行为有密切的关系，而且人口统计变量资料比较容易获得和进行衡量，所以人文因素是进行市场细分不可忽视的重要依据。

（三）心理因素

心理因素是以消费者的心理特点或性格特征作为依据对市场进行细分。其变量包括社会阶层、生活方式、性格、购买动机、价值取向等。同样性别、年龄，相同收入的消费者，由于其所处的社会阶层、生活方式或性格的不同，往往会表现出不同的心理特性，对同一种产品的需求和购买动机也存在很大差异。例如，在日本有一种产自松阪的牛肉，价格是普通牛肉的几倍，甚至十几倍，日本人普遍认为消费这种牛肉的，大多是有经济实力和社会地位的人。有的消费者通过所用商品张扬其个性；有的消费者通过所用商品（劳务用品）表现其所追求的情趣、品位、格调等；也有的消费者通过所用商品表现或排遣其内心的烦恼和苦闷。心理因素相对而言，更为复杂、微妙，但企业如果能够准确把握这一依据，可以为细分市场设计专门产品、特色产品，制订有针对性的营销组合策略，开拓出新的市场。

（四）购买行为因素

购买行为因素就是以消费者不同的购买行为为依据进行市场细分。主要包括购买时机、寻求利益、使用者地位、使用频率、品牌忠诚度等几个方面。购买时机已经引起了众多企业的重视。例如，2010年中秋节的一个月前，一家知名食品公司就在一家大型商场大厅摆放了一个直径几米的大月饼，向顾客展示宣传自己品牌的产品。企业根据不同的节假日和一些商务活动制订时机营销策略，届时安排充足的货源并运用合适的促销手段，抢占了更多的市场。寻求利益是根据消费者购买产品时所期望得到的利益来进行市场细分。如消费者购买月饼，有的是为了送人，有的是自己食用。如果企业根据消费者所寻求的不同利益推出"精装月饼""普通装月饼""现装月饼"来满足细分市场的需求，就会赢得更多的利益。根据使用者地位，市场可分为从未使用者、曾经使用者、潜在使用者、初次使用者和经常使用者。企业应该根据自身的资源和产品市场占有率，决定采用何种策略去吸引相应的消费者群体。按使用频率（消费数量）进行市场细分，可将消费者分为大量使用者、中量使用者和少量使用者等几个群体。企业对不同的消费群体，在产品、价格、包装、分销渠道、广告传播等方面都要有针对性地区别对待。一个市场还可以按照消费者的忠诚程度来细分。专一的忠诚者，始终坚持购买某一种品牌的产品；动摇的忠诚者，经常在几种固定的品牌中选择产品；不忠诚者，不忠诚任何一种品牌，购物从不考虑品牌的问题。在专一忠诚者占较大比重的市场上，企业不用担心竞争者的轻易进入，因此主要任务是留住已有的专一忠诚者，继续扩大专一忠诚者的群体。例如，乳制品企业的"蒙牛""三元""光明"等就面临这样的挑战。若在消费者忠诚度不高或没有忠诚度的市场里，企业就要设法改进营销策略，以吸引消费者的目光。

三、市场细分的原则

要使细分市场能够为选择目标市场提供有效的依据，企业在进行市场细分时，必须遵循以下原则。

（一）可衡量性

可衡量性是指细分市场的需求必须是明显的，所收集的细分资料可以进行衡量和比较。如果根据某种依据划分出来的市场，其顾客数量和购买力难以衡量和测算的话，那么企业就无法进行定性分析，无法制订相应的策略，市场细分也就变得毫无意义。

（二）可进入性

可进入性是指企业对细分市场能够有效进入的程度，包括两方面的内容：企业能够进入，并且能够抢占一定市场份额的市场。如果市场细分的结果表明，虽然有尚未满足需求的市场机会，但企业因资源、与竞争对手抗衡的能力等还是难以进入市场，即使勉强进入市场也很难抢占到一定的市场份额，这种细分仍是没有现实意义的。

（三）可赢利性

可赢利是性指细分市场有一定的规模和市场潜力，能够保证企业取得良好的经济效益。如果细分市场的规模过小，销售量有限，企业专门为之实施一套营销方案，就得不偿失了。因此，细分市场应具备一定的发展潜力，具有足够的潜在销售额，以便企业制订长期稳定的市场营销战略，保证企业在所确定的目标市场上取得理想的经济效益。

除上述原则外，在运用市场细分标准时，还需要注意三个问题。

（1）从实际出发，根据企业的资源情况和产品特点确定细分依据。可以选择单一标准，也可以综合运用两种或若干个标准，但同时选用的标准不宜过多，否则，烦琐且不实用，还会造成一些不必要的经济损失。

（2）市场细分是企业进入市场的基础。但这并不等于把市场分得越细越好，分得过细，不适合大量生产，企业难以取得规模效益。

（3）市场细分的基础是市场调查。因此，在进行市场细分之前，一定要做好市场调查，充分掌握市场需求等有关信息。

第二节　目标市场选择及策略

目标市场（target market）是指企业在市场细分的基础上，根据自身的生产、技术、资金等优势条件和外部环境，在众多的细分市场中确定的一个或几个营销对象。目标市场是企业为满足现实和潜在的需求进入及将开拓的特定市场。而能够成为目标市场的细分市场必须具备以下几个条件：①该市场必须具有一定的现实需求量和购买力，企业进入后能够实现期望的销售目标；②该市场应该存在潜在需求，有较好的发展前景，有利于企业进入后进一步开拓；③该市场尚未被竞争对手完全控制，或本企业在该市场的竞争中具有优势；④该市场适合于本企业，本企业也有能力进入和占领该市场。目标市场的选择策略主要有无差异性市场策略、差异性市场策略和集中化市场策略三种。

一、无差异性市场策略

无差异性市场策略（zero difference marketing strategy）是指企业不进行市场细分，把整个市场作为目标市场，通过设计生产单一的产品，采用一种营销组合，吸引尽可能多的消费者的一种策略。这种市场策略强调市场需求的共性，而忽略其差异性。例如，美国的"麦当劳""肯德基"在全世界有数百家分店，无论是美国本土，还是欧洲、亚洲，都用同样的配方、同样的制作程序、同样的服务和促销手段，实行无差异市场营销。这种策略的优点是：品种单一的大量生产，可以降低生产、储存和运输成本，可以节省广告宣传、促销、市场调研和细分市场的费用，并且可以达到规模经济效益。其不足是，应对市场变化的能力不强，一旦市场的需求发生大的变化，难以及时调整企业的生产和市场营销策略。

无差异市场策略比较适宜于以下几种情况：①企业：资源雄厚，能够连锁网点。②产品：具有通用性，使用性较强、差异性较小，需求量大，不受季节、生活习惯影响的具有广泛需要的日用品。③市场环境：市场上同类商品处于短缺状态，或企业竞争处于不激烈的情况下。

二、差异性市场营销策略

差异性市场营销策略（variety marketing strategy）是指企业在将整体市场细分后，选择若干个甚至所有的细分市场作为目标市场，根据所选的不同细分市场的需求特点，分别设计和生产不同的产品，并运用不同的营销组合方案，有针对性地满足细分市场需求所采用的营销策略。例如，某乳制品公司根据不同年龄、不同消费方式、不同消费水平等分别设计生产不同配方、不同容量、不同包装的乳粉，运用的就是差异营销策略。差异性市场策略的优点是：①企业能够根据各个细分市场的特点，满足不同消费者的需求，从而扩大销售量，增强竞争力；②企业同时在几个细分市场上占有优势，有利于提高市场占有率，树立企业形象；③企业把营销目标分散在不同的细分市场上，具有适应性和灵活性，在激烈的竞争环境中，有较大的回旋余地，风险性较小。其不足是：①由于是小批量多品种的生产和销售，不能形成规模效益，并且需要企业具有较高的经营管理水平；②由于是"多种经营"，产品的原材料和生产设备、技术要求呈多样化,其价格、广告宣传、促销手段、销售渠道等也需多样化,使生产成本和经营费用相应增加,从而降低了经济效益。差异性市场策略适合于竞争比较激烈的市场环境,但需要注意的是,在选择这一策略的时候,要认真比较运用此策略所获得的经济效益是否能够抵消或超过成本的提高;并力求发展少量品种,但又能满足较大范围的消费者需求。

三、集中性市场营销策略

集中性市场营销策略(concentration marketing strategy)是指企业在市场细分的基础上,选择其中的一个或少数几个细分的专门化市场作为目标市场,并以某种市场营销组合集中满足其消费者需求所采取的营销策略。采用这种策略的企业,避免把力量分散在较大的市场上而取得较小的市场占有率,而追求把有限的资源集中在一个或几个目标市场上,通过实行专业化生产或销售,取得较大的市场占有率。例如,前些年一家食品企业,面对众多的副食品消费者和激烈的市场竞争,选择了婴儿和儿童作为他们的消费对象,专门瞄准儿童食品市场,开发和生产了一系列有利于婴儿和儿童身体健康的食品,如钙奶饼干、补锌饼干等,深受孩子和家长的欢迎,开创了品牌,取得了较好的经济效益。

集中性市场营销策略比较适宜于资源有限的中小企业,其优点是:①由于目标市场集中,有利于企业对市场的深入了解,打开销路,满足消费者的需求,建立稳固的市场地位;②有利于企业集中使用有限的资源,实行专业化市场销售,降低成本和费用,从而提高经济效益;③有利于企业针对目标市场的需求采取有利的营销措施,创名牌产品,创优质服务,扩大销售,取得较高的市场占有率。集中性市场营销策略的不足是:周旋的余地比较小,风险比较大。企业把全部优势力量投入在比较单一或几个狭窄的目标市场上,一旦市场发生重大变化,企业可能陷入困境。例如,目标消费者的需求和爱好的变化和转移,或出现强有力的竞争对手等,都可能对企业的市场销售量,甚至前途构成严重的威胁。因此,企业在运用这一策略时,一要慎重,二要留有回旋的余地。

以上三种策略各有利弊,各自适用于不同的情况。一般说来,企业在选择目标市场的策略时,尚需考虑以下几个方面的因素:

1. 企业实力

主要是指企业的资金、技术、设备、竞争能力、管理水平、员工素质等。如果企业的规模较大、资源充足、具有较高的管理水平,可以采用无差异性市场策略或差异性市场策略。如果实力有限,宜采用集中性市场策略。

2. 产品性质

主要是指产品是否具有同样的品质或性能。对于品质、性能差异性较小,挑选性不强,使用面较广的通用产品,如粮食、煤炭、标准件等,可采用无差异性市场策略;对于规格复杂,性能差异较大,产销变化快,挑选性较强的产品,如家具、鞋帽、服装、食品、家用电器、汽车、专用设备等,则宜采用差异性市场策略或集中性市场策略。

3. 产品生命周期

产品生命周期是指企业随着产品生命周期的发展而变更目标市场策略。一般来说,当新产品刚刚进入市场,处于投入期时,竞争者较少,宜采用无差异性市场策略,以探测市场需求与潜在需求,或针对某细分市场,实行集中性市场策略。当产品进入成长期和成熟期之后，市场需求开始向着多样化发展，竞争也日趋激烈，就应该及时转向差异性市场策略，以开辟新的市场，延长产品生命周期。

4. 市场类似性

市场类似性是指市场上消费者的需要和对企业营销策略的反应。如果消费者的需求、爱好、购买行为等大致相同，对营销策略的反应也基本类似，这种产品的市场就是类似的。对于类似性程度高的市场，宜采用无差异性市场策略。反之，则采取差异性或集中性市场策略。

5. 竞争对手的市场策略

在市场上每个企业都会面对竞争对手，密切关注和经常研究竞争对手，做到知己知彼，是企业在营销过程中不可忽视的一项内容。一般来说，假如竞争对手实行无差异市场策略，那么与之相反，企业采取差异性市场策略容易收到好的效果，因为在广阔的市场中对手难免留下疏漏，容易寻找到发展空间。假如竞争对手已经采取差异性市场策略，企业应当在进一步细分的基础上，实行差异性市场策略或集中性市场策略。

值得注意的是，对于以上几方面的因素，不要单独、孤立地去考虑和使用，应结合实际情况综合考虑运用。

第三节　市场定位及策略

一、市场定位的概念

目标市场确定后，企业要达到开拓和占领目标市场，取得产品在目标市场上优势竞争地位的目的，必须在目标市场上给本企业产品做出具体的市场定位决策。

市场定位（market positing）是使本企业的产品即品牌具有一定的特色，塑造产品在目标顾客心目中的形象和位置，在目标市场上与竞争产品有所区别。如"麦当劳"是大众化西式快餐店；贵州"茅台"是高档名酒；北京的"燕京啤酒"清爽可口、物美价廉，是当今少数几个国产名牌啤酒之一。市场定位的实质就在于树立目标市场上的竞争优势，确定产品在目标顾客心目中的适当位置并留下值得购买的印象，以便吸引更多的顾客。

产品市场定位是确定市场营销组合的基础。产品经过市场定位后，才能进一步研究和制定相应的价格、渠道、促销等策略。反过来，其他营销组合因素的合理搭配也有助于形成和树立选定的产品形象。

二、市场定位的依据

（1）以产品质量、价格或服务定位　强调与众不同的高质量、高价格。例如，双汇的"王中王"瘦肉火腿肠定高价以显示其高质量，树立火腿肠精品的地位。

（2）以使用者类型定位　如婴儿乳粉定位于新生婴儿，而营养强化、补钙乳粉面向中老年阶层。

（3）以使用场合或特殊功能定位　例如，喜临门牌白酒从品牌名到广告都强调它是喜庆场合适用的喜宴酒。

(4) 以区别竞争者的不同属性定位　例如，娃哈哈集团的"非常可乐"强调中国人自己的可乐；美国"七喜"饮料强调其不含咖啡因，以区别于可乐型饮料。

三、市场定位的步骤

食品企业市场定位一般应包括3个步骤：

(1) 通过市场调研了解目标顾客的需求和爱好，确认潜在的竞争优势　清楚地了解目标顾客对于产品的实物属性和心理方面的要求以及重视程度，是确认竞争优势、进行市场定位的基本前提。竞争优势主要来自两个方面：一是价格，要求企业在同等条件下，制订比竞争者更低的价格；二是特色，企业能够提供满足顾客的特定需要的特色产品。因此，一方面，企业应该千方百计地寻求降低产品成本的途径，力争在市场价格竞争中占据有利地位；另一方面，积极开发具有特色的产品、提供特色的服务，满足目标顾客的特定需求。

(2) 研究竞争者的产品，选择本企业产品的定位策略　分析研究竞争者产品的属性和特色以及市场满足程度，从中发现和找出市场机会，选择自身优势，制订本企业产品的市场定位决策。企业进行市场定位要明确两个问题：一是要明确竞争企业在该市场已占据的位置；二是要明确顾客需求状况以及本企业的产品必须具备何种特点才能在市场上占据一定的位置。例如，某种牌子的乳粉在刚推出时，曾被众多的老牌乳粉所包围，无法形成具有知名度的品牌。后来听取了营销专家的建议，以"不含蔗糖"为定位，形成了特色品牌，令人刮目相看。

(3) 有效、准确地向市场传递定位信息　在确立了企业的市场定位后，还必须大力开展广告宣传，把企业的定位信息准确地传递给潜在购买者。要避免因宣传不当在公众中产生误解，如传递给公众定位过高或过低、定位含混不清等都是宣传上的失误所致。

四、市场定位策略

(1) 填补市场空位策略　企业将产品定位在目标市场空白处，不与目标市场上的竞争者进行直接对抗的策略。在目标市场的空隙或空白领域开拓新的市场，生产销售该目标市场上尚没有的某种特色产品，填补市场空白，以便更好地发挥企业的竞争优势，获取经济效益。

(2) 与竞争者对峙和并存策略　将本企业的产品位置定在现有某一竞争者产品的附近，与之争夺市场份额。这种与竞争者对峙和并存的策略对一些实力不太雄厚的中小企业比较适用。一是可以仿制竞争者的产品，向市场销售自己品牌的产品。二是竞争者已经开发了产品并打开了市场，本企业可以节省开发和推广费用，又可以减少市场风险。但是企业采取该策略的前提是市场需求的潜力很大，有未被满足的需求，企业本身的产品还要有特色，能立足于该目标市场。

(3) 取代竞争者策略　一些实力雄厚的大企业为了扩大自己的市场范围，通常采取将竞争者赶出原有位置、取而代之的策略。这就要求企业要比竞争者有明显的优势，提供比竞争者更好的产品并要做大量的推广宣传工作。

第四节　市场营销战略规划

在市场竞争日益激烈的今天，市场犹如战场，企业为扩大自己产品的市场份额、获取更多的利润，展开了激烈的竞争。企业要确保在竞争中处于有利地位，就必须制订一个长远的、具有方向性的战略规划。企业市场营销战略，对企业营销活动起指导作用，企业的各项营销活动都必须服从于营销战略规划，因此制订一个切实可行的企业营销战略，关系到企业的前途和命运。

营销战略（Marketing Strategy）是对企业市场营销活动进行的根本性谋划和总体设计。营销战略是企业经营战略的重要组成部分，是实现企业总体战略目标的重要组成部分。随着市场竞争的加剧，营销战略在企业经营中的地位越来越突出，最终成为企业经营战略的核心。

市场营销战略的制定是一个连续的过程，主要包括的步骤有：规定企业任务、确定营销目标、安排业务投资组合等。该过程称为市场营销战略规划。

一、规定企业任务

规定企业任务，就是要明确企业的经营方向、业务性质，"企业是干什么的？有哪些业务？""是为哪一类的消费者服务的？"企业在创立当初就应明确企业任务，但这不是固定不变的，市场环境的变动，企业的任务也要有相应的变化。当企业规定和调整任务时，应对下列问题做出回答：现在或未来一段时间内的市场需求是什么？对企业具有吸引力的市场需求是什么？企业的资源和能力能否满足这些需求？企业的经营方向和业务是什么？将来向哪个方向发展？一个成功的企业总是不断提出这些问题，并做出及时、准确的回答。

在制订企业任务时，应主要考虑4个方面的因素：

1. 企业的历史

企业历史上的突出特征，如企业所处行业特点，企业的产品特点、技术资源特点等，对企业确定经营方向和任务非常重要。因为企业在所熟知的行业进行经营是轻车熟路，而且资源配置成本也较低，体现了企业发展的历史特色和优势所在。

2. 企业周围环境的变化

环境的变化，尤其是市场的变化，可以给企业带来发展机遇，也可以给企业带来挑战或形成威胁。确定企业任务，既要善于抓住机会，又要尽量避开不利的方面。

3. 企业资源状况

企业资源是企业从事经营活动的资本，确定企业任务，必须考虑企业资源的变化情况，尤其是资源总量和结构状况。企业规模小，应进行专业化经营；企业规模大，可实施多元化经营，甚至跨行业、跨地区经营。企业技术力量强，就可以在新技术产业谋一席之地；企业劳动力资源丰富，就应在劳动密集型行业发展自己。

4. 企业高层管理者的个人目标和经营理念

事实证明，高层管理者，特别是最高决策者的经营理念对企业任务的制订有很大的影响。

企业任务的规定应体现以下要求：

第一，明确企业业务范围，明确所要服务的顾客群。如某食品企业将任务规定为"满足顾客对方便食品的需求"。此种认识可以引导企业及时洞察方便食品的市场需求动向，采用合适的技术，从不同角度开发出能更好地满足该类消费者需要的新产品，使企业在竞争中处于领先地位。现代营销学认为，企业的业务活动不仅是一个产品的生产过程，还是一个满足顾客需要的过程。产品是短暂的，而顾客的基本需要和顾客群则是永恒的。

第二，从企业实际出发，做到切实可行。要按照企业实际的资源能力，用战略期内能够利用的企业资源来规定自己的业务范围。要注意避免业务范围定得过宽或过窄。例如，酱菜加工厂将自己的任务定为"生产食品的企业"就显得业务过宽，不能表达竞争优势，因为食品的种类太多。但是，如果定的过于狭窄也将不利于业务范围的及时调整，如生产速冻蔬菜的企业考虑到今后的业务扩展，将其业务范围定为"速冻食品"上，就会给企业的发展留下了空间。

第三，要能够鼓舞人心，具有激励性。企业任务要靠企业全体员工共同努力来实现，企业任务为企业发展描绘了一个宏伟蓝图，这个宏伟蓝图体现了对社会做出的重要贡献，体现了企业不断发展壮大，也体现了每个职工个人利益的不断满足。因而，要有利于调动广大员工的积极性、主动性和创造性，激励大家为完成企业任务而奋斗。如把"增进营养和健康""带动农业产业化发展"这一具有鼓舞性和挑战性的口号写进食品企业的任务书中，将会对员工产生激励效果。

二、确定企业目标

企业任务确定后，还要将任务具体化为企业目标。企业目标由一系列具体目标所组成，是一个完整的目标体系，主要包括：产品品种和结构、产品产量、产品销售额和销售增长率、市场占有率和产品销售地区、利润和投资收益率、产品质量、产品成本、劳动生产率、企业形象等。这些目标须是具有可行性和一致性的量化指标。

利润目标（profit objective）是企业最主要的目标。利润是一项综合反映企业经营活动好坏的指标，企业在增加产量、扩大销售、加强管理、降低成本、提高商誉等方面的努力，都会综合反映在利润指标上。利润又是企业扩大再生产的重要物质基础，企业只有不断增加利润，才能不断发展壮大，同时才能为社会多做贡献。

投资收益率（percent return on investment）是指一定时期内企业实现的纯利润与其全部投资的比率，是衡量、比较企业利润水平的一项主要指标。投资收益率越高，意味着运用单位投资获取的利润越多，较高的投资收益率是企业追求的主要目标之一。

市场占有率（market share）又称市场份额，是指企业在一定时期内某种产品的销售量（或销售额）占市场上同类产品销售总量（或销售总额）的百分比。市场占有率标志着企业在同行中的地位，意味着企业对该产品的市场控制权。提高市场占有率，是企业的重要战略目标之一。

社会目标也是企业必须考虑的，关系到企业在社会公众心目中的形象问题。企业应增强社会责任感，把减少和治理环境污染、为社会公益事业多做贡献列为企业的战略目标之一。

确定企业目标应注意以下几个问题：

1. 目标设置要科学合理

企业目标是由若干个具体目标组成的。但具体目标也不宜过多，否则会造成人们注意力的分散，不利于企业任务和目标的实现。因此，具体目标的设置必须科学合理，还要对目标进行优化，分清主次。要注意具体目标之间的协调性和一致性，避免相互矛盾或抵触。

2. 目标要尽可能数量化

就是要尽可能用数字表达目标，如"提高市场占有率"这一目标可具体定为"市场占有率为每年提高4%，五年内提高到20%"。不要使用"在五年之内市场占有率要逐年提高"这样含混不清的语言。

3. 先进性与可行性相统一

战略目标应具有先进性，如果目标定得太低，就失去了作为战略目标的意义。另外，战略目标必须是企业经过努力可以实现的，是与企业的资源条件相适应的。要把战略目标建立在先进性和可行性相统一的基础之上。

三、评估现有业务组合

在确定了企业任务和目标的基础上，经营多个业务单位的企业必须对现有各项业务进行分析、评估，确认哪些应当发展，哪些应当维持，哪些应当缩减，哪些应当淘汰。以便相应做出投资安排，使企业资源得到合理配置，实现整体利益最大化。

在进行现有业务组合分析时，首先要将企业所有的产品业务分成若干个"战略业务单位"。所谓战略业务单位是企业中的一项单独的业务，有专人负责经营，掌握一定的资源，并能单独计划、考核其营销活动。它可以是企业中的一个部门或几个部门的集成，也可以是企业所经营的某一类或某一种产品。其次是采用适当的方法对各战略业务单位的经营效益进行分析、评估。目前，最常用的评估方法有波士顿咨询集团法和通用电气公司法。

（一）波士顿咨询集团法

波士顿咨询公司（BCG）是美国一流的管理咨询公司，它首创了使用"市场增长率—相对市场占有率"区域图来分类和评价企业的所有战略业务单位，如图6-1所示。图中的纵坐标表示市场增长率，即产品销售的年增长速度，以10%为分界线分高低两部分。横坐标表示

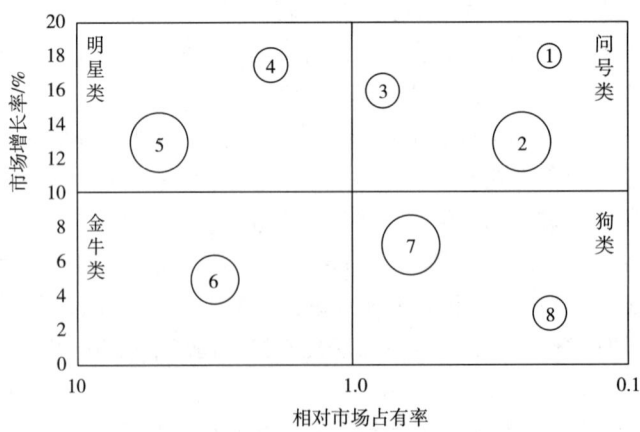

图6-1 市场增长率—相对市场占有率区域图

战略业务单位的相对市场占有率，即本企业的市场占有率与最大竞争对手市场占有率之比，以 1 为分界线分高低两部分。如果相对市场占有率为 0.25，则表示自己的市场份额为最大竞争对手市场份额的 25%；相对市场占有率为 10，则表示自己的市场份额为最大竞争对手市场份额的 10 倍。

区域图中每个圆圈都代表一个战略业务单位，圆圈的位置表示该业务单位市场增长率和相对市场占有率的现状，圆圈的大小表示该战略业务单位占企业总销售额的比重。

如图 6-1 所示，企业的 10 个战略业务单位分 4 类：

（1）明星类　市场增长率和相对市场占有率都高的战略业务单位（如图中 4，5 号单位）。这类单位处于迅速增长阶段，为支持其发展需要投入大量现金。而且，当市场增长率降低时，它们还将成为提供大量现金的"金牛类"。

（2）金牛类　市场增长率低，相对市场占有率高的战略业务单位（如图中 6 号单位）。这类单位由于市场占有率高，赢利多，现金收入多，企业可用这些现金支持其他产品单位的发展。

（3）问号类　市场增长率高，相对市场占有率低的战略业务单位（如图中 1，2，3 号单位）。这类业务单位前程未卜，难以确定前景。是大量投入使之转为明星类，还是精简合并或者断然淘汰，企业应慎重考虑并及时抉择。

（4）狗类　市场增长率和相对市场占有率都低的战略业务单位（如图中 7，8 号单位）。这类单位市场地位低，是微利、保本、甚至亏本的单位，是纯粹的消耗现金单位，即使其勉强自给自足，或者微利，也不大可能成为大量现金的源泉，因而不应再追加资源投入。

上述 4 类战略业务单位的位置不是一成不变的，随着时间的推移和经营管理的不同，它们的位置会不断变化。如"明星类"的销售增长率最终会降下来，成为"金牛类"；多数初期的业务产品属于"问号类"，如果经营成功，就会进入"明星类"。

在对战略业务单位进行分析评估之后，企业应着手制订业务组合计划，确定对各个业务单位的投资策略，可供选择的策略有以下 4 种：

（1）发展策略　这种策略是要提高业务单位的市场占有率。为达此目标，有时甚至不惜放弃短期利润。这种策略适用于问号类中有希望转为明星类的单位。

（2）维持策略　这种策略在于保持业务单位现有的市场占有率。适用于金牛类单位，目的是使其继续为企业提供大量现金。

（3）缩减策略　这种策略在于增加战略业务单位的短期现金收入，而不管长期效果。这种策略适用于金牛类中前景暗淡的单位，也适用于下一步计划放弃的问号类和狗类单位。具体方法包括减少投资，减少促销费用等，至于由此而减少需求所带来的后果，则不予考虑。

（4）放弃策略　这种策略就是变卖或处理某些业务单位，并把各种资源转移到那些效益好的业务单位上。这种策略适用于给企业造成很大负担而又没有发展前途的某些问号类或狗类的业务单位。

（二）　通用电气公司法

通用电气公司（General Electric Co.）提供的方法（图 6-2），较波士顿咨询公司法有所发展。该方法又称"战略业务规划网络"，是从市场吸引力和业务单位的竞争能力两个方面对每个战略业务单位进行评估的方法。

在图 6-2 中，纵轴表示行业吸引力，横轴表示业务单位的竞争力。

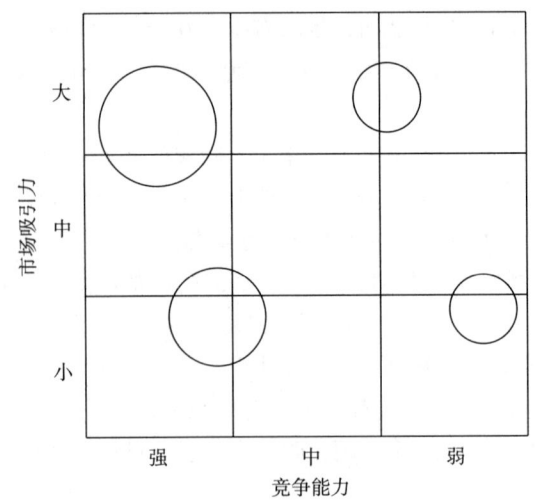

图 6-2 通用电气公司法

行业吸引力取决于下列因素：

(1) 市场规模　市场规模越大的行业，吸引力越大。
(2) 市场成长率　市场成长率越高的行业，吸引力也越大。
(3) 利润率　利润率越高的行业，吸引力越大。
(4) 竞争激烈程度　竞争越激烈的行业，吸引力越小。
(5) 周期性　受经济周期影响越小的行业，吸引力越大。
(6) 季节性　受季节性影响越小的行业，吸引力越大。
(7) 规模经济效益　具有明显规模经济效益的行业，吸引力大。
(8) 学习曲线　单位产品成本有可能随着经营管理经验的增加而降低的行业，吸引力大；反之，如果该行业管理经验的积累已达到极限，单位成本不可能因此再下降，则吸引力小。

业务单位的竞争力主要包括：

(1) 相对市场占有率　相对市场占有率越大，竞争力越强。
(2) 价格竞争力　价格竞争力越强，竞争力越强。
(3) 产品质量　产品质量越高，竞争力越强。
(4) 顾客了解度　对顾客了解程度越深，竞争力越强。
(5) 推销效率　推销效率越高，竞争力越强。
(6) 地理优势　市场的地理位置优势越大，竞争力越强。

企业将上述两类因素进行评估，逐一评出分数，再按照其重要性分别加权合计，就可以计算出行业吸引力和企业业务实力的数据，然后利用图 6-2 进行分析。

在图 6-2 中，市场吸引力分为大、中、小三类，企业的业务单位竞争力分为强、中、弱三档，共 9 个方格，可分为三大区域：

第一区：左上方 3 个方格，即 "大强" "大中" "中强" 三格。这是最佳区域，对于处于这个区域的业务单位，应该追加投资，促进其发展。

第二区：由对角线上的三个格组成，即"小强""中中"和"大弱"三格。这个区域的市场吸引力和业务单位的竞争力总的来说都是中等水平。对于该区域的业务单位应采取"维持"战略，维持现有投资水平。

第三区：由右下方三个格组成，即"小中""小弱""中弱"三格。这是市场吸引力和业务竞争能力都弱的区域。对该区域的业务单位应采取"收缩"或"放弃"战略。

四、制订企业增长战略

企业对现有业务进行评估和重新组合后，还应对未来的业务发展方向做出战略规划，即制定企业的增长战略。企业增长战略有3大类，每一类又各包含3种形式。

（一）密集性增长战略

企业的现有产品和市场还有潜力，企业仍可以在现有的生产、经营范围内求发展，可采用密集性增长战略。

①市场渗透（market penetration）：采取积极有效的营销措施，努力增加现有产品在市场上的销售量。如刺激现有顾客多购买本企业的产品；吸引和争夺竞争对手的顾客，使之购买本企业的现有产品；激发潜在顾客的购买动机，使他们成为本企业产品的现实购买者。

②市场开发（market development）：采取开辟新的销售渠道、大力开展广告宣传等促销活动，把现有产品打入新的市场。如从地方市场扩展到全国市场，从国内市场扩展到国际市场等。

③产品开发（product development）：通过改进原有产品或增加新产品、从而达到增加销售的目的。如增加产品功能、增加产品花色品种、改进包装等。

（二）一体化增长战略

企业某一战略业务单位通过把自己的经营范围向前、向后或横向延伸，以增强对渠道的控制能力，达到提高效率和增加盈利的目的。

①后向一体化：企业通过自办、收购、兼并、契约、联合等形式，向后拥有和控制原材料供应商，使原料供应、生产一体化。如烤鸭连锁店自己拥有养鸭场，绿色食品加工企业与绿色食品原料生产基地的契约关系等，就属于后向一体化。

②前向一体化：企业通过一定形式向前控制或拥有分销商，实行产销一体化。如食品生产企业建立自己的销售网络系统，果树农场自己办加工厂生产果汁等。

③横向一体化：企业收购、兼并它的竞争对手，或在国内外与其他同类企业合资经营。如某大乳品企业兼并小乳品厂。

（三）多角化增长战略

多角化增长战略又称多元化、多样化战略，就是向本行业以外发展，实行跨行业经营，生产和经营与企业原有业务没有联系或联系不大的业务，从而扩大经营范围和市场范围。当企业所属行业缺乏有利的营销机会，或其他行业更具吸引力、企业又有进入其他行业的资源潜力，这种情况下可实行多角化增长战略。多角化主要有3种形式：

①同心多角化：以现有产品为中心向外扩大业务经营范围，利用现有的设备、技术等资源，生产经营市场上需要的其他产品。

②横向多角化：又称水平多角化，是企业针对现有市场（顾客）的其他需要，发展新产品，以扩大业务经营范围。

③集团多角化：企业通过投资、收购、兼并、控股等形式，把经营范围扩展到多个部门和行业，组成混合型企业集团，实行多样化经营。采取集团化经营战略的企业，一般都是实力雄厚的大公司。

第五节　企业营销管理过程

营销战略规定了企业的任务和目标，为了完成这个基本任务和目标，营销部门作为企业的中心职能部门还必须实施营销管理，使企业的营销活动与变化的市场环境相适应，确定一个最优的行动方案。市场营销管理过程就是企业识别、分析、研究、选择和发掘市场营销机会，以实现企业任务和目标的管理过程。这个过程包括分析市场机会、选择市场目标、确定营销组合、制订营销计划和计划的实施和控制五个步骤。

一、分析市场机会

市场机会（market opportunity）是指目前市场上尚未满足的需要，只要市场上存在着未满足的需要，客观上就存在着市场机会。但市场机会并不都是本企业的营销机会，只有对本企业的营销活动具有吸引力的、能享有竞争优势和获得差别利益的市场机会才是本企业的营销机会。

随着市场竞争的加剧，生产过剩导致市场机会越来越少。但是，即使在买方市场，也存在着未满足的需求，不断产生新的需求，新的市场机会就会不断出现。企业经营者要善于捕捉市场机会，选择市场机会，从中找到本企业的营销机会。为了分析和发掘市场机会，就必须对企业的宏观环境和微观环境进行分析和研究，还要建立完善的营销信息系统，配备专门人才，从事营销信息的收集、整理、传递、分析和评价工作。

二、选择目标市场

在选定了企业的市场营销机会后，还要对该行业的市场容量和市场结构做进一步的分析，缩小范围，找出本企业准备为之服务的目标市场。这一过程包括：市场预测、市场细分、目标市场选择和市场定位等内容和步骤。

对所选定的市场机会，首先要预测市场的前景，就是按照科学的预测程序，运用科学的预测方法对该市场的市场需求，以及企业市场营销指标，如资源供给、产品销售、市场占有率等进行预测。如果对市场前景的预测看好，就决定如何进入市场。其次是，对市场需求结构进行分析，从中选择企业服务的目标市场和确定自己产品在目标市场上的位置。只有正确地选择了目标市场，才能制订相应的营销策略。

三、确定市场营销组合

在选择了目标市场后，就要确定营销组合策略，综合运用企业可控的营销因素达到营销战略规划的目标。最常见的市场营销组合因素有：产品（product）、价格（price）、分销（place）和促销（promotion），简称4ps。企业针对选定的目标市场对自己可以控制的各种营销因素进行优化组合和综合运用,并使之与不可控制的环境因素相适应,以达到企业的营销目标。企业在确定营销组合策略时,要充分运用好产品策略、价格策略、渠道策略、促销策略,形成最佳组合。

四、制订市场营销计划

通过市场机会分析、选择目标市场、确定营销组合后,企业还应制订具体的市场营销方案。营销方案确定后,须进一步编制出市场营销计划。市场营销计划是营销战略和方案的具体化,它是关于一项业务、产品或品牌所有营销活动的具体安排和规划。例如,如何将营销费用分配给不同的产品、广告媒体,如何开发新产品等。

市场营销计划通常包括以下几方面的内容和步骤。

(一) 内容提要

市场营销计划是正式书面文件,文件开头要有一个内容提要,即对计划期的主要营销目标和措施做简要的概括。内容提要的目的在于让高层主管能够一目了然,很快掌握计划的核心内容,同时,也便于在企业全体员工心目中形成明确的企业营销目标。

(二) 营销现状分析

这部分是对战略业务单位(或产品)当前营销现状的简要而明确的分析。

(1) 市场情况   应说明市场的范围和规模,包括哪些细分市场,顾客需求和购买行为方面的趋势等。

(2) 产品情况   应说明近年来产品中每个品种的销量、销售额、价格、利润额、利润率等。

(3) 竞争形势   应说明谁是主要的竞争对手,每个竞争对手在产品质量、定价、促销、分销等方面都采取了哪些策略,他们各自的市场占有率及变化趋势等。

(4) 分销渠道情况   应说明各主要分销商近年在销售额、经售能力方面的变化。

(三) 机会与威胁分析

机会与威胁分析就是要分析企业营销环境中的有利因素和不利因素,并根据不同的情况采取不同的对策。除了对环境机会和威胁进行分析外,计划书中还应对企业内在因素的优势和劣势做出分析,找出企业在竞争中与对手相比的长处与短处,以便扬长避短。

(四) 拟定营销目标

营销目标是计划期内企业营销活动要达到的目的和标准。主要包括销售额、市场占有率、利润、投资收益率等。所有指标都应尽可能量化,如销售额达到500万元,比上年增长20%;市场占有率达到15%,比上年增长3个百分点等。

(五) 营销策略

营销策略是达到上述营销目标的途径和手段,包括目标市场的选择和市场定位策略,营销组合策略、新产品开发和营销费用等。这些策略应在营销计划书中进行阐述。

(六) 活动程序

营销方案的实施应当按照一定的顺序,有条不紊地进行。因此,必须列出营销方案实施的具体活动程序。每项活动可以按时间顺序列出详细的日程表,以便执行和检查。

(七) 预算开支

营销计划中还需编制收支预算,收入方列出预计销售量及单价;支出方列出生产、实体分销及市场营销费用；预计可获得的利润。此预算一经批准，即可成为购买原材料，安排生产，支出营销费用的依据。

五、 营销计划的实施与控制

市场营销计划的实施和控制就是把市场营销战略和计划付诸具体行动，实现企业任务和目标。因此，企业必须调动全部人力、物力、财力等资源，按计划投入到营销活动中去。

为了有效地实施营销战略计划，企业应制订一个实施方案，明确营销实施中一些关键性决策和任务，制订出每一项任务和活动的具体安排。将计划规定的目标和预算按季度或月份进行分解，以便企业的上层管理部门进行监督检查，确保营销计划的完成。

在计划实施过程中，由于实际情况的变化，往往会出现与计划偏离的问题。因此，必须对营销活动进行控制，使营销活动按计划进行，或对计划进行必要的调整。

营销计划要靠营销组织去实施，市场营销组织是实现市场营销计划的重要手段之一。在小企业里，可能只配备营销人员不设机构，他们同时兼管营销调研、推广、广告、顾客服务等一切营销工作。在一些大企业里，均设有营销机构、配备多名营销人员承担这些工作。

现代企业的市场营销组织机构有多种形式，归纳起来主要有：职能式、地区管理式、产品管理式和市场管理式。

思考题

1. 什么是市场细分？试论述食品行业市场细分的特点？
2. 说明如何确定目标市场以及选择目标市场策略应考虑哪些因素？
3. 怎样进行市场定位？
4. 什么是企业的营销战略？企业怎样制订营销战略规划？
5. 简述营销战略规划中评估现有业务组合的方法。
6. 企业的增长战略有哪几种？
7. 请结合实际说明企业营销管理过程。

[案例]

米勒啤酒的市场细分策略

中国的香烟消费者大多知道"万宝路",但很少知道生产、经销万宝路香烟的公司叫菲利浦·莫里斯公司。正是这家公司在1970年买下了密尔瓦基的米勒啤酒公司,并运用市场细分策略,使米勒公司跃居该行业头把交椅,成了啤酒业的老大。

原来的米勒公司是一个业绩平平的企业,在全美啤酒行业中排名第七,市场占有率仅为4%。到1983年,在菲利浦·莫里斯的经营下,米勒公司的市场占有率达到21%,仅次于排第一位的布什公司(其市场占有率为34%),但已将排名第三、四位的公司远远抛在后头,以至当时人们普遍认为米勒公司创造了一个奇迹。

米勒公司之所以能够创造这一奇迹,关键在于菲利浦·莫里斯公司吞并米勒公司后,实施了该公司曾使"万宝路"成功的营销技巧,即市场细分策略。

首先,米勒公司在做出营销决策前,先对市场做了认真的调查。他们发现,根据对啤酒饮用程度的不同,可将消费人群分为两类,一类是轻度饮用者,另一类是重度饮用者,而且重度饮用者的饮用量是轻度饮用者的8倍。结果一出来,米勒公司马上意识到他们面对的是怎样一个消费群体:多数为蓝领阶层,年龄在30岁左右,爱好体育运动。于是米勒公司果断决定对"海雷夫"啤酒进行重新定位,改变原先在消费者心目中"价高质优的精品啤酒"形象。将其消费人群从原先的妇女及社会高收入者转向了"真正爱喝啤酒"的中低收入者。

重新定位还表现在米勒公司的新广告上。整个广告是面向那些喜好运动的蓝领阶层。广告画面中出现的都是一些激动人心的场面:年轻人骑着摩托车冲下陡坡,消防队员紧张地灭火,船员们在狂风巨浪中驾驶轮船……甚至还请来了篮球明星助阵。

为配合广告攻势,米勒推出了一种容量较小的瓶装"海雷夫",又能很好地满足那些轻度饮用者的需求——少量。新产品上市后,市场反应热烈,很快赢得了蓝领阶层的喜爱。

米勒公司并没有就此罢手,决定乘胜追击,又进入了他们细分出来的另一个市场——低热度啤酒市场。开始,许多啤酒商并不看好米勒公司的这一决策,认为他们进入了一个"根本不存在市场的市场"。但米勒公司并没有放弃,他们依然从广告宣传上着手,反复强调该种啤酒"莱特"的特点:低热度,不会引起腹胀,口感与"海雷夫"一样好。同时,还对"莱特"进行了重新包装,在设计上给人以高质量、男子气概浓、夺人眼目的感觉。在强大的广告攻势下,整个美国当年的销售量就达200万箱,并在以后几年迅速上升。

在占领了低档啤酒、低热度啤酒这两个细分市场后,米勒公司又开始了新的挑战,它将进军最高档啤酒这一细分市场,将原本在美国很受欢迎的德国啤酒"老温伯"买了下来,开始在国内生产。广告宣传中,一群雅皮士高举酒杯,喊着"来喝老温伯"。这一举措一举击垮了原先处于高档啤酒市场领导地位的"麦可龙"。

在整个20世纪70年代,米勒公司的啤酒营销取得了巨大的成功。到1980年,米勒公司的市场份额已高达21.1%,总销售收入达26亿美元,成了市场的龙头老大,被人们称为"世纪口味的啤酒公司"。

分析提示：

（1）市场细分是进行营销活动时最基本，也是最重要的工作之一。市场细分得准确与否，直接关系到产品的定位问题，一旦市场细分做不好，整个营销活动的基础就不稳，必将对后面的营销活动产生不良影响。米勒公司以对市场准确的细分，增加了其对消费者的了解，提高了营销的针对性，为准确的市场定位创造了条件。米勒公司的成功就在于恰到好处的市场细分。

（2）营销活动要以目标市场为导向，产品、价格、分销、促销等策略均要以此为指导思想。而促销活动能更加生动地体现整个营销活动所针对的目标顾客。在本案例中，米勒公司的广告在实现产品的定位中起到了重要作用。好的广告，能突出产品形象鲜明的特点，让不同需求的购买者对产品有一个很好的认识，让顾客能一眼就识别出来，这个产品正是为他们而创造的。

资料来源：隆瑞．哈佛商学院 MBA 案例全书［M］．北京：经济日报出版社，1998．

案例分析题

1. 请为啤酒市场进行多级细分，并给某一品牌的啤酒进行一个恰当的市场定位，阐明你定位的理由。

2. 为你所知的 5 种品牌啤酒确定目标市场，并比较它们在市场上采取的营销策略有什么不同。

[**案例**]

"莫斯利安" 目标市场定位

在 2006 年以后，光明乳业进入发展的困难时期，腹背受敌、液态乳遭受巨大压力、酸奶第一宝座丧失、企业亏损、消费者信心跌入谷底等，可以说企业处于"危急存亡之秋"。光明乳业该如何做才能起死回生呢？

当前，我国常温乳品与新鲜乳品销量比为 7∶3，欧美发达国家则为 3∶7。虽然光明乳业在鲜乳和新鲜酸奶领域销量全国第一，但新鲜乳制品由于保质期短，运输不方便，只能小范围销售，这造成光明乳业无法将优势更广泛地覆盖其他地区。所以，光明乳业要想夺回全国竞争的优势地位，就必须在保持"新鲜领先"的同时，实现"突破常温"。于是，光明耗巨资从国外引进最先进的设备，开发常温酸奶，这不但是"以长补短"，更重要的是光明洞察中国酸奶的消费生态，常温酸奶蕴藏着巨大的市场空间，特别是高品质酸奶在二、三、四线城市缺位。所以，光明要开发一款"高端常温酸奶"。

由于生产工艺相对复杂的原因，常温酸奶的生产成本要比新鲜酸奶的生产成本高 30% 左右。这就造成常温酸奶的售价要比普通新鲜酸奶高 30% 左右。可是，光明乳业通过调研发现，消费者并不愿为"保质期长、常温保存"支付比新鲜酸奶高的价钱。所以，光明认为，保质期长、常温保存的酸奶特性并不能成为消费者花高价购买该产品的必要条件，必须要有更有力的产品价值来支撑。

为了构建更有力的产品价值，必须围绕酸奶消费者本质的需求（益生菌种）。光明乳业团队放眼全球，不断搜索全球资源，终于有了大发现——"莫斯利安"，保加利亚南部罗德比山脉中的一个小村庄，世界上唯一一个权威记载因喝酸奶而长寿的长寿村。随即，光明经过多种渠道论证了记载的真实性和权威性，并派市场和研发负责人远赴保加利亚，将当地最好的酸奶菌种带回了中国。经过与专业策划团队合作，光明乳业将"长寿村'莫斯利安'品牌故事"、长寿村原产酸奶菌种与光明常温酸奶完美结合，构建出了"长寿村'莫斯利安'保质期长、常温保存"的复合品牌定位。而它的主流消费群体则定位为经济条件相对较好，大部分为脑力劳动者，对牛乳饮品比较喜爱，重视生活质量和身心健康的消费者。光明"莫斯利安"酸奶的主要市场定位为消费水平相对较高的中高级餐饮店和礼品市场，然后是个人或家庭消费以及其他场所的消费。

资料来源：严向阳. 光明"莫斯利安"市场营销案例研究［D］. 郑州：郑州大学，2015.

案例分析题

1. 光明的"莫斯利安"是如何进行市场定位的？
2. 光明的"莫斯利安"突破市场的关键是什么？

第七章

食品营销的产品策略

企业在制订经营策略时,首先要考虑的是产品策略问题。因为企业只有提供适销对路的产品和服务去满足消费者的需求,才能生存和发展。产品策略是企业营销活动的支柱和基础,企业和市场的关系是通过产品来联系的,营销组合策略中的价格、渠道和促销策略都是围绕产品策略的研究展开的。因此,产品策略成为整个营销组合战略的基础,产品策略的正确与否直接影响着企业经营活动的全局。

第一节 产品与产品周期

一、产品定义

产品(product)是什么?产品是提供给市场的、用来消费或使用以满足人们某种欲望和需求的东西。它可以是实物(面包、苹果),一种服务(饮食、导游)以及一种观念(保护环境)等。例如,一家牛乳公司向市场提供牛乳制品,并提供送货上门服务,与此同时,还广泛地宣传喝牛乳有益健康的营养观念。显然,该牛乳公司提供给顾客的产品远超出了有形实体的范围,它将实体、服务和观念结合在一起,为顾客提供的是整体意义上的"利益和满足"。因此,现代市场营销思想中的产品概念应该是:产品不仅包括具体的实物,而且还包括为消费者提供的便利和服务。所以,完整的产品概念包含着三个层次的内容:核心产品、形式产品和延伸产品。

核心产品(core product)是指顾客真正购买的基本服务和利益。如顾客购买可口可乐,并非为了占有一种瓶子里面的碳酸饮料,而是为了解渴和美味的口感。这是顾客购买产品时追求的最基本、最主要的部分,也是市场营销人员向顾客推销产品的根本任务。

形式产品(modal product)是核心产品借以实现的形式。如果形式产品是实体物品,则通常包含5个标志:即特征、形态、质量、商标和包装。而作为食品,其质量还应该包括内在成分、营养、口味和卫生状况等。

延伸产品(outspread product)是指消费者在取得或使用产品时所获得的全部附加利益和服务,包括免费送货、保修、安装、售后服务、特定的馈赠等。如肯德基连锁店每天都有为前来就餐的小朋友准备的小礼物，这些小礼品常使孩子们以及家长感到欣喜和满足。从本质上说，当前市场竞争中表现最为明显和激烈的就是延伸产品层次上的竞争。

（一）产品生命周期

产品生命周期（product life cycle，PLC）是市场营销中一个十分重要的概念，是指产品从进入市场到最后被淘汰退出市场的过程。这一过程受社会生产力发展水平、产品更新换代的程度、消费者的需求状况和生产经营者之间的竞争状况等诸多市场因素的影响和制约。

市场营销管理之所以要强调关注产品生命周期，其原因在于以下几个方面：

（1）随着科技进步和社会生产力的发展，某些产品存在的时间比以前短了。在食品行业中，产品高淘汰率的主要表现为：一是越来越依靠现代科技开发具有传统概念的产品，从而把一些依靠传统方式生产的传统产品挤出市场；二是食品在形态、包装等各个方面不断推陈出新，且新陈产品之间的取代过程越来越短。

（2）新产品上市需要大张旗鼓的市场营销活动以及其他方面的投入，也就是说需要有一段比较长的准备和策划时间，仓促上市极易导致产品的夭折。

（3）理解产品市场生命周期能使企业更加关注消费市场潮流、消费者品味、竞争以及销售商支持等方面的变化，从而相应地调整市场营销计划。

（4）有助于企业在产品组合方面做出更有利的规划，寻求平衡的产品组合，即综合保持新产品、成长中的产品和成熟产品。

产品生命周期具体分为导入期、成长期、成熟期和衰退期4个阶段。其典型情况如图7-1所示。

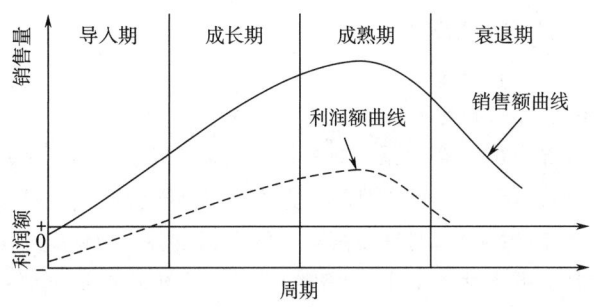

图7-1　产品生命周期曲线

产品生命周期的四个阶段，只能是一种典型化的描述。由于行业的不同和产品品种的不同，这种描述不可能涵盖所有的产品。就食品行业而言，像可口可乐、贵州茅台酒、北京烤鸭等，就无法预测其生命周期到底有多长；也有很多企业的产品的寿命则相当短，有些甚至刚上市就夭折，这种现象在食品行业中同样是相当多的，娃哈哈儿童营养口服液就是一个很典型的例子。但就普遍的情况而言，产品通常都会完成其生命周期，最终退出市场。

要准确判断企业的产品属于生命周期的哪一阶段，不是件简单、容易的事情。由于其情况一般都比较复杂，随机性比较大，所以往往只能做一个大致的判断。目前较常用的方法有以下两种：

（1）资料类比法　这是一种定性的分析方法，是对比类似产品的历史发展过程来判断分析产品所处生命周期阶段。比如，对比彩色电视机的产品生命周期状况来预测液晶电视机的产品生命周期状况。

（2）销售增长率比值法 这是一种定量的方法，它利用该产品全年销售增长率获得数据，参照定量标准来判定产品处于生命周期的哪一个阶段。

ΔQ 为销售量的增加额，Δt 表示时间的增加，以年为单位。按照经验数据：

当 $\Delta Q/\Delta t$ 的值在 0~10% 时，产品属于导入期；

当 $\Delta Q/\Delta t$ 的值>10% 时，产品属于成长期；

当 $\Delta Q/\Delta t$ 的值在 0.1%~10% 时，产品属于成熟期；

当 $\Delta Q/\Delta t$ 的值<0 时，产品属于衰退期。

产品生命周期的概念和其制定方法最主要的作用是为企业的产品规划提供了一种决策框架和参照。在营销活动中，还应该重视以下要点：

（1）产品生命周期的各个阶段。时间跨度和周期形态都随产品的变化而变化。

（2）诸多外在因素（如：经济发展的兴衰、宏观经济政策的变化、消费潮流的改变等）都可能缩短或延长某个产品的生命周期。

（3）同行业之中的差别在产品生命周期的任何阶段都是存在的。当某个产品处在成长期时，并不意味着市场中每一个企业都能成功。同样，特定产品处于衰退期时，也并不意味着每个企业的相应销售额都下降。

（4）有效的市场营销能发现产品新的用途，开辟新的细分市场或争取销售商的最大支持，以延缓周期或扭转衰退。

（5）在预测销售将下降时，企业应对市场做更慎重的调查，并综合诸多因素做出决策。有时，由于企业仅通过预测就减少或去掉必要的市场营销支持，也很可能导致产品失败。

（二）产品生命周期一般特点

1. 导入期（introduction phase）

导入期是新产品进入市场的初级阶段，其主要特点是：

（1）生产成本高 导致成本高的原因通常是：产量较低，还未形成一定规模；技术上可能还不够成熟，因而废品率高，生产管理上可能还不够科学合理，生产效率不高。

（2）促销费用大 新产品上市时需要强有力的促销攻势。促销支出通常需要占销售额的一定比例。食品行业中那些针对顾客日常消费的产品，要想在市场上脱颖而出，通常其促销和宣传广告方面的费用比例更高。

（3）销售数量少 乐于尝试新产品的顾客往往是极少数，就食品而言，对产品质量的信赖程度、个体喜好的口味、消费水平的高低、饮食习惯的不同等导致顾客不愿或较缓慢地接受新产品是比较普遍的现象，短时间内不容易打开市场，分销渠道的建立通常也有较大困难。因此，在产品导入阶段企业往往不但无利可言，甚至还会亏本。

在导入期，由于市场上可能只有一家企业提供此类产品，新产品的市场价值又没有完全体现出来，因此，在一段时间内往往没有直接竞争者。

2. 成长期（growth phase）

这一时期，企业的产品通过行之有效的促销活动以及分销网络的建立，已逐步被消费者接受和得到经销商认可，产品的销售额开始大幅度增长，表现出来的特点是：

（1）销售额迅速上升，市场已熟悉并接纳产品。

（2）生产成本大幅度下降，生产规模的扩大，使企业各方面的费用降低，效益提高，原材料有可能获得更加优惠的价格，分摊到每一产品上的促销费用也大为减少。

（3）企业利润明显增长。

（4）竞争者开始加入，有利可图的产品必定招致相关企业的仿制，同类产品将纷纷打入市场参与竞争。比如贵州陶华碧牌"老干妈风味豆豉"，在成功进入市场后，全国立刻有众多厂家推出同类产品参与竞争。

3. 成熟期（maturiy phase）

成熟期又称"市场饱和期"。这一时期，产品已在市场普及并在高水平上稳定下来，其特点是：

增长率会缓慢下来，并逐渐出现下降的势头。

产品的利润额也会从成长期的最高点开始下降，特别是由于同类产品的竞争往往使用降价的手段，迫使产品的利润不断下降。但如果能再进一步细分，则作为成熟期的产品，这时期也会有不同的变化阶段。美国学者菲利普·科特勒认为市场成熟期又可以分为三个阶段：第一阶段是成长的成熟期，这个时期市场基本饱和，销售增长率和销售利润下降，但销售仍是增长的趋势。这是因为还有少数后续的购买者陆续进入市场。第二个时期为稳定的成熟期，此时市场已饱和，基本没有新的购买者进入，销售增长率停滞甚至略有下降，但销售量在高水平上稳定下来。第三个阶段是衰退的成熟期，这时的销售量仍然很高，但销售增长率明显下降，消费者的兴趣已经向其他替代产品转移。

4. 衰退期（decline phase）

由于竞争、消费者兴趣转移及其他因素的影响，原有产品在经过成熟期的大量销售和高增长后，通常会进入衰退期。这个时期的主要特点是：

销售量急剧下降，产品的更新换代，老产品失去市场，同行业竞相削价抛售。

企业利润也随之持续减少，已经无利可图甚至越做越亏本，产品的生命周期也就此结束。比如，我国南方某城市曾经风靡玻璃瓶装豆乳饮料，在畅销几年后，终于逐步退出了市场。从产品本身来看，该产品无论是包装（回收玻璃瓶装）、品种（口味单一）、价格（同类产品的价格比它低近 1/3）等，都已经丧失了市场生命力。

二、产品生命周期各阶段的营销策略

（一）导入期营销策略

这一时期的特点是成本高、费用大、售价高、售量小，可供采取的策略有如下几种：

1. 高价格高促销策略

高价格高促销策略又称"快取脂"策略（rapid-skimming strategy）。当大多数潜在顾客基本上不熟悉产品，而营销人员经过分析，判断顾客已求购心切，愿出高价时，企业力求在潜在竞争者的威胁还未充分出现时，大力营造声势，以高价优质树立品牌优势。此时采用高价格、高促销费用的策略，以求迅速扩大销售量，加强市场渗透和扩张，使消费者尽快了解、熟悉和接受新产品。

2. 高价格低促销策略

高价格低促销策略又称"慢取脂"策略（slow-skimming strategy）。企业通过制订高价格，支出少量促销费用，达到获得更多利润的目的。这一策略主要适用的市场环境是：

（1）大部分消费者已通过各种信息渠道了解到新产品，大规模的促销活动已无必要。

(2) 产品的市场容量有限,但产品有特定的消费者需求,顾客较为稳定。

(3) 潜在的竞争对手的威胁不大,也没有必要做大规模的促销活动。

3. 低价格高促销策略

低价格高促销策略又称"快渗透"策略(rapid-penetration strategy)。企业为产品制订较低的价格,同时支出大量促销费用,达到迅速打开市场,占有最大市场份额为目的,该策略主要着眼于利润的长期获得。采取该策略的市场条件是:

(1) 市场容量相当大,需要进行大规模促销,以便吸引更多的潜在消费者。

(2) 目标消费者虽然不熟悉商品,但对价格十分敏感。

(3) 潜在的竞争会比较激烈。

(4) 企业有能力通过大批量生产而有效降低成本。

4. 低价格低促销策略

低价格低促销策略又称"慢渗透"策略(slow-penetration strategy)。企业制订低价格低水平促销费用来推出新产品。低价格可使市场较为迅速地接受该产品,低促销费用又可以使企业实现较多的纯利润。但采取这一策略的市场条件是:市场容量大,市场上该产品的知名度较高;市场对价格相当敏感;有相当的潜在竞争者。

(二) 成长期营销策略

(1) 努力树立品牌优势,增强消费者的信赖度。在食品营销中,这是非常重要的一个方面,因为消费者在食品的挑选上往往有比较固定的偏好,一旦品牌优势树立,顾客就极有可能保持对品牌的忠诚。

(2) 拓展新产品的市场,使有可能购买的顾客都能很方便地购买到该产品。

(3) 重新评价分销渠道的选择。根据成长期和导入期不同的特点重新调整分销渠道,以求最大限度地扩大产品销售并加强本企业在分销渠道中的地位。

(4) 通过改良产品品质、增加花色品种,发展产品的新款式、新规格,增加产品的新用途来保持畅销趋势。

(5) 在大量生产的基础上,选择适当时机适当降价或用其他有效的定价策略来吸引更多的购买者。相当多的食品企业,在自己的产品处于成长期时,都以不同的方式运用这一策略或对经销商降价,或者在一段时间内持续在超级市场做"特价销售"和"捆绑销售"。采取以上策略总的指导思想是要在市场成长期努力扩大市场占有率。一般来说,实施市场扩大可能减少短期利润,但厂商通常会着眼于扩大市场占有率,因为市场占有率的扩大除了使营销成本降低之外,对提高产品品牌的知名度也有直接好处。从长远看,给企业带来的是更多的利润。

(三) 成熟期营销策略

企业制定成熟期营销策略的目的是努力延长这个阶段。

改良市场,通过改变产品的用途或改变推销方法来扩大销量。营销人员必须寻找新的细分市场,使产品不断拥有新的购买者。

提高产品质量,创造产品新的特色,向顾客提供新的利益。

对产品重新进行心理定位,刺激购买和寻找新的购买者。

通过营销组合手段采取新的促销方式,增加销售网点等。

（四）衰退期营销策略

（1）持续营销策略　由于众多的竞争者陆续退出市场，处于衰退期的产品可通过提高服务质量，突出经营特色，持续经营直至产品完全退出市场，这是一种努力获得最后利润的权宜之计。

（2）集中营销策略　企业集中人力、物力于最有利的细分市场，缩小经营范围，从中获取利润。

（3）缩减策略　企业继续生产销售，但精减人员，极力减低销售费用，主要采取"自然销售"的方式，最大限度地利用该产品，增加眼前利润。

产品衰退期运用的总原则是，极力维持局面，积极发展新产品，同时有步骤地撤出老产品，使之顺利接替，最大限度地减少企业损失。

第二节　疲软产品淘汰策略

一、淘汰产品的判定

淘汰产品策略（weeding product strategy）在市场营销决策中是一个较为特殊的策略。作为企业来说，取消完全失去销路的过时产品和通过努力仍无法打开销路的失败产品是必然的。不过这往往是一种"被迫"的行为，而在激烈的市场竞争中，企业对疲软产品（weak product）做前瞻性的评定和决策，关系到企业的生存和发展。

疲软产品与产品生命周期中的衰退期有高度的相关性，在产品的衰退期，产品销售疲软，效益甚微，市场潜力极其有限或者已完全没有市场潜力，企业应及时对自己的产品做出调整，将这类产品予以淘汰或做淘汰的准备。另外，对通过种种努力仍无法打开销路或虽然可以找到销路，但代价太大的失败产品，企业也应该果断将其淘汰。

一个产品是否应被淘汰，可通过对下列问题的回答加以判别：

（1）产品未来的销售和获利潜力如何？
（2）对企业产品组合的总体获利能力有多大作用？
（3）对企业其他产品的销售有多大作用？
（4）淘汰该产品对企业的影响有多大？
（5）对中间商或购买者的影响如何？

如果对上述问题的回答都是"很少"或"不"，那么这个产品就应该属于被淘汰的对象。

企业应该将以上五个问题作为一个整体来对产品进行综合评价。有时候，企业的某个产品确实没有多大的获利能力，但对企业的其他产品的销售却有积极的作用，这就需要从企业的产品组合角度来看待这一产品，不能轻易将其否定。如某牛乳公司除了牛乳制品外，还有一条烘焙生产线，所生产的面包、糕点全部以零售价的65%提供给本市和外地的130多个乳制品特约经销商。因此，烘焙产品虽然在该公司属于赢利与潜力都极有限的产品，但公司却在一年后继续增加了烘焙生产线的投资。其原因在于通过糕点让利，支持了经销商，迅速增加了牛乳制品的销售量。

二、淘汰策略

对于企业而言,淘汰产品可能是某一个或几个单独的产品,也可能是整个产品生产线的一部分,针对不同的情况应该采取不同的策略。

(一)完全放弃策略

对于销售量锐减,完全失去市场的过时产品,或事实证明无法打开市场的失败产品,企业应该当机立断,立即停止生产。对于较大型企业而言,"完全放弃"策略的采用并不意味着该产品已完全丧失了市场获利能力,而是该产品针对自身而言意义已经不大。这时,企业可以将该产品以专利权转让、生产设备出卖等方式将其转让给中、小型企业生产,从中收取一定的资金用来支持其他经营项目。

(二)逐步淘汰策略

产品进入生命周期的成熟期阶段,有些产品的利润很明显地无法达到战略确定的目标时,企业就应该逐步考虑该产品的淘汰战略。而当产品进入生命周期的衰退期时,考虑淘汰战略就更加必要。

为什么有些产品需要采取"逐步淘汰战略"呢?这是因为:

在产品逐步退出阶段,应该根据市场取向尽量减少损失,如果竞争对手退出较早的话,在一段时间内从被淘汰产品中获取一定利润是可能的。这时,企业的淘汰战略表现在减少某项业务的投资,使该业务配置的人力和财力资源最小化。如:有选择地预订原材料,以便在完全退出时库存量最小;撤销广告或其他促销活动;及时安排多余销售人员的工作等,以增加现金用于其他获利较大的项目。

在企业中,疲软产品往往是某一条产品生产线的一部分,如果放弃其中一个产品,可能会影响到公司的形象,导致经销商退出和顾客的不满。在这种情况下,企业应做好提供替代品、在销售渠道提供价格优惠政策、掌握好退出的时机以及继续为淘汰产品提供售后服务等方面的工作。

随着社会生产力的不断提高,疲软产品的淘汰策略对于企业经营越来越具有现实意义。但在实施疲软产品淘汰策略时,必须对产品是否应该被淘汰做出精确的评定。因为有时销售业绩不佳可能是暂时的现象,市场不好的原因可能在市场营销方面而非产品本身。在食品市场中,相当多的具有地方特色的产品无法在市场上立足的重要原因之一就在于市场营销方面的工作不到位。因此,应该用系统的方法来处理衰退中的产品。

第三节 新产品开发策略

一、新产品的概念

从科学技术的角度来认识新产品,通常是指科技上的新发明,是前所未有的东西。但从市场营销学的角度来认识新产品,则内容要广泛得多。首先,产品的整体概念中任何一部分的创新、变革或者改变的产品都是新产品,如加碘食盐(iodized salt)相对原来的不加碘食盐就是新产品；其次，从具体的经营企业来看，企业未曾进入市场的产品同样可视为新产品。具体细分新产品可分为以下几类。

（1）完全新产品　是指由于科技进步，应用新原理、新技术、新材料制造的前所未有的产品。大多数企业要独立发展这种新产品是十分困难的，因为一项新的科学技术、发明创造应用于生产，需要花费大量的时间、精力和资金。这个层次上的新产品的出现，往往会改变使用者的生产方式和生活方式。

（2）换代新产品　是指利用科技新成果在原有产品基础上进行了较大的革新后而制造的产品。

（3）改进新产品　是指在原有产品的基础上对其品质、特征、款式或包装等做一定改变的产品，与原有产品差别不大，比较容易被消费者接受。如用利乐包或屋顶包替代瓶装牛乳。但由于易于竞争者仿效，市场竞争也比较激烈。

（4）仿制新产品　是指市场上已有的产品，本企业模仿生产，又称企业新产品。从市场竞争和企业发展的角度看，仿制在新产品的发展中是不可避免的，食品企业中，特别是投资不需要太大，科技含量又不高的产品，仿制比比皆是，很典型的例子如某膨化米饼，在进入市场后一两年时间，仿制的产品达到几十种。

二、新产品的开发步骤

（一）创意（conception）

创造性的创意是新产品开发的源泉，新的构思可以来源于各个方面，而最重要的是来自消费者。消费者对企业产品的不满或希望往往能够激发新产品的创意。此外，本企业的营销人员、大学或科研机构、发明专利权代理、竞争对手、市场研究机构等都能够为新产品提供创意。

（二）创意评定（evaluation of conception）

并非所有的关于新产品的创意都具有现实意义。因此，在广泛收集产品创意的基础上，要对创意进行评定，删除与企业新产品战略不协调或由于某种原因明显不适合的建议，以便把目标集中在有开发前途的产品上。

企业对新产品进行筛选是一件难度很大的工作，既要防止对那些好的设想的潜在价值认识不足，又要防止错选了市场前途不佳的设想。另外，企业决策者对某一类产品感情上的好恶，都有可能影响到创意的评定。因此，评定工作应该程序化，尽可能吸收企业各个部门有经验的管理人员和有关专家参加，就质量目标、技术水平、竞争能力、市场规模、资源状况等项目逐一评价。

（三）产品概念（product concept）

产品创意需要用具体的、有意义的文字、图形等向消费者精心阐述，目的是让消费者接受。事实上，消费者购买的也就是产品概念。一个产品的创意可以衍生出众多的产品概念。企业应选择最合适的一种作为开发目标。现代营养食品公司新开发出一种膨化食品，在形成产品概念时，面临下列问题：

谁使用这些食品？——主要是儿童，同时适合三口之家消费。

这种食品的主要益处是什么？——以粗粮为原料，符合潮流的营养观念。

主要消费场合在哪里？——主要用于家庭早餐，也可作为学校学生的课间餐。

结论：开发一种配合牛乳做家庭早餐的方便营养食品。由此得出的产品概念还需要进行测试，然后由公司专门机构收集消费者（市场）的反应。

（四） 经营分析（operation analysis）

产品概念基本定型后，要对其进行经营分析、评定其商业吸引力。通常，经营分析要考虑以下问题：

（1）对消费者有什么好处？
（2）市场对产品有哪些可能的需求点？
（3）新产品对企业的总销售额、总利润将会有什么影响？
（4）是否对自己的现有产品有冲击？如有，能否承受？
（5）是否需要新的设施？要哪些？

在经营分析时，企业必须预计新产品的销售量、成本和利润，以评判它们是否符合公司目标。成本分析：包括直接、间接生产费用、管理费用、税收、广告促销费用、分销成本、批零代销应分利益等。需求分析：主要包括测算市场需求量、消费者购买能力、购买欲望、各种竞争因素等。

通常，可以参考运用式（7-1）。

$$M_t = (P_t - C_t)Q_t - F_t - I_t \tag{7-1}$$

式中　M_t——t 年的利润额

　　　P_t——t 年的平均价格

　　　C_t——t 年的单位变动成本

　　　Q_t——t 年的销售量

　　　F_t——t 年的不变成本

　　　I_t——t 年的促销费用

（五） 试制样品（trial producing specimen）

试制样品是把产品概念转化成产品实物的过程，许多新产品的样品是在实验室完成的、新的食品产品，除了专业技术人员的工作外，营销部门、包装设计部门的工作在这一阶段也格外重要，必须和研究产品内含物的部门密切联系，共同制作样品。例如，用什么样的包装不仅关系到能否引起顾客兴趣，还关系到食品的保质问题，这些相关联的因素都必须在制作样品时予以综合解决。

（六） 市场试销（test marketing）

市场试销是当产品研制出来以后，有限度地推出产品和营销计划。在此过程中，需要注意以下几个问题：

应该与企业营销计划中的分销渠道相似。

试销时间长短的确定，一般根据产品的平均重复购买率决定。

注意收集顾客的反应，包括试用率、重复购买率、市场普及率等，食品企业在推出自己的产品时，往往采用参加展览会、交易会或在超级市场举行免费品尝的方式来测试顾客的反应，检验产品效果。但需要注意的是产品试销很容易泄露企业新产品信息，从而被竞争对手利用，一个典型的例子是：某家企业在省级农副产品博览会上试销一种新的大豆制品，反响非常积极并被评为博览会金奖产品,但 20 天后,就被竞争对手仿制,由于对手综合实力较强,并采取低价政策参与竞争,结果反而抢先将产品大规模推向了市场,因此,对那些研制技术含量并不很高的食品企业来说,新产品的试销工作一定要非常周密和谨慎。

(七) 正式生产(formal producing)

通过市场试销后,企业在自己新产品的市场状况方面已掌握了足够的信息,这时还需要根据市场反应进一步改进产品质量,提高产品的功能,然后就可以正式生产,批量上市。由于食品的投入期一般没有利润,甚至还可能出现亏损,所以,在正式生产时企业往往会面临两大块成本:第一块成本是企业组织大规模生产所需的一切生产设备、设施以及原材料、包装等。通常,企业为了慎重起见,往往在生产能力方面持慎重态度,以免一旦新产品不甚成功,成本将收不回来。但如果新产品获得成功,市场需求量大大超过生产能力,就不仅使企业在一段时间内遭受较大的利润损失而且容易使竞争者后来居上,抢占市场。第二块成本是食品的包装、广告促销费用,一般都相当高。据统计,在美国推出某种新的食品,第二年的市场营销费用通常可占到其销售额的 57%,这对于企业,特别是一些中小型企业来说,是一个巨大的压力。因此,企业在决定将新产品推出时,需要就以下几个问题做出决策:

(1) 正确选择投放时间 大多数食品都有相当强的季节性,选择最恰当的时间将新产品投放市场,对营销工作的顺利开展很有作用。很少有企业会在冬季推出饮料新品,一般来说,都是在消费旺季即将到来时,开始大张旗鼓地做新产品的促销工作。因为在旺季来临时,市场已经铺开,有利于获得领先地位。但也有些产品试制成功后,并不急于投放市场,而是等待销售时机,甚至等待竞争对手先进入。前者多属本企业的替换产品,在原有产品未处于衰退期或库存太多时,大量推出新产品会对原有产品的市场造成冲击,后者则是一种后发制人的战略,潜在的好处是,可以让竞争者更多地付出开拓市场的代价;可以了解对手产品的缺陷而对自己的新产品进行改进;更清楚地看到市场规模。

(2) 正确选择投放地区 一般企业在推出新产品时都会选择有计划推进的市场扩展方法,即在取得了一定的市场份额或占据了某一个对企业很重要的市场后,再逐步向全国市场推进。相当多的食品都是首先在消费水平较高、人口密集的中心城市推出,然后再向中小城市以及农村辐射。正确选择投放地区,对于食品企业来说,不但要受到企业资本和综合能力的制约,还要兼顾到产品特色,当地的消费习惯和水平,口味偏好以及其他的人为因素。

(3) 正确选择目标市场 通过市场试销,企业应对预期的销售对象有一个较为准确的认识:是否是最先采用?是否大量购买?是否具有影响力?企业根据以上几方面的反应程度把目标对准最有希望的顾客群体。

(4) 导入市场战略 周密地制订营销组合方案是新产品顺利进入市场的保证,制订可行的营销组合方案需要合理分配营销预算。广告、促销、赞助活动、参加博览会等都应有计划地进行,以保证产品尽快度过市场投入期,尽快获利。

第四节　产品组合策略

一、产品组合

很少有企业只提供单一的产品，更多情况是提供多种产品。在生产经营活动中，企业根据市场需要、自身实力和特点，确定生产哪些项目，明确产品之间的相互关系，就构成了企业的产品组合（product composition）。它是企业的所有产品线（product line），包括产品的广度、深度和关联性三个因素。

产品组合的广度（width）是指企业所提供的所有产品线的数量，所包括的产品线多，其产品组合的广度就越宽，反之则窄。超级市场可以提供近万种不同的产品，其产品组合显然比副食品商店的产品线要宽。企业增加产品组合的宽度可以分散风险，也可以利用已有的信誉度拓宽产品组合的宽度。

产品组合的深度（depth）是指每条产品线中产品项目的数量。在同一个产品系列中价格、型号等属性越多，则产品组合的深度就越深，反之则浅。有一定深度的产品组合可以满足尽可能多的消费细分市场对同一产品的需求。增加与对手的竞争能力。

产品组合的关联性（relativity）又称产品组合的密度或一致性，是指各个产品系列之间在产品用途、生产条件、分销渠道、消费群体以及价格范围等的共性关联程度。关联程度紧的产品组合相对比较容易管理，它能让企业集中生产和营销上的优势。建立牢固的分销联系。

二、产品组合发展策略

企业对产品组合的广度、深度及关联性进行不同的组合，以求获得最大的销售额和利润是市场营销策略的重要组成部分。常见的产品组合策略有以下几种：

（一）扩大产品组合策略

这种策略是增加产品组合的深度或广度，即企业在原有的生产线基础上，再增加一条或几条生产线；或者在原有产品大类中增加新的产品项目，生产经营更多的产品以满足市场需要。扩大产品组合的方式主要包括：

（1）增加产品项目。企业向产品的多规格、多型号、多花色、多口味、多服务方向发展。

（2）向专业化、综合化的方向发展。增加产品生产线、增加产品系列。

（3）增强相互关联的产品。

（4）增加与原有产品不相关联但可获得较高利润的产品。如原材料的综合利用、处理废料等。

（二）缩减产品组合策略

就是取消一些产品系列或产品项目。降低产品组合的广度和深度，集中力量生产经营一个系列的产品和部分产品项目，提高专业化水平，争取在生产较少的产品中获得较多的利润。缩减产品组合的方式有3种：

(1) 保持原有产品的广度和深度，增加产量，降低成本，改革营销方式。
(2) 减少产品系列，只生产经营一个或少数几个产品系列。
(3) 缩减生产项目，在一个产品系列中取消低利润产品，集中生产利润高、销路好的产品。

不论是扩大产品组合还是缩小产品组合，对于企业来说，决策的依据始终是自身的生产经营能力和市场环境。企业在生产经营中必须经常分析产品组合中各个产品系列和产品项目的销售、利润和市场占有状况以及发展趋向，不断调整产品组合以争取保持其最佳状态。美国学者扎拉克提出的产品处境分析法可以用来分析企业各种产品的销售潜力。它包括 6 种类型：

(1) 新产品和改进产品——企业未来赖以生存的产品。
(2) 畅销产品——企业目前赖以生存的产品。
(3) 经重大改革可能成为主要赢利来源的产品。
(4) 饱和产品——有一定销路但潜力已经不大，是企业过去赖以生存的产品。
(5) 滞销产品——销售日益减少，效益甚微，将被市场淘汰的产品。
(6) 完全失去销路的产品，或未打开销路的失败产品。

企业在进行产品组合优化时，可根据上述分析，对自己的产品不断进行调整平衡。既要充分发掘目前畅销产品的市场潜力，使其生命尽可能延长以获得最大利润，又不能忽视新产品的开发，防止在激烈的市场竞争中被逐步淘汰，要使各类产品处于一个合理的平衡状态，使企业的获利达到最大，并能够长期稳步发展。

第五节　产品品牌策略

一、品牌概念

美国营销学家菲利浦·科特勒将"品牌（brand）"定义为：品牌是一种名称、标记、符号或设计，或是它们的组合运用，其目的是借以辨认某个销售者或某群消费者的产品或服务，并使之同竞争对手的产品和服务区别开来。品牌通常包括品牌名称（品牌中可以读出来的部分，如："麦当劳""可口可乐"）；品牌标志（品牌中不能读出来的部分，如绿色食品的标志）。品牌经国家有关部门注册以后，就成为商标，企业拥有专用权。因此，商标不能等同于品牌。也就是说，所有的商标都是品牌，但并非所有的品牌都是商标。其区别在于前者通过了一定的法律程序，具有排他性，而后者没有。

在产品日趋同质化的现代市场，品牌对于企业具有相当重要的意义，好的品牌传达给消费者的是质量（内含品质、服务等）的保证。在营销活动中，品牌包括 6 个层次：属性、利益、价值、文化、个性、用户，它们构成了品牌的实质。历史悠久的品牌更能显示出其独特的文化和个性的魅力，如"茅台""六必居"等。

二、品牌策略

（一）品牌化的优点

建立品牌的目的是识别产品，重复销售以及销售新产品。其中最重要的是品牌识别，像可口可乐、百事可乐、娃哈哈等在消费者心目中代表着产品的高品质。产品是工厂里生产的（或是由服务企业提供的）东西，品牌则是顾客所购买的东西。竞争对手可以复制产品，而品牌却是独一无二的。我国生产的啤酒可以有无数种，但"青岛啤酒"却是独一无二的；在消费者心中，只有"全聚德"的烤鸭才是真正地道的北京烤鸭。具体分析，产品的品牌化可给企业带来如下好处：

（1）企业创立著名品牌，能使产品获得更好的认可，并使分销商易于管理订货。

（2）著名的品牌可以确立高于平均水平的价格。

（3）受法律保护，防止别人伪造假冒。

（4）更容易获得顾客忠诚，使顾客在购买时觉得风险较小。

（5）有助于企业细分市场，使企业在市场上树立良好的形象。

（二）品牌决策

企业品牌决策包括很多方面的内容，但主要集中在品牌名称决策和品牌战略决策两个方面：

1. 品牌名称决策

企业需要决定其产品组合如何使用品牌名称，这里主要有4个决策：

（1）使用个别品牌　企业针对生产经营的产品分别采用不同的品牌名称。这种方法给企业带来的好处是，可以为每种产品找到最合适的品牌，并起隔离作用，品牌间的负面影响不会互相波及。但使用个别品牌需要企业在品牌推广中花费更多的金钱和精力。

（2）使用统一品牌　又称家族品牌策略，企业的产品组合采用同一个品牌名称，比如"康师傅"，虽然其产品早已超出"方便面"的范畴，但其茶饮料等仍然用"康师傅"品牌。大批产品使用同一品牌，最明显的好处就是可以降低营销费用。同时，还可以显示企业实力，提高企业声誉。但风险在于一旦某一个或几个项目出了问题，就极有可能波及其他产品项目。

（3）使用个别分类品牌　这是企业在产品组合中，对产品项目依据一定标准分类，并分别使用不同品牌。如健力宝集团，饮料使用"健力宝"，服装类使用"李宁"牌。这样可以避免不同类型的产品因使用同一品牌名称而产生混淆。同时，根据不同的产品特点使用不同的品牌名称，比较容易引起消费者的兴趣，刺激其消费欲望。

（4）使用个别品牌与企业标志相结合　通常是在个别品牌前冠以企业的统一品牌。既可以使产品享受企业已有的声誉，又可以使产品更富有个性化。例如"娃哈哈"的"非常可乐"。

2. 品牌战略决策

品牌战略决策可以分为4种：

（1）产品线扩展　在相同的产品种类中引进增加项目内容。如新的口味、形式、规格、包装等，以满足顾客多元化的需求。如美国的坎贝尔汤公司提供常规坎贝尔汤、家庭风味类、浓缩型和保健型等，超过100种口味，包装也有不同的规格。产品线扩展满足了顾客多样性需求，弥补了因产品系列的缺陷而让竞争者受益的不足。产品线扩展的风险在于可能使品牌名称丧失它特定的意义。

（2）品牌扩展　企业在现有品牌下推出新的产品系列，其优点是：一个受人注意的好品牌名称，能使新产品被迅速认记和较容易接受，使公司进入新产品项目更加容易。康师傅最开始进入市场是方便面。但其利用品牌的信誉，陆续向市场推出"康师傅"系列茶饮料。

"李锦记"是调味品中知名度很高的品牌，其酱、醋、腐乳等上百个产品使用"李锦记"品牌都能使产品迅速进入市场并获得较高的价格。品牌扩展战略的风险是其过分扩展将导致已有的品牌失去其在消费者心中的特殊位置。

（3）多品牌　企业在同系列产品中引进其他品牌，它可能是由于想为不同顾客提供不同性能或诉求的方法；也可能是建立起侧翼品牌以保护其主要品牌。但多品牌的主要缺陷在于每一品牌都只占很小的市场份额，没有一个品牌在市场上占主要位置。

（4）新品牌　企业推出一个新的产品项目，而这个新产品面对的是另外的消费群体，这时就可能需要考虑使用新的品牌。例如，如果"娃哈哈"准备推出白酒产品，就不适合再用原有品牌，而是使用一个新的品牌。采用新品牌策略要注意考虑这样几个问题：新品牌的风险有多大？万一失败，对现有品牌是否造成伤害？建立新品牌的费用能否依靠新产品的销售和利润加以弥补？品牌的分散化运营是否会影响到企业产品总的市场占有率？

三、品牌命名

品牌命名是品牌设计的第一步，好的品牌名应具备一些特点：它应该能够提示产品使用和属性方面的些情况。对于食品来说，一个好的品牌名应该能够使消费者对产品的特点、功用、风味等有比较直观的感觉，产生较强的亲和力。"健力宝"饮料很容易使人联想到这种软饮料对增强人体健康有作用。"康师傅"品牌中，"师傅"是我国的历史传统中老百姓对专业人员的尊称，"康"字又很容易引起人们对"健康"的心理联想，很适合用于方便面这一大众最普遍的消费品。品牌命名应注意以下要点：

（1）易于发音、拼读和记忆　中国的语言有四声，讲究韵律。因此，品牌名称特别要注意读音响亮，音韵协调，将"COCAKOLA"译成"可口可乐"，不仅朗朗上口，而且很巧妙地昭示了这种饮料给人的感觉。

（2）力求独特新颖　品牌名称要有独特的个性，不能盲目地模仿和追随。如"狗不理"包子，就给人新奇独特之感，反而产生了"非得尝一尝"的好奇心理。

（3）提示产品特色　品牌名称应与产品有某种联系，能暗示产品的某些特色。"阿香婆"系列酱品很容易使人联想到该食品是一个勤劳、精于烹饪的老阿婆流传下来的美味。

（4）要注意各种禁忌　在品牌命名时要做周密考虑、特别是如果产品是面对国际市场时，要考虑到各国，各地不同的文化和风俗习惯以及读音在别国语言中是否会引起歧义。

四、品牌使用者决策

企业在如何使用品牌方面面临着若干种选择，通常有三种：

(1) 生产企业使用自己的品牌称为全国性品牌或制造商品牌。

(2) 中间商品牌（又称私人品牌）是由生产企业将其产品大批量地卖给中间商，中间商再用自己的品牌将货物转卖出去。

(3) 生产企业的部分产品使用私人品牌，部分产品使用企业品牌。

近年来，制造商品牌和中间商品牌的竞争非常激烈，而且中间商品牌已表现出下列优势：①交易场所的拥有是中间商品牌的独特资源；②中间商品牌为保护自己的品牌形象，对产品质量的把关很严；③通常，中间商品牌的价格优势比较明显。因此，有评论家认为：随着零售业的发展，除了个别极强的制造商品牌之外，中间商品牌将击败制造商品牌。

第六节　产品包装策略

一、包装

　　包装（packaging）是指设计并生产容器或包扎的系列活动。包装可以分为多达三个层次的材料。例如，蜂王浆口服液的包装可以先用一个小玻璃瓶——主要包装；10 支口服液装在 1 个盒子里——次要包装；50 盒或更多盒子用瓦楞纸箱包装——运输包装。大多数的食品包装只有两个层次，像矿泉水、调味品、利乐包的饮料、牛乳等。包装在食品营销中已显得越来越重要，有时甚至就是产品本身或产品不可分割的一部分。就食品和饮料来说，包装向消费者传递产品的质量、卫生水平、味道和享受等方面的信息。做好产品包装，对食品营销有时能够起举足轻重的作用。像牛乳产品，最初人们习惯的包装是可以回收反复使用的玻璃瓶，后来逐渐用较之更方便的塑料杯代替，而现在，随着食品工业的进步和消费潮流的变化以及环保意识的加强，纸盒装牛乳，特别是纸盒装新鲜牛乳已逐步占据市场上牛乳产品的主导地位。具体来说，包装的作用主要体现在以下几点：

　　（1）盛放和保护商品，使产品从出厂到消费的全过程不致损坏、散失和变质　就食品包装而言，其物理功能是非常重要的，食品包装首先要求无毒，不会和内含物质发生不良反应，能够经受特定要求的灭菌处理。对于保质期较长的食品，还要防止因包装不良导致变质或风味丧失。另外，由于科技的推动，食品包装材料日新月异，企业在选择包装时，在能满足质量要求和价格的前提下，应尽可能选择轻质材料以便于运输。

　　（2）沟通　一方面，具有吸引力的食品包装执行者推销产品的任务，它向消费者传递品牌形象，提供产品成分和使用说明。一个醒目的、具有诱惑力的包装可以有效地激发消费者的购买欲望并付诸实际购买行动。另一方面，随着超级市场和自选商店在零售领域的强劲发展，食品包装的美化和醒目就具有越来越重要的营销作用。在产品日趋同质化的今天，顾客的注意力首先是包装设计精美的产品。好的包装既能更有效地激发顾客购买欲望，同时又成为向公众传达公司及品牌形象的极好媒介。美国金宝汤料公司估计，平均每个购买者一年中看到它的包装标志达 76 次，等于创造了广告费价值 2600 万美元。

　　（3）便于购买和使用　有了包装，经营者才能方便地将商品陈列摆放、计数、盘存、售卖。而消费者在选择商品时，有了包装，才能方便购买、携带和保管。主要包装上必须注明食品的成分、配料、净重等内容，并能够使顾客更清楚地了解到商品的使用和保管方法。

　　（4）细分市场　针对特定的市场群体，企业可以提供更多的包装式样、规格、颜色和图案设计。同一食品还可以选择不同材料的包装以满足不同顾客的需求。同样是榨菜，可以用玻璃瓶装供家庭使用，也可以用小真空袋包装供旅客使用。

二、包装策略

　　企业根据产品线实际情况以及市场的不同需求，应该采取不同的包装策略，通常可以选择以下几种：

（1）类似包装 同一产品线的所有产品在包装的图案、色彩、形状等要素方面形成同一特色，以利于消费者对企业的整体认识，并节约设计费用。但这种策略只适合同一质量水平的产品，否则会增加低档产品的包装费用，或使优质产品贬值。

（2）等级包装 当产品质量悬殊时，可采用等级包装策略。许多白酒生产厂家都采用了这种策略。其好处是可以将不同品质的产品明确区别开来，不但有利于满足不同消费者的需求，还可以通过不同的包装获取更大的利益。

（3）配套包装策略 这在食品企业也是屡屡被使用的策略。它是将许多相关的、不同类型和规格的商品组合在同包装中出售。例如中秋节期间的月饼，不同品种的酱菜的配套组合等。产品项目较多的企业常采用这种策略来满足消费者的特殊需求。

（4）复用包装策略 商品用完后，可以将包装用作其他用途，以此来引起顾客的购买兴趣而扩大销售。但需要注意的是不能使包装成本过高，否则容易引起消费者的被欺骗心理。

（5）改变包装策略 包装的改变，可能是某种产品在同类产品中质量相近导致销路不畅；可能是由于长期使用同一包装（特别是产品早期沿袭下来的较低档包装）已经无法引起消费者的兴趣。在食品商品中，包装材料的变化相当快，当竞争对手在同类商品中采用了新的包装时，企业就应该考虑重新制订自己的包装策略，否则，将可能对营销产生极大的影响。此外，食品包装的直观性，包装材料对于环境的影响，均应引起企业的高度重视。

产品包装在食品营销中已显示出越来越重要的作用，企业应该根据不同产品不同市场灵活运用。同时，食品包装的不断改进，与包装材质、包装机械的发展密切相关。总的来说，是朝着轻量化、少量化、薄型化、无害化的方向发展。

思考题

1. 如何正确理解产品生命周期？
2. 企业在营销中应该怎样进行品牌决策？
3. 包装策略有哪些？
4. 我国饮食行业如何面对国外企业的冲击？如何在产品和服务方面同国外企业竞争？

[案例]

金龙鱼食用油的品牌策略

食用油产业虽然很早就有，但基本上只是为了饮食上的调味。提起我国小包装食用油品牌，就不得不说金龙鱼。嘉里粮油旗下的金龙鱼一直以绝对优势蝉联行业第一宝座，市场份额超过第二名到第十名的总和。从 1994 年开始一年一度的全国主要城市消费品调查中，金龙鱼的品牌知名度比排名第二的竞争品牌高 5 倍，品牌美誉度比排名第二的竞争品牌高 8 倍。随着金龙鱼第二代调和油的上市，金龙鱼更被赋予全新的品牌内涵，其品牌也呈现出稳步上升的良好势头。

金龙鱼食用油的品牌从无到有，从弱到强，从少到多，从旧到新。从完全空白的中国食用油市场横空出世，到打造出市场第一品牌，以及一系列强势品牌，金龙鱼显示出强大的品牌活力。

2002 年 7 月，嘉里粮油对外宣布了对整个食用油行业和中国消费者影响深远的一件事件：其以营养均衡、健康为标志的金龙鱼第二代调和油正式上市。这一革命性产品的最主要特点是：中国第一个以膳食脂肪酸营养为目的调制的油，它可以帮助人体膳食脂肪酸达到世界卫生组织、联合国粮农组织和中国营养学会三大权威机构关于膳食脂肪酸的推荐值：即饱和脂肪酸：单不饱和脂肪酸：多不饱和脂肪酸为 1∶1∶1。继从散装油到小包装油的第一次革命后，中国食用油行业迎来了第二次革命的洗礼，不仅消费者将向着更高消费层次迈进，整个市场也将吐故纳新、面临洗牌，金龙鱼这一品牌百尺竿头，更进一步，带领食用油行业进入一个全新境界。

而沿着金龙鱼品牌的发展之路，通过对其品牌策略，包括品牌定位、品牌培育、品牌内涵提升、多品牌策略、品牌维护、品牌创新的全面分析和透视，感受到缔造一个成功品牌的基本要素。

1. 品牌定位

金龙鱼在进入市场时认为，在中国，一种新的消费模式首先要以家庭为基础才更容易被接受。所以在塑造品牌形象中，金龙鱼首先为品牌设立"温暖大家庭"的品牌支点，以温情家庭打动中国消费者。然而，进入新世纪后，随着社会经济的飞速发展，人民生活水平的大幅度提高，人们对生活消费品的质量要求也相应提高。品牌要想长久发展，就需要根据环境的变化重新定位，金龙鱼依靠"健康"形象赋予品牌新的活力，由"温暖亲情，金龙鱼大家庭"提升为"健康生活金龙鱼"。以"健康"为品牌的核心理念，金龙鱼不断推出新产品，吸引竞争产品的模仿和跟进，引领食用油新品种的发展。

由菜籽油、大豆油、玉米胚芽油、葵花籽油、花生油、芝麻油、亚麻籽油、红花杆油等 8 种油品调和而成的新一代"1∶1∶1"调和油将中国人食用油功能由调味引向健康。

花生浓香调和油、葵花原香调和油、橄榄原香调和油、茶籽原香调和油相继上市，将 1∶1∶1 健康概念与产品风味相结合，既满足了消费者平衡营养的健康需求，又满足了消费者对花生油、葵花籽油、橄榄油和山茶油等风味的偏好，取得了很大成功。

植物甾醇玉米油、谷维多稻米油、深海鱼油调和油都以"健康"作为产品的核心利益。如植物甾醇玉米油的"胆固醇,我不怕",稻米油的"还原稻米精华,3重对抗亚健康",深海鱼油调和油的"深一层营养,多一层平衡"。由此驱动了品牌的健康理念的不断发展,使品牌能够长期保持活力。

2. 品牌培育

发现市场机会,需要敏锐的洞察力和前瞻性;引导市场发展,更需要对市场风险与机会的科学判断和实力的支持。80年代初的中国食用油市场就是这样一番景象:在大中城市和广大农村,人们习惯到国营粮店打散装油,吃的仅仅是品质低下、易被污染的二级油,甚至是含有毒物质的毛油。而符合国际卫生标准的小包装食用油市场还是一片空白。然而,通过对国外市场考察,以及国内消费水平正稳步提升大趋势的了解,新加坡郭兄弟集团(嘉里粮油的母公司)认为,小包装油在中国肯定会有巨大的市场,并于1990年组建了南海油脂工业(赤湾)有限公司,开始了第一批小包装食用油的生产,推出的第一个品牌就是金龙鱼。从而掀开了小包装食用油在中国起步、发展的新篇章。

然而要改变人们延续千年的不科学用油习惯,其难度可想而知。为此,嘉里粮油董事、总经理李福官向董事会提交报告:准备用三年时间,投入2000万元的资金敲开小包装食用油市场大门。通过调查发现,中国企事业单位逢年过节,有发"福利"用品的习惯,这是中国的特色,而正是利用这个特色,只用了一年时间,金龙鱼销量就达3000吨。金龙鱼这颗种子终于生根发芽,并茁壮地成长起来。随后10年时间,金龙鱼这一品牌凭借先入为主的优势、集团强大的实力以及灵活的市场策略,步步为营,成为行业占据绝对优势的第一品牌。

3. 品牌内涵提升

随着中国食用油市场潜力的发现,参与竞争的品牌也多达数十个。尽管金龙鱼作为市场第一品牌的地位日益巩固,但是,嘉里粮油意识到,市场没有永恒的强者,所以,他们一直未雨绸缪、主动应变,不断以创新赋予品牌新的内涵和活力。例如,在食用油上,中国消费者有自己的偏好:不仅希望健康的高级食用油,同时也要有自己独特的口味。金龙鱼调和油就是这种需求的产物之一。当初,金龙鱼引进了在国外已经很普及的色拉油,发现虽然有市场,但却不完全能被国人接受。原因是色拉油虽然是精炼程度最高的油,但却没有太多的油香,而中国人的饮食习惯是非常重视油香的。于是,金龙鱼研制出了将花生油、菜籽油和芝麻油混合的调和油,使色拉油的纯净卫生同国人的口味需求进行了完美的结合,并取得了市场成功。

而随着经济的发展和生活条件的改善,人们的生活习惯和饮食习惯也在相应地发生着改变,如生活节奏加快,体力活动逐渐减少,饮食应酬增加,膳食中动物性食物摄入量增加,植物性食物摄入量减少,等等,因此引起心脑血管等慢性发病率逐渐增加。在日常膳食中,如何实现营养均衡、健康,成为一个严峻的课题。为此,世界卫生组织和联合国粮农组织提出膳食脂肪酸的建议:即饱和脂肪酸:单不饱和脂肪酸:多不饱和脂肪酸为1:1:1。2000年10月,中国营养学会也提出了一致的意见。对食用油来说,符合1:1:1这个人体吸收脂肪酸的完美比例,无疑更有利于健康。这是一个前所未有的健康新概念,是指导食用油生产的科学基础。这一比例的公布引起了金龙鱼深深的思考,是主动去适应,还是置之不理。金龙鱼选择了前者,不顾成本,投下巨资,全力研制1:1:1健康新概念的调和油。功夫不负有心人，经过反复的科学验证，2002年，金龙鱼终于成功地生产出中国第二代调和油。在7月上市后，率先成为国内1∶1∶1人体吸收脂肪酸完美比例的新一代调和油。和普通（第一代）调和油相比，第二代调和油首先是原料更多。第二代调和油选用原料纯正的精炼菜籽油、精炼大豆油、精炼玉米胚芽油、精炼葵花籽油、浓香花生油、芝麻油、精炼亚麻籽油、精炼红花籽油，按照独特配方调和而成。同时，在保证风味和中国人的口味的基础上，第二代调和油营养更均衡，能够帮助人体脂肪酸摄入量达到1∶1∶1的最佳比例，并且含有丰富的维生素E，在国内率先达到了国际标准。而且，第二代调和油还具有香味浓郁，油烟少，不易起泡，适合各种烹调用途，原料纯正，经先进科技精炼处理，全无杂质，品质完全符合国际（FAO/WHO）及国家食用油标准等特点。

无论从消费者的健康角度，还是从产业发展的大潮流而言，金龙鱼第二代调和油都将带来一个革命性的变化。在小包装食用油市场里，金龙鱼想要超越的已不是其他企业的竞争对手，而是一个还不很规范的整体社会环境，甚至是自身。

4. 多品牌策略

据统计，在全国十大食用油品牌排名当中，嘉里旗下的品牌就占据三个位置，并仍有增多趋势；仅金龙鱼、胡姬花、鲤鱼三大嘉里粮油旗下品牌，销量就超过了十大品牌中其余品牌销量的总和；如果再加上其他13个品牌的销量，嘉里粮油差不多占据了中国小包装食用油市场的半壁江山。这是嘉里粮油多品牌策略的成功。

在成为市场老大的同时，嘉里粮油非常清楚地看到任何市场都不可能独家垄断：中国经济发展的不平衡和地区消费习惯的差异性，注定了市场有不同的需求，因此，为争取最大市场占有率推出了16个品牌的产品参与市场竞争。当金龙鱼逐渐旺销之后，竞争品牌马上跟进，金龙鱼的策略是：与其让竞争对手瓜分市场，还不如自己设置竞争对手和屏障。于是从金龙鱼开始，逐渐推出了鲤鱼、元宝、胡姬花、香满园、花旗、手标、巧厨等品牌。

根据需求创造特色品牌，最大限度地扩大市场份额。金龙鱼是一个多品种的综合品牌，有花生油、色拉油、豆油、菜油等多个品种，这样做市场推广，虽然有利于创造食用油专家的形象，但却容易在单一品种专业性上给竞争品牌机会，如某竞争品牌在宣传上强调自己是更加专业"花生油"的品牌，就容易打击金龙鱼品牌。在这种考虑下，嘉里实施了多品牌策略，如制造出专业的豆油品牌——"元宝"、专业的菜油品牌——"鲤鱼"、专业的花生油品牌——"胡姬花"等，并为这些专业品牌单设品牌经理，在市场上同金龙鱼是竞争关系，但在总体市场计划上却有不同的任务分工。

多品牌策略积极运用和整合优势，提高企业综合竞争力、市场份额和销售额。就像常说的道理一样，一支筷子容易折断，但一把筷子就不容易折断。金龙鱼有16个品牌的油品品种，那么在具体操作中就可能出现相互竞争的问题，这样优势就会变为劣势。金龙鱼鼓励将公司所有品牌看成一个整体，而不是人为地将市场区别对待，有机地将主力品牌与专业品牌相结合，发挥整体优势，争取达到最好的效果。有效的整合可以做到：占据陈列优势、占据油品优势、占据规格优势，争取不同消费层的目标顾客。这样，金龙鱼造就了一个以全国性品牌为主，地方性品牌强力支撑的品牌王国。

5. 品牌维护

品牌需要发展，品牌维护是相当重要的，金龙鱼通过不断升级的产品和品牌理念来提升品牌的知名度和美誉度。

金龙鱼在研究中国的传统消费模式中发现，一种新的消费模式首先是以家庭为基础被接受的，所以在塑造品牌形象中，金龙鱼首先为品牌确立"温暖大家庭"的品牌支点，以温暖亲情打动中国消费者，力图建立另一种消费模式。在金龙鱼的外包装上也采用符合中国老百姓传统心理的红色和黄色组合。在中国食用油市场的低产业化程度和巨大的市场需求面前，这一品牌信息的传播为"嘉里"带来了丰厚的利润回报。金龙鱼自此以富贵、喜庆和健康温暖的形象深入中国老百姓心中。

2001年，嘉里粮油宣布斥巨资将进军高档油——粟米油市场，开展"向新世纪健康进军"计划。2002年，金龙鱼第二代调和油的正式推出，则把健康用油的观念推向了一个高潮。21世纪是健康的世纪。在我国，随着社会经济的飞速发展，人民生活水平的大幅度提高，人们对生活消费品的质量要求也相应提高。"健康生活金龙鱼"的新理念，必将深深扎根于中国的大市场之中。"健康"形象赋予金龙鱼以品牌新的活力。

中国企业的产品品牌数量并不少，为什么没有强大的世界级品牌呢？金龙鱼以不断的创新，来赋予自身以品牌活力的做法，给人颇多启示。

第一，科学的预见性，并以创新的产品和理念来塑造品牌。作为中国小包装食用油概念的最早传播者，金龙鱼食用油不仅完成了人们小包装食用油的启蒙教育，而且用它的发展改变了一代人的用油观念，使小包装油开始进入千家万户。如今，随着"金龙鱼大家庭"这一概念的深入人心，金龙鱼的品牌已经超越单纯的品牌概念，并逐渐形成了自己的文化特色，扎根于中国的大市场之中。金龙鱼以创新来给予行业、消费者和自身以良性循环发展。这一过程，基本上是金龙鱼在自己和自己赛跑。这也许就是金龙鱼能够成为业界领袖，并且能够不断发展壮大的原因。

第二，准确的市场细分的多品牌策略。多品牌策略是金龙鱼成功的另一个重要举措。首先，他非常清楚地看到一切市场都不可能是独家垄断市场，企业的策略应以最大市场占有率为目标。为此，金龙鱼推出了16个品牌的产品参与市场竞争。金龙鱼系列出现了自己产品与自己产品直接竞争的情况，如金龙鱼花生油同胡姬花花生油的直接竞争。对此，金龙鱼的解释是：与其同对手竞争，不如同自己竞争。实践证明，金龙鱼的这种策略是成功的。因为，金龙鱼是个综合品牌（有各种类型的油品），而胡姬花是专业花生油品牌，从这个角度划分是非常新颖的，的确值得企业借鉴。金龙鱼告诉我们，成为行业的领导并不难，难的是不断以创新的力量来保持品牌的活力。

资料来源：余盛. 食用油营销第1书［M］. 北京：中华工商联合出版社，2013.

案例分析题

1. 我国市场上食用油品牌的现状如何？
2. 影响食用油品牌建设的主要因素有哪些？
3. 食用油加工企业怎样创立品牌？

[专栏]

卡通形象在食品营销中的应用

  卡通形象的应用能够很好地吸引儿童,当然卡通形象绝不仅只是对于儿童才有强大吸引力,其丰富的人物形象、可爱的动作和表情,同样让大多数的成年人都没有办法抵抗,所以卡通形象在我国有着极大的消费市场。卡通形象的设计生动形象、经久不衰,应用在产品logo上相较于普通的图案能够给人们留下更深刻的印象,提升食品的印象分数、传播范围以及传播力度等多个方面,因为卡通形象能够让消费者建立更好的联想记忆,生动的形象便于人们记忆,能够让人们一想到卡通形象就能够联想到食品的品牌、味道甚至是口感。拥有一个独特的卡通形象也能够提升食品产品的辨识度,突出产品的特性化,让消费者能够在众多的产品中轻松的辨认出该款食品。同时因为卡通形象本身的特殊创作形式,能够让食品的品牌方更容易给卡通形象注入生命力,创造更加吸引消费者的品牌故事,从而达到更加吸引消费者的目的。鉴于卡通形象与食品营销的结合带来的诸多益处,一定要深入研究如何应用卡通形象才能够更好地为食品营销助力。

  卡通形象的应用主要包括食品外包装、食品本身、广告推广以及食品促销四个方面,但无论是哪一个应用途径都要满足以下三点要求:第一,卡通形象设计要生动多彩,第一时间让消费者锁定视线。在卡通形象设计时一定要注重视觉上的形象,注重颜色的搭配,进行不同的色彩碰撞可以更牢固地抓住消费者的眼球,而且现如今市面上大多数的食品虽然是同一个食品却有不同口味,此时就应该根据不同的口味进行不同卡通形象设计或是对同一人物进行不同色彩、饰品、动作的设计,康师傅的小当家干脆面、小浣熊干脆面都是很好的例子,不同口味有着不同的包装设计,能够在吸引消费者的同时也提升了产品的辨识度,让人们可以更方便的购买喜欢的口味,也算是给顾客带来方便。生动形象的卡通人物在进行食品促销时,也能够很好的吸引到消费者,这些都是视觉效果上的生动多彩带来的好处。第二,具有一定的内涵。幽默搞笑也好,严肃认真也罢,无论是食品包装还是食品本身的卡通形象设计一定要有一定的内涵,适当地加入一些简短的话语或是英文单词能够提升卡通形象的生动性和幽默感,而且也可以加入一些特定的标语,达到明确服务宗旨、说明食物品质安全、食物功效的作用。第一眼的印象固然重要,但视觉上的美只是吸引消费者,想要增强消费者对食品的印象,充满趣味性的内容、含义是必不可少的。以农夫山泉矿泉水为例,其外包装设计就是一个简单的风景卡通形象搭配"农夫山泉有点甜"这句标语,这句标语就起到了丰富卡通形象内涵的意义,让消费者在没有饮用矿泉水时就知道这个矿泉水是入口甘甜的,便于消费者从卡通形象直接获得商品信息,能够让消费者根据自己的需求更好地进行选择。因此,无论是在食品外包装、广告推广还是食品促销的应用中,都要保证卡通形象的内涵,可以用标语等方式进行辅助,让消费者很好地了解食品。第三,固定卡通形象,建立特定的品牌。这就要求设计卡通形象时一定要具有食品品牌的代表性和独特性,创建属于自己独特的形象,让消费者能够轻松地进行辨认。例如小熊软糖,就是将糖的形状设计成了小熊的样子,见到这个形状的糖很容易就会想到这个品牌,或者可以说提到这个品牌脑海中第一反应的就是小熊形状的软糖，这就是很成功食品卡通形象品牌的建立。

卡通形象在食品行业中的应用不仅是视觉上的欣赏，其还带来了经济、销售、顾客效应等不可估量的增值。深入研究卡通形象在食品营销中的应用，才能创建更好的品牌，才能够让食物更受人们的喜爱，才能够给食品行业带来更大的益处。

资料来源：崔爽.《食品营销》指导下的卡通形象在食品营销中的应用［J］. 食品工业，2020，41（06）：358.

第八章 食品营销的价格策略

在食品营销组合中,价格是商品价值的货币表现也是企业创造收益的唯一因素。由此可见,所有企业无一例外都面临着价格决策方面的问题。历史上,价格在多数情况下均是买者做出选择的主要决定因素;不过根据最近十年的发展情况来看,在买者选择行为中非价格因素已经开始相对变得更重要了。但是,价格仍是决定公司市场份额和盈利率的最重要因素之一。

价格策略就是根据购买者各自不同的支付能力和效用情况,结合产品进行定价,从而实现最大利润的定价办法。价格策略是一个比较近代的观念,于19世纪末大规模零售业的发展下产生的。价格策略是指企业通过对顾客需求的估量和成本分析,选择一种能吸引顾客、实现市场营销组合的策略。价格策略的确定一定要以科学研究为依据,以实践经验判断为手段,在维护生产者和消费者双方经济利益的前提下,以消费者可以接受的水平为基准,根据市场变化情况,灵活反应,客观买卖双方共同决策。在实践中,许多企业的价格问题处理得不好,最常见的错误是:过于强调成本导向而不能根据市场需求的变化和竞争形势来制订正确的价格策略。

第一节 定价程序

定价及其运作是商品经济中非常困难和复杂的工作,除了形成价格的基础因素价值外,现实产品价格的制订和实现还受到多方面因素的影响和制约。正确的价格决策考虑的因素包括内部因素和外部因素两大部分。内部因素主要是定价目标、成本因素、其他营销组合策略等;外部因素主要是消费者意识、市场需求因素、竞争因素、政策法规等。企业进行价格决策时,要求综合考虑多种因素同时采取科学的定价程序。食品企业制定价格的程序一般包括选择定价目标、分析测算需求、估算成本、分析竞争因素、确定企业的定价方法和策略,最终选定价格。具体的定价程序见图8-1。

一、影响定价的因素

定价是一个复杂的问题,要受一系列因素的影响。这些因素可以分为内部因素和外部因

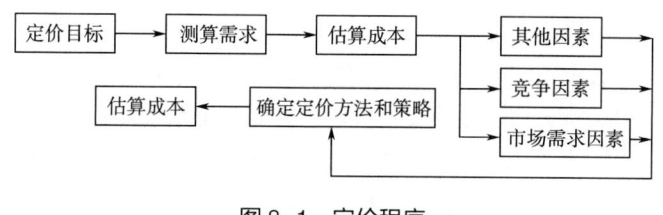

图 8-1 定价程序

素两大类。

（一）影响企业定价的内部因素

1. 企业的定位战略

正如我们所知道的：企业定位于高档产品，其价格也应该高，这样才能体现其高档定位的形象；反之，如果定位于价廉物美，则产品的质量要较好，同时相对来说其价格要比同类产品低廉。

2. 企业的定价目标

常见的企业定价的目标有：

（1）维持生存　在市场竞争激烈产品滞销的情况下，有时候企业只能以维持生存为目标。这时企业一般应定比较低的价格来扩大产品的销路，有时候可以低于单位成本。但是，只要高于单位可变成本即可以减少亏损。

（2）现期利润最大　这是许多企业定价所持的目标。为了实现这一目标，不少企业常采用定高价的方法。实际上，定高价不一定能达到利润最大，因为利润不光与价格有关还与销售量有关。

（3）市场占有率最大　在市场份额会带来最低成本和最高的长期利润时，企业可采用这一定价目标，采取这种目标一般是定低价。

（4）维持市场稳定　大多数企业都生存在一定的竞争环境中，大多数企业都希望保持市场价格稳定，不希望挑起价格战。因为市场价格波动过大对大家都不利，采用这种定价目标，一般是与竞争者的价格保持一致。

（5）达到一定的投资收益率　投资项目常采用这种定价目标。在这种目标下，价格根据投资回收的年限和投资额的大小来决定。

3. 企业的营销组合

企业的定价要受产品、渠道、促销策略的影响。如果定位是高档产品，为了开发和生产高档产品，通常需要高的利润来支持，这就需要定高价。

4. 生产成本

成本无疑是影响定价的最重要的内部因素，尤其是在采用成本导向的定价方法的时候，它几乎成了唯一的考虑因素。因此，成本常规定了企业定价的下限。

（二）影响企业定价的外部因素

影响企业定价的外部因素主要有消费者需求、竞争者的定价、经济形势和有关法规的规定等。

1. 消费者需求的价格弹性

价格的高低与消费者需求的大小有着密切的关系，这就是需求的价格弹性。因此，企业定价时应充分考虑在不同价格水平下可能的销售量。

2. 消费者对产品的认知价值

消费者对产品的认知价值决定了他们能够接受的最高价格。消费者的认知价值（perceived customer value）是在产品的实际价值的基础上形成的，但它并不等于产品的实际价值。在消费者认知价值的形成过程受两个因素的影响：一是竞争者产品的认知价值；二是企业的营销活动，如广告、人员推销、渠道、价格等。

3. 竞争者的产品和价格

由于竞争者的产品和价格会影响到消费者对自己产品的认知价值。因此，竞争者的产品和价格也是影响企业定价的重要的外部因素。

4. 其他因素

除以上重要的几个因素外，影响企业定价的外部因素还很多。例如：市场的类型、经济形势、中间商的反应、政府有关的立法等，最显而易见的实例就是我国近期房地产市场的调控政策。

二、定价目标

产品定价时，定价目标是定价策略和定价方法的依据。定价目标必须与公司目标和营销目标一致，与市场营销的其他手段协调一致，在符合社会总体利益的原则下，取得尽可能多的利润。但由于不同的企业、不同的产品、不同的市场有不同的营销目标。因而，企业定价的具体目标也多种多样，企业需要权衡各个目标并加以选择，采用不同的定价策略。一般来说，价格决定有以下几点主要的目标。

（一）维持生存的定价目标

企业目标既有长期的，也有短期的。若企业产能过剩、竞争激烈或试图改变消费者需求，就短期来说，企业为了打开经营萧条的局面就必须制定较低的价格，使企业的生存得以维持。此时定价的基本目的是要谋求企业的生存，利润比其生存要次要得多，只要价格能填补可变成本和固定成本，企业的生存便得以维持。但是值得注意的是：这种生存目标只能是暂时性的，其必然会被其他定价目标代替。

（二）最大利润的定价目标

企业追求最大利润与人类求生存一样，几乎是一种本能行为也是企业的共同目标。企业的生存和发展必须依靠获得的利润，足够多的利润才能够保证企业的生存和发展。但最大利润并不一定等同于最高定价，定价偏高，需求减少，反而实现不了利润最大化。因此，食品企业定价应适当。最大利润是指利润总额，更多地取决于合理价格所推动生产的需求量和销售规模。值得注意的是，利润的最大化应以企业长期的最大化利润为目标。

（三）市场占有率的定价目标

市场占有率是反映企业经营状况和产品竞争力的重要指标。市场占有率是企业产品销售量在同类产品市场销售总量中所占的比重。最高的市场占有率将享有最低的成本和最高的长期利润。因此，不少企业把维持或提高市场占有率作为其定价目标，牺牲短期利润，确保长期收益。低价实现市场占有率提高应具备的条件有：①市场对价格高度敏感，低价格可刺激需求的迅速增长；②随着生产经验的积累，生产和销售成本下降；③低价可击退潜在的竞争者。

（四）预期收益的定价目标

预期投资收益率为利润相对投资总额的比率。对于所投入资金，企业都期望在预期时间内分批收回。因此，定价时一般在总成本费用之外加上一定比例的预期盈利，以预期收益为定价目标，投资收益率一般应高于银行存款利息。以预期投资收益率为定价目标的食品企业，一般都具有一些优越条件，如产品拥有专利权利或产品在竞争中处于主导地位，否则，如果产品销售不佳，预期的投资收益也不可能实现。因此，价格水平一定要确保实现预期的投资收益。

（五）稳定价格的定价目标

在激烈竞争的市场环境中，稳定价格是达到投资报酬的一种途径。为了避免不必要的价格竞争，增加市场的稳定性，某些行业在供求与价格方面经常发生变化。但是这种定价目标较适用于一些实力雄厚的大企业。因此，以稳定价格为定价目标的优点在于市场需求发生剧烈变化时，不至于导致价格的大幅波动。

（六）防止竞争的定价目标

在激烈的市场竞争中，部分大企业为了防止竞争者进入自己的目标市场或提高其市场占有率而采取低价策略，或以此为基础来制订自己的价格，这种模式对于大企业稳固占领市场，长期经营此类商品是有利的。同时，实力弱的企业则不得不追随竞争者的价格而只能被动地适应。美国八家著名大公司定价目标比较见表8-1。

表8-1　　　　　　　　　　美国八家著名大公司定价目标比较

公司名称	定价主要目标	定价附属目标
通用汽车公司	20%投资收益率（缴税后）	保持市场占有率
固特异公司	对付竞争者	保持市场地位和价格稳定
美国罐头公司	维持市场占有率	应付市场竞争
通用电气公司	20%投资收益率（缴税后），增加7%销售额	推销新产品，保持价格稳定
西尔斯·罗巴克公司	增加市场占有率（8%~10%为满意市场占有率）	10%~15%投资收益率
标准石油公司	保持市场占有率	保持价格稳定，一般投资收益率
国际收割机公司	10%投资收益率	保持市场第二位的位置
国民钢铁公司	适应市场竞争	适应市场竞争

（七）产品质量领先的定价目标

有些企业的目标是以高质量的产品占领市场，并在生产和营销过程中始终贯彻产品质量最优化的指导思想，这就需要实行"优质高价"策略。较高的价格可以保证高质量产品的研发、生产和服务等方面的成本。价格过低，顾客会产生疑心所以定价时市场营销人员应该以顾客的眼光来理解价格的意义，也应充分考虑到顾客对该产品价值的认可程度。同时又要考虑到整个市场营销状况，及竞争对手的报价。这里需要指出的是：产品在优质优价的同时，还应辅以优质的服务以保证其在消费者心目中高品质的品牌形象。

三、测算需求

影响产品定价的因素包括需求、成本、竞争者、政策等。测算需求包括调查市场的结构情况，了解不同价格水平消费者可能购买的数量，分析需求的价格弹性，确保食品企业实现最大的盈利。需求的价格弹性又称需求弹性，是因价格与收入等因素而引起需求的相应变动率，是衡量价格变动的比例所引起的需求量变动的比例。需求弹性分为需求价格弹性、需求收入弹性和需求交叉弹性。

（一）需求价格弹性

供求规律是一切市场经济的客观规律，即在正常情况下，市场需求会按照与价格相反的方向运动。价格提高，市场需求就会减少；价格降低，市场需求就会增加，因此需求曲线是向下倾斜的。

正因为价格会影响市场需求，企业所制定的价格会影响企业产品的销售，所以企业的市场营销人员定价时必须知道需求的价格弹性，即了解市场需求对价格变动的反应。换言之，需求价格弹性反映需求对价格变动的敏感程度，一般用需求弹性系数 E_p 表示，如式（8-1）。

$$E_p = \frac{(Q_2-Q_1)/[(Q_1+Q_2)/2]}{(P_2-P_1)/[(P_1+P_2)/2]} = \frac{(Q_2-Q_1)(P_2+P_1)}{(P_2-P_1)(Q_2+Q_1)} \quad (8-1)$$

式中　E_p——弹性系数

　　　P_1——原价格

　　　P_2——现价格

　　　Q_1——原需求量

　　　Q_2——现需求量

由于价格与需求成反比变化，它们的比值总是一个负数，所以实际应用时取绝对值。

若 $E_p>1$，则反映了价格的微小变化都会引起需求量大幅度变化。即表明需求对价格很敏感，该商品富有价格弹性。对这类商品，稍微降低一点价格，就会大幅增加销售量，从而使总收入增加。因此，应通过降低价格、薄利多销来增加盈利。反之，提价时务求谨慎以防需求量锐减而影响企业收入。经常在超市或商场中让利降价销售的商品多属此类。

若 $E_p<1$，需求量的变化率小于价格自身的变动率，即表明需求对价格不敏感，该商品缺乏价格弹性。对这类商品，较高水平的价格往往能增加盈利，低价对需求量的刺激不大，薄利未必能多销，相反会降低企业的总收入。像粮食、盐、煤气等生活必需品便属于此类，消费者不会因为价格上涨而少买许多，也不会因价格下跌而多买许多。消费者需求对价格不敏感可能是以下原因造成的：①替代品少并且替代效果不好；②竞争者较少，或者没有竞争力；③消费者有足够的购买力，或商品在消费者支出中所占的比重非常小，对高价不在意；④消费者改变购买习惯较慢，也不积极寻找较便宜的东西；⑤消费者认为物有所值，价格高产品好是应该的。

一般情况下，生活必需品的需求弹性小，奢侈品的需求弹性大；替代品少或替代性弱产品需求弹性小,替代品多或替代性强的产品需求弹性大;用途越单一的产品其需求弹性越小,用途越广泛的产品其需求弹性越大。因此,企业给产品定价时应考虑不同产品的不同需求弹性,以切实提高价格决策的有效性。

(二) 需求收入弹性

需求收入弹性又称收入弹性,是指因收入变动所引起需求变动时的比率,反映需求量变动对收入水平变化的敏感程度。一般用收入弹性系数 E_y 表示,见式(8-2)。

$$E_y = \frac{(Q_2-Q_1)/[(Q_2+Q_1)/2]}{(P_2-P_1)/[(P_2+P_1)/2]} = \frac{(Q_2-Q_1)(P_2+P_1)}{(P_2-P_1)(Q_2+Q_1)} \tag{8-2}$$

式中　　E_y——收入弹性系数

　　　　P_1——原价格

　　　　P_2——现价格

　　　　Q_1——原需求量

　　　　Q_2——现需求量

在其他条件不变的情况下,消费者收入增加后对各种商品的需求也会增加,但对不同商品需求增加的多少并不相同。这样各种商品的收入弹性大小也就不同。

若 $E_y>1$,表示该商品富有收入弹性,意味着消费者货币收入的增加导致该商品的需求量有更大幅度的增加。一般来说,高档食品、耐用消费品、娱乐支出的情况就是如此。

若 $0<E_y<1$,表示该商品缺乏收入弹性,意味着消费者货币收入的增加只会引起该产品需求量的小幅度增加,如盐、油、酱醋等生活必需品的支出就属于这种情况。

若 $E_y<0$,表示该商品是负收入弹性。在这种情况下,需求量变动与收入变动成反方向变化,意味着消费者货币收入的增加将导致该产品需求量的下降。例如,某些低档食品、劣质食品就有负的需求收入弹性,因为消费者收入增加后,生活水平提高,对这类产品的需求量将减少,甚至不再购买这些低档产品,而转向高档产品。

(三) 需求交叉弹性

在为产品定价时还需考虑各产品项目之间的相互影响程度。产品线中的某一个产品项目很可能是其他产品的替代品或互补品,一种产品的价格变动往往会影响其他产品项目销售量的变动,二者之间存在着需求的交叉价格弹性。一般用交叉弹性系数 E_{xy} 表示。

$$E_{xy} = \frac{(Q_{x_2}-Q_{x_1})/[(Q_{x_2}+Q_{x_1})/2]}{(P_{y_2}-P_{y_1})/[(P_{y_2}+P_{y_1})/2]} = \frac{(Q_{x_2}-Q_{x_1})(P_{y_2}+P_{y_1})}{(P_{y_2}-P_{y_1})(Q_{x_2}+Q_{x_1})} \tag{8-3}$$

式中　　E_{xy}——x, y 两种商品的需求交叉弹性系数

　　　　P_{y_1}——y 商品原价

　　　　P_{y_2}——y 商品现价格

　　　　Q_{x_1}——x 商品原需求量

　　　　Q_{x_2}——x 商品现需求量

交叉弹性系数 E_{xy} 可以是正值也可以是负值。若 $E_{xy}>0$，则此两项产品互为替代品，表明一旦产品 y 的价格上涨，产品 x 的需求量必然增加。相反，若 $E_{xy}<0$，则此两项产品为互补品，表明当产品 y 的价格上涨，产品 x 的需求量会下降。

不同产品的需求交叉弹性各异，企业制订价格时不仅要考虑价格对其自身产品需求的影响，也要考虑市场上相关产品价格对其产品需求的影响。

四、估算成本

产品成本是企业进行产品定价的基础。在正常的市场环境下，产品成本是制订价格的下限，产品价格只有高于成本，才能通过销售收入来弥补产品生产、销售过程中所花费的成本，使企业获得适当的利润，借以补偿企业所付出的努力和承担的风险。因此，企业为其产品定价时，首先必须考虑补偿成本，这是保证企业生存和发展的最基本条件。

产品成本主要有固定成本和变动成本两种形式。固定成本是指单个企业生产产品时，不随产品种类及数量的变化而变化的成本费用，如折旧费用、管理人员工资、机器设备的租金等。变动成本是指随着产品种类及销量的变化而变化的成本费用，主要有原材料、燃料、运输费用等。固定成本与变动成本之和就是产品的总成本。企业定价首先要使总成本得到补偿，这就要求长期内定价不能低于单位成本，产品的价格才能够弥补其总成本。

五、分析竞争因素

产品的最高价格取决于该产品的市场需求，最低价格取决于该产品的成本费用。在最高和最低价格的幅度内，定价水平的高低主要取决于竞争者同种产品的价格水平。因此，食品企业除了考虑成本和市场需求外，还应对竞争者的产品质量和价格做到心中有数，以便更准确地制订本企业产品的价格。

在垄断竞争市场态势下，企业定价时要与竞争产品比质、比价，如果企业产品和主要竞争者的产品类似，价格则应与竞争者的价格相近；企业产品弱于竞争者的产品，则价格应低于竞争者；企业产品略胜于竞争者，价格则可高于竞争者，价格的每一次调整都会引起竞争者的关注，并导致竞争者采取相应的策略。因此，食品企业也要密切关注相关产品价格的波动，并做出迅速、有效的反应。

六、营销策略组合

价格仅是营销组合的因素之一，所以定价策略必须与产品的整体设计、分销和促销策略相匹配，形成一个协调的营销组合。例如，为了鼓励中间商的积极性，增加产品销售量，应在价格中包含较大的折扣，使中间商有利可图。

企业通常是先制订价格策略，然后根据价格策略再制订其他营销组合策略。价格是产品市场定位的主要因素，价格决定了产品的目标市场，竞争者和产品设计。价格还决定产品具有什么特色以及生产成本的高低。在这种情况下，其他营销组合因素的决策，要以定价策略为转移。如果产品是在非价格因素的基础上定位的，那么有关产品质量、促销、分销等方面的决策，就会影响定价决策。因此，定价时就要以其他营销组合因素的策略为依据。总之，定价策略是不能脱离其他营销组合因素而单独决定的。

七、定价方法选择

企业产品价格的高低受市场需求、成本费用和竞争情况等因素的影响和制约。市场需求、成本费用、竞争情况是影响产品定价的三个最基本的因素。因此，企业产品定价要以成本费用为基础，以市场需求为前提，以竞争品价格为参考。产品成本是定价的下限，竞争者产品的价格和替代品的价格是定价的定向点，顾客对产品独特性的评估是定价的上限，顾客会对产品有各种各样的理解。另外，顾客对价格的反应也会因产品的种类而异。例如：在食品消费中，对很难看到品质差别的鸡蛋，消费者对价格反应较敏感；相反，消费者对于品质和口味差异较大的糖果，首先重视的是其产品是否符合自己的兴趣爱好，而不是价格。即使同样种类的产品，其评价往往也会因品牌而异，常以一流产品和三流产品、知名品牌和非知名品牌等加以评价，评价的差异会表现为价格的差异。大致说来，一流产品和三流产品在价格上约有30%以上的差异，要是企业的产品市场定位为一流产品的话，其定价就可以高于三流产品30%以上。

消费者对产品价格的预期也会影响其购买行为。根据供求规律，一般价格上涨会抑制需求，而价格下跌会刺激需求。然而现实中往往会出现相反的一种现象：价格越涨，购买者越多；价格越跌，购买者越少。这就是所谓的"买涨不买跌"。当产品价格上涨时，消费者可能会预期价格还会进一步上涨，于是争相购买；而当价格下跌时，消费者可能会预期价格还会继续下降，于是持币待购，期待价格再次降低后再购买。消费者意识因素对企业产品定价有时也有着深刻的甚至决定性的影响。市场营销管理者有必要在制定价格时充分了解和掌握消费者对自己产品的购买心理和能接受的价格。

八、最终定价

食品企业最终定价时还应考虑其他方面的要求。由于价格是关系到国家、企业和个人三者之间的物质利益的大事，牵涉各行各业和千家万户，与人们的物质生活息息相关。因此，国家在遵循价值规律的基础上往往还通过制定物价工作方针和各项政策、法规对价格进行管理或利用税收、金融、海关等手段间接地控制价格。

第二节 定价方法

企业的定价方法可分为成本导向、需求导向和竞争导向定价法三类。

一、成本导向定价法

成本导向定价法又可分为成本加成定价法、边际贡献定价法、投资回收定价法三类。

（一）成本加成定价法

成本加成定价法又称"完全成本定价法"，这是一种最常用的定价方法，即在单位成本的基础上，加上一定预期的利润来确定商品的价格的方法，见式（8-4）。

$$单位产品价格 = \frac{总成本 \times (1 + 加成率)}{销售量} \qquad (8-4)$$

【案例】某企业购进某种商品1100件，进货总成本为10000元，加成率为10%，运输和陈列展览损耗了100件商品，根据成本加成定价法，产品的单价是多少？

$$商品单价 = \frac{10000 \times (1 + 10\%)}{1100 - 100} = 11 元$$

在许多行业加成率是比较固定的。例如，美国，烟草制品的加成率是20%，书籍是34%，服装是41%。

这种定价方法的优点是：计算简便，因为估算企业的生产成本比较容易；对买卖双方都比较公平。缺点是：这是一种从企业而不是从市场出发的定价方法，它忽略了消费者的需求价格弹性因素和竞争者价格的因素。

（二）边际贡献定价法（变动成本定价法）

这是在"变动成本"的基础上加上一定的加成率来定价的方法，又称"边际贡献定价法"。"边际贡献"是指价格超过变动成本的部分，见式（8-5）。

$$单位产品价格 = 单位变动成本 + 单位边际贡献 \qquad (8-5)$$

【案例1】某企业生产某种产品，固定成本20万元，单位变动成本80元，如果采用高于产品单位成本的定价，则产品在市场上很难卖出去。现在企业采用边际贡献定价方法，如果定价100元，能出售5000件；定价110元，能出售2000件，分析该企业应该定价为100元还是110元。

【案例2】某企业生产一种产品，只用了生产能力的一半，产品的销售量为5000件，直接成本每件5元，管理费用每件2元，该产品售价为6.5元。现在企业又接到3000件的订单，这些产品将用经销商的品牌销售。经销商的报价为每件6元。问：公司应不应该接受这笔订单？除了经济因素外，公司还应该考虑哪些因素？

【分析】

A 不接受

销售	5000件（单价6.5元）	32500
扣除直接成本	5000件（直接成本5元）	25000
管理费用分摊		10000（5000×2）
亏损		−2500

B 接受

销售	3000件（单价6元）	18000
扣除直接成本	3000件（直接成本5元）	15000
毛利		3000

可见，不接受，企业亏损2500元；接受，可以获得500元的毛利。企业还有空闲的生产能力，所以从经济利益的角度考虑，应该接受。这里运用了边际贡献定价的思想，如果从完全成本的角度考虑，则报价低于企业的单位成本，似乎不能接受。

但如果出现如下一些因素，接受不接受就要考虑：
①中间商品牌有损于企业的品牌形象；
②用中间商品牌销售，使企业自己品牌的销售量减少；
③能得到更好的订单；
④闲置的生产能力能够用来生产另外一种商品。

【案例3】 某企业想给录像带新产品制定一个价格，企业经理估算了不同价格下的月销售量：

每月销售量	价格/美元
600 单位	7.50
700 单位	6.00
1000 单位	5.00

①如果每盒录像带的单位可变成本是4美元，哪种价格最佳？
②如果每盒录像带单位可变成本为1美元，哪种价格最佳？

假定该企业录像带的销售渠道和每一渠道成员的成本和售价如图，又假定企业的固定成本为24000美元，如果企业要自己搞销售，要增加20000美元销售成本。

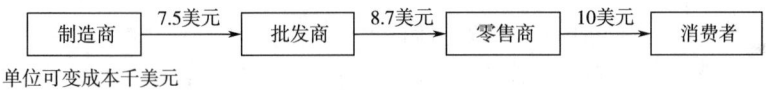
单位可变成本千美元

①企业以10美元一盒直接销售给消费者的盈亏平衡销售量是多少？
②企业通过批发商销售录像带的盈亏平衡销售量是多少？
③企业的销售量超过多少单位时，直接销售给消费者的利润才能大于通过批发商销售？

（三）投资回收定价法

它是企业为了确保按期回收投资，根据投资的费用数额、产品的数量和预期的回收期确定产品价格的方法。

二、需求导向的定价方法

需求导向定价法（value-based pricing）是指按照消费者对产品的认知价值来定价的方法。具体思路是：调查某产品消费者愿意支付的价格→估计中间商的加价和自己的利润→用消费者愿意支付的价格减去中间商的加价和自己的利润，得出产品的成本→按照这一成本生产产品。

这种方法体现了以顾客为中心的现代营销思想，但操作起来比较难。因为在这一环节中，估计消费者对某一产品的理解价值和愿意支付的价格是比较难的。

三、竞争导向的定价方法

竞争导向定价法又称"通行价格定价法",即按照市场上某种产品的通行价格来定价。这种方法的优点是可以避免挑起价格战,缺点是忽视了成本和消费者需求。

第三节 定价策略

定价策略是市场营销中一个十分关键的组成部分。价格通常是影响交易成败的重要因素,同时又是市场营销组合中最难以确定的因素。企业定价的目标是促进销售并从中获取利润。这要求企业既要考虑成本的补偿,又要考虑消费者对价格的接受能力,从而使定价策略具有买卖双方双向决策的特征。此外,价格还是市场营销组合中最灵活的因素,它可以对市场做出灵敏的反映。商品和服务的价格形式不仅受价值、成本和市场供求关系的影响,还受市场竞争程度和市场结构的制约。在完全竞争或垄断竞争的市场结构下,市场中有较多的生产经营者,其中的大多数企业无法控制市场价格。市场上同质商品的可选择性强,市场信息充分,市场经营者对市场信息的反应灵敏。为抢占市场份额企业纷纷采用多角度应对策略,市场经营者们会展开价格大战。

一、根据产品的市场生命周期制定价格策略

产品市场生命周期可分为介绍期、成长期、成熟期和衰退期。介绍期,新产品初涉市场,在技术性能上较老产品有明显优势,而在企业投入上却存在批量小、成本大、宣传费等期间费用高的劣势,该类企业定价决策时要考虑企业自身的竞争实力和新产品科技含量,若新产品具有高品质且不易模仿特点,则可选择撇脂定价策略,即高价策略产品打入市场并迅速收回投资成本;若新产品的需求弹性较大,低价可大大增加销售量,则可选择低价薄利多销的价格策略将产品打入市场同时迅速占领市场份额,以扩大销售量达到增加利润总额的目的。成长期的产品销量增加,市场竞争加剧,产品的性价比仍然保持优势,企业可根据自身的规模和市场的知名程度选择定价策略。规模大的知名企业可选择略有提高的价格策略,继续获取高额利润,而规模较小的企业则要考虑由于市场进入带来的价格竞争风险,应以实现预期利润为目标来选择目标价格策略。成熟期,市场需求趋于饱和,市场竞争趋于白热化状态,企业面临的是价格战的威胁。该阶段应选择竞争价格策略,即采用降价的方法达到抑制竞争、保持销量的目的。衰退期,产品面临被更优品质、性能的新型产品取代的危险,因而企业选择定价策略的指导思想是尽快销售,避免积压,可选择小幅逐渐降价,平稳过渡的价格策略,同时辅之以非价格手段。例如馈赠、奖励等促销方式,最大限度地保护企业利润不受损失;若产品技术更新程度高,则选择一次性大幅降价策略,迅速退出市场,但在运用降价策略时,要注意是否有损于知名品牌的企业形象。

二、选择定价策略的前提准备

企业在选择定价策略时,应具备必要的前提基础同时采用撇脂定价策略和略有提高的定

价策略。企业必须具备较高的技术能力和先进的技术水平，产品的质量应达到国内较高水平并得到目标顾客的认同。该类企业多属于资金、技术密集型企业或知名企业，属知名品牌的产品，其服务的顾客属中、高收入阶层，主要是满足消费者高品质生活及追逐名牌的心理需要。采用竞争价格策略的企业，特别是发动价格战的企业，要有一定的生产规模，一般认为生产能力达到整个市场容量的10%是一个临界点，达到这一顶点后企业的大幅降价行为就会对整个市场产生震撼性的影响，这一点也是企业形成规模经济的起点。企业运用竞争价格策略时，把握最佳的价格时机是至关重要的因素。如果行业内价格战在所难免，一般应率先下手，首发者较少的降价所取得的效果，跟进者需花较多降价才能取得。但是降价的幅度应与商品的需求弹性相适应，需求弹性大的商品，降价的幅度可大些，降价的损失可通过增加销量弥补，而需求弹性较小的商品，降价的幅度要小些，避免企业产品的总利润减少过多；对于规模小、市场份额少的劳动密集型企业，在有效竞争的市场结构下，通常采取跟进价格策略，主要通过挖掘自身潜力、降低成本来达到增加效益的目的。

三、价格策略分类

常见的六种定价策略：
折扣定价、心理定价、差别定价、地区定价、组合定价、新产品定价。
美国分类法：
竞争定价法、成本加成定价法、撇脂定价法、限制定价法、损失领导者定价法、市场导向定价法、渗透定价法、价格歧视定价法等。

（一）折扣定价

折扣定价可以分为现金折扣和数量折扣。数量折扣是指对购买量大的顾客给予的折扣，目的是鼓励大量购买。现金折扣是指对付现金的客户给予的折扣，其目的主要是鼓励支付现金。

（二）心理定价

1. 尾数定价

给商品的价格定一个有零头尾数，如饮料定价 2.9 元，而不定 3 元。这样会使消费者产生价格相对便宜和价格是经过精心计算的感觉。

2. 整数定价

这种技巧正好和尾数定价的思路相反，就是定个整数价格但是不留尾数。如把一套西装定为 500 元，而不定为 499 元。这种技巧主要是利用价格来提高商品的档次。

3. 声望定价

即定高价来提高产品的声望。消费者有"价高质必优"的心理，某些商品定高价反而吸引消费者购买。

4. 招徕定价

有意将几种产品的价格定的低于市价，以招徕顾客。

（三）差别定价

1. 地理差价

不同的地点定不同的价格。如饭店里的饮料比商店的饮料价格要高，这主要是由于不同地点需求价格弹性不同。

2. 时间差价

不同的时间定不同价格。如夜间长途，淡季的飞机票比平时价格要低，它可以鼓励消费者在这些时间多消费。

（四） 相关产品定价技巧

1. 互补产品定价技巧

互补产品是指必须和主体产品一起使用的产品，如剃须刀片、胶卷、计算机软件等。常见的技巧是，主体产品定低价，附属产品定高价。例如，相机定低价，胶卷定高价；吉列公司的刀架定低价，刀片定高价；游乐场门票定低价，食物、住宿定高价。

2. 分级定价技巧

分级定价技巧即企业将产品只分成几个大的档次，不分得过细的定价。如地铁、公交车的票价就是采取这种策略。运用这种技巧的目的主要是简化企业的订货、会计、库存等方面的手续。

3. 配套定价技巧

配套定价技巧即将一些有关的产品，搭配在一起定一个价格。如家具组合、礼品组合、化妆品组合等，这样可以方便顾客购买也有促销的作用。

思考题

1. 简述哪些因素可以影响企业对产品的定价？
2. 企业定价的三种基本方法是什么？并阐述其原理。
3. 简述产品的定价策略。
4. 举例说明零售商运用心理定价策略的依据。

[**案例**]

推销怪才巧定价格

吉诺·鲍洛奇是20世纪60、70年代的美国食品零售业大王,他的一生给我们留下了无数宝贵的商战传奇。

鲍洛奇的推销才干在他10岁那年就显露出来了。那时他还是个矿工家庭的穷孩子,他发现来矿区参观的游客们喜爱带些当地的东西作为纪念,他就拣了许多五颜六色的铁矿石向游客兜售,游客们果然争相购买。不料其他的孩子立即群起仿效,鲍洛奇灵机一动,把精心挑选的矿石装进小玻璃瓶,阳光之下,矿石发出绚丽的光泽,游客们简直爱不释手,鲍洛奇也乘机将价格提高了4倍。也许正是有这个有趣的经历,使鲍洛奇对销售与定价总有独到的理解,以致在他一生的商业生涯中,他都非常注意制订销售价格的艺术。

鲍洛奇认为,以降价促进销售、击垮竞争对手,是零售业中一种重要的销售手段,也是他常用的一种手段。但是,他绝不一味地降价促销。如果产品的品质的确比别人高;再者,有许多因素促使顾客购买某件商品,一件商品的定价与别人雷同,是不能吸引顾客的注意力的,哪怕定价稍高,若消费者体会出物有所值的道理,一样会竞相购买的。

鲍洛奇深知,优质高档产品所带来的利润是低档产品所无法比拟的,高档高价便会有高回报。所以,鲍洛奇绞尽脑汁,在怎样才能使顾客对其产品形成高档产品的形象上大做文章。

一方面,他在产品的品质和广告宣传上下功夫。鲍洛奇曾生产一种中国炒面,为了给人耳目一新的感觉,他在口味上大动脑筋,以浓烈的意大利调味品将炒面的味道调得非常刺激,形成了一种独特的中西结合的口味。生产出了优质的中国炒面。同时,使用一流的包装和新颖的广告展开大规模的宣传攻势,打出"中国炒面是三餐之后最高雅的享受"的口号,把中国炒面暗示成家庭财富和社会地位的象征。鲍洛奇这一做法相当成功。他把注意力主要集中在了大量中等收入的家庭上。他认为,中等收入的人家,一般都讲究面子,他们买东西固然希望质优价廉,但只要有特色,哪怕价钱贵一些,他们也认为物有所值,他们是中国食品生意的主要对象。所以针对他们的心理,鲍洛奇在包装和宣传上花了很多精力。果然不出所料,中等家庭的主妇们皆以选购中国炒面为荣,尽管鲍洛奇的定价很高,她们依然不以为贵。

另一方面,鲍洛奇很会揣摩顾客的心理,常利用较高的价格吸引顾客的注意力。由于新产品投放市场之初,消费者对这种相当高价格商品的品质充满了好奇,很容易就激发了他们的购买欲,并且,一种产品的定价较高,可以为其他产品的定价腾出灵活的空间,企业就总能占据主动。当然,这一切都是建立在产品的品质的确不同凡响的基础上的。有一次,鲍洛奇生产的一种蔬菜罐头上市的时候,由于别的厂商同类产品的价格几乎全在每罐5角钱以下,所以公司的营销人员建议将价格定在4角7分到4角8分。但鲍洛奇却将价格定在5角9分,一下子提高了20%。鲍洛奇向销售的人员解释说,5角钱以下的类似商品已经非常之多,顾客们已经根本感觉不到每一种商品有什么特别,并在心理上潜意识地认为它们都是平庸的产品。如果价格在4角9分。顾客自然会将之划入平庸之列，而且还认为你的价格已尽可能地定高（已最接近5角），你已经占尽了便宜，甚至产生一种受欺诈的感觉；若你的产品定价5角钱以上，立即就会被顾客划入不同凡响的高级货一类，定价至5角9分，既给人感觉与普通货的价格有明显差别，从而品质也有明显差别，还给人感觉这是高级货中不能再低的价格了，从而使顾客觉得厂商很关照他们，顾客反而觉得自己占了便宜。经鲍洛奇这么一解释，大家恍然大悟，但总还有些将信将疑。后来在实际销售中，鲍洛奇掀起了一场大规模促销行动，口号就是"让一分利给顾客"于是更加强化了顾客的心理感觉，蔬菜罐头的销售大获全胜。这5角9分的高价非但没有吓走顾客，反倒诱惑了顾客选购的欲望，公司的营销人员不得不佩服鲍洛奇的营销能力。

后来，随着鲍洛奇经营中国食品的成功，效仿者日益增多，这已对鲍洛奇的高价策略形成了严重威胁。即使这样，鲍洛奇也决不轻易降低产品的价格。道理很简单，如果商品价格总是下降，谁还敢抢先购买这种产品呢？而且，高价商品降到低价商品的价格，在消费者心中还有什么信誉？顾客会有一种被欺诈的感觉。一旦处于该产品积压的不利情况，许多平庸的商人都会选择降价推销的老套路，但鲍洛奇决不轻易如此，降低价格似乎永远不属于他思考的范畴。那么，如何处理积压产品呢？他采取赠送奖券、发放纪念品等形式，将产品堂而皇之地馈赠顾客。这样，既吸引了顾客，又保护了产品的定价。鲍洛奇的这种做法维护了自己的产品声誉，并为公司以后的发展留下了后路，是似拙实巧的一步妙棋。合理地运用定价艺术，使他在竞争中获得了相当大的主动权。

鲍洛奇是个不折不扣的推销天才，在他看来，推销根本就是一门艺术。以下一个小例子可以进一步说明这位天才是如何善于用心，一次，鲍洛奇销售一种冷门的豌豆罐头，他把许多老客户请到自己的办公室。大家一进门，见办公室里人来人往，忙碌的搬运工人进进出出地搬动豌豆罐头，各家公司的代表正在与鲍洛奇大声地争吵。当然这是事先安排好的。鲍洛奇挥舞手中的订单站在办公桌上大声地叫喊取货人名字。这些老客户正在犹豫不定之际，又听到其他人正纷纷议论马上就要涨价的消息。老客户们这才恍然大悟，随之也加入抢购的人群。就这样，不到一天，300箱豌豆一抢而空，价钱比平常的时候还要高出一截，正好应验了涨价的传言。所有的一切在鲍洛奇的精心安排下，滴水不漏，天衣无缝。

资料来源：朱华. 市场营销案例精选精析［M］. 北京：经济管理出版社，2000.

案例分析题

1. 鲍洛奇将产品价格定高的基础是什么？
2. 鲍洛奇是如何使用撇脂策略的？
3. 鲍洛奇为什么不轻易降价？

第九章 食品营销的销售渠道策略

销售渠道是指某种产品从生产者向消费者或用户转移过程中所经过的一切取得所有权的商业组织和个人的手段,即产品所有权转移过程中所经过的各个环节连接起来形成的通道。销售渠道是指产品从生产者向消费者转移所经过的通道或途径,它是由一系列相互依赖的组织机构组成的商业机构。即产品由生产者到用户的流通过程中所经历的各个环节连接起来形成的通道。销售渠道的起点是生产者,终点是用户,中间环节包括各种批发商、零售商、商业服务机构(如经纪人、交易市场等)。

食品营销渠道是指食品企业的产品(或劳务)从生产者向最终食品消费者或者工业用户直接转移所有权时所经过的路线、途径或流转通道,是连接食品生产和食品消费之间的桥梁和纽带。它包含两个方面的内容:一方面是把产品从食品生产者转售给食品消费者的中间经营环节或经营机构,如食品批发商、食品代理商、食品零售商、食品经纪人等食品分销机构和食品企业自己的销售机构等,即食品分销;另一方面是产品实体从食品生产者手中运送到食品消费者手中的运输和存储过程,即物流。分销和物流相结合便完成了食品企业产品的所有权和实体的转移,共同完成了食品营销渠道的任务。

第一节 销售渠道模式及发展态势

在现代社会市场经济制度下,企业大多采用渠道营销作为主要营销模式。渠道的选择直接影响其营销策略。但是随着市场环境的日益变化,传统的渠道模式已经不能适应新形势的需要,企业需要根据自身的发展状况,以及行业市场的激烈竞争来不断调整渠道模式,以使企业的销售量持续增长,促进企业快速发展。营销渠道是连接生产者与最终用户之间的纽带,作为市场营销的基本要素之一,对于企业发展战略建设起着至关重要的作用。

一、销售渠道模式

传统模式下的企业营销渠道是:厂商—总经销商—二级批发商—三级批发商—零售商—消费者。这一市场渠道存在严重缺陷,其厂商和最终用户之间包含的中间销售机构的层次较多,这将直接影响消费者的权益,为了改变其模式,使厂家与消费者更直接、更便捷地交流沟通,采用"零级渠道""一级渠道"模式,从而使厂商的业务及市场开拓面变宽,深入了解用户需求,更好把握整体渠道市场格局和动态。

二、企业营销渠道的发展态势

从企业开始派驻自己的销售人员时,就开始了自己的渠道建设工作。从简单的人员推销,到办事处的建立,到全程渠道管理,乃至销售分公司,随着一个公司销售规模的扩大,销售渠道工作管理的完善,对销售渠道的整合、销售能力、效率也提出了越来越多的要求。一般在不同的时期,面对不同的市场环境,采取了不同的渠道政策。目前,企业营销渠道模式呈现出以下几种发展趋势。

直接营销渠道的重要性日益加强。随着现代型企业的不断涌现,很多企业的产品都有自己的优势,包括专业性、技术含量等方面。由于产品技术越来越复杂,中间商就很难为消费者提供较好的售后服务,例如:产品安装、操作指导等。只能厂商与客户直接交涉沟通,这就要求使用直接营销渠道。另外,在激烈的市场竞争下,企业希望能够收集到更多的市场信息,把握产品策略,从而有利于产品的营销及推广。而中间商经营产品种类繁多,很难针对某个企业的产品进行推荐宣传,客户对产品的评价信息也不能及时反馈,所以有些企业为了弥补这一缺陷,就承担起了产品分销的工作。

加强营销渠道的整合。传统营销渠道系统中,渠道成员之间都是以各自的利益为出发点,独立完成各自的职能。其存在的关系只是纯粹的买卖关系,而很少重视相互间的交流合作。随着市场环境的变化,要想适应其发展,使渠道能够高效运作,提高各自的经济效益,就必须加强成员之间的协调统一,促进垂直营销渠道模式的发展。在这种新型整合的营销渠道下,厂商、批发商和零售商就要联合成一体,由以前的"你、我"关系转变为"我们"的关系,从以前的交易型活动方式转变成伙伴型活动方式。这样大家都以渠道系统的利益最大化为目标,联合在一起营销,将会提高其经济效益,提升行业地位,也是今后渠道发展的重要方向。

加强直接零售的短渠道营销模式。目前,厂商为了其产品能够更好地打入并深入拓宽市场,积极创造营销条件,也希望能够掌握更丰富的市场信息,以便厂商及时了解顾客的需求,这就需要厂商与消费者直接沟通。但是,对于一些大型的、产品多样化的厂商来说,其客户群体很多,如果直接与消费者进行营销不切实际。因此,企业就采取减少渠道营销环节,缩短渠道,绕过批发商直接供应零售商,既可以让零售商获得更多的经济效益,同时自己也能获得直销的好处。随着中间批发商与零售商的分工界限的淡化,缩短渠道成为可能,但是对于批发商来说,地位逐渐下降,其经营方式与零售商趋近相似。

零售终端实力增强,大型零售企业积极争夺市场主导地位。随着人民生活水平的日益提高,购买力的增强促使零售企业规模日益扩大,其竞争实力也逐渐提高。零售商绕过批发商,享受厂商的优惠价格销售产品,同时也将与厂商进行价格战,来尽可能获得更大的利润价值,还能够利用其企业实力及声望拓宽市场,与厂商争夺市场支配地位。

电子营销渠道成为渠道营销的创新方式。随着信息技术时代的到来,电子营销渠道成为主流渠道,其主要是指利用简单、快捷的电子通信方式使厂家与商家通过互联网进行商务活动。与传统渠道方式相比,电子商务具有营销效率高、费用低等特点,也能够使营销市场无限化,营销方式具有多样性、开放性。企业通过电子商务的平台缩短了生产者与消费者之间的距离，节省了商品流通中经历的诸多环节，从而降低产品价格，对消费者也是一种极大的优惠手段，其空间开放性又打破传统营销手段的局限性，从而使企业的渠道营销方式进入了一个新的阶段。

三、现代企业营销渠道模式的选择与构建

随着企业营销渠道的发展变化，从形式上向"短化"和"宽化"发展，使渠道成员的关系趋于整合，其功能趋于丰富，管理水平有了一个新的提高。因此，我国企业为了适应营销渠道的发展趋势遵循以下原则，从而更好地把握其发展方向。

（1）渠道成员关系战略化——垂直型市场营销渠道模式的构建　垂直型市场营销渠道是实现专业化管理和集中控制的网络构造，其中一个渠道成员拥有其他成员的所有权，大多数是生产者占主导地位。事先规定好要实现的经济效益，从而使生产者和经销者一体化经营，消除各渠道成员为追求各自的利益而造成冲突。这样，通过协同合作，生产者与中间商双方共同提高市场营销网络的运作效率，减少其中的复杂运作环节，获得更大的利润。

（2）营销渠道多极化——多极型市场营销渠道的模式建立　多极型市场营销渠道是指企业建立两条或者更多的分销渠道来获取更多消费者市场信息，而传统的生产者只通过一条渠道来获取销售产品，营销渠道属于单极化。但是随着市场经济制度的日趋完善，涌现出越来越多的企业，为了赢得更多的客户资源，一些企业采取了多极型市场营销渠道。这样对生产者来说，提高了市场覆盖率，降低了渠道成本，同时也能够获取更大的利润价值，何乐而不为？

（3）中小企业营销渠道的新选择——中间商为主导的渠道模式构建　垂直型渠道和多极型渠道的建设，都是以生产者为主导的营销渠道，这就需要企业有较强的实力和完善的管理水平、雄厚的资金以及高质量的产品系列，才能保证渠道营销正常运转。而大多数中小企业产品较单一，资金基础薄弱，对于渠道经营资金成本占用比重大的产品无法有效、较好地营销，如果企业把营销渠道的主导地位转移给中间商，产品营销的主要任务交给实力较强、信誉度较高的中间商代理负责，就可以通过其实力提升自己的品牌，同时企业也可以将重心转移到产品的质量和新技术的研发上来，将资金投入到生产领域，从而使企业从自身提高经济实力。这样，生产商和中间商就可以分工合作，各行其责，达到双赢的效果。

（4）营销渠道的革命——电子商务的兴起　虽然我国企业的电子商务业务水平存在一定的局限性。例如，受物流配送系统及安全保障体系等因素的制约，但是企业已经在最大限度缩短新产品由销售到形成现金流的时间，减少了各个组织层次的运作，同时全方位通过信息传递产品本身及售后服务内容等，便捷、有效地完成商品的营销过程。

总之，现阶段我国企业的营销渠道构建处于一个发展建设的关键时期，应该从整体上把握好其可操作性。企业营销渠道的建设受到市场因素、环境因素等诸多因素的制约，所以要在宏观上进行整体规划，使其可以适应我国市场经济体制的发展，创造更多的市场价值。

第二节　中间商及其在食品分销中的作用

中间商是指在制造商与消费者之间进行"专门媒介商品交换"的经济组织或个人。中间商可以按照不同的标准进行分类，按照中间商是否拥有商品所有权可将其划分为经销商和代理商；按照销售对象的不同，中间商可分为批发商和零售商。

一、批发商

批发商一头连接生产者，一头连接零售商或其他转卖者及用户。

批发商的类型：批发商可以分为商人批发商、代理批发商、制造商的销售代理机构以及零售商的采购办事处等类型。

代理批发商的特征有以下几点：

（1）代理批发商具有法人地位，是独立经营的商业组织。代理商与制造商是平等互惠的伙伴关系，不存在隶属关系。

（2）代理商开展业务只是在被代理人委托下进行的，因此它不是独立的。

（3）代理商所从事的业务总是在一定的处所或一定的区域范围内进行，即代理商的权利有一定的空间范围。

（4）代理商在指定期限内只能销售其代理的商品，而不能再销售其他有竞争性的商品。但是，代理商仍然可以自由经营或代理与其代理的制造商没有竞争关系的其他相关商品。

（5）代理商也是一种中间性质的商业，它具有中间商的共同特征，即自身不拥有商品所有权。所以代理商对它所代理销售或采购的商品一般不具有法律上的所有权。代理商只是作为代理人执行业务，不能对所代理销售或采购的商品进行业务之外的活动。例如：加工、包装、储存、拆散、分装等。

（6）代理商的主要职责是促成交易，而不是去签订交易协议，完成商品交割。

（7）代理商必须严格执行制造商的商品定价。一般而言，制造商为了开拓新市场，保留现有市场，提高商品竞争力，会对其商品有科学并且合理的定价——对其商品定一个最高销售价，或按最高销售价定一个指导价，那种完全由销售商定价的情况并不多见。因此，对代理商而言，严格执行制造商的定价是代理制的一项重要原则。所以，代理商不能随行就市或任意定价。

（8）代理商按销售额或采购额的固定百分比提取。一般情况下，代理商不用承担，其条件是必须严格执行制造商的商品定价，而在销售过程中产生的费用则需自理。但在某些情况下，如制造商想在该区域打开商品销路，会进行一些商品活动，如进行广告宣传等，这部分费用一般需要制造商受理。

二、零售商

零售是直接为最终消费者服务的交易行为，是向所有最终消费者直接销售产品和服务，用于个人及非商业性用途的活动。零售商在流通领域处于最后阶段。

（一） 零售商的类型

（1）按零售活动是否依托于店铺展开，分为店铺销售与无店铺销售。

（2）无店铺销售又分为直付零售（包括邮购、电视购物、电话购物等）、直接销售、自动售货、购物服务公司等。

（3）店铺销售又分为商店零售商、百货商店、超级市场、方便商店、折扣商店、仓储商店、目录陈列室等。

（二） 百货商店的特征

（1）以白领女士为目标顾客，而不是以所有人为目标顾客。

（2）重点满足目标顾客对一部分选购品的需要，而不是所有的需要。

（3）以差异化经营为特色形象，进行专业化和连锁化发展。

（4）为了实现规模效应，大多走向多店铺的连锁化之路。

（三） 超级市场的特征

（1）超级市场规格统一。超级市场的商品均事先以机械化的包装方式，分门别类地按一定的重量和规格包装好，并分别摆放在货架上，明码标价，顾客实行自我服务，可以随意挑选。

（2）超级市场广泛使用电子计算机和其他现代化设备，便于管理人员迅速了解销售情况，及时保存、整理和包装商品，自动标价、计价等。因此提高了工作效率，扩大了销售数量。

（3）超级市场内的商品品种齐全，挑选方便。人们可以在一个商场内购买到日常生活所需的绝大部分商品，免除了许多麻烦。自动标价、计价、结算效率高，也节省了顾客的时间。并且由于商场的经营效益好，降低了成本，因此商品的价格也相对较低廉，受到广大顾客的欢迎。

（四） 折扣商店的特征

品牌折扣店一般采用小规模、自助服务的方式运作，经营面积一般在 $200\sim500m^2$，店面设在中低收入的居民区。商品种类主要是家庭日常生活用品，店面很少装潢，其货架较低，销售采用现购自运的方式，用最低的价格提供质量优良的产品。

三、 店面经营特征

（一） 经营范围

店面开设在社区周围，目标客户以工薪阶层、中等收入的社区居民为核心。由于我国经济发展水平的限制和生活习惯的原因，在较高档的社区也会有一定的市场。经营的商品包括中档日用基本消费品、便利品和生鲜食品。

（二） 竞争优势

店面的基本战略定位是低价和便利。低廉的产品价格是竞争的立足点，要求折扣店能够从各个方面降低管理成本，包括商品的采购、存储、流通、店内陈列和销售等各个环节。另外，靠近居民区的选址，远离商业中心，既意味着可以压缩店面租金成本，又意味着巨大的地缘优势。

（三） 方便商店的特征

（1）距离的便利性　位于居民区附近，便利店与超市相比在距离上更靠近消费者，一般情况下，步行 5~10min 便可到达。

（2）购物的便利性　便利店商品突出的是及时性消费，小容量，急需性等特性。与超市相比，便利店的卖场面积小（50~200m^2），商品种类少而且商品陈列简单明了，货架比超市的要低，使顾客能在最短的时间内找到所需的商品。实行进出口统一的服务台收款方式，避免了超市结账排队的现象。

（3）时间的便利性　为消费者提供"anytime"式的购物方式。

（4）服务的便利性　提供多层次的服务，例如：速递、发传真、复印、代收公用事业费、代售邮票、代订车票和飞机票等，销售各类书报杂志和非处方常用药，彩色冲印甚至代办银行业务等。

第三节　销售渠道的选择与管理

企业选择什么样的销售渠道主要决定于：产品特点、企业特点、用户特点、中间商特点、市场表现及外部环境。生产企业对影响销售渠道选择的因素进行研究分析以后，要结合企业自身的特点和要求，对各种销售渠道的销售量、费用开支、服务质量，进行反复比较，找出最佳销售渠道。成熟的销售渠道能够使每一个愿意或希望购买商品的消费者能够快速方便地买到商品。良好的管理渠道对销售有良好的促进作用，有利于市场的拓展，从而实现销售拓展的最大化。而不成功的渠道政策，就浪费消费者对自己产品的需求，束缚销售的增长。不同时期，根据品牌的拓展程度和企业的财务状况，采取不同的销售渠道管理模式。中国的许多企业，依靠广告策略的成功而实现了产品销售和品牌知名度的迅速发展，但是往往没有后劲，经常因为销售渠道的管理出现问题。

一、销售渠道的选择

（一）选择原则

1. 目标差异化原则

生产者在利用营销渠道进行销售时，必然会遇到与中间商目标不一致的问题，比如说中间商不能有效地配合生产商的整体营销战略。因此，生产者有必要对这种客观存在的差异进行评价，要准确把握这种分歧是否会影响到企业的长远利益。如果中间商是在积极合作的前提下追求自身利益的最大化，这是可以接受的，如果与生产商的目标悬殊，甚至抵触，就需要及时进行调整。

2. 利益性原则

从成本与收益的角度对不同的分销渠道进行整体评价。首先需要推算营销渠道的成本水平。例如，针对是采用本公司的销售人员还是采用销售代理商的问题。企业的选择是：销售量达到某一企业确定的标准时，可以采用销售代理商，因为销售代理商已建立了健全的网络，容易与客户接触，单位产品均摊的分销费用低。如果销售量无法达到企业规定的某一标准时，就要考虑是否组建自己的销售队伍。因为，大规模的销售足以为企业带来良好的利润回报。

3. 弹性原则

企业营销渠道的选择应具有弹性。生产商一旦与中间商签订了有关销售代理的协议后，相互之间就会受到一定的制约，从而影响企业在情况发生一定变化时调整营销渠道策略。因此，生产商在确定分销渠道策略时，应尽量留有余地，这样可以在必要的时候对其进行调整。

（二）选择标准

1. 结合企业自身情况

企业在选择分销渠道模式时，为了争取在市场中处于优势地位，要注意结合企业自身的多方位优势，将分销渠道模式的设计与企业的产品策略、价格策略、促销策略结合起来，增强营销策略的组合优势。在渠道选择中，仅考虑加快速度、降低费用是不够的，还要考虑渠道的产品配送能力，考虑产品能不能及时准确地销售出去，考虑市场占有率是否足以覆盖目标市场等。如果不站在企业的这些实际情况下进行选择，一味强调降低分销成本，可能导致销售量下降、市场覆盖率的不足。

2. 逆向思考渠道设计的可行性

消费者是企业、渠道、终端整个通路的最后一个环节。渠道作为整个环节中间链接的纽带，可行性是渠道设计的重要原则之一。畅通的分销渠道是以消费者需求为导向，将产品尽快、尽好、尽早地通过最短的路线，以尽可能优惠的价格送达消费者方便购买的地点。畅通高效的分销渠道模式，不仅要让消费者能够在适当的地点、时间以合理的价格买到满意的商品，而且还能够提高企业的分销效率，争取降低分销费用，以尽可能低的分销成本，获得最大的经济效益，赢得竞争的时间和价格优势。所以，站在消费者的角度逆向思考渠道问题，将会极大限度地提升渠道设计的可执行性，推动企业产品的快速流通。

3. 具备可操作性

企业的分销渠道模式一经确定，便需花费大量的人力、物力、财力去建立和巩固，整个过程往往复杂而缓慢，因此，企业选择的渠道一定要具备可操作性。不管企业采用的是直销还是分销，无论企业在设计、创新何种渠道模式，都需要与市场现实进行对接，保障渠道设计的可操作性。否则，很难实现市场的全面进展。

4. 注重渠道的可控制性

在市场中，影响分销渠道的各种因素总是在不断变化。在这种情况下，需要分销渠道具有一定的调整功能，以适应市场种种不可预知的变化，保持渠道的适应力和生命力。渠道调整时应综合考虑各个因素的协调，使渠道始终都在可控制的范围内保持基本的稳定状态。与此同时，企业在选择、管理分销渠道时，不能只追求自身的效益最大化而忽略其他渠道成员的利益，应合理设计各个成员间的利益关系。渠道成员之间存在着合作、冲突、竞争的关系，渠道的领导者对此要有一定的控制能力，统一、协调、有效地引导渠道成员充分合作，鼓励渠道成员之间有益的竞争，减少冲突发生的可能性，解决矛盾，确保总体目标的实现。

二、销售渠道的管理

在进行渠道管理时，激励是指企业为培养渠道成员在实施企业的分销目标时相互协作而采取的行动。首先，渠道管理者应该找出渠道成员的需求与问题。其次，根据渠道成员的需求与问题提供相应的支持。

在渠道经理能够成功地激励渠道成员之前，必须尽可能从渠道关系中了解成员的需求。中间商的需求与所面临的问题可能与企业所想的完全不同，渠道经理不能只在办公室里凭空想象。实际上，中间商的需求与问题同企业想象中有相当大的差距，这是因为中间商他们并不认为自己是企业销售渠道环节中的一员，中间商首先是其顾客的购买代理，其次才是企业的销售代理，其兴趣是销售顾客希望从他们那儿购买到的商品。因此企业不应只从自身的角度来判定中间商的需求与问题，而应该多站在中间商的角度来思考，加强与中间商的沟通与交流，力争全面了解成员的需求与问题。在理想状况下，每一个销售渠道的信息流可以为企业提供所有有关渠道成员的需求及问题的必要信息。由于信息的产生有很多来源，包括渠道的信息流，所以一般人们不会认为有重要的信息遗漏。但事实上，大部分营销渠道信息交流系统并未通过正式的计划及详细的构造来提供全面及时的信息流。渠道经理不能仅依靠现有的信息交流系统来获取有关渠道成员的需求与问题。他们应当走出常规系统，利用一些其他的方法来获取渠道成员的需求与问题。如利用外部机构对成员进行研究，对营销渠道进行审计，设立经销商顾问委员会来加强企业与成员之间的日常沟通与交流等。为了取得良好的激励效果，激励必须遵循以下几个原则：

（一） 物质利益原则

马克思主义认为，人具有自然属性，是自然界的产物，又主宰自然界，人的需求是以物质需求为基础的，应给予激励对象合理的物质报酬。

（二） 公平原则

公平原则要求组织在实施激励时，首先应做到组织内部公平，即个人的所得与付出相匹配，与组织内其他成员相协调；同时，组织还应尽可能从更广泛的领域和范围追求激励中的社会公平。

（三） 差异化原则

激励中的公平性并非要求对所有的激励对象一视同仁，而是针对具体的人和事，按贡献大小，重要性强弱和其他因素的综合标准，共同决定实施何种激励方案，体现出因人、因事而异的多样性和灵活性。

（四） 经济性原则

经济性原则是指实施有效的激励，要将激励的成本和有可能取得的激励收效结合起来，要有利于成本节约、组织效能和活动效率的提高。

三、 经销商的激励

激励方式可分为直接激励和间接激励。直接激励是指通过给予渠道成员物质或金钱的奖励来激发其积极性，从而实现公司的销售目标。间接激励是指通过帮助渠道成员进行销售管理，以提高销售的效率和效果来激发渠道成员的积极性和销售热情的一种激励手段。直接激励方式，对于经销商主要有以下几种方式：

一是过程返利。这是一种直接管理销售过程的激励方式，其目的是通过考察市场运作的规范性以确保市场的健康发展。

二是销量返利。这是为直接刺激渠道成员的进货力度而设立的一种奖励，其目的在于提高销售量和利润。

四、销售人员激励

销售人员的激励方式主要有以下几种:

(一) 理想、目标激励

理想激励是通过教育和影响等方式,使员工树立远大理想,并为实现理想而自觉努力和不断奋斗。大多数人都有成功的需要,希望不断获得成功,成功的标志之一便是实现预定的目标。

(二) 组织制度

组织激励是指运用组织责任和权利对员工进行激励。行为科学研究表明,大多数人都愿意承担责任,希望有自我控制的权利。因此,在实际工作中,应创造条件开展民主管理,并尽可能吸收员工参与决策。组织的多项规章制度,一般都与一定的物质利益相联系,对员工的消极行为具有约束作用。但另一方面,规章制度为员工提供了行为规范和社会评价标准,与员工的自我肯定、社会舆论的认可相联系,具有综合的激励作用。

(三) 物质利益和荣誉激励

在管理中遵循物质利益的原则,并不是只注重对员工物质需要的满足。有效的激励,应该是物质激励和精神激励相结合的"同步激励"。物质利益是最基本的激励。荣誉激励是给优秀员工以表扬、光荣称号、象征荣誉的奖品、奖章等。这是对员工贡献的公开承认,可以满足人的自尊需要,从而达到激励目的。

五、渠道管理中存在的问题及对策

(一) 渠道不统一引发厂商之间的矛盾

企业应该解决由于市场狭小造成的企业和中间商之间所发生的冲突,统一企业的渠道政策,使服务标准规范,比如有些厂家为了迅速打开市场,在产品开拓初期就选择两家或两家以上总代理,由于两家总代理之间常会进行恶性的价格竞争,因此往往会出现虽然品牌知名度很高,但市场拓展状况却非常不理想的局面。当然,厂商关系也需要管理,如应该加强巡查防止窜货,也应该加强培训防止倒货,建立奖惩措施,通过人性化管理和制度化管理的有效结合,从而培育最适合企业发展的厂商关系。

(二) 渠道冗长造成管理难度加大

应该缩短货物到达消费者的时间,减少环节,降低产品的损耗,厂家有效掌握终端市场供求关系,减少企业利润被分流的可能性。在这方面海尔的海外营销渠道可供借鉴:海尔直接利用国外经销商现有的销售和服务网络,缩短了渠道链条,减少了渠道环节,极大地降低了渠道建设成本。现在海尔在几十个国家建立了庞大的经销网络,拥有近万个营销点,海尔的各种产品可以随时在任何国家畅通的流动。

(三) 渠道覆盖面过广

厂家必须有足够的资源和能力去关注每个区域的运作,尽量提高渠道管理水平,积极应对竞争对手,并对薄弱环节进行重点进攻。比如海尔与经销商、代理商合作的方式主要有店中店和专卖店,这是海尔营销渠道中颇具特色的两种形式。海尔将国内城市按规模分为五个等级,即一级是省会城市、二级是一般城市、三级是县级市及地区、四级和五级是乡镇和农村。在一、二级市场上以店中店、海尔产品专柜为主，原则上不设专卖店，在三级市场和部分二级市场建立专卖店，四、五级网络是二、三级销售渠道的延伸，主要面对农村市场。同时，海尔鼓励各个零售商主动开拓网点。

（四）企业对中间商的选择缺乏标准

在选择中间商的时候，不能过分强调经销商的实力，而忽视了很多容易发生的问题，比如实力大的经销商同时也会经营竞争品牌，并以此作为讨价还价的筹码。实力大的经销商不会花很大精力去销售一个小品牌，厂家可能会失去对产品销售的控制权等。厂商关系应该与企业发展战略匹配，不同的厂家应该对应不同的经销商。对于知名度不高实力不强的公司，应该在市场开拓初期进行经销商选择和培育，既建立利益关联，又有情感关联和文化认同。对于拥有知名品牌的大企业，有一整套帮助经销商提高的做法，使经销商可以在市场竞争中脱颖而出，可令经销商对企业产生忠诚感。另外其产品经营的低风险性以及较高的利润，都促使二者形成合作伙伴关系。总之，选择渠道成员应该有一定的标准：如经营规模、管理水平、经营理念、对新生事物的接受程度、合作精神、对顾客的服务水平、其下游客户的数量以及发展潜力等。

（五）企业不能很好地掌控并管理终端

有些企业自己经营了一部分终端市场，抢了二级批发商和经销商的生意，使其销量减少，逐渐对本企业的产品失去经营信心，同时他们会加大对竞争品的经销量，造成传统渠道堵塞。如果市场操作不当，整个渠道会因为动力不足而瘫痪。在"渠道为王"的今天，企业越来越感受到渠道里的压力，如何利用渠道里的资源优势，如何管理经销商，就成了决胜终端的关键。

（六）忽略渠道的后续管理

很多企业误认为渠道建成后可以一劳永逸，不注意与渠道成员的感情沟通与交流，从而出现了很多问题。因为从整体情况而言，影响渠道发展的因素众多，如产品、竞争结构、行业发展、经销商能力、消费者行为等，渠道建成后，仍要根据市场的发展状况不断加以调整，否则就会出现大问题。

（七）盲目自建网络

很多企业特别是一些中小企业不顾实际情况，一定要自建销售网络，但是由于专业化程度不高，致使渠道效率低下。由于网络太大反应缓慢，管理成本较高，人员开支、行政费用、广告费用、推广费用、仓储配送费用巨大，给企业造成了很大的经济损失。特别是在一级城市，厂家自建渠道更要慎重考虑。厂家自建渠道必须具备的一定条件：高度的品牌号召力、影响力和相当的企业实力，稳定的消费群体、市场销量和企业利润。例如，格力已经成为行业领导品牌，其具有相当的品牌认可度和稳定的消费群体，经历了一定的前期市场积累，已经具备了相对成熟的管理模式等。另外，自建渠道的关键是必须讲究规模经济，必须达到一定的规模，厂家才能实现整个配送和营运的成本最低化。

（八）新产品上市的渠道选择混乱

任何一个新产品的成功入市，都必须最大限度地发挥渠道的力量，特别是与经销商的紧密合作。如何选择一家理想的经销商呢？笔者认为经销商应该与厂家有相同的经营目标和营销理念，从实力上讲经销商要有较强的配送能力，良好的信誉，有较强的服务意识、终端管理能力。特别是在同一个经营类别当中，经销商要经销独家品牌，没有与之产品及价位相冲突的同类品牌。同时经销商要有较强的资金实力，固定的分销网络等。总之，在现代营销环境下，经销商经过多年的市场历练，已经开始转型、成熟，对渠道的话语权意识也逐步得以加强。所以，企业在推广新品上市的过程中，应该重新评价和选择经销商：一是对现有的经销商，大力强化网络拓展能力和市场操作能力，新产品交其代理后，厂家对其全力扶持并培训；二是对没有改造价值的经销商，坚决予以更换；三是对于实力较强的二级分销商，则可委托其代理新产品。

> 思考题
>
> 1. 什么是销售渠道？企业为什么要建立销售渠道？
> 2. 批发商的类型有几种？批发商与零售商在功能上有什么不同？
> 3. 影响销售渠道选择的因素有哪些？
> 4. 食品企业如何进行销售渠道的管理？
> 5. 举例说出食品企业销售渠道管理中存在的问题及其相应的解决方法。

[专栏]

有机水稻的销售渠道策略

随着人们对健康越来越重视，有机农业也获得了飞速的发展。我国农业发展速度飞快，是名副其实的粮食生产大国和消费大国。现在，国内国外有机大米都可选择各种销售渠道进入市场，不同的销售渠道最终会到达不同的消费者面前，这样的差别也让消费者有了更广阔的选择空间。一般传统的销售渠道就是通过不同形式的中间商最后到达不同类型的零售商手中，当然对于有机产品来说，超市是其主要的销售地点，这与产品本身的特质有关。要保障有机产品的产业链完整健康就必须先保证有一个高效有序的市场体系，当然这样的市场体系关系到这个行业的发展基础。有机农产品在消费者心中的定位是高品质、高营养、高价值，所以，基于消费者心目中的市场定位，企业就应该选择合适的渠道来销售产品，这样才能够有利于产品本身的更高发展。

1. 地产地销，就近直销模式

这是一种最为普通的销售方式，消费者可以从有机农产品的种植基地开设的商店直接购买产品，也可以通过打电话的方式购买，然后相关负责人员直接送货上门。这样的销售渠道跳过烦琐的中间环节，减少了物流成本，而且可以更好地控制有机农产品的产品质量，防止中间商出现以次充好的现象，让消费者可以吃上放心粮，对基地也就更加信任。这样的销售方式有：德国的"星期集市"；日本的 Teikei 形式；美国的"社区支持型农业"等。这样的销售渠道可以使农产品在小范围区域内有一定的口碑效应，销量提高，但是在一定程度上限制了有机产品的向外延伸，不利于大公司产品销路的扩张。

2. 天然食品和健康食品商店

天然食品和健康食品商店的形式是现在有机农产品的主要发展方式，他们一般具有两个主要的特点。第一，这样的销售渠道开始早，发展快，并慢慢在邮寄食品零售业中占据主要地位。在近几年的发展过程中，吉林省各城市也在学习这样的方式发展自己的有机农业，建立属于自己的有机食品专卖店，形成自己的品牌，也不断发展自己的邮寄业务。第二，这样的发展方式具有良好的组织，可以指定一套完善的监督体系来保障自己的产品质量，更好地打造自己的品牌，同时也更好地服务消费者。

3. 销售龙头企业带动流通模式

现在许多有机农产品公司的规模变得越来越大，这就造成企业生产的产品除了满足当地消费者的需求之外，还有很大部分的剩余，这部分剩余就需要更大的市场来消化。在这样的市场背景下，销售龙头企业带动流通模式就出现了。这样的模式就适用于生产地和消费者距离较远的企业，比如，吉林省生产的有机农产品需要送到东南沿海的城市进行销售。但是，在使用这样的销售模式时，要十分注意各方利润的分配，伴随者中间环节的增加，各方面的成本也会增加，管理难度也会提升。但是，这样的模式运用得好，企业就可以更好地做大做强，甚至可以在国际市场打造出自己的优势。比如，百色乐业县有机水稻米生产基地的有机农产品销售就是运用的这样的模式，现在该基地的产品已经销售到了东南亚国家联盟的市场，现在看来出口形势相当好，当然该基地的有机农产品在我国国内市场也是拥有很好的口碑，在家乐福、丹尼斯等超市销路都很好。像这样通过超市和连锁店的形势进行销售的模式与传统的农贸市场相比就有极大的优势。首先，通过超市和连锁店的销售方式，企业可以直接派相关人员直接接触自己的目标客户，从而更好地了解客户的需求，企业在及时了解自己目标客户的需求后就可以及时地对自己的营销方案做出调整，同时，还有另外值得注意的是，超市具有其自身的监管体系，可以帮助企业控制产品的质量，从而更好地维护品牌形象。然后，一般超市都会有不同价格的大米，这样的可以更多地满足不同消费者的需求，那么对于企业而言，更有利于让消费者直观地观察到不同产品的不同之处。其次，超市的消费者自身具有其独特的特点，他们一般更加符合有机产品的目标消费者的特点，并且超市与连锁店可以给消费者提供更加舒适的购物环境。就以上的分析看以看出，超市的有机大米更加注重产品的品牌，同时价格也更为透明，环境又更加舒适，这样的销售渠道就是消费者更加喜欢的。

4. 网络销售渠道

有机大米需要建设自身的网络销售渠道，互联网经济是我国战略发展的重要一笔，是改革发展中的必然产物，也是在目前处于蓬勃发展过程中的新的营销理念，并且伴随着新的销售服务模式，借助于互联网这一渠道更有利于实现长白山有机大米的营销目标。除传统的销售渠道外，互联网金融的发展给有机水稻的销售打通了更多的网络销售的机会。这些网上销售渠道的营销目标，通过实时的网络交易平台和网站实现关于有机大米生产、销售、价格、配送及相关食用的信息传达，方便了买卖双方的点对点交易链接，有利于各类行业、知名企业的品牌打造等。相对于传统的营销渠道来讲，可以较短时间让产品为全国客户知晓，取得良好的广告效应；在成本节约使用上，相对于传统宣传推广的方式，大大节约开支；在产品销售上，可以较快吸引潜在用户关注，提升销售总销量。网络销售渠道的作用是多方面的，围绕网络建立农产品销售渠道是这一方式的显著特点，从大趋势上看，也完全符合有机大米产品的销售手段。比照网络营销服务及传统的渠道服务，网络营销信息传达更加及时、有效，去除中间经销商的信息传递，直接面对客户，双方获得的信息更加完整，买卖双方具有良好互动。主要价值体现在三个方面，首先，企业形象展示更为全面，通过现有的互联网媒体平台和农业类网站，从不同角度展示企业或者合作社的发展情况、生产情况以及其他有利于企业的新闻信息等，现代网媒的便捷性使得这种展示更为快速有效；其次，产品市场销售全网覆盖，产品信息通过众多的农业网站和农产品交易平台，可以更直接地为客户所了解，包括出产时间、产量、品质等信息，全面提高农产品的交易机会，促进农产品买卖顺畅；最后，构筑稳定网络销售体系，有机大米销售通过网络平台连接了买家和卖家，信息有效反馈，产品销售互动以及市场动态把握等，都可以通过网络体系进行稳定和完善，对解决有机大米卖难问题具有实践价值。主要服务特征有，有机大米通过信息的形式在互联网平台流动，实现类似于传统的产品展示、销售对接等，直接实现农产品卖家和买家的对接，省去诸多中间环节，供需双方信息更加顺畅，专业农产品网络营销渠道服务商提供产品发布、渠道维护、产销对接的针对性农产品服务，有机大米供应商、专业服务商、经销商可联合实现农超、农销、农贸、农社等多种形式产销一体化模式。

伴随着有机农产品的营销发展，从生产到产品为中心的营销观念转变，都呈现出新的发展趋势。目前，在新的经济形势下，消费者日益个性化的消费需求显现，顾客参与到农产品营销服务的各个过程，飞速发展的互联网技术为异地交易提供基础，便利的物流网络提高产品的流通速度；其次，销售渠道的一体化，"公司+基地+农户"是一种典型的以生产者为中心的一体化；最后，渠道内部关系从交易关系向合作联盟发展。

资料来源：徐杨. 中粮长白山基地高端冷水有机水稻营销案例研究 [D]. 长春：吉林大学，2016.

第十章

食品营销的促销策略

现代市场营销策略组合中，促销作为其四大构成要素之一，促成营销者与购买者之间的信息沟通，成为企业不可缺少的竞争手段之一。促销方式主要有人员推销、营销推广、广告宣传、公共关系。促销策略是通过对各种促销方式及其组合的有效运用，以达到促进企业产品销售、增强企业市场竞争能力的目的。

第一节 食品促销的概述

一、促销与促销策略的概念

（一）促销的概念

促销（promotion）即促进销售，其广义上的定义是：用人员和非人员的方法，去说服和帮助顾客购买到需要的食品，或使顾客对卖方和企业形象产生好感。此定义包含了两方面的含义：一是促销要用人员与非人员两种方法，即人员推销和广告宣传、公共关系、市场推广等等；二是促销食品与企业声誉两个目标，即企业要借助于传播产品的性能、品质、价格特征等信息，以帮助消费者认识企业及产品能给他们带来的利益，从而使顾客产生好感，激发购买欲望，促进购买行为的实现。一般来说，人员促销针对性较强，但影响面较窄；而非人员促销影响面宽，针对性却较差。企业促销活动必须将各种促销策略进行有机结合运用，才能实现其预期促销目标。

（二）促销策略的概念

促销策略就是综合地研究和应用人员推销、广告宣传、营销推广和公共关系4种主要促销手段，寻求和选择其最佳组合，以达到用较少的经营费用取得最好的销售效果。

（1）人员推销 这是利用人力进行推销的方式，它通过推销员与消费者直接对话和沟通，传达产品或服务的信息，促使消费者进行购买。

（2）广告宣传 这是一种非人力的传播信息手段，它通过各种宣传媒介，如电视、广播、杂志和报纸等将产品或服务信息传递给接受者。

（3）公共关系 这是一种非人员的推销方式，它通过在一定宣传媒介上刊登介绍性的文章或召开新闻发布会等形式，对企业的产品或服务进行有利的宣传，从而扩大知名度，达到促销的目的。

（4）营销推广　是通过短期的刺激性手段，说服和鼓励消费者，激发他们的购买欲望。

以上4种方式可构成各种促销组合。每一种促销形式均有其丰富的内容和特定的作用，在促销活动中，既可以单独运用某种形式，也可以并用多种形式进行促销。在促销过程中，根据不同阶段所要达到的目标不同。这4种方式也可以进行互换。从促销的历史发展过程看，企业最先划分出人员推销的职能，其次是广告，再次是市场推广，最后是公共关系。

（三）促销组合

促销方式分为人员促销和非人员促销。人员促销是企业通过人员沟通方式说服消费者购买，人员促销针对性较强但影响面较窄，其主要形式是面对面推销。非人员促销是企业通过一定的媒介传递产品或服务的信息，促使消费者产生购买行为，非人员促销影响面较宽但针对性较差。由于各种促销方式都有优点和缺点，因而在促销过程中，企业常将多种促销方式综合使用。所谓促销组合，就是企业根据自己产品的特点和营销目标，综合考虑各种影响因素，对人员推销、广告宣传、营销推广和公共关系等各种促销方式进行选择、编配和运用。各种促销方式都有自己的特点，企业若要制订一套行之有效的促销组合策略方案，一般来说，应该考虑以下几个方面的因素。

（1）促销的目标　企业的整体促销目标具有阶段性的侧重点，由于促销目标的重点不同，则促销组合策略也不同。以提高知名度和塑造良好形象为主要目标时，应以公共关系和广告为主。

（2）促销产品的特点　根据消费者的特点，产品可分为工业品和消费品。工业品具有技术专用性强、价格高、批量大等特性，购买时一般要经过复杂的研究、审批等手续，应以人员推销为主，配合公共关系和市场推广，而广告相对使用较少；消费品主要供个人和家庭生活之用，涉及面较大，常以广告促销为主，辅以公共关系和市场推广，人员推销相对较少。高价产品由于使用风险大，应以公共关系和人员推销为主；低价产品以广告和市场推广为主。

（3）促销产品生命周期的阶段　投入期以广告和公共关系为主，其次是人员推销和市场推广；在成长期，虽仍以广告和公共关系为主，但所有促销策略的成本效应都降低了；在成熟期，以市场推广为主，辅以广告、公共关系和人员推销；在衰退期，仍以市场推广为主，但广告、公共关系和人员推销的成本效应则降低了，其中以人员推销为最低。

（4）目标市场的特点　市场规模小且相对集中的市场，人员推销是重点；规模大、范围广且分散的市场，则应多采用广告、公共关系和市场推广；对个人家庭消费者应以广告、公关促销为主，辅之以市场推广；对组织用户、集团消费应以人员推销为主，辅之以公共关系和广告；对中间商则宜以人员推销为主，并配合市场推广。

（5）促销预算保障　不同的促销方式、促销组合，需要投入的资金总量不同。因此，企业的财务资金实力及其对促销投资的预算安排，也影响和制约着促销组合的选择。既要量力而行，又要用最少的费用实现最佳的促销组合，使促销费用发挥出最好的效用。

（6）促销管理水平　不同的促销方式、手段，其管理的复杂程度有所不同。一般来说，公共关系和市场推广的管理更为复杂，如果企业管理水平不高，一般不愿意选择；而广告和人员推销的管理相对来说简单，容易被企业选择使用。

（7）促销时机选择　任何产品都会面临销售时机和非销售时机。显然，在销售时机（如销售旺季、流行期、特别事件和节假日等）应当掀起促销高潮，一般要以广告、市场推广为重点；而在平时，则应以公共关系和人员推销为主。

（8）分销渠道的类型　如果企业以间接分销渠道为主来分销产品，则应以广告、公共关系为主，为中间商创造有利的销售环境，再配合对中间商的市场推广，充分调动其积极性；如果企业以直接分销渠道为主，则重点是公共关系、人员推销和市场推广。

（9）市场营销组合策略与促销总策略　现代促销不是孤立存在的，它必须与其他的营销策略和手段紧密结合才能真正实现自己的价值。也就是说，促销的作用，只有在营销组合中才能充分表现出来。因此，在进行促销策划时，绝对不能离开市场营销组合的全面思维。促销总策略不同，促销组合策略也不一样。如推式策略，人员推销更重要一些；拉式策略则以广告为主要的促销策略。

二、促销的作用

由于食品市场竞争日益激烈，通过促销活动不仅可以促进潜在顾客的购买行为，而且可以向顾客传递和收集商品和市场的信息，增进交换双方的了解，这就使得促销活动及其策略的运用，显得更为重要。促销的重要意义，可归纳为以下4方面：

（一）传递信息

传递信息的过程包括两个方面：一是在产品还未进入市场之前，促销活动已开始。由生产企业将产品有关信息，及时地传递给批发商、零售商和消费者，以引起他们的注意和购买兴趣，迅速地打开产品销路；二是建立市场信息反馈系统，及时地将中间商和消费者的反映、意见、建议、要求等信息反馈给企业，以利于进一步改进和提高企业的促销工作。企业把进入市场或即将进入市场的产品或服务的有关信息传递给目标市场的购买者，引起他们的注意，使他们明确何时、何地、以何价格水平，能够买到多大数量、多高质量，何种规格型号、什么特色、哪一品牌、能解决消费者什么问题的产品，从而使在市场上正在寻找卖主的潜在买主成为现实买主。

（二）诱导需求

现代促销活动其实是一项体现"攻心为上""先予后取"等心理战略、战术的促销活动。这是因为促销的对象是目标市场上的消费者，要使他们产生有利于本企业的购买行为，"心动"是前提，只有"心动"才可能"行动"，无论哪一种促销方式，从本质上来说，无不是一种"打动人心"的活动。由于消费者需求动机的多样性和复杂性，加上经常受到各种外界因素的影响而发生变化，因此企业要针对用户的心理动机，采取一系列的促销活动，向经销者和消费者传递信息，介绍商品，不仅可以唤起需求，而且可以创造需求、增加需求或恢复需求，起到扩大销售的效果。

（三）突出特色

促销突出本企业产品不同于竞争对手产品的特点，以及它给消费者或用户带来的特殊利益，有助于加深顾客和公众对本企业产品的了解，建立起本企业产品的形象。有效的促销活动通过介绍产品（尤其是新产品）的性能、用途、特征等，能够诱导和激发需求，在一定条件下还可以创造需求。随着商品经济的发展，市场竞争日趋激烈，同行中各个生产企业生产出类似的产品在市场上竞争，这些产品之间既具有一定的共同属性，又具有各自的特色。如果生产企业不进行宣传，消费者对这些产品的特点往往不易察觉，企业通过促销活动，加强宣传自己产品与竞争者产品的区别，使消费者充分认识到本企业产品可以带给他们某些特殊利益和好处，这样做对于扩大销售，不仅非常重要，而且对于伪品的揭露，也是非常必要的。

（四）稳定销售

促销活动有时并不以立即产生购买行为为目的，而是通过促销活动树立企业及其产品在市场上的良好形象，给消费者留下深刻的印象，形成消费者根深蒂固的特殊偏好，与企业结下"深情厚谊"的情结，一旦产生购买欲望与需求时，就会马上联想到企业的产品。此时，企业追求的是一种远期效益。随着市场商品的日益丰富，用户对企业的声誉和厂牌、商标越来越注重。在这种市场竞争环境中，企业为了争取和扩大产品销路，稳定销售，往往通过各种促销活动，来树立自己产品的信誉和本企业的良好形象，培养消费者使用本企业产品的习惯，引起消费者心理上的偏爱，从而达到稳定销售的目的。

三、影响促销的因素

由于在考虑选择何种促销手段，能够达到既经济又有效的目的时，需要注意以下几方面的影响因素：

（1）产品属性　可以分为直接消费品和工业品。通常消费品因销售面广，市场范围大，应多采用广告形式；而工业品（食品工业用的原辅料）则以人员销售为主比较适宜。此外，价格低、适用性强的商品，宜采用广告促销；另一方面价格高、利润大的产品，更适合用人员推销的方式。

（2）市场因素　这是指目标市场的特点对促销的影响，如购买者多且分布面广，可采用广告促销；购买者少且购买量较大的商品，则宜于把人员推销作为主要促销形式。

（3）促销预算　促销预算的大小直接影响促销方式的选择，预算少，就不能采用开销大的促销方式。预算开支的多少，要视企业的实际资金能力和市场目标而定。不同的行业和企业，促销费用的支出也不相同，如保健食品行业，促销费用在整个营业额中所占的比重，就高于普通食品行业。

（4）竞争　在选择什么样的促销方式时，还要根据竞争者的促销活动来确定本企业的相应对策，采用直接对抗还是迂回战术，所运用的促销形式也会发生变动。

第二节　人员推销策略

人员推销是企业运用推销人员直接向顾客推销产品或服务的一种促销活动。推销人员通过销售向市场提供产品，通过宣传展示产品来引起顾客的兴趣，激发顾客的需求，通过销售产品及提供信息服务、技术服务来满足顾客的要求。人员推销活动中，推销人员、推销对象和推销品是三个基本要素，前两者是推销活动的主体，后者是推销活动的客体。不同的产品，人员推销的方法也不相同。人员推销的基本形式主要包括三种：上门推销、柜台推销和会议推销。

一、人员推销的特点

人员推销主要有两种组织形式：一种是建立自己的销售队伍，即使用本企业的推销人员来推销产品，如销售经理、销售代表；另一种是使用合同销售人员，如代理商、经销商等。人员推销与非人员推销相比，主要有以下几个特点。

（1）信息的双向沟通　人员推销与其他促销方式相比，具有双向互动信息沟通的特点。通过推销员良好的推销工作，可以及时有效地激发顾客的购买兴趣，并促使其立即采取购买行为，从而缩短了消费者从了解信息到实施购买行为之间的距离，并可立刻获知顾客的反应，据此及时调整自己的推销策略和方法，解答顾客的疑问，使顾客产生信任感。

（2）推销方式灵活多样　在推销活动开始之前，推销员应该选择具有较大购买可能的顾客进行推销，避免盲目、泛泛地进行推销。还应该事先对未来顾客做深入研究，拟定具体的推销方法、推销策略等，以提高推销的成功率。推销人员可以和顾客直接接触、当面洽谈，根据不同潜在顾客或用户的需求和购买心理，有针对性地进行推销。

（3）推销任务的双重性　推销人员的工作任务并非单一的推销产品，而是具有双重性，即激发需求、促进销售与市场调研相结合；推销产品与提供服务相结合。一方面，推销人员应该寻求机会，发现潜在顾客，创造需求，开拓新的市场；另一方面，推销人员要及时向消费者传递产品和服务的信息，为消费者提供购买决策的参考资料。同时，推销人员在推销过程中还要收集情报，反馈信息，开展全方位的售前、售中与售后服务。

（4）注重人际关系　这是人员推销的一个突出特点。它可以把企业与用户的关系从纯粹的买卖关系培养成朋友关系，彼此建立友谊，相互信任、理解，这种感情有助于推销工作的展开，实际上起到了公共关系的作用。

二、人员推销的步骤与方法

（一）人员推销的步骤

（1）研究企业内外的各种信息，掌握产品的性能　推销人员要熟悉自己企业的基本情况，包括人员、资金、市场、技术、设备、效益等历史和现实状况；推销人员要熟悉自己推销的产品，包括产品定位、功能、价格、种类、目标人群和有关的食品专业知识等；推销人员要熟悉有关竞争对手的各方面资料，包括企业基本情况、产品的优缺点以及推销策略等。

（2）拟定推销计划　掌握了各种有关的信息资料后，推销人员应根据已确定的销售目标，制定推销计划。在计划中，应明确推销方向，有针对性地选择目标消费者，并根据不同的推销对象，制订不同的推销方法和策略。

（3）执行推销计划　这是最关键的一步，推销人员要根据预先制订的推销计划，充分发挥自己的才能，详细介绍企业产品和特色，必要的产品示范表演，以及随时解答用户的各种疑问，并最后完成产品销售。

（4）售后服务工作　在完成销售后，推销人员还应不断了解和掌握用户的动向、反映，与用户建立长期关系，要让客户在需要的时候就能想到本企业、本产品和本推销人员。

（二）人员推销的方法

根据直接消费者、中间商和生产用户三种不同类型的对象，来研究人员推销的方法：

（1）对直接消费者　直接消费者得到商品的最基本途径是零售商业，这时的销售人员就是商店的营业员,当消费者来购买商品时,销售人员应通过短暂的、简短的几句话,尽可能地了解每个消费者的不同需求、购买动机、心理活动,以及对销售人员服务的印象,再结合他们的年龄、性别等各种因素,有针对性地采取不同的推销策略。但不管是哪一种类型的消费者,销售人员都要做到:牢固树立为顾客服务,处处从消费者的立场上,为他们提供各种有益的建议,消除其不应有的疑虑,提高顾客对商品的品牌、商标、质量、价格的信任感,促成顾客的购买行为。

(2) 对中间商 要广泛了解中间商的类型,分销能力,营销经验,财务能力以及他们在销售渠道中所处的地位,然后分别采取不同的推销策略,利用他们帮助本企业不断扩大产品销售业务。在推销中,还应向中间商提供各种他们感兴趣的信息,提出一些有利于他们的建议,设法与他们建立相互信任的长期密切关系。

(3) 对生产用户 向生产用户推销商品时,销售人员要掌握这些企业各方面的情况,包括企业的性质、生产规模、产品生产工艺、产品的包装和商标,以及营销水平与发展方向等。在推销中,要充分说明本企业产品的优点,指出对用户的适用情况。另外还要为用户的利益着想,建议其采用新材料、新产品、新工艺,帮助他们发展,不断提高劳动生产率和经济效益,以增进用户的依赖感,加深与用户的友谊,从而保持长期稳定的业务关系。

(三) 人员推销策略

人员推销具有很强的灵活性。在与消费者进行的面对面交谈中,有经验的推销人员可以根据顾客的态度和反应,审时度势,及时发现问题,掌握顾客的购买动机,然后有针对性地根据顾客的情绪和心理变化,巧妙地运用推销策略,从不同层面满足顾客的需求,从而促成交易的达成。人员推销的策略主要有以下三种。

(1) 试操性策略 试探性策略又称"刺激-反应"策略。这种策略是在不了解客户需要的情况下,推销人员运用刺激性手段引发顾客产生购买行为的推销策略。推销人员在不十分了解顾客需求的情况下,事先准备好能引发顾客兴趣、刺激顾客购买欲望的推销语言,与客户进行渗透性交谈,在交谈中密切注意对方的反应,然后根据反应采取相应的推销措施。如重点提示产品的特色及优点,进行示范操作,出示产品图片资料,赠送产品说明书或提供产品试用等再对顾客进行刺激,激起顾客的进一步关注。进一步观察顾客的反应,了解顾客的真实需要,诱发其购买动机,引导其产生购买行为。

(2) 针对性策略 针对性策略又称"配合-成交"策略。这种策略的特点是营销人员事先已基本掌握顾客的某些方面的需要,然后根据顾客的这些需要做好与顾客接触前的充分准备。例如,搜集大量有针对性的材料、信息,设计好有针对性的话题以及推销语言,熟悉满足消费者需要的产品性能等。推销人员在推销洽谈过程中,一定要努力营造融洽的气氛,一定要站在消费者的立场上,为消费者排忧解难,让消费者亲身感受到推销人员的真诚,并产生强烈的信任感,促成交易。

(3) 诱导性策略 诱导性策略又称"诱发-满足"策略。这是一种创造性推销,要求推销人员有很高的推销技巧,在"不知不觉"中成交。这种策略的原则是顾客在与推销人员交谈之前并未感到或没有强烈意识到某种需求,而消费者的潜在需求主要靠推销人员运用刺激顾客需求的说服方法和手段来诱导。这种策略要求推销人员要不失时机地宣传介绍和推荐所推销的产品,使消费者的潜在需求转化为现实需求。

(四) 人员推销的管理

1. 推销人员的挑选和培训

推销人员素质的高低直接关系到企业促销活动的成败和企业的经济效益。所以，对推销人员的挑选和培训成为企业推销管理的首要任务。企业一方面可以通过对外公开招聘，通过笔试和面试，了解应聘人员的工作态度、语言表达能力、理解能力、分析能力、应变能力以及知识面的广度和深度，择优录用。另一方面，企业可以将自己内部业务能力和应变能力较强的人员选拔到销售部门工作。这种方式可以减少培训时间和培训费用，迅速充实推销人员队伍。

消费者的需求日新月异，产品的复杂程度也越来越高，如果推销人员不经过系统的专业训练，就不能很好地与顾客进行沟通，并顺利完成推销任务。所以，企业对招聘到的推销人员，还需要对其进行培训才能上岗，使他们学习和掌握有关知识与技能，尤其是推销人员的竞争意识。同时，对于在岗推销人员，企业也需要根据市场的变化，每隔一段时间进行培训，使其对企业的新产品、企业新的营销计划以及企业新的经营理念和目标有一个新的了解。

企业培训推销人员的方式有很多。如短期集中培训，这种培训形式是抽一定力量，在专门的时间内，对推销人员进行集中培训。内容以理论讲座、模拟示范、现场操作为主。此外，专项实习的目的是提高推销人员某一方面的知识和技能，如为了使推销人员掌握某一产品的性能，安排他到设计部门学习或到装配车间跟班操作等。还可采取委托培训的方式，即委托大专院校或其他学校，全面培训推销人员，这样可以使推销人员系统地学习有关知识，吸取他人的经验，这种方法主要用于新手的培训和培养。通过培训使推销人员掌握企业知识、产品知识、市场知识、心理学知识和政策法规知识等内容。

2. 推销人员的激励

推销人员的管理核心就是对其进行激励。激励推销人员的方法主要有销售定额与佣金制度两种。订立销售定额是企业的普遍做法，它规定推销人员在一定时期内应销售多少数额，并按产品加以确定，然后再把报酬与定额完成情况挂钩。佣金制度是企业为了使预期的销售额得以实现所采取的相应的鼓励措施，如送礼、奖金、销售竞赛等，而其中最为常见的是佣金。佣金制度是指企业按销售额或利润额的大小给予销售人员固定的或根据情况而调整比例的报酬。佣金制度能鼓励销售人员尽最大的努力工作，并使销售费用与现期收益紧密相连。企业可以根据不同产品、工作决策给予销售人员不同的佣金。但是佣金制度也有不少缺点，如管理费用过高以及可能导致销售人员的短期工作行为等。所以，它常与薪金制度结合起来运用。

3. 推销人员的评估

推销人员的评估是企业对推销人员工作业绩考核与评估的反馈过程。它不仅是分配报酬的依据，而且是企业调整市场营销战略、促使推销人员更好地为企业服务的基础。因此，加强对推销人员评价是非常必要的。评价推销人员业绩的步骤是：掌握和分析有关的情报资料；建立评估指标；实施正式评估。

第三节 广告宣传策略

一、广告的概念

广告一词源于拉丁文的 advertere,意思是"注意"或"诱导"。"广告"一词传入我国后形成了汉语的字面意思"广而告之",即向广大公众告知一件事。广告是通过大众媒体渠道与顾客群进行沟通宣传,媒体包括电视、广播、报纸、杂志、直接信函、交通工具和张贴画。在通过人员销售时,沟通是人对人的,广告则没有这种直接接触,另一个特点是要为这种沟通方式支付费用。凭借对潜在购买者提供的信息来源,企业力争改变他们的购买态度,促使他们喜欢自己的产品(而不是其他企业的)。通过人员销售是有针对性的对具体的个人,广告则是针对广大公众的。市场营销中的广告是指广告主为了推广其产品、服务及观念而借助于媒体,对其目标消费者进行的信息传播活动,它是企业在促销中应用最广的促销方式。广告的成功运行离不开以下五个要素,即广告主、广告代理公司、广告媒介、广告受众和广告信息。

(1) 广告主 广告主是为推销产品或服务,自行或者委托他人设计、制作、发布广告的法人、其他经济组织或者个人。广告主是整个广告活动的发起者,是广告信息的发布者和最终付费者,是广告活动的法律责任的承担者。

(2) 广告代理公司 广告代理公司简称广告公司,是受广告主的委托提供广告设计、制作、代理服务的法人。在广告代理制下,广告公司的主要职能是为客户提供以策划为主导、市场调查为基础、创意为中心和媒介选择为实施手段的全方位、立体化服务。

(3) 广告媒介 广告媒介是指为广告主或者广告主委托的广告代理公司发布广告的法人或者其他经济组织。广告媒介是沟通广告主和广告受众的桥梁,是广告信息的载体。

(4) 广告受众 广告受众又称广告诉求对象(或广告对象)。广告受众是广告信息的接受者和反馈者。广告受众从广告传播层面上讲,是广告传播活动的终端和目的地,是整个广告运作的客体;从营销的层面上说,是产品或服务的目标消费者。

(5) 广告信息 广告信息是广告传播的主要内容,包括产品信息、服务信息和观念信息。产品信息主要包括产品的供销、性能、质量、用途、价格、销售时间和地点等;服务信息主要指广告主提供的各种服务;观念信息主要是指广告主通过广告的表现在受众心中建立起一种有利于推广产品或服务的消费观念。

二、广告的分类

(1) 按照广告目标的不同 可以将广告分为信息性广告、说服性广告和提醒性广告。信息性广告主要适用于产品的市场开拓阶段,目的不在于建立该类产品某一特点品牌的需求,而是告知消费者出现的某类新产品,从而建立消费者对该类产品的基本需求。说服性广告主要适合进入竞争阶段的产品,企业的目标主要是培育特定的品牌,满足消费者的选择性需求。说服性广告在市场上占有很大的比例,生产者利用这种广告,诱导、说服消费者购买他们的产品。提醒性广告主要适合进入成熟期的产品。这时企业的目标主要是提醒消费者不要忘记购买某一特定品牌的产品,或者是增强企业的形象或声誉。

(2) 按广告传播的范围不同　可以将广告划分为全国性广告和区域性广告。全国性广告是指采用信息传播能覆盖全国的媒体所做的广告,以此激发分散于全国的消费者对该广告的产品产生需求。在全国发行和发放的报纸、杂志、广播、电视等媒体上所做的广告,均属全国性广告。这种广告要求广告产品是适合全国通用的产品。地区性广告是指采用信息传播只能覆盖一定区域的媒体所做的广告,借以刺激某些特定地区消费者对产品的需求。在省(县)报纸、杂志、广播、电视上所做的广告均属于此类,路牌、霓虹灯上的广告也属地区性广告。此类广告传播范围较小,多适用于生产规模小、产品通用性差的企业和产品。

(3) 其他分类　按照广告传播媒体的不同可以划分为报纸广告、电视广告、杂志广告、户外广告、网络广告、广播广告等。按照广告诉求方式的不同,广告可分为感性诉求广告、理性诉求广告。按照广告产生的效果划分,广告可分为即效性广告和迟效性广告。

三、主要广告媒体

广告信息需要通过一定的媒体才能传播出去。广告媒体选择的是否恰当直接影响着广告效果的实现。目前,主要的广告媒体有报纸、电视、网络、户外等。

(一) 报纸媒体的特点和应用

报纸是传统四大新闻媒体之一,主要吸引白领阶层和文化程度较高的读者。报纸广告版式灵活多样,企业可以根据自身的实力选择适当的广告版面。有实力的企业可以根据需要刊登整版广告或发特刊,小企业或个人也可以在分类信息栏目中发布广告,还可以及时插入目录、优惠券等。报纸广告色彩可以是黑白,也可以是彩色。而且报纸广告的本地市场覆盖面比较高,容易被受众接受,有较高的可信度。但是报纸的保存性较差,复制质量低,相互传阅者不多,并且报纸的广告信息与报纸的其他内容,常同时并置在同一版面上的,而分类信息更是将同类信息编制在同一版面上,导致信息之间的干扰性较强。

企业媒体策划人员在确定刊登报纸广告后,就必须选择报纸,确定在什么报纸上刊登广告。我国的报纸广告经营单位有很多家,企业可以选择全国性的报纸,也可以选择地区性的报纸,可以选择综合性的报纸,也可以选择专业性的报纸,还可以选择免费报纸。但企业在选择作为广告媒体的报纸时,不仅要求所选择的报纸媒体要具有一定的发行量和发行范围,更要求报纸的读者与企业的目标市场相一致,以确保企业与目标消费者之间有效的信息传递,从而保证广告目标的实现。

(二) 电视媒体的特点和应用

1979年1月28日,上海电视台"参桂补酒"广告的播出,宣告了我国电视广告传播的诞生。电视作为广告媒体,利用其图文并茂之优势,发展迅速,成为最重要的广告媒体。电视媒体一个显著的特点就是图、文、声三者合一,视听效果好。许多朗朗上口的广告语已成为人们的口头语,如:赵本山的一句"地球人都知道",让全国人民认识了北极绒。电视媒体的传播面广,效果好,尤其是通过广告代言人的示范表演和介绍,增强了观众的注意力和广告信息的接受程度,使观众心领神会。调查显示,90%以上的观众对电视新闻深信不疑,这也使电视成为可信度比较高的媒体,深得观众的好感。但是,电视媒体也存在很多缺点:电视广告制作复杂,费用较高;个性化需求和电视频道的不断增加,使电视观众越来越细分,几乎每个电视频道的收视率都在下降,广告客户要达到目标受众变得更加困难;大量广告在同一时段播出,而每条广告播出的时间很短,转瞬即逝,造成各种广告混杂,从而使有效的传播变得非常困难。

企业在选择电视广告媒体的时候,除了需要考虑所选择的电视频道的收视率、单位收视率成本和市场占有率,还需要考虑电视广告的播放时间,如选择好的栏目、抓住重大活动、比赛时间的有利机会,充分利用节假日时间等,从而使电视广告的效果达到最好。

(三) 网络媒体的特点与应用

网络媒体是20世纪人类发现的最具价值的传播媒体之一,随着互联网的发展和网民人数的不断增多,互联网媒体资源价值得到越来越多的开发和利用,网络广告收入已成为许多商业网站的主要收入来源,网络媒体也将是21世纪最受企业欢迎和发展最快的传播媒体之一。网络广告主要是以网络媒体为广告的信息载体。

网络广告实现了广告主与广告受众之间的双向沟通,广告主能随时更新广告信息并根据受众要求灵活调整,体现网络广告互动性和灵活性的特点。网络广告利用最先进的虚拟现实界面设计来达到身临其境的感觉,给消费者带来全新的体验,充分体现现代市场营销观念。与传统广告媒体相比,网络广告的发布费用较低,且能获得同等的广告效应。但是由于目前网络广告在定价标准、效果测评、规范监管等方面尚没有形成统一的标准,使得虚假、欺诈性广告信息损害公众利益,导致网络广告信息的可信度较低。

(四) 户外广告媒体的特点和应用

我国的户外广告产生于春秋时期,以商家用的招牌和幌子为主。20世纪20年代,户外广告在上海得到迅速发展,特别是霓虹灯广告。1979年改革开放进一步促进了户外广告的快速发展。户外广告媒体泛指设置在建筑物外面或公共场所的、以视觉传达方式为主传播广告信息的广告媒体。户外广告媒体不仅包括传统的路牌、招贴、霓虹灯、灯箱、墙体等,还包括一些新兴的如车体、候车室、雕塑、包装等户外媒体。

户外广告媒体的优点主要有:形态多样、适应性强、制作费低、持续性强、主题醒目、色彩鲜艳、文字简明、易于记忆、随意欣赏、美化环境;缺点是:受场地限制、缺乏机动性、影响范围小、观众选择性差等。随着经济的发展,户外广告的形式也在不断增加。如公交广告,与其他户外广告不同,公交车为广告客户提供了流动媒体,使广告信息有着终年稳定的影响面。公交广告还包括车身广告、车内展示广告和拉手广告。

除了以上四种主要的广告媒体之外,广告媒体还包括广播、杂志、邮寄等。对于企业来说,往往是多种广告媒体的综合运用,所以企业在选择这些广告媒体的时候,应该综合考虑多种因素,如产品的性质、消费者接触媒体的习惯、媒体的传播范围、媒体的影响力、媒体的费用等。企业要根据广告目标的要求,结合各广告媒体的特点,尽可能选择使用效果好、费用低的广告媒体。

四、广告的预算与效果评估

(一) 广告的预算

广告战略的目的是按照可支配的资源或者意欲投放资源的用途确定的。广告预算的安排方法主要有4种:

(1) 销售比例 最常见的一种广告费计算方法是按照销售的百分比确定,但这不合乎逻辑，照此推理，应该随着销量的下降而减少预算，其实恰恰需要追加预算才能提高销量。

（2）负担能力法　又称支付能力法，即按照可支配的资源情况确定预算，这种方法也不合乎逻辑。广告的预算应该是一个长期的战略选择的结果，与短期的资源状况没有关系。缺点是预算不稳定，容易受到财务波动的影响。

（3）竞争平衡法　是根据竞争对手的费用水平来确定本企业广告预算。在广告竞争激烈、企业间势均力敌的情况下，是一种有效的方法，能够保持同行业的平均水平和竞争均势；但预算的依据不一定合理，如果对手按照需要花费，"照它的葫芦画瓢"就是错误的。然而事实表明这是被广为采用的标准，特别是当对手提高用于广告的费用时，更引起同业机构的纷纷模仿。人们害怕的是自己辛苦获得的市场份额被他人所侵吞掉。

（4）目标任务法　是根据广告计划的目标和任务来确定预算。例如推出一个新品牌，或者通过广告进行促销。这种把预算和需要密切地结合起来的方法，目标明确，避免了盲目性；但操作时难以确定目标和效果的关系，实施比较困难。

（二）广告效果的评估

（1）预先调研　主要方法有以下三种：一是意见调查。向潜在购买者、广告专家、接触顾客的员工进行意见调查。最常用的是找属于目标顾客群的8~10人，提出几套广告方案听取意见。目的是了解对各种方案的评价并刺激新思想的出现；二是可读性测试。是针对信息的用词、句子长度和意思的调查测试。目的是评价接受者在看完广告之前对广告计划第一眼的理解程度如何；三是营销测试。在产品推出之前在大城市以外的一个或几个潜在市场上先进行试点、评估，再将各种结果加以比较综合。在制订广告计划时，这种营销测试是试制过程的组成部分。电视广告片要先对目标顾客群的代表至少演播三种不同方案，这样可以较低花费完成筛选。

（2）同期调研　这是在广告宣传进行过程中的调研，主要是市场跟踪等。随意抽取一些潜在购买者，以电话问询他们是否收听或收看了广告，得到了什么信息，理解程度如何等。是在一定时间段内跟踪潜在购买者中的一组人，对市场、对广告宣传的反应的视角更宽。可以针对有关信息，也可以针对媒体；有益于确定或重新确定消费者，筛选媒体，确定计划安排及其实施时间，以及配合广告的其他促销手段。

（3）事后调研　这种调研更有效，尽管只能是在投资之后才得出结果。它能说明信息接收者是哪些人，对于购买过程的关系效果如何，采用的主要方法有：认识、记忆、态度转变和销售测试。

第四节　公共关系策略

一、公共关系及特征

（一）公共关系的概念

公共关系源自英文 public relations，简称"公关"或 PR，它是指企业在市场营销活动中，为了正确处理企业与社会公众的关系，树立企业的品牌及企业的良好形象，促进产品销售所采取的一种活动。公共关系是企业的一种长期策略，注重的是长期效果，企业公共关系的好坏直接影响着企业在公众心目中的形象，影响着企业营销目标的实现。如何利用公共关系促进产品的销售，是现代企业必须重视的问题。

构成公共关系的三个因素是：社会组织、公众和沟通工具。

（1）社会组织　一切为实现某种目标而有组织地结合起来的社会群体都称为社会组织（这里主要是指经济组织——企业）。

（2）公众　是"大众"、"群众"的同义词，在公共关系活动中，公众有特定的含义，美国著名学者杜威认为公众具有三个特征：一是面临一个相同的问题；二是认识到问题的存在；三是采用某种行为以对待问题。所以，公共关系学中，公众是指与公共关系主体发生相互作用的，其成员面临着某种共同问题、共同利益的社会群体。因此，公众对企业的生存、发展，具有实际的或潜在的利害关系。

（3）沟通工具　是指连接公共关系主体和客体的桥梁，采用的传播手段通常有两种：一是大众传媒；二是人际沟通。

（二）公共关系的特征

公共关系是企业的一种长期促销策略，既不同于一般的社会关系，也不同于人际关系。公共关系的特征主要表现在以下几个方面。

（1）公共关系注重长期效应　公共关系要达到的目标是树立企业在消费者心目中的良好社会形象，为企业长期的发展创造良好的社会关系环境。这种方式不同于市场推广即刻见效，而是一个长期的过程。企业通过各种公共关系活动的运用，能树立良好的产品形象和企业形象，从而长时间地促进销售和占领市场。

（2）公共关系是一种双向的信息沟通方式　公共关系的对象是各种公众，包括企业内部和企业外部两大方面。它强调企业与公众之间的真情传播与沟通。企业从事公关活动，能够同企业上下、内外的信息建立相互间的理解、信任与支持，协调和改善企业的社会关系环境。

（3）公共关系是一种间接促销的方式　公共关系同人员推销、广告、市场推广不同，它并不是直接的介绍和推销产品，而是通过积极参加各种社会活动，与消费者联络感情，宣传企业的经营理念，扩大知名度，从而加深社会各界对企业的了解和信任，达到间接促进销售的目的。

二、公共关系的作用

公共关系是一门科学，更是一门艺术，但却不是"关系公共"和"应酬公共"等，公共关系在营销实践中的主要作用有：

（1）有助于提升企业形象　这是企业公共关系的中心职能作用，企业的公共形象对于产品是否畅销具有十分重要的影响，企业要重视树立产品信誉，不仅要积极"创名牌"，还要善于"护名牌"，注重同业产品的信誉竞争。同时，企业要重视提高企业信誉，它包括用户在内的多类外部公众对企业的依赖关系。公共关系旨在帮助企业提高各种经营工作的信誉，以争取各类公众对企业发展的支持。在树立产品信誉和提高企业信誉的基础上，提高企业自身形象。企业形象是企业文化的总体表现，公共关系产生的扩大和提高企业形象的效果是任何产品广告所无法比拟的。

(2) 有助于防止企业良好形象的损害　良好的企业形象是公司宝贵的无形资产，往往要经过长时间的经营与积累才能形成。企业在经营过程中，难免在产品和服务上与公众产生冲突或被误解，公关部门要协同有关部门及时做出相应的改进，争取公众谅解，防止不满情绪的扩大，并通过公共关系广为传播，则有可能使坏事变成好事。

(3) 有助于企业与公众沟通信息、增进效益　企业公关部门一方面将系统化的信息提供给决策人员参考，另一方面将企业的宗旨、企业的特色以及发展前景等信息通过各种传播手段向公众传输，取得公众理解，信任和支持，从而促进企业的产品销售，增加企业的经济效益。

(4) 宣传推广和违纪处理　公共关系在组织经营中发挥宣传推广的作用，即通过各种传播媒体，将企业组织的有关信息及时、准确、有效地传播出去，争取公众对组织的理解和支持，为组织创造良好的公众舆论，树立良好的社会形象。企业在经营过程中，难免会遇到危机事件，公共关系作为企业的一种促销方式，不仅可以塑造企业的形象，而且在企业面临恶性突发事件、影响组织形象和声誉甚至危及组织的生存时，公共关系通过各种手段可以及时处理这些危机。

总之，公关策略至少在改进企业形象，宣传企业产品与服务，扩大与社会的联系及关注公众利益等方面具有重要作用。

三、 公共关系的主要策略

(1) 充分调动企业内部职工的积极性和创造性　要实行民主管理，建立良好的信息交流模式，认真听取广大群众的意见，不断改善职工的工作、学习和生活条件，关心群众的欢乐和疾苦，从而充分调动职工做好本职工作以及支持企业开展公众关系工作的积极性。

(2) 积极支持各项公益活动　利用举办各种社会性、公益性、赞助性活动，来扩大企业影响。企业作为社会的一员，有义务在正常的范围内支持各项公益活动，如运动会、节日庆祝、基金捐献等，以特别突出企业一心为社会大众服务的形象。麦当劳在海口市的发展计划就包括通过为海南省建1~2所"希望小学"树立公司热心于公益事业的良好形象。

(3) 主动与有关部门发展信息交流关系　要主动与有关部门、新闻单位、研究机构、大专院校、学术团体以及某些民间组织，保持密切的情感投资和联系，广交朋友以得到广泛的支持。

(4) 有计划地举办各种社会活动　通过举办新闻发布会、展销会、订货会、博览会等向公众推荐产品，介绍知识，增进了解，扩大影响。

(5) 广泛地开展文字宣传活动　向有关单位寄送宣传品，向中间商发放产品资料，向报刊通报企业动态，向社会普及食品科学知识等。在文字宣传工作中，既要直接宣传本企业的产品和服务，又要宣传第二者（顾客、使用者、中间商等）对本企业产品的良好反映，还要发挥第三者（专家、记者、参观者等）撰稿的积极作用。

(6) 强调以优质服务吸引顾客，认真听取和处理消费者的意见和要求　宁肯自己增加麻烦，也不要让顾客感到为难，妥善处理顾客的来信来访，认真听取顾客的询问和意见，及时解决产品和服务中的问题，消除顾客的不满意感，争取顾客的谅解和支持。

(7) 企业的各项公共关系活动要协调一致　要与本企业的广告宣传、市场推广、人员推销以及其他营销策略相协调，并协助企业领导人处理好日常的对外联系与接待工作。

第五节　市场推广策略

一、市场推广及特征

（一）市场推广的概念

市场推广是指企业利用各种短期诱因，鼓励购买或销售企业产品或服务的促销活动。销售是促进构成促销组合的一个重要方面。它能迅速刺激需求，鼓励购买。在促销过程中，为配合广告宣传和人员推销，经常开展一些刺激中间商和消费者购买的活动，市场推广就是这样的一种促销手段。它通过赠品、折价、优惠券和推销奖金等诸多形式，带动新产品的销售或扩大老产品的市场。如果说广告可使消费者对产品产生兴趣，那么市场推广则起到了使消费者将兴趣转化为行动的作用。所以，在很多情况下，企业将广告和市场推广结合在一起运用。

市场推广的对象主要有三类：消费者、中间商和推销人员。企业在开展市场推广活动中，针对不同的促销对象所选用的方式也不同。

（二）市场推广的特征

市场推广最显著的特征一是沟通，即通过各种形式，使消费者尤其是潜在消费者体验到产品的实际效用，从而了解产品。二是激励，即通过价格上的让利或样品的赠送，使经销商或消费者得到实惠，从而连续购买。然而，市场推广没有广告或人员推销那样持久，它在市场营销活动中是暂时地、无规则地运用，其促销效果快而明显，但作用具有短期性，如果时机选择不当或促销行动过急，则会引起购买者的怀疑和反感，甚至会破坏企业形象和信誉。所以，对市场推广的运用要进行认真的策划和安排，以期获得最佳效果。

二、市场推广的方式

市场推广的方式多种多样，一定时期内，企业不可能全部使用。为了实现促销目标和市场推广的目标，企业需要根据各种市场推广方式的适用特点、目标消费者的购买特征、竞争形势以及市场环境等诸要素选择适合本企业的市场推广方式。

（一）针对最终消费者

向消费者推广，一方面是为了鼓励老顾客继续购买，另一方面是吸引潜在的顾客购买本企业产品。

（1）降价　是短期内刺激销售的有效方式，但是竞争对手很容易模仿。另外，如果经常采用这种方法，就有损生产者的形象。一家有名的食品企业可以从降价中得到一些好处，但是只能是短期的。如果经常如此，那些长期消费者就感觉是受到不公平待遇了。降价有利于刺激刚刚推出上市的新产品的销售。降价的弊端在于毫无区别地针对所有受到吸引的对象，而那些无论价格多高也要购买的人也包括其中。这种促销代价显得过高。如果经常如此，顾客认为降价是产品的组成部分，就不再受其刺激，甚至等待新一轮的降价。

（2）特价包装　即制造商为达到促销的目的，而对产品的零售价格进行一定数量的优惠，并将其金额标在包装或标签上。这种包装在短期内对刺激购买很有效力，但频率过高，时间过长，易使品牌形象降低。所以，要考虑其实行促销策略的时间长短。但是与降价相比，通过增加商品的数量，而不是靠降低其价格来回报消费者从而获得更多的利益。这种促销方法由于价格不降低，对损害企业形象的风险就更小。

（3）赠送样品　这种方式主要适合介绍、推销新产品。向消费者免费赠送样品，如送样品到家，邮寄样品，在商店中散发样品，附在其他产品包装中，附在广告中等，可以鼓励消费者购买，也可以获取消费者对该产品的反映。目的是使产品有一点可触知性、和竞争对手有所区别。可以用此方法奖励顾客的忠诚，或者达到短期目的，或者刺激销售，或者推出新产品。它的不利因素也和减价一样，是有可能影响企业形象，造成低值产品印象，而且容易被他人模仿。这种方式费用较高，对高值产品不宜采用。

（4）送代金券　这是给持券者以某种优惠的凭证，持有者在购买本企业产品时可以免付一部分货款。代金券可附在产品或广告中赠送，还可以对购买产品达到一定数量或数额的顾客赠送。这种形式既适用于老顾客，也适用于潜在顾客。

（5）有奖销售　这也是市场上很多企业经常使用的营销推广方式之一。也有各种形式：比赛、抽奖、彩票、发券、游戏、退款优惠等。可以用来普及产品的使用或者加强顾客的忠诚，能得到使顾客参与的效果。产品销售时设立若干奖励，对一次购买量达到一定数额的消费者按规定发给奖券，定期开奖或当场开奖。与其他促销方式所不同的是成本能预先确定，因为中奖的总金额不取决于参加的人数，而是企业确定的。但这种方法主要是利用人们的侥幸心理，刺激作用较大，但促销作用难以持续。

（6）现场展示　在销售点占据有利位置，进行橱窗陈列、货架陈列、流动陈列，展示产品特性，促进顾客购买。还可以现场陈列和示范，厂商在销售现场对产品的用途进行实际的示范和说明，并请顾客品尝或试用，以增强产品自身的说服力，使消费者通过自身的体验增强对产品的了解、信任，以刺激购买。

（7）消费信贷　消费者不用支付现金，可以通过赊销或分期付款的形式购买产品，以吸引消费者提前购买或购买更多的产品。

（8）联合促销　联合促销是指两个或两个以上的品牌或公司合作开展促销活动，推广他们的产品和服务，以扩大活动的影响力。这种方式的最大好处在于可以使联合体内的各成员以较少的促销费用取得较大的促销效果。

除了以上 8 种方式外，还有免费赠送、现金折扣、免费试用等方式。

（二）　针对中间商

向中间商推广，是为了提高中间商销售本企业产品的积极性，同时也有利于加强与中间商的友好合作关系。主要有以下几种形式。

（1）购买折让　购买折让主要有两种形式：现金折让和数量折让。现金折让是企业为了鼓励中间商支付现金购买产品而给予中间商的一种优惠。数量折让是企业规定在一定时期购买达到一定数量，就可得到一定数量的折扣，购买数量越大，折扣越多。

（2）经销奖励　这种方式主要是对经销本企业产品有突出成绩的中间商给予奖励。目的在于刺激成绩突出的经销商更加积极地销售本企业的产品，同时也带动其他经销商的销售积极性。

（3）促销资金　企业向中间商提供部分资金供其进行广告宣传，在促进中间商增购本企业的产品的同时，还可以扩大本企业产品的影响力。

除此之外，针对中间商的市场推广形式还有经销商销售竞赛、免费咨询服务展览会、联合促销等。

（三）针对推销人员

为了调动企业推销人员的工作积极性，企业对自己的推销人员也会采取一定的市场推广形式。常用的针对推销人员的市场推广形式有：红利提成、销售竞赛、推销奖金等。

三、市场推广的规划与管理

从总体上说，市场推广的目标就是鼓励和刺激现有顾客购买，争取潜在购买者的注意，说服使用其他品牌者放弃原有品牌而改用本企业的产品。在确定具体的目标时，还要以市场营销策略的目标为依据，确定市场推广的对象和所应达到的目标，并选择最佳的市场推广方式，去配合市场营销策略的实施。

（1）目标　企业应当根据目标市场的特点和整体营销策略来制订推广目标。对于消费者个人、中间商、企事业单位等应当区别对待，短期目标必须与长期目标相结合。

（2）对象　各种市场推广的方式对于不同的对象，所起的作用是有很大差异的。市场推广的主要对象是那些"随意型"顾客和价格敏感度高的顾客，对于已养成固定购买习惯的老顾客，市场推广的作用是不大的。

（3）规模和水平　必须了解各种市场推广方式的效果，刺激强度和销售量的比例关系，然后确定市场推广的规模和水平，以争取最佳的推广效果。

（4）媒介　企业必须通过最佳的媒介来实施市场推广。不同市场推广媒介的作用不同，应该根据达到不同的目标，选择最佳的市场推广媒介。

（5）时间安排　市场推广的时间安排必须符合整体营销策略，与其他营销活动相协调，以免出现脱节现象。应当利用最佳的市场机会，有恰当的持续时间，既要有欲购从速的吸引力，又要有长远的效果。

（6）预算　可以用三种方法来制订，一是参照上期费用来决定当期预算；二是比例法，即根据占总促销费用的比例来确定市场推广的费用，再将费用分配到每个推广项目；三是总和法，这种方法和比例法相反，先确定市场推广项目的费用，再相加得总预算。

思考题

1. 如何理解促销的含义及作用？
2. 如何理解广告的五个要素？
3. 如何理解营业推广的含义及形式？
4. 人员推销策略有哪些？

[案例]

马铃薯的销售如何走出困境

自古至今,马铃薯一直作为主要蔬菜而被人们青睐,尤其在美国,它还属于重要的农作物,始终有很好的销路。可难以置信的是,20世纪70年代流行的一股减肥热潮把马铃薯"打入冷宫",导致大量产品积压、滞销,种植业岌岌可危,食品加工业也举步维艰。

针对这种困境,马铃薯的生产厂家与经营厂家联合组建了"马铃薯全国推广委员会",集众人之智慧和能力,策划了一系列马铃薯的促销活动。

马铃薯突然面临此种困境,一定有一个普遍性的原因。委员会成立之后,为弄清其滞销原因做了大量的市场调查,最后终于查明,原来,许多人认为马铃薯是使人发胖的"罪魁祸首"。

有些人认为马铃薯是让人发胖的食品,因它含大量淀粉与过高的卡路里(热量),吃后易在体内形成脂肪。另外,人们之所以认为减肥者不宜食用马铃薯还与其传统、单一的食用方式有关。在美国,人们习惯于把马铃薯与黄油和酸奶合吃,这样,发胖的原因又归罪到马铃薯身上。

导致马铃薯滞销的另一原因就是马铃薯一直被视为大众食品,多出现于家庭的饭桌上,星级饭店的大场面是不容它独自亮相的,由于这种传统意识影响,马铃薯自然难以畅销。

找到了关键性的原因,委员会决定据此做一番革命性的运动——颂扬马铃薯,让人们真正明白它的营养价值。他们慎重地选择了宣传媒介——广告。展开了一系列推销活动。

(1)说明真相 其实马铃薯能导致肥胖是错误的。马铃薯含有很高的营养价值;它的热量比人们想象的要低,并且含有大量的维生素C,蛋白质含量为1.5%~2.3%,尤其是矿物质钾,含量为502mg/100g,是"高钾蔬菜"之一。由此看来,马铃薯也是十分有利于健康的。

委员会利用各种媒介对其进行了铺天盖地的正面宣传。例如,他们向对消费者有重大影响的部门及个人(如报社、编辑、营养学家、教师、医生、流行食品倡导组织者等)分发有关马铃薯的材料,其中包括它的生长情况及营养成分,还有它的热量与维生素的对比及它与其他食品的营养对比,并附加有权威的营养学家对其所做的认可材料等,通过图文并茂的解释和电视图像的配合,终于使人们对马铃薯的看法有所改观,大家渐渐相信了"食用马铃薯有利于健康"。

(2)推荐食谱 既然消费者重新肯定了马铃薯,委员会就借此时机,立即采取第二项措施:向广大消费者推荐科学配置的食谱。

大量美食专家对马铃薯的报道分析并为其研制新的食谱,并同步进行了实验与审查,及时把调查结果公之于众。其中包括推广"芭芭拉食谱"的活动。芭芭拉原是一个体重为113kg的女士,但她依据一套具有科学性的食谱进餐,最后达到了减肥的目的。更重要的是在她的食谱中含有大量的马铃薯菜肴。于是,编辑们便请她向广大观众现身说法,并推广她食用的马铃薯的方法,这一办法果然引起了观众的兴趣,收效甚佳。

(3) 扩大销路，打入星级饭店　传统上，高级饭店的菜肴是不以马铃薯为主的，因它难登大雅之堂，且花样少，配菜范围小。当时机已经成熟。委员会就依计把下一个进攻目标对准了那些星级饭店。

其实就当时形势而言，饭店也愿意引进一些新鲜、可口、特殊的马铃薯菜肴，来吸引顾客。经选择，委员会找到了 Marriott 饭店集团作为他们的合作者。首先。委员会特地为选定的饭店设计了一批有艺术感的漂亮的餐桌遮阳伞和精美的菜单，主要是为了引起顾客的极大兴趣。其次他们精心配制了多种马铃薯盘菜套餐，令人有一种新鲜感，加之其他菜肴的配合，使人们觉得在饭店里吃饭既显示出了消费层次，又在精神和物质上都得到了满足。试销非常成功，委员会和 Marriott 饭店集团又把马铃薯菜肴推广到其所属的 37 家连锁店。上述三项营销策略紧密配合，一环套一环，终于使马铃薯获得了解放，种植、加工、销售等行业恢复了正常运转，并使各家利润额大增，尝尽了甜头。

美国马铃薯成功地走出销售困境，其经验值得人深思，一是促销不仅是一种促成商品所有权转移的单纯的商业行为，而且还在于通过促销活动，创造需求，进而促使生产者和消费者进行良好"沟通"，最终实现互惠互利。二是促销不是通过单一方式完成的，而是针对具体的产品，市场特点和竞争环境，有针对性地组合促销策略，本案例则运用广告、人员推销、公共关系等组合手段成功地挽回了趋于颓势的马铃薯市场。三是任何促销策略的运用都必须基于科学、准确的市场研究结果，闭门造车、纸上策划只能是无的放矢，甚至造成严重的决策失误。

资料来源：吕一林. 市场营销教学案例精选［M］. 上海：复旦大学出版社，1998.

案例分析题

1. 影响马铃薯消费的主要因素是其增肥效果吗？试从营销学角度分析。
2. 你认为食品促销的主要特点是什么？食品行业中应主要运用哪些促销手段？

[专栏]

王则柯教授的鱼贩朋友

广东中山大学岭南学院知名教授王则柯在《信息经济学平话》一书中讲了两个相邻鱼档的不同销售方式及业绩的故事。一个年轻鱼贩子性情开朗，乐观热情，质优价高，却是"货如轮转"，天天早上市早收市。相邻的姐弟俩性格内向，鱼的价格和质量与同伴相当，却不善言辞，总是错过市场高潮，鱼翻肚皮、虾奄奄一息，在口味挑剔的广州顾客面前，最后连"跳楼价"也无人问津。

鱼贩子的故事告诉我们：一是促销必须研究分析市场环境和消费偏好；二是针对主要的竞争对手采取灵活有效、扬长避短、人无我有的促销组合策略；三是对特定的食品，要分析其营销特点和消费特点，广泛传播信息，与顾客情感沟通；四是促销不能是依靠单一促销手段，必须在营造有利的营销环境下综合运用各种营销策略。如食品类促销除物美价廉之外，愉快的交易气氛也是销售的重要因素。

第十一章 食品企业形象营销策略与设计

第一节 企业形象与形象营销

一、企业形象的定义

企业形象是"企业"与"形象"的结合词。形象是能引起人们的思想感情活动的具体形态和姿态,是人们感觉、认知客观事物后所形成的印象,属于历史范畴,在不同发展阶段有不同的表现形式和方式,企业是一个进行生产和经营管理活动的社会经济组织。

企业形象是企业的方针、政策、生产经营活动以及其他一切相关的基本情况,经过思维与情感的整理和分析,在包括企业内部员工在内的社会公众心目中留下的综合印象。可以说,企业形象是企业个性和信誉在人们心目中的反映,体现了社会对企业的认可和接受程度。它是一个抽象概念,既看不见也摸不着但却是客观存在的,并且不以人们意志为转移。企业形象的内容可分为物质方面、社会方面、精神方面。物质方面包括,企业办公大楼,生产车间,设施设备,产品,环境,标识等;社会方面包括职工队伍、技术力量、经济效益、公众关系、管理水平等;精神方面包括企业信念、道德水准、口号精神、厂歌等。

二、形象营销及特点

（一）形象营销的定义

形象营销是通过打造良好的企业形象获得社会公众尤其是消费者的信任和喜爱,从而开始接纳该企业并购买其产品的营销方法。形象营销是企业形象与市场营销的有机结合,是以塑造形象为手段通过满足人们不同需求尽快使人们了解企业,对企业产生好感和信赖,影响消费者购买行为,达到市场营销的目的。

企业的经营观念经历了五个发展过程,即生产观念、产品观念、推销观念、市场营销观念、社会营销观念。形象营销是适应社会营销观念要求的一种营销方式,是一种进步的适时的营销方法,它在营销过程中体现的是兼顾企业、消费者和社会三方面的利益,企业通过满足消费者的需求,承担社会责任履行社会义务来取得合理利润。

（二） 形象营销的特点

1. 全员性

企业领导者和员工是一个命运共同体，每一位成员都代表着企业的形象。只有所有成员齐心协力才能创造良好的企业形象，提升销售水平。同时良好的企业形象要在市场调查、产品设计、产品生产、产品销售以及售后服务的各个环节中得到保持。

2. 特色鲜明

随着经济的快速发展，各类企业层出不穷，相似产品不断涌现，所以企业必须在市场营销中形成具有鲜明特色的产品，这样才能在公众尤其是消费者心中留下深刻的印象，进而使消费者喜爱产品并购买产品。例如，人们一提起肯德基，脑海中就会浮现出那位慈祥的"老爷爷"；说起百事可乐，就会想到那个红蓝相间的圆球。形象越鲜明，越个性，就越能够打动公众，从而更能促进产品的销售。

3. 社会性

企业通过塑造良好的形象，以产品形象来赢得消费者的喜爱，实现产品向消费者转移，从而获取利润，实现销售收入。企业应以优质的产品满足消费者需求，并高度重视和维护消费者的利益，才能树立起良好的形象。企业形象营销不仅是销售产品和追求利润，更要使营销活动产生良好的社会价值。

4. 持久性

有的营销方法，效果立竿见影，而形象营销则不可毕其功于一役，必须要经过长时间的努力才能取得应有的效果。像生活中人应注意自己的外形一样，想要在任何时候都给人们留下好印象，就要一直注重自己形象。人们在接受外界信息的同时，对企业的评价标准也在不断变化，因此企业形象需要不断革新。即便是在公众心目中留下了深刻印象的可口可乐之类的公司，若一年不宣传自己的形象，公众则可能会淡忘其公司形象，产品滞销的问题就会产生。

三、营销阶段

（一） 企业导向阶段的形象营销

企业导向阶段的形象营销是指企业以自我为中心，站在企业自身的立场或从企业的认识角度来开展的形象营销活动。

该阶段的形象营销包括三步：第一步，以产品外在形象为中心，注重产品外在形象的设计，期望采用外形美观的产品吸引顾客；第二步，以产品内涵形象为中心，企业大量运用推销技巧、卖点设计、概念创意等手法，以吸引顾客关注，推销自己的产品；第三步，以企业识别形象为中心，企业导入企业形象识别战略（CI 战略），设计和传播企业的理念、行为、视觉三种系统的识别，达到在公众心目中树立独特企业形象的目的，增强公众的识别和认同程度。

在企业导向阶段的形象营销主要取决于企业自身，企业为达到产品销售的目的，从企业识别等方面着手吸引顾客，诱导顾客产生购买欲望，但对于顾客的心理评价关注较少，因此在这一时期，企业形象还应关注从属地位和外在刺激，重视公众的心理。

（二） 公众导向阶段的形象营销

公众导向阶段的形象营销是指企业以公众为中心，站在公众的立场或从公众的认识和评价角度来开展的形象营销活动。此时期的形象营销也可分为三个阶段：

第一，以服务为中心阶段企业认识到只有高质量的有形产品还不够，需要增加产品的附加价值和利益，就需要通过服务提升产品形象，包括制订服务标准、严格履行标准来吸引和留住顾客。

第二，以顾客满意为中心阶段，在以顾客满意为中心的阶段，企业注重按照顾客让渡价值理论导入和实施顾客满意战略（CS 战略），提升顾客价值，降低顾客成本，提高顾客对企业产品的满意程度，建立和维系顾客对企业产品的忠诚程度。

第三，以整体形象为中心阶段，企业面对的内外环境复杂多变，需要面对和处理复杂的公共关系，企业营销能否顺利开展，很大程度上取决于企业在公众心目中的形象，即在以顾客为核心的公众心理上的评价和认可程度。企业通过与现实已经发生和潜在可能发生利益关系的公众群体进行传播和沟通，使其对企业营销形成认知，从而建立企业营销良好的形象基础，形成企业营销宽松的社会公关环境。

四、 形象营销的重要意义

第一，通过企业形象营销，树立良好的企业形象，使消费者对本企业所生产的产品和提供的服务产生信任感，企业在消费者心目中有了良好的形象，消费者自然容易接受这个企业，接受这个企业的产品，从而有利于提高顾客的忠诚度，增加顾客的重复购买概率，有利于提高营业额和市场占有率。

第二，通过企业形象营销，可以保障用户利益。首先是方便用户选择商品，目前市场上的商品琳琅满目，消费者很难对每一个产品都进行全面了解，很多人都是基于对某产品企业的信任来做出选择，这使消费者选购变得简单；其次是提高消费质量，我国正处于市场经济发展的初级阶段，各种法律法规还有待完善，企业遵循自己的经营理念注重自身的形象，恪守诚实敬业的道德，假冒伪劣商品就会越来越少，整个社会的消费质量将提高到一个新的水平。

第三，通过企业形象营销，树立良好的企业形象可以为企业多元化经营提供有利条件。多元化战略要求企业向新的领域进军，但是新的领域对企业来说是一个陌生的领域，意味着企业面临着巨大的市场风险。但是如果企业在消费者心中形成了良好形象，那么就会起到降低市场风险的作用。

第四，通过企业形象营销，可以吸引社会资源和增强企业实力。资源和能力决定了企业生存和发展。随着市场体系的不断完善和健全，为了更好地发挥资源效益，各种资源总是流向具有良好形象的企业，这些资源既包括财力、物力，也包括人力，从而优化企业资源环境，促进企业发展。

第五，提升员工生荣誉感，增强企业凝聚力。良好企业形象有利于提高员工的工作热情。同时，员工们还会因企业良好形象及其在社会上的知名度和美誉度而对企业产生强烈的认同感和归属感，促使他们积极参与企业各项活动，关心企业命运，将个人利益和企业利益相统一，从而增强了企业凝聚力。

第二节　企业形象营销策略

一、影响企业形象的因素

（一）首次印象

公众往往对第一印象最为深刻，且能长久保持不变。一个企业留给公众第一印象是什么，往往具有强烈的影响。第一印象较好，日后能长久保持；第一印象不好，日后又难以扭转。一个优秀的公关人员总会善于抓住人们的先入为主的认识心理，在企业创建、新员工报到、新客户上门或推出新产品之际，巧妙地展开宣传，争取留给公众最好的第一印象。

（二）企业文化

企业文化也影响着企业形象，企业文化通常包括企业精神、价值观念以及由此为核心组成的行为规范、道德标准、生活信念、企业风俗习惯等。20 世纪 90 年代后，企业文化在现代企业中的作用，越来越被人们认识和重视。更多的企业已把企业文化作为企业管理的中心问题来处理。而优秀的企业更是通过宣传其企业文化的核心——企业精神和价值观来建立自身的形象。海尔电器的"真诚到永远"，飞利浦的"让我们做得更好"等企业精神让人们对该企业形象留下深刻的印象。

（三）企业特色

企业特色是公众区别于不同的企业的标志。公众对企业的认知具有选择性，是影响公众的选择性因素之一，是认知对象即企业的特征，企业特征越显著，人们就越能感知它。作为企业形象在设计时应独树一帜，力求与众不同、引人注目，给人留下深刻印象。企业特色包括商品特色、服务特色、产品外观特色、人员特色、管理特色等。企业特色包含内容极其广泛，需要认真研究对待。一个优秀的企业不仅在产品及服务上有其自己的特色，且其企业自身也应有其特色，使公众能迅速从众多的企业标记及产品中识别出本企业。

（四）企业形象出现的频率及影响程度

企业形象出现的频率及影响的程度是影响企业形象的又一个重要的因素。企业形象的多次滚动出现，重复刺激，会给公众留下深刻而完整的形象。例如，脑白金产品广告在电视上频频出现，"今年过年不送礼呀，要送就送脑白金呀"这句反复刺激的广告词让大多数中国人都记住了脑白金产品，使产品销路迅速大增，取得了空前的效果。浏阳河酒厂经过多次摸索，创造出质量精良、味道醇美的白酒，他们请来湖南籍的奥运冠军熊倪、刘璇、龚智超做代言人，喊出了"浏阳河，冠军的酒"的口号。该广告语京城街头随处可见，在体育场所也遍地开花，反复刺激人们的眼球，让人们很快记住了他们的产品，提高了企业的知名度。

二、企业形象营销的基础

企业形象营销的基础企业形象营销的基础包括三个方面：质量、服务、信誉。

（一）质量

质量是产品和企业的生命。在市场营销中，企业应充分考虑在满足消费者的前提下设计、生产产品，建立、健全企业的全面质量管理体系。质量不仅是企业的生命，而且还是企业成功的保证，这一点对食品企业来说尤为重要。市场经济条件下，"优胜劣汰"的经济法则在市场竞争中发挥着更大的作用。食品企业开始认识到要在激烈的市场竞争中求得生存和发展，其出路就是把商品质量抓上去。2006年6月6日，河南电视台记者通过暗访了解到某大企业的乳品厂将超过保质期的牛乳返厂加工再销售的事实，并进行了曝光。这次"回乳事件"引发了全社会的震惊和谴责，造成该乳品品牌的"信任危机"。在证券市场上，该企业的市值在短短的5个交易日里，缩水超过人民币1亿元。可见，产品质量出现问题对食品企业的伤害尤其严重。

上述事例说明了质量与企业形象之间的关系。如果食品出现品质问题不仅会影响消费者的身心健康，更会给食品企业带来无法估计的损失。因食品的质量问题而倒闭的食品企业随处可见，质量问题会影响到食品企业形象，进而影响到食品企业的生存和发展。质量是企业的生命，质量是企业成功的保证，树立企业形象，开展企业形象营销，必须从质量这一根本做起。

（二） 服务

在市场营销过程中，企业要不断针对消费者的需要进行各种营销活动，使其获得好处，即企业要向消费者提供优质服务。所谓优质服务，就是消费者对服务者提供服务的期望值和满意度，即"想顾客之所想，急顾客之所急"。在市场竞争中，人们可以经常看到这样的情况，许多消费者会因为一件小事而大受感动，从此经常购买该企业的产品或服务。同时，也会因一件小事处理不当而大失所望，甚至耿耿于怀。

例如：麦当劳曾在对北京发售月票网点的调查后知晓，北京有600多万人使用月票乘公交车，而发售月票的网点只有88处，乘客深感不便。于是他们便"拾遗补阙"开发了"代售月票"的营生，为广大乘客创造便利条件，此举推出就吸引了大批食客络绎不绝。高考前夕，在麦当劳的餐厅里就坐着不少手拿书本、只要一杯饮料就坐上好几个小时的考生。面对此景，麦当劳不但未赶他们走，反而特意为这些学子延长了营业时间。这些善举，一方面方便了市民，带来了良好的社会效益，同时，树立了好的形象。在企业的市场营销活动中，企业中的各种设施是"硬件"，而由服务人员表现出来的服务水平则是"软件"。"硬件"虽重要，但"软件"更是不可轻视。特别是在物质条件日益丰富，消费水平日益提高的今天，消费者把优质服务看得比价格低廉更重要。因此，优质服务就成为食品企业制胜的秘诀，同时也是企业形象营销的一项基础工作。

（三） 信誉

信誉是企业在生产经营活动中获得公众认可的信用和名声。作为企业的一种宝贵资源，它是企业长期提供优质的产品和服务所产生的必然结果。良好的企业信誉，是一种无形资产，而且也是企业最有价值的广告，它所产生的效益是无法估量的。许多食品企业都认识到了，有着良好信誉的企业，可以在市场竞争中取得事半功倍的效果。在《福布斯》公布的2006年全球信誉企业200强的名单中青岛啤酒名列第68位，表明青岛啤酒作为中国历史悠久的啤酒生产企业，是国际市场上最具知名度和信誉度的企业之一。

信誉贯穿于食品企业的整个营销活动之中，它包含着丰富的内容，如产品质量信誉、价格信誉、广告信誉、服务信誉等。企业有了上述各种信誉，才能为树立良好的企业形象打下坚实的基础。

开展食品企业的形象营销，必须抓好"质量、服务、信誉"这三项基础工作。消费者都是通过产品的"质量、服务、信誉"来认识食品企业、了解食品企业、信赖食品企业，进而对食品企业产生良好印象。没有这三项基础工作，企业形象营销就无从谈起。

食品企业形象营销的成功与否，一方面取决于食品企业营销水平的高低，另一方面则取决于建立企业形象的基础工作是否扎实、稳定。企业形象是在"质量、服务、信誉"的基础上建立起来的，是一个长期的工作，良好的企业形象树立不起来，何谈企业形象营销。

三、企业形象营销策略和分类

（一）企业形象营销的战略措施

1. 要牢固树立企业形象战略的观念

企业形象和品牌一样是企业的一项极为重要的无形资产，能为企业带来更多的利益，必须牢固树立形象观念。把企业形象的确立作为一种指导思想，企业的一切活动、一切行为必须围绕企业形象的树立而展开。

2. 坚持质量第一，树立产品形象

产品的形象也就是企业的形象。要树立良好的产品形象必须严把产品质量关。企业要将重点从片面追求产值、产量、销售额转移到增加产品科技含量、突出质量上。为树立质量形象要始终坚持质量第一的方针，强化质量意识，加强企业全面质量管理，把质量工作看作是企业生存与发展的一件大事。

3. 强化服务

企业之争不仅表现在价格上、质量上、品种上，还表现在服务上。消费者总是愿意买那些不仅质量好而且服务也好的产品。他们希望得到优质服务以便解除其后顾之忧。作为企业要为消费者提供各种各样的服务，通过优质服务、周到齐全服务就能吸引顾客，获得市场竞争的优势。

4. 加强企业文化建设和思想政治教育工作

企业文化是企业发展的凝聚力，是企业发展的精神支柱。优秀的企业文化要求职工遵守企业的行为规范，树立一致的价值观，培养一种积极进取的精神，不断开拓，勇于拼搏进取，敢于创新，讲求效益，通过文化建设来增强职工凝聚力、向心力。建设企业文化的同时还要加强对职工进行政治思想教育，加强精神文明建设，提高职工的思想素质。

5. 注重企业形象的传递与扩散

企业应充分利用各种机会有组织地、系统地扩散企业形象，把企业信誉、职业道德、企业精神、产品形象等信息及时地向社会扩散。让更多的企业、组织机构和个人充分了解企业，以此提高企业知名度。

（二）企业形象营销策略的分类

1. 根据形象营销采用手段不同，对形象营销策略的分类

（1）宣传策略 运用大众传媒、印刷媒介、电子媒介等宣传手段，传递企业营销的信息，影响公众舆论，迅速扩大企业的社会影响。宣传策略主导性强、时效性强、传播面广，有利于快速提高企业和产品的知名度。

（2）交际策略 运用各种交际方法和沟通艺术，广交朋友、协调关系、缓和矛盾、化解冲突，为营销创造"人和"的社会环境。交际策略的特点是直接沟通、形式灵活、信息反馈

快、富有人情味，在加强感情联络方面效果突出。

（3）服务策略　以实际的服务行为作为特殊媒介，吸引公众、感化人心、获取好评、争取认同、使企业与公众之间关系更加融洽、和谐，为企业提高社会信誉。服务策略的特点是以完善、超值的服务行动作为最有力的语言，实在实惠，最容易被公众所接受，特别有利于提高企业的美誉度。

（4）社会策略　以企业的名义发起或参与社会性的活动，在公益、慈善、环保、文化、体育、教育等社会活动中充当主角或热心参与者，扩大企业的整体影响。社会策略的特点是社会参与面广，社会影响力强，形象营销投资费用也高，能同时较有效地提高知名度和美誉度。

（5）征询策略　是指运用收集信息、社会调查、民意测验、舆论分析等信息反馈手段，了解民情民意，把握时势动态，监测企业环境，为营销决策提供咨询。征询策略特点是以输入信息为主，有较强的研究性、参谋性，是形象营销双向沟通中不可缺少的重要机制。

2. 根据营销发展阶段和形象营销的目的不同，对形象营销策略的分类

（1）建设型策略　建设型策略适用于企业的开创阶段，以及某项目或产品服务的问世阶段。为了提高知名度，形成良好的"第一社会印象"。采用高姿态的传播方式，力图尽快打开局面，形成舆论，扩大影响。如隆重的开业庆典仪式、剪彩、落成典礼、产品推介会、新闻发布会、开业或者上市广告等。

（2）维系型策略　维系型策略适用于企业的发展时期。为了维系企业已享有的声誉，稳定已建立的良好关系。采取一种持续的、较低姿态的传播方式，对公众施以不落痕迹、不知不觉的影响，保持一种潜移默化的渗透力，维系良好的形象。如保持一定的曝光率、服务性、信息性的邮寄品分发，逢年过节的专访、慰问，给老关系户适当的优惠或奖励等。

（3）防御型策略　防御型策略适用于企业出现潜在形象营销危机的时候。为了控制形象营销失调的苗头，防患于未然，采取以防为主的策略，重视信息反馈，及时调整自身的政策或行为，以适应环境的变化。企业可建立防御机制，注重协调政府部门、权威机构、专家和新闻媒体的关系。

（4）进攻型策略　进攻型策略适用于企业与公众发生某种冲突、摩擦的时候，为了摆脱被动局面，创造新局面，采取以攻为守的策略，抓住有利时机和有利条件变换决策，迅速调整、改变对原有环境的过分依赖，开辟新的环境和新的机会。

（5）矫正型策略　矫正型策略适用于企业的形象营销严重失调、形象受到严重损害的时候，为了尽快挽回信誉，需要采取一系列有效措施，做好善后的传播沟通工作，以求逐步稳定舆论，平息风波，挽回影响，重塑企业营销形象。

四、企业形象营销体系

企业在建立形象营销体系时，要在企业总体形象塑造的同时突出重点。一是抓住主要矛盾，找出对企业营销影响最大的少数几类主要形象，花主要精力去进行塑造，用少量精力去塑造其他的形象，这样才能事半功倍、富有效率。二是坚持市场导向，迎合那些对企业形象敏感的关键公众——消费者的需求，塑造他们喜爱的形象，让他们对企业有好的印象和评价。

对企业而言，生产经营是以产品和服务为内容，产品和服务是企业生产经营所创造价值

的载体,企业形象是企业销售收入和利润的基础,应以企业形象、产品形象、服务形象等为主要因素,构建企业形象营销的体系如图11-1所示。

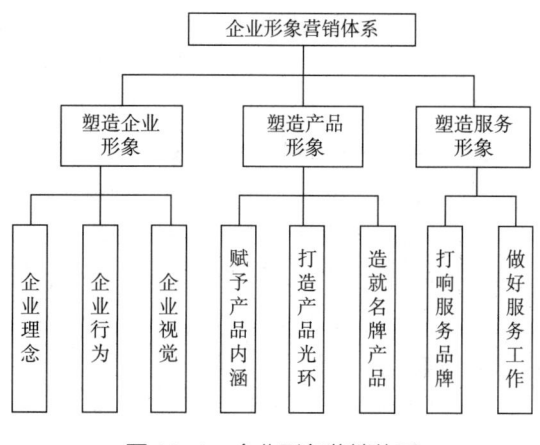

图11-1 企业形象营销体系

第三节 食品企业形象营销设计

一、塑造企业形象

树立食品企业形象是要突出食品企业个性,是企业从自身的实际出发所创造的符合自身特点的管理思想、管理方式,树立良好的企业形象是开展形象营销的基础。一个完整的企业形象识别是由企业理念识别、企业视觉识别、企业行为识别三部分组成的。

（一）树立食品企业理念形象

企业理念就是企业生产经营活动的根本指导思想,是指导企业整体的价值观和方法论,按照不同层次划分为组织制度型和精神文化型两类。组织制度型的企业理念包括各种管理制度、生产方式、经营目标、生活目标、生活方式和行为准则;精神文化型的企业理念,包括企业及员工的观念、心理和意识形态等。企业理念是指导、影响企业行为的核心,是企业长久发展的总纲,是企业发展的软件。

1. 企业的经营理念

企业经营理念包括三个部分:一是对组织环境的基本认识,包括社会及其结构、市场、顾客和科技情况的预见;二是对组织特殊使命的基本认识;三是对完成组织使命的核心竞争力的基本认识。食品企业要先确立自己的经营宗旨与经营方针,经营宗旨的设计就是企业自我的社会定位,设计的好坏决定食品企业与社会的关系及未来的发展前景,关系到企业的社会地位。经营方针是企业运行的基本准则。把握食品企业的特点,根据不同的食品企业设计不同的经营方针,并在经营方针的指导下进行企业生产经营,明确食品企业的营销目标。

2. 企业的精神文化

企业的精神文化表现为企业的精神、价值观、道德标准等,一旦形成,则不易发生变化，具有延续性和结构稳定性。

企业精神是企业全体或多数员工共同一致、彼此共鸣的内心态度、意志状况和思想境界。企业精神是企业文化的核心，在整个企业文化中起着支配的地位，它可以激发企业员工的积极性，增强企业的活力，决定着企业的发展方向。可以说，企业精神是企业的灵魂。

企业价值观是企业及其员工的价值取向，是指企业在经营过程中所推崇的基本信念和对事物的评价标准。它综合地反映了企业管理主体对企业内外环境的一种态度，是企业职工理想、信念、志向的一种反映，强调员工对企业的归属感。

企业道德既是社会道德体系的重要组成部分，也是社会道德原则在企业中的具体体现。企业在生产营销活动中，要遵守职业道德，体现在坚持善良、正直、公正、诚实守信的原则。通过道德规范来规范职工和企业的行为，用道德规范建立企业与职工及客户之间的和谐关系。

（二）重视企业视觉形象

企业视觉形象营销在当今的市场竞争中占据着一定的地位，成为人们了解产品更快、更准确的途径，是国内外企业都很重视的营销战略。

1. 企业标志

承载着企业的无形资产，是企业综合信息传递的媒介。企业的整体实力、完善的管理机制、优质的产品和服务，都被包含在标志中。通过不断刺激和反复刻画，加深公众印象。面对市场上食品种类的多样性，食品企业要设计鲜明、简洁以及个性化的视觉形象符号，引人注目，易于识别；还要设计企业的外观形象。食品企业还要鼓励员工穿厂服、戴厂徽等，加深公众对食品企业的印象，同时增进员工的归属感，增强企业凝聚力。

2. 广告宣传

广告营销是最直接的营销手段之一。广告宣传还具有很强的表达和表现能力。公众对食品产品的选择，不仅是看食品的外观，还要看产品质量、营养以及公众对该产品的评价。因此，食品企业的广告宣传不单是让消费者记住产品，更重要的是让消费者了解产品，把该产品质量、营养成分与其他生产厂家进行区别。为保证宣传的效果，需要选择合适的媒体，制作高质量的广告，并且通过赞助和支持各项公益活动等公共关系，建立企业与公众的密切联系，促进广大社会公众的认知和认同。

（三）塑造企业行为形象

企业形象的树立最终是通过企业行为表现出来的。企业行为形象是企业理念形象的动态表现，行为形象营销就是要从企业的日常行为表现来塑造企业形象。若想要消费者了解企业、认识企业及对公司有好感，企业就必须要通过一些途径把经营理念传递出去，使企业的良好形象在消费者心目中逐渐树立起来。将良好的工作环境营造出来，对员工行为进行规范，教育和培训员工等即企业内部活动，以此来使企业的服务或产品的质量得到保证。

二、塑造名牌产品

在如此复杂多变的市场竞争中，企业要想立足，保持竞争优势是至关重要的，而创造自己的名牌产品是企业保持市场竞争优势的重要途径。名牌是企业优质产品的证明，是企业身份的标志，是企业重要的无形资产，更是企业形象的缩影。在21世纪，消费者越来越关注文化、精神层面的需求。除了做好数量、质量以及产品开发设计等方面的工作以外，为使消费者的需求得到满足，产品的文化特色和个性特征也被纳入到企业重点关注的领域中。塑造名牌产品，可以使企业的产品在相当范围内和程度上，赢得广大消费者的青睐，同时确立企业和产品在消费者心中的重要地位，从而提高企业知名度和声誉。

要塑造名牌产品应从以下三个方面开始。

（一） 赋予产品内涵

由于消费者的消费观念不断发生变化，消费者所购买的不仅是商品，也包括商品的形象，即以产品为核心的一个系统。当今的企业要适应这种要求，营销就不能仅停留在卖产品的层次，还要赋予产品一定的内涵，通过卖文化、卖品位、卖感觉，以适应消费者的要求，与同行的产品相区别。赋予产品内涵可以从产品概念、产品创意、产品设计、产品质量和安全等多方面考虑。例如，"今年过年不收礼，收礼只收脑白金"。春节是中国人的传统节日，春节期间亲朋好友之间互赠礼品在中国是作为一种习惯和美德而存在的，而"脑白金"的广告词恰恰抓住了中国人的这一特点，拉近了与消费者之间的距离，提高了消费者的购买欲。

安徽洽洽香瓜子是合肥华泰集团旗下著名的零食品牌，小小的瓜子从安徽卖向全球，并且能够卖出十几亿的销售。正是因为企业对市场进行考察后，对行业进行整合，由平常的炒改为煮，不仅开拓了市场，还改变了消费行为，演变成休闲食品，吃完不会上火。洽洽香瓜子是煮出来的，差异化的定位锁定了消费者，并形成了独特的卖点。

（二） 打造产品光环

产品不仅要有内涵，还要有光环。形象营销不仅要有好的产品，还要让人家容易发现，引起人们注意，给人留下深刻印象。例如，肯德基在中国一直深受各年龄段的人喜爱，而中国品牌的快餐鸡节节败退，两者质量相当，味道差不多，其根本原因是"光杆产品"敌不过"光环产品"。中国品牌的快餐鸡仅是被用来销售，因而称为"光杆产品"，而肯德基则罩着一层光环，这便是肯德基的形象，它的企业理念、文化背景、企业行为、店铺氛围、视觉形象等因素构成一种"光环"，在消费者心中占据了重要地位。消费者在肯德基餐厅里所消费的不仅是鸡，而是个以"鸡"为核心的系统，要是把肯德基的炸鸡搬到其他快餐厅去卖，可能无人问津。然而我国多数的食品企业生产的仅是一种产品，没有内涵和光环。

光环是通过包括广告在内的各种营销手段，在营销的各个环节中逐步积淀文化而形成的综合效应，其中包括：①找到企业、产品、代表人物有关的传奇故事；②创造一个特色形象；③塑造代言人形象；④成功的推广方式来保证等。

（三） 培育名牌产品

培育名牌，尤其是国际名牌是形象营销追求的最高目标。从消费者来讲，随着生活水平提高和消费观念更新，消费行为日益成熟，重质量，重服务，追求名牌形成了一股新的消费习惯。同样的产品，名牌产品形象好，知名度高，自然会吸引更多的消费者；从企业来讲，名牌一旦获得社会承认，不仅产品畅销，效益提高，机会也随之而来，使得名牌企业在市场竞争中具有强大的生命力。

1. 品牌、商标形象主导型

因历史等原因，企业拥有的品牌、商标与企业的名称不同，企业可以品牌或商标为主导，以其在消费者心目中的形象来带动企业形象的提升。例如，上海冠生园的"大白兔"

商标与冠生园商标不同；顶新集团与旗下的"康师傅"系列产品品牌不同。

2. 企业形象主导型

如果企业具有较高的知名度，可将企业名称应用于品牌及商标上，以此带动品牌的及商标形象的提升。一些拥有金字招牌的"老字号"企业或已经建立良好企业形象的食品企业，在进行产品和品牌开发时，可重点考虑对金字招牌这一无形资产的挖掘和利用。如老字号的北京稻香村食品集团，不断开发推出"稻香村"系列产品。

3. 同步培育型

对于一些专业经营的新公司而言，可在公司成立初，即将企业、品牌、商标三者统一起来，使三者相互影响、促进，同步培养，共同提升。近年来在国内市场涌现出许多著名的食品企业及食品品牌，如蒙牛、伊利等。

三、塑造服务形象

企业必须既关注产品质量，又关注服务水平和服务质量，才可能将产品的市场营销工作做好，将企业的良好形象树立起来，使企业在竞争中保持优势地位。企业之间的竞争随着经济的发展逐渐呈现出新的特点，为使消费者的满意度和忠诚度得到提高，企业需要通过优质服务和特色服务使自身的魅力增加。

形象营销中塑造良好的服务形象之所以重要，一是因为人们生活水平的不断提高，对物质产品本身的需求已退居次要，而对精神的、感觉的、心理的需求变得更加突出，人们更注重享受服务；二是科学的发展、竞争的加剧，许多产品在技术和质量上往往相差无几，在这样的情况下，企业能否树立周到、热情的服务形象就变得更为重要。

（一）建立健全服务体系

健全的服务体系包括售前服务、售中服务和售后服务三个方面。

1. 售前服务

售前服务是企业在消费者未接触产品之前所开展的一系列刺激购买欲望的服务工作，它可以帮助消费者消除购买顾虑。食品企业通过向消费者介绍食品中营养物质的种类、功能、日摄入量等，开展营养知识讲座，使消费者了解营养知识，提高消费者品位和素质。例如，一些超市的商品上附有科普说明，"低血压患者不宜食用山楂""胃溃疡和失眠者慎饮用咖啡"等，简单的提醒就能给予消费者很大的帮助。

2. 售中服务

食品企业的售中服务主要体现为促销人员对消费者进行的产品介绍、对消费者产生的疑惑解答，并要塑造真诚、文明、热心、周到的服务形象。不但要打动消费者实现销售，还要给他留下深刻印象，以吸引消费者下次再来购买。如超市的促销员着装代表品牌的工服，搭建一个简易、整洁的平台，开展免费试吃的活动，从而吸引消费者前来购买。

3. 售后服务

产品售后服务包括安装调试、维修保养、回访用户、为用户排忧解难等。售后服务的好坏是影响消费者意识和消费行为的一个重要因素，它关系到产品的消费者对产品的认可程度。食品企业的产品多属于一次性或短期消费的产品，因此食品企业的售后服务与其他行业的不同主要体现在产品出现问题后，食品企业对问题的处理、产品的调换、对消费者的赔偿等。

（二） 提高服务质量

服务质量没有明确的标准，但是能用消费者的满意程度来衡量。企业要通过一系列活动使公众确信，只有它才能在产品的销售中提供如此独特的，周到的售前、售中、售后服务，这就是企业形象的社会效益。要想提升服务质量，企业可以从几方面进行，一是组建服务团队；二是服务团队人员定期参加服务系统培训，以养成良好形态；三是不断提高服务意识和能力；四是定期考核服务态度能力，使服务团队稳步提升。当然食品企业可以根据自己经营的产品策划出独具特色、形式多样的服务内容。

四、 建立危机管理体系

企业危机管理是指企业在营销的过程中，可能遇到一些无法预知的对企业经营造成极端危害事情的管理。这些事情可能是人为因素、社会因素，也可能是自然因素造成的。一旦发生会损害公司形象，导致公众特别是现实消费者对企业失去信任，从而给企业的正常营销活动带来严重的影响。

食品与人们的健康息息相关，消费者和媒体对食品企业在原料选择、生产加工、运输贮存的各个环节都格外关注，当食品企业在某一个环节或某一种产品出现异常时，都会引起公众的质疑，甚至影响该食品企业其他产品的销售，严重时可能导致食品企业整个经营活动瘫痪和企业破产。因此及时正确地处理危机，可以维护和重塑企业形象，减少企业经济损失。

建立危机管理体系包括四个方面。

（一） 建立形象危机处理小组

危机处理小组是处理危机事件的最高权力机构和协调机构，它负责调查事情经过，评估危机带来的影响，提供处理危机的方案，协调各方面活动，将企业的损失降到最低。寻求公众的谅解，重塑企业的形象。

（二） 制订危机解决方案

通过调查明确危机的真正来源，准确地分析原因以及造成的后果，及时制订相应的危机解决方案。

（三） 消除危机的不良影响

利用传播媒介消除或减少造成的不良影响，争取把损失降到最低。危机出现后，食品企业的形象营销危机处理小组应及时主动与媒体、政府部门沟通，向公众说明危机产生的原因，把企业的处理方案坦诚的公布于众，做出真诚处理的态度，争取得到公众的谅解。

（四） 制订重塑企业形象的营销方案

任何企业在生产经营过程中避免不了出现一些问题，因此，处理问题时切忌推卸责任、逃避，应选择正确的处理方式，坦然面对公众，解决公众和媒体心中的疑虑，不仅可以挽回受损的企业形象，还能恢复公众对企业的信心，达到重新塑造企业形象的目的。

思考题

1. 为什么说"光杆产品"不敌"光环产品"?
2. 企业形象营销有何积极作用?
3. 影响企业形象的因素有哪些?谈一谈如何更好地塑造食品企业形象?
4. 企业形象营销策略有哪些?如何设计食品企业形象营销策略?
5. 试分析我国企业形象营销的现状及其存在的问题?

[案例]

蒙牛打造企业公民形象

1999年，成立之初的蒙牛在呼和浩特市一夜之间就推出500多块户外广告牌，上面写着"发展乳品行业，振兴内蒙古经济""千里草原腾起伊利集团、兴发集团、蒙牛乳业，塞外明珠耀照宁城集团、仕奇集团、河套峥嵘蒙古王、高原独秀鄂尔多斯、西部骄子兆君羊绒……我们为内蒙古喝彩，让内蒙古腾飞"。蒙牛在广告费非常有限的时候，不是马上宣传自己的产品，而是反过来关心内蒙古的城市发展，这是蒙牛精心做的捆绑插位，用公益的行为博得大众和社会的认可，令自己一出世就不同凡响。

公益营销中的公益活动并不是单纯的慈善事业、捐助事业，公益活动必须让消费者能够感受到品牌的存在，触摸到产品的品质，让消费者在意识中把品牌与公益行为牢牢地联系在一起。蒙牛从"捐助2008奥运会"到目前"向500所贫困地区小学赠乳"，可谓一步一个脚印将蒙牛的营销活动与公益活动结合起来，既树立了品牌形象，又促进了产品销售。

2001：赞助中国"申奥"成功——掷地有声。

2001年夏，众人的目光都聚集在"申奥"事件上，蒙牛打算借助"申奥"为"奥组委"1000万打响全国市场的第一地。经过慎重推敲，蒙牛将捐数日定在了2001年7月10日，此时"奥组委"即将成立，并且距离"申奥"成功的7月13日仅提前3天，正是万众瞩目、翘首以待的时候，蒙牛此时出招，可将传播效果最大化。

如果将公益行为的价值最大化，必须将蒙牛此次捐款与消费者联系起来，让消费者在家牛的公益活动中感受蒙牛的品牌价值。因此，蒙牛打出了"一厘钱精神，千万元幸就"的旗帜，意思是蒙牛在每袋牛乳、每根雪糕的销售收入中各提取一厘钱，累计提取10005元分期分批捐给"奥组委"，这样，蒙牛的公益行为就天衣无缝地与消费者联系在了一起，让每个购买蒙牛产品的消费者感觉到为"申奥"做了贡献，既体现了消费者的个人价值，又升华了蒙牛的品牌形象。

2001年7月10日，蒙牛乳业宣布：北京申奥成功，蒙牛捐款1000万。在信息发布之时，蒙牛举行了新闻发布会，并进行了公证。同时，向中国奥林匹克委员会致信，《光明日报》《经济日报》等几十家媒体对此做了报道。早在2001年4月，蒙牛已在深圳发动"万人签名"活动——"神州共申奥，鹏程大签名"，7月10日蒙牛在呼和浩特再次发动"万人签名"活动。2001年7月13日，北京"申奥"成功，呼和浩特人民政府向北京发出贺电，贺电强调了蒙牛的助奥承诺，第二天中央人民广播电台播发这一贺电。

此后，蒙牛在《北京晚报》《南方周末》等全国40多个城市的主力报纸上，做了《一个"两岁半的孩子"为何向奥运捐款1000万元》的软性宣传。"一个两岁半的孩子"与"捐款1000万元"形成强烈反差，在社会上产生了极大的舆论效应。自此，消费者更深入地认识了蒙牛，蒙牛的品牌价值得到了提升。2001年7~12月蒙牛的销售额直线上升，是2000年同期销售额的3倍以上。

2003：与国家共同抗击"非典"——要做最好。

2003 年春，人们被笼罩在"非典"的阴霾之下，消费者产生了极度的恐慌。开始意识到身体健康的重要性，而牛乳作为增强体质、具有免疫力的营养食品成了"紧俏品"，北京的乳品市场抢购成风。如果此时提升牛乳价格，人们不会计较，对看重销售量和利润增长的乳品企业无疑是绝好的机会。但是蒙牛的做法超出了人们的常规思维，不是提升价格，而是禁止经销商涨价，并且严厉规定者开除或者终止其经销权。蒙牛是为了长远利益发展，利用"非典"事件让消费者对蒙牛品牌产生认同感。事后证明，蒙牛的品牌形象历经"非典"之后确实得到了大幅度提升。

在"非典"时期，很多企业纷纷撤下广告，因为再做投入也是徒劳无功的，而蒙牛不但没有撤下广告，反加大投放量，增大了公益广告的力度，提高大众关注健康的意识。于 2003 年 4 月 21 日，向卫生部率先捐款 100 万元，成为卫生部红榜上中国首家捐款抗击"非典"的企业，同时拉开了企业捐赠抗"非典"的序幕。

此后，蒙牛陆续向全国 30 个城市的医务工作者和消费大众捐款 900 万元，捐乳 300 万元；"非典"后期，蒙牛又发出了"向人民教师送健康"的倡议，向全国 17 个城市的 125 万名教师，每人赠送牛乳一箱，总价值达 3000 万。蒙牛在"非典"期间的公益行为，在社会上引起巨大的反响，蒙牛再一次成为媒体竞相追逐的焦点。当时蒙牛在各大媒体的报道是"全国首家资助'非典'防治工作企业"。"非典"过后，蒙牛被公认为是有公益责任心的社会企业，再次成为消费者首推的标榜品牌。

2003：搭乘"神五"一起腾飞——垄断资源。

2003 年"神舟五号"飞船载人航天，国内外的媒体都在竞相关注着"神舟五号"。如果将"神舟五号"与营销进行捆绑，并且将其垄断，无疑是一次空前绝后的机会。2003 年的 4 月，蒙牛被确定为"中国航天员专用牛乳"，但一系列的条件限制，这一信息在"神舟五号"载人飞船成功发射直到航天员顺利返回地面之前，不得对外宣传。对蒙牛来说并非一件坏事，"不鸣则已，一鸣惊人"，等限制解除的那一刻，就是"爆炸式"信息传播之时，对消费者来说更具冲击力。

2003 年 10 月 16 日早上 7 点"神舟五号"一落地，门户网站第一时间出现了蒙牛的广告，9 点左右蒙牛在中央电视台的广告成功启动。中午 12 点所有电视广告、路牌广告也都相继在北京、广州、上海等城市实现了"成功对接"，全国 30 多个城市的车站候车厅被蒙牛的广告占据。同时，印有"中国航天员专用牛乳"标志的蒙牛牛乳相继出现在全国的各大卖场。

"蒙牛牛奶，强壮中国人"和"蒙牛牛奶，航天员专用牛奶"的口号，仿佛一夜间充斥着整个城市的大街小巷。杨利伟和蒙牛都吸引了所有媒体的注意，可以说蒙牛这一次赚足了社会公众的眼球。从 2004 年 1 月起，蒙牛液态乳销量已经连续 30 个月居全国乳类销量之冠。

2004：蒙牛为奥运健儿"加乳"——竞争升华。

经过 2003 年的一系列举措，蒙牛当年销售收入 40.71 亿元人民币，同行业排名第三位，蒙牛成了行业的佼佼者。蒙牛在 2004 年春天又牵手奥运冠军。在蒙牛的努力下，国家体育总局训练局选定蒙牛乳品为"国家体育总局训练局运动员"的特供食品，蒙牛利用奥运冠军又进一步提升了蒙牛品牌的形象。

2004 年 4 月 12 日，奥运冠军张军、李娜、张怡宁、罗玉通等出席了新闻发布会，会议现场将配置的"牛乳套餐"送到了每一位国家运动员的手中，大家一起喝下蒙牛牛乳。蒙牛创始人牛根生现场做了《平时加杯奶，赛时更精彩》的主题演讲。蒙牛的这些行为是从消费者的心智出发，让运动员多喝牛乳，为中国夺得更好的成绩。更深层次的目的是提醒消费大众多喝牛乳，强健身体。此后，上百家媒体陆续刊登了奥运冠军与世界杯冠军"示饮"蒙牛牛乳的场面。

2004年，蒙牛的销售收入比上一年增长了近一倍，同行业排名第二位。

2006：响应总理号召全国捐乳——持续升级。

2006年4月，温家宝总理在重庆考察时说："我有一个梦想，让每个中国人，首先是孩子，每天都能喝上一斤奶。"这体现了温总理对全国人民身体健康状况的关心，希望中国人的饮奶习惯普及化，让人们更多地摄取牛乳，增加营养，强壮身体素质。蒙牛首先响应国家领导的号召，提出"每天一斤奶强壮中国人"的口号，在全国范围内进行了有史以来最大的一次捐乳助学工程。蒙牛给全国500所贫困学校的贫困学生免费提供一年的牛乳，折合人民币上亿元。蒙牛连同政府部门、科研机构、行业协会将一起创造一个中国健康史的里程碑，在人们意识到牛乳的价值之后，想必会有更多的人去响应"每天一斤奶"的号召，势必会引起全国公众的饮乳"大行动"。

蒙牛始终以消费大众的利益为出发点。从为"捐助奥运"到"全国赠乳"，用蒙牛的话来说，"蒙牛一直在为中国民族的强壮事业努力着"，"强壮中国人，愿每一个中国人身心健康"成为蒙牛乳业经营的宗旨，正是这些举措才使得蒙牛一次次成为消费者关注的焦点，一次次获得消费者的信赖，让蒙牛从"一无工厂，二无品牌，三无市场"的企业发展到今天的行业冠军。

资料来源：李光斗. 蒙牛的企业公民形象［J］. 中国广告，2006.

[**案例**]

李锦记"爱的味道百变 33 天"

  李锦记是一个具有 125 年历史的酱料品牌,它不仅提供安全、营养、方便的各式酱料,更是爱的催化剂,带着执着与温情融入每一位消费者心中,鼓励大家为爱而表达,希望与消费者共同打造"爱用味道表达"的全新生活方式。对于大部分的消费者来说,李锦记的品牌认知并不够深入,相当一部分消费者对李锦记的认知还局限于酱油上,而往往忽略其他产品。李锦记希望借助此次的营销活动打造成社会化的品牌,就像人们提到汉堡就会想到麦当劳、提到咖啡就会想到星巴克一样。李锦记是酱料品质的象征,它代表了酱料的最高品质,它还是国家酱料的制定者,也是神舟九号中所使用的酱料,更是蚝油的发明者。但是这些历史和荣誉消费者并不知晓,如何在消费者的心中种下酱料等同于李锦记的印象是威动所面临的挑战。

  由于广告主的预算有限,因此威动营销决定从社会化的营销入手,社会化的营销包含五个方面的内容:聆听、粉丝、内容、互动、整合。聆听顾客在说什么,并且主动建立粉丝群,发布有趣的内容,找到意见领袖,引发消费者互动。以消费群体为主导,洞察他们的喜好,并做出相应的推广活动。

  通过一系列的调查和数据研究,威动发现,消费者并不知道如何去配搭李锦记的各种调味料,也不太清楚酱料之间的品质差异。因此,他们利用"@李锦记美食厨房"这个微博账号发布一些美食菜谱,教大家如何使用不同的李锦记产品,凸显李锦记调味料专家的品牌形象。也在微博上发起上传菜谱及讲述菜谱背后故事的活动。以情动人,努力塑造李锦记是家庭幸福的守护者的形象。吸引网友登录李锦记活动官网,关注并主动分享私家菜谱和爱的味道故事。成功传递出"三种李锦记酱料就能做出百变菜式"的主题信息,同时有效贯穿了品牌倡导的理念:爱,用味道表达吧!

  资料来源:第四届中国经典传播虎啸大奖案例类金奖作品选登 [J]. 广告大观(综合版),2013.

案例分析题

  案例中"李锦记"的主要营销手段是什么?

第十二章

国际市场食品营销

随着全球化进程的加快，一个只满足于国内市场经营的企业在发展中会丧失不少机会，而开拓国际市场则会给企业的发展带来很多机会。国际市场营销与国内市场营销相比较，在主要方法上基本相同，同样需要进行市场调研、市场分析、目标市场选择、市场定位及市场营销组合。但国际市场营销活动跨越了国界，这意味着不同的营销环境，不同的消费心理，及不同于国内营销的营销战略及策略。从这个角度来看，一个瞄准国际市场的食品企业，了解国际营销环境、营销的方式，掌握国际市场营销策略是非常重要的。

第一节 国际市场营销特点

一、国际市场营销的含义

国际市场，又称世界市场，是指世界范围内由于各国经济联系和国际分工而形成的商品、劳务、技术等进行交换的场所。国际市场是不同的文明、文化在时间、空间上交织而成的多维概念。从时间上看，国际市场是一个历史的概念，有其萌芽形成和发展的过程；从空间上看，国际市场是一个地理的概念，它总是相对于某一个具体范围内的市场而言，即探讨商品交换、劳务交换和资源配置在一定范围内的特征。国际市场的概念有狭义和广义之分。狭义的国际市场是指各个国家或地区之间商品交换的场所和通过国际贸易把各国国内市场连接起来的整体；广义的国际市场则包括各国商品、劳务、金融投资等经济活动领域，即包括国际商品市场、国际劳务市场、国际金融市场、国际投资市场等。

而关于国际市场营销的含义，国内外学者基于不同角度理解存在不同的看法，概括起来主要有以下几种观点：

英国的罗杰·贝内特和吉姆·布莱斯教授认为，国际市场营销是指跨越国界的营销，它不仅包括本国企业的产品出口到国外，而且包括针对在目标市场国家生产或组装的产品开展的营销活动，以及将企业的产品与许可证和特许经营的方式授权给当地企业生产等。

美国营销学专家菲利普·R.凯特奥拉教授在其所著的《国际市场营销学》一书中指出，国际市场营销是指对产品与劳务流入一个以上国家的消费者或用户手中的过程进行计划、定价、促销和引导以便获取利润的活动。

知名学者麦克·R. 史高达将国际市场营销理解为满足个人或机构的需要，策划及执行跨越国界的交易活动。这一观点认为，国际市场营销是通过跨国界的交易，来满足国外个人或者机构的需要。

除以上几种观点，国内的专家学者，对国际市场营销含义的理解也不尽相同，其中最具代表性的观点认为，国际市场营销是国内市场营销的延伸与扩展，是企业在一国以上从事经营与销售活动。

综合国内外学者的观点，可以把国际市场营销定义为：企业跨越国界，以国际市场为目标市场进行营销的行为和过程。换言之，国际市场营销是指一国的企业跨越了本国国界，以其他国家和地区作为目标市场，对产品和服务展开设计生产定价、分销、促销活动，并通过交换，以满足需求获取利润的行为和过程。

二、 国际市场营销的特点

国际市场营销是营销理论在国际市场上的运用和创新。国际市场营销环境，竞争范围与对象及其他不可控因素的特殊性，决定了国际市场营销区别于国内市场营销的一些基本特征。

（1）复杂程度明显　由于各国的社会文化政治法律和技术经济环境不同，使国际市场营销的复杂性远大于企业在国内不同地区的市场营销。国内市场营销活动在本国范围内进行，企业面临的是一种相对简单，容易应对的市场环境和市场结构，面对的是比较熟悉的本国的政治、经济、法律、文化等环境。而国际市场营销活动的中心是世界市场，企业的营销活动需要在一个以上国家的不确定、高风险的市场环境中展开，并且还受诸多国际宏观环境的影响，因此，国际市场营销所面临的环境更加复杂多变、更难以把握。

（2）风险系数大　国际市场营销在进行跨国际经贸活动的过程中，不容易把握国际市场环境，需要面对许多不确定的因素，其产生的风险如信用风险、汇兑风险、运输风险、政治风险、商业风险等，要远大于国内市场营销。例如，为满足国外消费者或用户的需要，建立良好的信誉往往需要比在国内市场上做出更大的努力；营销渠道和运输距离比国内更复杂、更远；交换价值，采用国际价值标准，而不是国内价值标准，其支付手段和结算方式均采用国际标准；面对的是国际范围内的竞争对手等。因此国际市场营销比国内市场营销具有更大的风险。

（3）竞争激烈程度高　进入国际市场的企业，大多是在本国所在行业实力较强的企业，在国内市场上具有竞争优势，但参与国际竞争以后，直接面对的是世界各国的企业，原有的竞争优势可能就会丧失殆尽，对国际竞争对手难以构成威胁。在国际市场上，世界各国企业在营销过程中的参与者与国内有很大的不同，除国内市场竞争的常规参与者外，政府、政党、有关团体也往往介入营销活动中，政治力量的介入，使得国际市场的竞争更加微妙和激烈，企业参与国际竞争必然要承受更大的竞争压力。

第二节　国际市场营销环境

国际市场营销环境与国内市场营销环境相比更加复杂、多变及不可控，分析国际市场营销环境有助于食品企业了解目标市场食品消费环境及其发展趋势，使其在基础上确定相应的产品策略、价格策略、渠道策略及促销策略。

一、国际市场营销地理环境分析

（一）世界各国气候、地形与自然资源

气候会对工农业生产格局和人口地理分布产生影响，从而影响国家的经济发展水平和经济特征。另外，还会对产品与机械设备的使用、性能结构、包装运输及存货成本产生影响。比如，在日本使用的汽车和在非洲沙漠、高温国家使用的汽车性能结构就不一样。在热带多雨的潮湿国家，有的产品可能需要密封包装等。

地形会对一国的交通运输，人口的地理分布，人们的生活方式、语言、通信产生影响，甚至影响一国的政治、经济、文化等状况，从而对市场规模的大小，目标市场细分，分销渠道的建立产生影响。因此，企业必须充分重视地形条件，在国际营销中的作用，制订正确的营销策略。

自然资源是指自然界赋予人类的能源、矿物、水土与森林等各种天然资源，自然资源的分布会对世界的经济状况和产业结构产生影响。自然资源价格的变化会对相关企业和行业带来不同的影响，比如，石油价格不断上涨，使节能型汽车更受大众欢迎，此外，企业可以通过直接投资的方式，在自然资源丰富的国家建立工厂，生产相关产品，充分利用价格低廉的好处。

（二）世界各国自然环境对国际营销的影响

（1）影响国际营销产品选择　气候、地形和资源等自然条件体现了一个国家的物质特点，其影响范围很广。资源分布不均对国与国之间的贸易及企业国际营销产生广泛的影响。不同的国家由于资源种类与数量差异较大，其生产的产品呈现出很大的差异性，特别是与资源高度密切相关的产品。例如，加拿大森林资源丰富，生产的纸张原料好、质量好、价格廉、具有很强的竞争力。

（2）影响产品的适应性　一个国家的地形、地势和气候地理因素是企业进入该国市场必须考虑的重要因素。地理特征不同的地区对产品的需求，对产品性能的要求都是存在较大差异的。如一个国家的海拔、湿度和温度变化可能影响产品和设备的使用和性能的要求。如产品在温带地区使用良好，而在热带地区则有可能变得不能适用，或需要冷藏，或加润滑油才能适当发挥其作用。

（3）影响国际营销时机选择　由于地理位置不同，不同国家在同一时期的气候表现出很大的差异性，甚至是相反，特别是南半球的截然相反的季节变化。因此在开展国际营销活动时，对于时令产品的国际营销要特别注意销售国的气候状况。如在中国很畅销的冬天服装，如果同时在澳大利亚销售就显得格格不入。

（4）影响国际营销体系的建立和正常运转　一个国家的地理特征，对国际营销体系的建立和正常运转有很大的影响。一般而言，在山地地区和内陆地区交通不便，信息也较为闭塞，分销体系的建立和营销工作的开展，要比沿海地区困难更大，成本更高。例如，加拿大是个地广人稀、气候寒冷的国家，长途运输和严寒给销售工作带来很大的困难。

（5）影响企业的经营成本　如果企业在不利的地形地势及气候条件下营销，为防止这些不利条件的影响而采取各种措施，将提高企业的经营成本。如为适应东道国自然条件而改变产品及设备的性能和特点，必须支付额外的费用，又如在严寒天气下为保证货车能正常运行，长时间加热轨道车会使公司运输费用增加。再如，为了保证在严冬能正常供给产品及设备而提高库存量，这必然增加仓储费，相反，如果自然条件良好，诸如有利的地形、地势、气候及丰富的矿产资源将有利于本国产品的出口及成本降低，有利于国外营销者选择目标市场及分销渠道。

二、国际市场营销经济环境

经济环境是细分市场，确定目标市场，制订营销战略和策略时要考虑的首要因素。通过分析一个国家的经济环境，可以发现机会、更好地确定目标，市场及制订适宜的营销决策。经济运行绩效的衡量标准主要包括：经济发展阶段人均收入及货币的稳定性。

（一）经济发展阶段

国际营销企业开拓海外市场时，必须考虑目标国处于经济发展的哪一阶段，从而根据经济发展阶段来制订相应的营销决策。

这里按照人均国民生产总值为基础来划分，我们可以把全球市场分为4个类型，属于同一类型的国家有相似的特点，为我们寻找目标市场提供了有利的条件。

（1）前工业化国家　是指截至1992年人均收入近400美元的国家，这些国家有以下特点：工业化不足，高比例的农业人口和自给自足的农业；高出生率；高文盲率；高度依赖外国的援助；政治不稳定。这些国家对所有的产品来说市场都很有限。

（2）欠发达国家　截至1992年人均收入在400~2000美元的国家，这些国家都处于工业化的早期。在这些国家消费者市场正在扩张。同时这些国家凭借劳动力资源优势，在劳动密集型产品的生产及出口中占有优势。

（3）工业化的国家　截至1992年人均国民收入在2000~12000美元的国家，在这些国家，农业人口比例急剧下降，居民的文化素质及工资水平很高很快，消费者对耐用消费品、交通、旅游等方面的需求上升很快。

（4）后工业化国家　截至1992年人均国民收入高于12000美元的国家。在这些国家产品的饱和程度超过工业化国家，服务业的地位很重要，知识产权更为重要。

不同类型国家经济发展水平和消费水平有明显的差距，消费者对食品种类、质量、价格等的要求也不同，对此企业的市场营销策略的重点应当有所不同。

不同的经济发展水平往往伴随着不同的基础设施状况。世界上很多发达国家，在基础设施方面发展已经很完善，包括通信、运输、分销等设施，这意味着商品会很快从生产地到达消费地。对食品来说，这关系到产品的物流成本、质量保证和分销渠道的效率。经济落后的国家往往伴随着较差的道路和冷藏设施，这对食品营销来说意味着成本的提高、更多的风险和不确定性。

(二) 收入及收入的分布状况

收入及其分布是衡量该国消费品市场规模及确定进入产品种类的重要依据。各个国家由于处于经济发展的不同阶段，人均收入可划分为高收入、中高收入、中低收入和低收入的类型。同时不仅各个国家之间收入和人均收入差距很大，世界高收入人群大多集中在美国、加拿大、日本和欧盟。而且，有些国家内部居民之间收入水平的差异也很大。收入是产品是否被购买的决定因素。高收入国家同低收入国家相比较，高收入国家的居民更倾向于追求满足高层次需求的产品，注重产品的质量，尤其对于食品来说，更加注重食品的安全、多样化及高质量。以欧盟为例，居民对于食品的生产、加工的安全特别关注。而低收入国家的居民注重于基本需求的满足，在食品购买中，对价格相当敏感。以荷兰阿赫德连锁超市为例，它在中国上海开设超市，以欧盟标准提供生鲜食品，却因价格过高不被消费者接受而退出中国市场。

三、 国际市场营销政治环境分析

(一) 社会制度及政治体制

社会制度及政治体制是国民市场营销政治环境形成的基础。不同国家的政治制度及其根本性质与经济基础相适应。从社会制度上看，当今世界存在着两种性质根本不同的社会制度，即社会主义制度和资本主义制度。一般而言，在同性质的社会制度之间，进行国际市场营销的政治成本往往会更低。

政治体制对于东道国市场营销环境的重要性，不仅在于它构成了政治环境的基础，而且还因为它与经济制度密不可分。政治体制的健全制度以及演变趋势，往往会直接表现在政府对经济活动的管理方式以及干预和控制的程度上，从而对外商的生产和营销活动产生影响。

(二) 政治和政党体制

国际市场营销人员对政党主张的认识，要特别注意他们对外商和外国政府的态度。我们不仅要研究具有代表性政党的基本主张，还要研究整个国家的政党体制，因为每一政党的主张都会对政府政策起到影响作用。

(三) 执政者治理国家的能力及政府部门的行政效率

以上是国际市场营销政治环境的基础所在，执政者治理国家的能力及政府部门的行政效率，在考虑政治环境的时候也同样重要。一般说来，执政者治理国家的能力越强，越有可能维持良好的国内秩序，人民生活水平较高，对外国产品的吸收和消费能力无障碍，从而吸引国际产品的进入。

(四) 政治稳定性与政治连续性

政治稳定能保证政治的连续性。政治的连续性和可持续性是衡量东道国营销环境重要因素之一。因为只有政治稳定，政治可持续，营销战略的制订才有据可依。

(五) 政府和公众对待外国产品的态度

东道国政府及公众对国外产品的态度，既是一个复杂的社会文化问题，又是一个敏感的政治问题。如果一个国家长期饱受外来侵略和奴役，往往会具有很强的民族自尊心，对国外产品和资本的进入往往会采取抵制态度。但是大部分发展中国家和较小的发达国家，缺少高端产品生产的资金和技术，或者本国产能有限，只能利用自己的比较优势，政府又往往会跨越历史、文化和政治障碍，进口或者允许外国企业设立生产基地，生产本国必需的产品。政府和公众对待外国产品的态度会很自然地反映在相关的政策和法规中，但是政府和公众态度可能会由于经济发展的不同阶段或者产品本身的特点而截然不同。

四、 国际市场营销法律环境分析

（一） 国际法对国际市场营销的影响

国际市场营销法律环境是指主权国颁布的各种经济法规法令，如商标法、广告法、投资法、专利法、竞争法、商检法、环保法、海关税收法及保护消费者的法令等，当然也包括各国之间缔结的贸易条约，协定和国际贸易法规等，它们对国际市场营销都有不可低估的作用。

国际法又称国际公法，是调整国家之间的关系的有法律拘束力的原则、规则和制度的总体。与国际营销关系密切的条约有：关于产品责任的国际条约、关于知识产权的国际条约、关于国际货物买卖的条约和惯例。

（二） 东道国的法律环境对国际市场营销的影响

各个国家运用法律来控制在本国从事经济活动的外国企业。有些法律对外国物品和企业带有歧视性，有时制定的法律是为了本国与其他国家之间的互惠交换，有些国家为了吸引外国投资，如我国改革开放的初期，也会制定对外资企业进入本国投资极为有利的法律。法律本身就是一个国家政治目的和经济目的的集中体现，在国际市场营销企业进入外国市场时，除要遵守东道国的一般宪法、民法、刑法等法律外，重点还要遵守与贸易和营销有关的法律法规。其中对该国的关税，反倾销法，进出口许可证、投资管理、法定激励措施和限制贸易法更不可忽视。

（1）关税　关税是一国政府通过海关对进出口产品征收的一种赋税。向出口产品征收的关税称为出口税。对进口产品征收的关税称为进口税。向出口产品征收关税是为了限制产品的海外销售，以保证国内有充分的供给，这是政府为增加财政收入、稳定国内物价或稳定出口商品国际价格，防止生产技术和工艺泄露的一种方法。

（2）反倾销法　倾销是指垄断组织在控制国内市场的条件下，以低于国际市场平均销售的价格，甚至低于商品生产成本的价格，在国外市场抛售商品的行为。倾销是为了占领某一外国市场或摧毁当地竞争企业。

（3）进出口许可证　许多国家都有明文法律条款，要求进口商和出口商在进行跨国贸易前先取得许可证，发放出口许可证的目的是为了追踪和统计出口活动。发放出口许可证也有利于确保某些物品不出口，或者至少不向某些国家出口。

加强进口许可证发放是为了控制不必要的物品进口。有了这种限制，就可把节约下来的外汇用于其他重要物品的进口，如药品化学品和机器的进口。例如，印度对进口汽车和其他耐用消费品的许可证的发放要求严格。

（4）外国投资管制　有关外国投资的法律和管理条例的一个主要作用是限制多国公司的实力，实现对本国经济目标做出最大贡献的外国投资格局。

（5）法律激励措施　吸引外国投资的法律激励措施是大多数发展中国家政府政策的一个重要部分。虽然外国企业很少能独享着这些优惠。但是在某些国家，外国私人投资事实上是这种激励的唯一或主要的受益者。因为，一方面当地资本和企业没有能力进行自立措施所鼓励的那类投资;另一方面,也有这样的情况,即激励性措施的对象只限于当地企业,合资企业或少数的外资企业。

(6) 限制性贸易法　除了税收激励方面的法律,许多国家政府还采用各种措施来限制进口或激励出口。通常这方面的法律被归为国际贸易中的非关税壁垒。

(7) 税务条约　税务条约是各国之间为了防止公司和个人收入双重纳税而做出的安排。税务条约给友好国家的个人和公司提供了一个公平的待遇,这会促进互利的经济活动。通常在税务条约下,主要商务发生国有权获得税收收入的大部分,税收收入的小部分由其他国家获得。

五、 国际市场营销文化环境分析

国际营销中经常会遇到如下让人费解的现象:属于不同国家的两个人虽然经济收入相同,但消费动机和消费行为却大不相同;又如,两个国家的国民收入水平相差不多,但两国的消费格局却迥然不同。上述现象若从国际营销学的角度看,却很容易解释,即由两国的文化差异所造成,也就是说不同的文化环境对国际营销活动有不同的影响。

(1) 语言文字　语言文字是人类交流沟通的主要载体,深刻而精细地反映着某种文化的实质和差别。企业开展国际市场营销活动的过程,实质上就是与目标市场国的消费者沟通的过程,利用广告、人员推销、公共关系和营业推广等手段与消费者保持沟通。

(2) 宗教信仰　宗教信仰是一种重要的意识形态,是社会文化的重要组成部分。宗教信仰与社会价值观的形成关系密切,对人们的风俗习惯、生活态度、价值观念、需求偏好和购物方式等都产生巨大影响,不同的宗教环境给国际市场营销带来不同的机遇和限制。

(3) 教育水平　一个国家的教育水平与其经济发展水平密切相关。教育水平的高低往往与消费结构、购买行为联系在一起。受教育程度不仅影响劳动者收入水平,而且影响着消费者对商品的鉴赏力,影响消费者心理、购买的理性程度和消费结构,从而影响着企业营销策略的制定和实施。教育水平的高低还直接影响到国际企业开展国际市场营销活动策略的选择。

(4) 价值观念　价值观念是人们对社会生活中各种事物的态度和看法,价值观决定了人们的是非观、善恶观和主观。因此企业的文化环境是通过影响消费者的生活方式和行为模式,进而影响消费者对企业产品的态度,从而对企业的国际市场营销发生影响。价值观念不同,人们的购买动机和购买行为就有很大差异。

(5) 风俗习惯　风俗习惯是人们在一定的社会物质生产条件下长期形成的风尚、礼节、习俗、惯例和行为规范的总和。文化背景不同,传统习惯就不一样,人们的行为方式就出现差异。它主要体现在人们的饮食、服饰、居住、婚丧节日、道德伦理、心理、行为方式和生活习惯等方面。例如,中餐讲究菜品的色、香、味、形及器皿和菜品的名称,吃一顿中式大餐就获得了一次食欲的满足和美的享受。西餐讲究营养和快速,吃惯了中餐的人难以接受西餐。因此一个社会,一个民族传统的风俗习惯,对消费嗜好、消费方式往往起着决定性的作用,企业在不同国家销售产品、设计品牌、广告促销时,都要充分考虑风俗习惯的差异。

第三节　国际市场营销信息系统及调研

一、国际市场信息概述

（一）国际市场信息的内容

（1）国际市场环境信息　主要是与国际营销有关的政治经济文化、社会法律、人口技术、自然方面的信息，包括以下方面：各国经济发展水平及其差异；各国政治形势及贸易格局；各国或细分市场的自然资源状况；各国之间的贸易协定、贸易惯例、外汇管制情况；各国的贸易壁垒、关税和非关税壁垒；各国有关产品安全、卫生、广告价格、商标包装等的规定与限制；各国消费者组织及消费者运动情况；各国的文化背景，如生活方式、价值观、美学观、道德观、风俗习惯等；各国的民族、宗教、地理语言等亚文化特征，即消费禁忌与偏好；各国的社会阶层和社会群体的分类及其需求特征；各国的人口规模、人口分布、家庭结构情况；国际市场及目标市场的技术发展水平；国际市场及目标市场的消费结构及模式；国际市场及目标市场的产业结构和布局；国际市场及目标市场的收入状况和实际购买力；国际市场及目标市场的储蓄和消费信贷情况。

（2）国际市场产品信息　国际市场及目标市场上某种产品的总供求量；国际市场及目标市场上该产品的替代产品和护肤产品情况；国际市场及目标市场对该产品的前伸需求和派生需求；国际市场及目标市场的消费者对该产品的特殊要求及原因分析；国际市场及目标市场的消费者对该产品的性能、质量、商标、包装、装潢等的要求；国际市场及目标市场的消费者对该产品的购买习惯、购买动机和禁忌和偏好；国际市场及目标市场上该产品的潜在购买者和潜在购买力情况；国际市场及目标市场上该产品所处的生命周期阶段及其发展趋势；国际市场及目标市场上该产品销售地区的分布情况；国际市场及目标市场上的新产品情况。

（3）国际市场价格信息　国际市场及目标市场上的物价指数；国际市场及目标市场上同类产品的定价目标和定价方法；国际市场及目标市场上该类产品的价格需求弹性大小；国际市场及目标市场上该产品与其他产品的比价情况及同类产品的差价情况；国际市场及目标市场上该产品的替代产品和互补产品的价格情况；在不同的细分市场上，不同消费者对不同企业产品的价格反应；国际市场及目标市场上不同企业处于不同生命周期阶段的同类产品的价格策略和价格差距；国际市场及目标市场上中间商对该产品的加价比例和幅度；国际市场及目标市场上有关价格的法律规定、价格惯例；国际市场及目标市场上的价格领袖、价格歧视、倾销等情况；国际市场及目标市场上该产品的行情及变化趋势。

（4）国际市场分销渠道信息　国际市场及目标市场上的分销渠道种类及市场惯例；国际市场及目标市场上产品实体分配的方式及利弊；国际市场及目标市场上分销渠道策略的比较；国际市场及目标市场上经营该产品的中间商的实力、优势、业务范围、市场地位及信誉。国际市场及目标市场上分销渠道和中间商的变化趋势。

（5）国际市场促销信息　国际市场及目标市场上促销的各种具体形式、种类、可利用程度及比较；国际市场及目标市场上人员推销的成本、优势、障碍及利弊；国际市场及目标市场上营销推广的具体方式及中间商与消费者的反应；国际市场及目标市场上公共关系的具体方式、特点及可借鉴的经验教训；国际市场及目标市场上各种不同媒体的效果比较及法律规定；国际市场及目标市场上中间商在促销方面的协助情况；国际市场及目标市场上的促销惯例。

（6）国际市场竞争信息　国际市场及目标市场上该产品的主要竞争对手是谁，其实力、优势、劣势如何；国际市场及目标市场上采用的是哪种竞争方式；国际市场及目标市场上各竞争对手的产量、销量、利润和市场占有率情况；国际市场及目标市场上各类产品的垄断情况；国际市场及目标市场上各竞争对手的营销计划、战略、策略；国际市场及目标市场上各竞争对手的形象、信誉、声誉；国际市场及目标市场上有没有市场机会或空白市场。

（二）　国际市场信息来源

（1）直接来源　企业派人员到国际市场进行实地考察，搜集市场信息。委托本国驻国外经济贸易机构进行调查，以搜集信息。委托本国出国人员，特别是贸易、技术访问团，顺便搜集有关国家的市场信息。由本企业设在世界各地的销售网点搜集市场信息，然后反馈到国内总部。委托目标市场的各种中间商帮助搜集有关的市场信息。

（2）间接来源　本国政府设在世界各地的办事机构所收集的各国市场信息。外国政府的统计机构、贸易机构及专设的对外资料服务机构，向外国企业提供的本国市场信息。本国和外国的图书馆提供的有关国家的市场信息。联合国下属机构定期出版的有关国际市场资料和不定期提供的某些国际市场资料。国际商会及各国的全国性商会和地方商会，提供的全世界、某国全国、某国某地区的市场信息。国际同业公会和各国同业公会、各地区同业公会，提供了全世界该行业、某国该行业，某地区该行业的市场信息。世界上许多国家都有保护消费者利益的组织，这些组织也可以对外提供一些市场信息。

二、　国际市场营销信息

（一）　国际市场营销信息的分析

（1）分析信息的准确　营销信息准确与否，直接关系到决策的正确与否，因此对营销信息的分析应首先从其是否准确开始。具体分析时，既要分析其搜集渠道是否可靠，又要分析营销信息本身是否准确。

（2）分析信息之间的相互关系　企业为某一目的而搜集的一组营销信息，表面上不一定有联系，但要通过分析发现其内在联系，从而揭示市场有关方面的本质。

（3）分析信息的变化规律　市场营销信息是随着时间的变化而变化的，也随着市场变化而变化。分析的目的就是找出其变化规律或变化趋势，这对企业对市场的预测有莫大的帮助。

（二）　国际市场营销信息的利用

（1）国际市场营销信息的用途　国际市场营销信息的内容虽然包罗万象、各不相同，但都是用于国际营销的不同决策中。这些决策既包括投资决策、竞争决策、企业发展决策等战略决策，也包括产品决策、价格决策、渠道决策、促销决策等策略决策，也就是说国际市场营销信息是各种角色必不可少的前提条件。

（2）国际市场营销信息的利用原则　利用国际市场营销信息是企业的管理人员，特别是企业领导人的基本职能之一，他们每天每时每刻都应该利用国际市场营销信息进行国际营销活动。具体如何利用，没有固定不变的模式，而是因角色不同和信息不同而不同。但最大原则是不要仅利用国际市场营销信息的表面内容，而是要利用其本质内容。

（三）国际市场营销信息系统

1. 国际营销信息系统的种类

国际营销信息是指任何与国际市场营销活动相关的直接间接的数据、资料、知识等，包括人文地理、风俗习惯、政治经济状况以及企业自身的各种因素等。

按照信息存储方式，分为数字化信息和非数字化信息；按照信息来源渠道，分为传统信息源和计算机信息源；按照信息的时间特征，分为过时市场信息、市场现状信息和市场发展信息；按照信息的稳定与否，分为流动性国际市场信息和固定性国际市场信息；按照信息处理的特征，分为一次信息和二次信息。

2. 国际市场营销信息系统构成

（1）内部报告系统　由营销主管人员来使用的基本系统，主要反映企业内部生产量、订单、销售额、库存、价格水平、流动资金、应收账款，国外分支机构销售代表中间商的财务会计资料等。

（2）营销情报系统　企业外部营销环境信息的日常收集、整理、存储的情报中心，它为管理人员提供外部信息，如政府、商业协会、银行、咨询团体的报告等。

（3）营销调研系统　为制订某项具体的营销决策而系统的设计、收集、分析一个专题信息，提出数据资料并做出相关的调研报告。

（4）营销分析系统　主要根据研究内容建立各种数据库和市场分析模型，如回归分析法、因素分析法等。

（四）国际市场营销调研

1. 国际营销调研概念

国际营销是指从事国际营销的企业，以扩大国外市场，增强海外营销为目的，以国外市场为对象，用科学的方法系统、客观地收集、记录、分析和整理有关国际市场的信息和资料，以便国际企业能正确认识市场环境，评价企业自身行为，为管理人员制订有效营销决策提供充分依据。

国际营销调研与国内营销调研相同点表现在：二者的程序是一样的，首先都要确定营销中存在的问题，制订调研计划，然后收集整理分析并说明有关信息，最后撰写调研报告，供营销决策者使用。不同点表现在：国际营销调研比国内营销调研复杂度高、难度大。

国际营销调研的范围十分广泛，特别是当一个企业进入一个新的国际市场的时候，要收集和研究东道国的政治稳定性、文化特征、地理特点、市场状况、经济增长潜力等信息，营销调研是为营销决策提供信息服务的，根据国际营销决策所需要的不同的信息，国际营销调研的范围可分为国际市场机会调研、目标市场选择调研、进入目标市场方式的调研、营销组合策略调研等。

（1）国际市场机会调研　企业在决定是否就要进入国际市场前，必须将国内外的市场机会和潜在的困难，企业的资源等进行比较，因此要收集以下信息：国际市场和国内市场的价格；产品的国际市场总需求量；企业的潜在国际市场份额；影响企业市场份额的竞争因素，包括主要的竞争对手，竞争对手的营销组合策略，竞争对手的市场份额等；企业产品进入国际市场对企业产品单位成本的影响；企业的人、财、物等资源条件。

企业可以通过以上信息的采集来进行国际市场机会分析，评估自己是否应该进入国际市场，如果收集来的信息表明企业进入国际市场的潜力很大，而风险相对较小，企业就应进入国际市场；反之，则要观望或以国内营销为主。

（2）目标市场选择调研　目标市场选择及企业选择进入某个或某几个国家的市场，对企业而言，不可能进入所有国家的市场，而是要根据各国市场潜力的大小来有选择的进入。一般而言，市场潜力越大的国家，企业越要优先考虑进入。

（3）进入目标市场方式的调研　进入目标市场的方式有很多种类型，如向目标市场出口、许可贸易、在国外合资或组建独资企业等。在选择进入目标市场方式的时候，要考虑以下信息：目标国家的政治法律情况；目标国家的对外贸易政策，如其外汇、关税、进出口限制等以及是否会给外来企业以优惠政策；目标国家的市场潜量；目标国家的市场竞争情况；目标国家的基本设施情况，如交通、运输、能源等发达程度；目标国家的资源情况，如原材料供应、劳动力价格、技术水平等；本企业的资源条件，如人才、资金、技术力量、管理经验等。

这些资料的收集会给企业选择进入目标市场的方式，提供极大的参考依据。比如，当目标市场国市场潜力很大，而该国贸易壁垒很高，运输成本又很大，企业就可以考虑与当地企业合资建厂或建立独资企业在当地进行生产和销售；如果目标市场国的政局不是特别稳定，企业则可以考虑以技术出口代替产品出口获得外汇收益。

（4）营销组合策略调研　当企业选择了进入目标市场的方式之后，就要考虑如何把产品、渠道、促销、定价这几个因素有效地结合起来，使企业产品在目标市场打开销路。要制订出高效的营销组合策略，需要先了解目标市场中目标消费者的有关情况，再对产品、渠道、促销、定价等因素进行营销调研。

（5）国际营销调研的过程　国际市场营销调研的过程一般有五个步骤组成：第一，明确调研目标，确定调研主题；第二，明确信息来源，制订备选调研方案；第三，估算备选调研方案的成本和利益以及可行性，选出最佳方案；第四，执行调研方案并整理分析数据；第五，写出调研报告，得出调研结论，解析调研结果。

①明确调研目标，确定调研主题：国际营销调研的第一步就是要明确调研目标，确定调研主题。这是一个看上去很简单，实际上却很难的一个步骤。因为当企业发现它的营销战略与预期目标不吻合的时候，需要找出造成这种不吻合的原因，而不吻合的原因就是要调查的问题。当调查的问题明了，就可以接下来确定调研的主题。如果企业把调研的目标定错，那么下面的步骤就会跟着出错，从而会给企业造成人力、物力、财力上的浪费。

②明确信息来源，制订备选调研方案：国际市场营销调研的第二步骤，就是要明确信息来源，并制定出备选的方案。就明确信息来源这一步而言，要明确需要收集什么信息，然后是确定怎样去收集这些信息。例如，一个企业发现其产品在某国市场的销售额直线下降，经调查发现原因是该市场出现了一个强势的竞争对手，企业为了制订相应的营销策略，就需要收集有用的信息。需要的信息可能包括：目标市场的政治、经济、文化等因素是否发生了变化；原先的国际营销战略如进入市场的方式、产品、定价、渠道等是否有问题；竞争对手的状况及其营销战略等。

当企业确定要收集哪些信息后，就要进一步明确信息的来源，也就是如何来收集这些信息。一般而言，信息的来源有两个方面，即二手资料和原始资料。二手资料是指经别人收集、整理过的资料，通常是已经发表过的资料。二手资料的来源广泛，如企业内部提供的资料，政府机构，国际组织研究机构提供的资料、情报等。二手资料的收集过程被称为案头调研，它比较节约时间和成本，但是往往缺乏系统性、全面性、时效性、可比性。原始资料是指由研究人员通过发放问卷、面谈等方式收集来的第一手资料。收集第一手资料的过程被称为实地调研。调研的方式有询问法、观察法、实验法以及各种抽样调查方法，企业在选择实地调研的方法时，要充分考虑到调研目标、资料来源、时间限制、预算经费等因素，实地调研收集原始资料的成本比较高，而且往往需要花费大量的时间。

在明确信息来源后就可以据此来设计几个相应的营销调研方案，以作备选。

③选出最佳方案：与国内市场相比，国际市场更加错综复杂，这就要求国际营销人员能够根据实际情况设计出几套合适的备选调研方案，然后估算各个备选调研方案的成本和利益以及可行性，最后选出最佳方案。

④执行调研方案，整理分析数据：执行国际营销调研方案，一般包括收集、处理和分析数据资料等工作。收集资料的工作既可以由本企业营销工作人员完成，也可以外包给其他专业调研机构来完成。由于调研人员的素质和能力的高低，会极大地影响调研的结果，因此，如果是由本企业营销调研人员来执行调研计划，通常要根据调研的目标和方案的要求对他们进行相应的培训。如果是外包给专业调研机构来执行调研方案的话，则要注意对其调研质量的监控。

收集来的数据往往是零星片面且杂乱无章的，因此要对其进行整理和分析，不同来源的资料由于统计标准不同，其时效性、准确性以及适用范围也可能不同。例如，人均收入一般以美元计算，但由于不同国家的汇率往往不能反映实际情况，得出的结果就可能失真。所以对收集来的数据要进行适当的整理和分析，基本的方法：分类、编校、列表、统计、推断和鉴定等。只有经过加工整理和分析的数据才具有可比性和借鉴性，才能进一步给决策部门提供依据。

⑤写出调研报告，得出调研结论，解释调研结果：国际营销调研的最后一步是写出调研报告，得出调研结论，解释调研结果。调研报告最好是有熟悉数据资料收集和整理过程的调研人员和了解企业面临的营销问题的管理人员一起撰写。调研报告要求文字简洁、逻辑结构清晰、结论有理有据。调研报告的结构一般分为：调研的目的和范围；使用的调研方法；调研的数据分析；调研的结果解释；提出的建议等。调研报告的结果和说明与营销决策有着直接的关系，其质量决定营销策略的成效。

第四节 国际市场营销策略

国际市场营销战略计划虽然着眼于未来，但立足点在当前，企业现状是制订国际市场营销战略的出发点。

一、国际市场营销战略的含义

谋生存，求发展，是任何一个企业的本能所在，国际企业能否在开放的国际市场上求得生存与发展，很大程度上取决于企业的营销活动能否适应国际市场营销环境的变化，做出积极正确的战略决策。企业的国际市场营销战略确定公司营销活动的方向、中心、重点、发展的模式以及资源的配置。营销战略要驾驭环境的发展变化，结合自身的资源状况，明确企业较长期的发展方向。制订出一个具有远见而又切实可行的国际市场营销战略，关系到未来营销活动的成败，也关系到企业的前途与命运。

由此可以看出，国际市场营销战略是企业为实现跨国营销中，各种特定的目标以求自身发展而进行的全局性的、长远性的和根本性的思考。这种思考是企业根据当前和未来的市场环境变化所提供的市场机会和出现的限制因素，考虑如何更有效地利用自身现有的以及潜在的资源能力，去满足目标市场的需求，从而实现企业既定的发展目标。因此，国际市场营销战略是企业在较长期间关于国际市场营销目标与实施的原则意见，他对短期与经常性的营销活动均有指导意义。

国际市场营销战略作为企业战略，在国际营销方面的展开和具体化，具有以下基本特点：

（1）全局性　国际市场营销战略体现了企业的整体观念，关系到企业全局的发展需要和利益。国际市场营销战略的全局性表现在结合自身资源状况，对营销环境、营销活动等各种营销因素进行全面、综合的思考，分析因素之间的相互关系，找出实现资源优化配置的最佳方式。

（2）长远性　国际市场营销战略是一种中长期计划，它的着眼点是企业未来和长远发展。国际市场营销战略所规定的也是一种中长期的发展方向和目标，以及实现这种目标的途径和方法。国际市场营销战略计划虽然着眼于未来，但立足点在当前，企业现状是制订国际市场营销战略的出发点。

（3）层次性　国际企业为典型的层级组织，上层领导下层，下层服从上层，上层制订的战略对下属各层都是有效的，都必须努力去完成，而下层制订的战略对上层则不起主导作用，只不过是保证上层战略实现的一种保障措施。

（4）应变性　国际市场营销战略是从现有条件出发，对未来做出方向性、决定性的决策，是积极的、有准备的、进行改变未来的创造性谋略。然而国际市场的不断变化，要求决策者应随着内外条件与环境的变化及时做出反应，不失时机地进行战略调整。

（5）风险性　国际市场营销战略决策多数为不确定性决策，风险系数较高。因为国际市场营销战略，是对预计在较长时期内所能达到的目标进行的驾驭，而客观条件的不确定性，尤其是国际市场的复杂性，决定了主观上不能十分准确、全面和及时地得到信息，执行过程中发生误差也在所难免。特别是国际同行竞争激烈，一切时机都得抢先利用，谁能抓住机会、捷足先登，谁就会得到利益，失去时机的企业就会面临威胁。一般情况是，经济效益越高，风险越大；反之则风险越小。领导者的成功战略，就是在风险中能够站得高、看得远、绕过暗礁、排除艰难、到达彼岸，而绝不是一帆风顺，手到擒来。

二、国际市场营销战略的目标

企业的国际市场营销战略目标，一般包括经济性目标、服务性目标以及和谐性目标三大基本目标。其中，经济目标包含利润目标、市场份额目标、销售额目标；和谐性目标包括社会责任目标和公共关系目标。因此，从战略目标的具体指向来看，主要包括利润目标、市场份额目标、销售额目标、产品和服务目标、社会责任目标和公共关系目标六个指标。

（一）利润目标

确定一定时期内要实现的利润目标，是企业的一种通常做法。利润是企业开展经营活动的根本目的，国际市场营销也是如此，但利润目标往往没有那么容易确定。一般而言，采用三个指标来确定利润目标，即投资收益率、销售收益率以及股份红利率。投资收益率是根据一定量的投资预计若干期收回资本而确定的一个投资收益，再由投资收益率确定每一期的利润目标。销售收益率是根据销售状况确定目标利润的方法。在固定成本和变动成本确定之后，根据前期销售情况确定本期经过努力而能达到的销售额，再减去成本就得到一个可行的利润目标。股份红利率适用于股份制的企业，它是依据计划要实现的红利而确定的利润目标。

（二）市场份额目标

市场份额是指某企业的产品占该产品市场中的销售比。一般来说，利润和市场份额的变化方向是一致的。据相关统计表明，市场份额增加10%，利润率可提高5%左右。所以占据一定的国际市场份额，就成为企业开展国际市场营销的一个重要的战略目标。但也有研究表明，市场份额并非越大越好，市场份额过大反而会使利润率下降。因为为了维持和扩大整个市场的规模，要有一定量的广告宣传开支和营销努力。一个企业的市场份额扩大，为了维持和扩大市场规模，势必导致其营销成本不断增加。当市场份额扩大到一定程度后，营销成本的增加会大于利润的增加，从而致使利润率下降。

（三）销售额目标

销售额目标不能孤立的确定，要和成本、利润结合起来加以确定。有时销售额上去了，但利润没有较多的增加；有时追加了较大的营销成本，但销售额不佳，这都意味着企业没有获得较好的经济效益。如果超出了市场份额的一定限度，会招致反托斯拉效应。如果大幅度降价而带来销售额的增长，则可能面临反倾销的困扰。

（四）产品和服务目标

企业不仅要考虑向国际市场提供什么产品和服务，更重要的是考虑企业的产品和服务，在国外消费者心目中要树立好的形象。因此企业在确定产品和服务目标时，要包括在一定时期内打算推出哪些新产品和服务，为这些新产品和服务在消费者心目中，树立起怎样的良好形象，怎样为消费者提供最大的满足度；因而产品和服务目标有时就需要包括增加多少个维修服务中心、多少个销售网点等。产品和服务目标不仅涉及消费者对产品和服务的印象，还会影响企业在消费者心目中的形象。

（五）社会责任目标

企业的社会责任分为两个层次：一是法律层次的企业社会责任，这是基础性的；一个是道德层次的企业社会责任，主要是指通过企业自愿捐赠，向社会回馈。跨国企业更应该认识到社会责任对其发展的重要性，特别是道德层次的社会责任，可能会直接影响企业的生存和发展，因此企业必须协调好与目标市场所在地居民的关系，同他们和谐相处，赢得他们的认可。

（六）公共关系目标

公共关系目标是社会组织在一定时期内，通过公共关系活动要达到的目的，其中包括信息传播、联络感情、改变态度、引起行为等具体的目标。在国际市场营销过程中，公共关系是极其重要的方式和手段。跨国企业必须根据企业实情，确立自己的公共关系目标，赢得社会和公众的支持。例如，北京长城饭店在开业之初，通过"里根总统的答谢宴会"使其"高档豪华，服务一流"的五星级饭店形象蜚声海内外，做了一个成功的广告。

三、国际市场营销战略的基本内容

（一）标准化战略与本土化战略

国际市场营销企业最初采取的战略，一般是标准化战略或普通化战略。这种战略的前提是将各目标国市场视为均质性的市场，设定目标国营销环境与跨国公司总部所在国或核心国市场营销环境没有太大差别，或者说忽略目标国市场与跨国公司总部所在国市场在营销环境上的差别化或异质化。在目标国市场上，采用与所在国无差异的营销组合来满足各目标国市场的需求。从这个意义上说标准化营销战略的思维定式是：所在国成功的营销可以复制或移植到目标国。换言之所在国的战略营销方案必然适用于各目标国市场。

标准化营销的最大利益是规模经济的利益。跨国公司已经成功的营销方案可以不加改进或稍加改进地复制到目标国市场，从而达到营销成本的最小化、营销收益的最大化。当然，标准化营销战略所面对的市场往往是同质市场，或者说对于某些不需要细分市场的具体产品，往往将各目标市场视同为同质市场。

本土化营销战略针对各目标国本土的具体营销环境，将目标市场视为抑制型市场，采用差异化的营销组合来满足这些市场的需求。从本质上说，本土化营销是差异化营销战略，在国际区域范围的具体运用是国际市场营销环境差别化对营销战略有效选择的直接结果。

（二）多元化战略与归核化战略

多元化营销战略是跨国公司在国际市场营销中通常采用的一种战略。多元化营销战略的基本思想是：企业在原有某种业务的基础上，开发新的一种或多种业务，从而形成企业在两个或多个业务领域发展的格局。这里所指的业务包括产品以及相应的市场和技术。多元化营销可以分为相关多元化和非相关多元化。

（三）竞合战略

异常激烈的国际市场竞争环境决定了企业必须根据自身情况和环境变化制订适合的竞争战略与合作战略。竞争与合作是企业在国际市场营销过程中不可分割的整体，竞争中求合作，合作中有竞争。通过合作中的竞争、竞争中的合作，实现共存共荣，一起发展，这是企业竞争所追求的最高境界。

竞合战略是指跨国企业通过与其他企业合作，来获得企业竞争优势或战略价值的战略。1996年博弈理论与实务专家布莱登博格和奈勒波夫指出，竞合的着眼点在于把产业蛋糕做大，在做大蛋糕的基础上，大家都有可能比以前得到的更多，从而使企业能在一个较小风险，相对稳定。

竞合战略的本质特征有两点：一是强调以协作为基础的战略合作过程。市场参与主体为了共同的目标和利益，采取相互支持、相互配合的态度和行动，并且相互的合作是基于长期的战略的过程，为了双方长期的利益可以牺牲短期利益；二是强调以双赢为目标的经营动机。"双赢"注重谋求的是双方长期的更大的利益，思维方式是在市场参与主体的共同努力下，可以进一步做大利润空间，而不是一般意义上企业分配利润的行为。

第五节　国际市场营销控制

国际市场营销控制就是对国际市场营销战略和策略的实施过程进行监督和评价，并据此采取适当的行动，对那些偏离了既定计划的行动进行核实或纠正，以确保企业目标的实现。

一、国际市场营销控制的程序

国际市场营销的控制程序一般包括以下步骤。

（一）明确营销目标和衡量标准

这是控制的第一步。虽然在企业的长期战略计划和短期的营销计划中也有营销目标，但一般多为抽象或综合的目标。要进行有效控制，还必须明确营销计划中的每项行动的具体目标。在明确总目标和具体目标的基础上，再制订衡量实际绩效和预期绩效的标准。如单位销售费用标准、投资报酬率标准等。明确营销目标和衡量标准是控制系统发挥作用的前提。

（二）选择控制方法和控制人员

针对不同的具体营销行动目标和衡量标准，有相应的控制方法。至于控制人员问题，除了对人员自身素质的要求外，还要做到责权统一，控制人员有权对不同部门的业务和不同工作人员的活动进行协调控制，这是控制机制得到有效发挥的保证。

（三）建立信息反馈系统

国际市场营销活动本身具有市场调研和营销信息系统。营销信息系统在控制活动中也发挥着重要的作用。与国内营销相比，国际营销的信息系统更加完善，发挥了更重要的作用。尤其是在信息时代，互联网的产生和普及，为跨国企业的信息反馈系统创造了新的机遇和挑战。除了通信技术可以作为信息交流的重要渠道外，总公司还可以派出人员直接到国外机构检查，以增强对国外业务的了解。

（四）评估营销绩效

绩效评估就是根据已明确的控制标准，对国际营销部门及其人员的工作进行检查、评估和分析，以找出实际工作绩效和控制标准的差距，并分析差距产生的原因，以便为下一步纠正偏差提供可靠的依据。

（五）分析偏差产生原因并纠正偏差

绩效偏差是一种表面现象，对企业来说更重要的是找出偏差产生的原因。偏差产生的原因可能包括：管理人员素质低下，跟不上时代的发展要求；经营环境的制约；企业的目标制定的不合理；企业采用的营销策略不合理等。

纠正偏差就是对出现的偏差采取相应的措施。纠正偏差可能分两种情况：如果偏差产生的原因出在国际营销本身，纠正偏差的工作就是改进国际营销工作，以提高绩效并消除差距；如果偏差产生的原因是营销目标或控制标准本身不合理，这时纠正偏差的工作就是重新确定营销目标或控制标准，以达到消除偏差的目标。

二、国际市场营销控制的方法

控制的目标一般可分为产出控制和行为控制两类。相应的控制的方法也可以分为两类。产出控制包括资产平衡表、销售数据、生产数据、产品线扩大或员工的绩效考核等。行为控制是在行为发生后,理想的是在行为发生前对行为施加影响。公司可通过向子公司的职工提供销售手册,或对新职工进行培训等方式,使其融入公司文化,从而对其行为施加影响。

(一) 正式的程序化控制

正式的程序化控制是一种按一定的控制程序和规范要求的控制目标而进行控制的方法。典型的程序化控制法是营销预算法。在营销预算控制法中,首先企业要制订计划,包括确定期望达到的销售量、销售额和利润目标,以及为实现营销方案所必需的支出。然后根据计划编制营销预算,将这些要实现的目标和支出做出细致规范的表达。

在执行和控制企业的过程中,需要比较预算和实际情况的差异并分析差异的原因,提出解决的方法。如果实际销售额和支出与预算基本一致,甚至更为乐观,企业一般不需要采取行动;如果实际运营情况和预算相差较大,则跨国企业的营销控制人员就会调查并找出其中的原因,以及寻找改善业绩的方法。

一般来说,预算在企业的一个运营期内是相对稳定的,这虽然难以适应所面临的一系列无法控制的变化因素,但毕竟比中途改变预算所导致的混乱结果要好,因此需要更加重视精确的计划以及实现计划目标的过程,以保证营销预算所针对的一个计划期内的活动的可行性。

(二) 非正式的控制

程序化控制常被认为过于生硬和太注重量化,这对可以量化的控制目标可能是合适的,但实践中企业还存在许多难以量化的控制目标,与员工的日常行为方式,相互间的沟通协调等。对于这些难以量化的控制目标,企业只能采用非正式的控制方法。许多跨国公司开始重视"文化控制"。

文化控制强调公司的价值观和文化评估也以个人或实体与这种价值观和文化的相符程度为依据,文化控制要求一个广泛的社会化过程,非正式的、个人间的交流是其核心。大量的资源必须用来培训职员,以分享公司文化,这就是"公司内进行的方式"。

文化控制的主要手段是对公司员工的精心挑选和培训,以及树立自我控制的氛围。一家公司选择文化控制而不选择程序化控制,可以从其人员的低流动性上看出来,如有些日本公司利用终身雇佣制来进行文化控制。

跨国公司不仅在本国而且在他国也进行文化控制。跨国公司认为,这些经历已经接受了公司的规范和价值观,他们会以一种更加全球化的视觉在该国经营一家公司。在某种情况下,使用总部的人员可以保证决策的统一,如沃尔沃集团下属子公司中的财务部门的主要负责人总是由本国人担当。而子公司的一般人员则是在当地聘用所在国的居民,其目的不仅是为了控制,也是为了适应当地环境的变化,培养当地人才公司通过薪酬晋升和撤换政策对管理人员进行控制。

三、国际市场营销控制的类型

国际市场营销控制的类型主要包括:年度营销计划控制、盈利能力控制、效率控制和战略控制。

（一） 年度营销计划控制

年度营销计划控制的目的在于保证公司实现其在年度计划中所制订的销售、利润以及其他目标。年度营销计划控制的中心是目标管理，包括四个步骤：第一，管理当局必须在年度计划中建立月份或者季度目标作为水准基点；第二，管理当局必须坚持在市场上的执行业绩；第三，管理当局必须对任何严重的偏离行为的原因做出判断；第四，管理当局必须采取改正行动，以便弥补其目标和执行实绩之间的缺口。这可能要求改变行动方案，甚至改变目标本身。

这一控制模式适用于组织的每一个层次。最高管理当局建立一年的销售目标和利润目标。这些目标被分解成每个角度层次的管理当局的具体目标。于是每个产品经理就要达到某个销售水平和成本水平。每个地区经理和每个销售代表也被责成完成若干目标。最高管理当局定期检查和分析结果，并且查明需要采取哪些改进措施。

（二） 盈利能力控制

盈利能力控制是跨国营销管理者对各种产品、区域市场、顾客群、渠道、订货量等盈利状况的分析和控制，这对于跨国企业来说是非常重要的。这方面的信息将帮助跨国企业总部，决定对区域市场的产品或者营销活动，应选择扩大、收缩还是撤销的策略。在进行营销，盈利能力控制时，主要包括四个步骤：第一，确定职能性费用，也就是衡量每项活动将需要多少费用，如广告、人员推销、包装运输等；第二，将各职能性费用分配给各个营销实体，比如衡量伴随每一种渠道的销售所发生的功能支出；第三，为每个营销实体编制一张损益表；第四，要决定最佳改正策略。营销利润分析表明了不同渠道、产品、地区和其他营销实体的有关利润情况。

与其他所有的管理工具一样，盈利能力控制也有其局限性，它为管理者在决定哪些业务应该扩大，哪些业务应该收缩时提供了一种思路。然而，如果管理者不具体问题具体分析，就可能会误入歧途。这是因为在使用这种方法的时候，很多费用的分配都依靠主观判断，所以有时难免会太过武断。

（三） 效率控制

假设利润分析表明，企业在某些产品或某些销售区域的盈利状况不好，那么管理层需要考虑的问题可能是是否存在更有效的方法来提高销售队伍、广告、销售促进和分销等营销实体活动的绩效。这就要求企业对这些营销实体活动的效率进行控制。

（四） 战略控制

战略控制可利用的方法有两种：营销效率等级评估和营销审计。营销效益等级评估，只从顾客导向、营销组合、战略计划和工作效率等方面评估一个国际企业的总体营销效益。企业可通过设计计量表交由部门的营销经理或其他经理填写。对由该表得到的分数进行统计，即可反映企业的总体营销效益，同时也能了解到影响企业营销效益的薄弱环节。

营销审计是指对企业的营销环境、目标、战略组织制度和营销组合等所做的全面、系统、独立和定期的检查。其目的在于审查上述影响企业整体营销效益的各项因素是否协调一致，是否存在薄弱环节，并据此提出改进计划。

> **思考题**
>
> 1. 企业应如何适应国际市场营销环境的变化?
> 2. 实施国际市场营销策略有哪些需要注意的问题。
> 3. 谈谈企业一般进入国际市场营销的动因是什么?
> 4. 如何塑造产品在国际大环境中的信任?
> 5. 我国在进行出口食品时应考虑的国际政治、法律因素有哪些?

[案例]

遭遇抵制的雀巢婴儿食品

雀巢公司是世界上最大的食品公司之一，公司总部在瑞士。雀巢是全球排名前20位的品牌，品牌价值达175.95亿美元。1999年在世界最受推崇的食品企业中排名位于可口可乐之后，居第2位。雀巢公司最主要的产品是速溶饮料和其他各类饮料、乳制品及婴幼儿食品和膳食品。

雀巢婴儿乳粉在1968年以"鸟巢"为注册商标而打入欧美的乳粉市场，并受到西方人的喜爱。

有一段时间公司在婴儿乳粉生产和销售上曾遭遇极大困难，一度成为国际上联合抵制的对象。

雀巢公司的乳制品中有一种供婴儿食用的乳制品，市场销售良好。不久，雀巢公司又向市场投放了一种糖制炼乳——"乳护士"，这是一种为6个月以下婴儿准备的母乳替代品。

第二次世界大战后婴儿食品的销售剧增，1957年发达国家出生婴儿440万，雀巢公司这年的销售额也创纪录。20世纪70年代发达国家人口出生率降低，雀巢公司把开发和销售全力以赴，转向第三世界国家，这里的人口正在迅速增长。就婴儿食品行业的总销售来看，除去所有别的乳制品之外，大约还有15亿美元销售额。据统计，其中有6亿美元来自不发达国家，婴儿在婴儿食品市场中，这是非常重要的潜在市场。在总市场中，雀巢公司占有很大的比例——占第三世界婴儿食品市场的40%~50%。

一些欠发达国家卫生条件差，大量年轻母亲缺少文化，甚至看不懂产品使用说明。因此滥用婴儿食品的现象非常普遍。她们从被污染的河里和井里取水，背回去存放在不干净的容器里，结果婴儿食品与不干净的水先混合，再装入未经消毒的乳瓶，并使用了橡皮奶嘴，加上有些孩子的母乳，为了延长食品的使用次数，不得不多加点水来稀释食品。如一位牙买加妇女用乳瓶喂养她的双胞胎，照理说一瓶婴儿食品只够4个月的婴儿吃7天，可是这位母亲却一直加水稀释，让两个婴儿吃了14天。由于细菌污染、营养不良等原因，婴儿死亡率大大增加。

在市场营销方面，雀巢公司的促销活动也受到了广泛的指责，雀巢的促销活动除了针对消费者外，还直接针对内科医生和其他医务人员。直接针对消费者的促销形式有多种，所采用的媒介有电台、报纸、杂志及广告牌，甚至使用装有高音喇叭的大篷车，免费发放样品、乳瓶、乳嘴。

1974年一个名叫"向贫穷开战"的英国慈善组织出版了一本28页的小册子——《杀害婴儿的凶手》。在这本小册子里，两家生产乳粉的跨国公司——瑞士的雀巢公司和英国的马尼善特公司，被指责为向第三世界国家不具备正确使用乳粉条件的消费者大量推销其产品，这种行为应对这些地区婴儿的死亡负责。不久一个设在德国的"第三世界工作小组"又发行了德文版《杀害婴儿的凶手》，内容仅做了几处改动。那本德文版的小册子，在指责整个婴儿食品开发行业的同时，一些德国活动家举出雀巢公司说它有"不道德行为"，并把那本小册子重新取名为《雀巢杀害婴儿》。

虽然有几家公司在国际市场上销售婴儿乳粉,但雀巢公司受到的指责更多是因为它占有世界婴儿食品市场的50%。

婴儿食品行动联盟及其联合抵制雀巢公司的成员们提出的要求是:

①停止使用所有的"乳护士";

②停止散发各种免费样品;

③停止向消费者进行婴儿食品广告和推销;

④停止向卫生保健行业进行婴儿食品推销。

这次联合抵制行动,立即得到美国各地450个以上的地方和区域组织的支持。在抵制最强烈的波士顿、巴尔的摩、芝加哥等地,成千上万的人签名抗议,呼吁从超市市场的货架上撤走雀巢公司的产品。

这些抵制活动的影响巨大,不仅直接造成了公司的利润和业务损失,还间接使公众反对公司的观点更加明朗和具体化,并且还引起了政府部门的反应。

世界卫生组织1981年5月制订了一项适用于婴儿食品行业的严格广告规定:不允许婴儿食品和其他断乳食品做广告或采取推销形式。

欧洲会议以压倒多数票通过了一项决定要求共同体、国家市场严格执行世界卫生组织的规定,并责成共同体市场上的厂商负责,让他们的国外机构遵守上述规定。

面对接踵而来的指责、诉讼、抵制,雀巢公司再也不敢忽视公众了。当时公司的首要任务就是处理这次联合抵制运动和普遍的谴责这个公共关系问题。公司的公共关系部门被升级到公司职能办公室的位置。世界上最大的公共关系公司希尔和诺尔顿公司也被雀巢雇来解决问题。公司还聘请了一位著名的公共关系专家丹尼尔。丹尼尔建议公司要保持低姿态,并且要设法使他的行动得到公众的批准。

事到如今雀巢公司只得放弃辩白和对抗,采用一种新的措施重新树立一个人道的、富于责任心和令人信赖的公司形象。

第1步:自觉服从世界卫生组织的市场营销规定,不再向婴儿的母亲赠送样品,在世界范围内停止利用大众媒体对公众进行产品广告宣传;并开展综合的卫生健康教育,以确保产品的正确使用方法,尤其是针对农村地区。同时继续宣传母乳喂养的优点。

第2步:与药品管理组织合作,保证遵守其规定,停止向卫生保健行业进行婴儿食品推销。

第3步:谋求与新闻界的合作。以前雀巢公司对新闻界一直敬而远之,比如在1981年上半年,《华盛顿邮报》发表了391篇批评它的文章。现在为了重新塑形象,公司对新闻媒介的政策变为"开放门户,坦诚相待"。

公司最终采取的最有效的补救措施是成立了一个10人专门小组成员,由医学家群众领袖及国家政策专员对公司执行世界卫生组织的规定情况进行公开监督,负责调查公众对公司市场营销活动的意见。这个小组成立于1982年5月,由当时缅因州民主党参议员德蒙·马斯基担任主席。10人小组秉公办事,博得了公众的信任和认可。

资料来源:田学科. 遭遇抵制的雀巢婴儿食品 [N]. 中国工商时报, 2003.

案例分析题

1. 雀巢公司应采用什么样的对策才能既营销其产品，同时又避免受到"谋杀第三世界婴儿"的指控？
2. 雀巢事件给从事国际营销的企业一些什么经验和教训？

第十三章
有机食品与绿色营销

21世纪,科学技术和经济快速发展,人类社会取得了巨大的成就。但是,伴随着工业化及现代农业的发展,人类不合理的经济活动带来的一系列环境问题日益显现。于是,环境保护、食品安全等成为人们关注的热点话题,有机食品与绿色营销正是在人们对人与自然的和谐统一,以及人类可持续发展的追求中产生的。

第一节 有机食品的概述

一、有机农业与有机食品

(一)有机农业

第二次世界大战以后,人们开始用现代科技和现代工业武装农业,创造了巨大的物质财富,但现代农业科学技术的进步在为人类提供越来越丰富的食品的同时,其对环境及人类自身的副作用也越来越明显。

19世纪中期,三大类杀虫植物除虫菊、鱼藤和烟草作为世界性商品开始销售,随后出现的砷酸铅、砷酸钙以及硫酸铜的工业化生产标志着农药成为化学工业产品。1880年以后,石灰硫黄合剂被广泛应用于防治植物病害,1882年,法国科学家米亚尔发现了波尔多液具有杀菌效果,表明农药进入科学发展阶段。1939年,瑞士科学家发现了滴滴涕的杀虫活性后,农药开始进入了有机合成阶段。此后,人类又陆续发明了有机氯杀虫剂六六六、氨基甲酸酯类杀虫剂西维因以及代森类杀虫剂。第二次世界大战后,除有机磷类杀虫剂被广泛应用外,除草剂和植物生长调节剂也得到了较快发展。

有机合成的农药具有药效好、成本低、使用方便等突出特点,经济效益也非常显著,因而品种、产量迅速增加。与此同时,化学农药发展中出现的三大问题:急慢性毒性、对环境的不良影响和防除对象的抗药性增强。由于过量使用农药、化肥等农用化学物质,造成了有毒、有害物质在土壤和水体中残留、富积,降低了食物的安全性和质量,从而给健康造成危害。

现代人类活动给资源和环境带来了八大问题:臭氧层破坏、温室效应、酸雨危害、海洋污染、热带雨林减少、珍稀野生动植物濒临灭绝、土地沙漠化、毒物及有害废弃物扩散。早在1931年，英国农业专家霍华德（Albert Howard）就提出了"有机农业"（organic farming）的概念，并于1940年写成了有机农业方面的经典著作《农业盛典》（An Agricultural Testament），向农民建议保持"生命循环"，并采取"持久农业"系统利用食物垃圾和生活污泥提高土壤肥力，生产有营养的食品。特别是1962年，美国海洋生物学家雷切尔·卡森（Rachel Carson）的著作《寂静的春天》（The Silence of Spring）一书出版后，在全世界引起了轰动，使人们更加意识到周边环境的恶化及对后世的影响，同时开始寻求新的农业生产方式并加以实践、推广，有机农业便是其中之一。

（二） 自然农业

自然农业又称自然农法，是由冈田茂吉（Mokichi Okada）于1935年首先提出的。他当时提出自然农业的核心是"尊重大自然，顺应自然规律办事""充分发展土壤本身的潜力来进行生产"。

自然农业是一个相对于石化农业的概念。现代农业又称石化农业，由于从农业外部投入大量的石油化学能源，导致地球自然资源的逐渐减少和环境问题的发生，人类所面临的资源、能源和环境危机也越来越严重。在这种情况下，自然农业理论的提出受到了重视，自然农业的有效微生物技术（effective microorganisms，EM）、农田免耕栽培技术、果园栽培技术等逐渐在世界范围内被广泛接受和采用。同时，随着自然农业研究和实践的不断深入和发展，其理论和方法也在不断发展和完善。

自然农业与有机农业、生态农业等有许多共同之处，甚至在许多国家其内涵完全相同。都以合理利用自然资源、节约能源、不污染环境和生产无公害的健康食品为目标，尽可能利用生物与生物、生物与环境之间的生态关系来进行农业生产。因而有可能与有机农业、生态农业等农业生产方式一样，成为农业可持续发展研究的一个重要领域。

"自然农业"概念的提出者认为，充足的光照、充分的供水、净土栽培就可以获得"空前未有的伟大成果"。尽管这种理论带有浓厚自然主义的思想，但在理论上和实践上都有很大的片面性，在实际推广中有很大的难度，但是反映了现代人们向往回归自然，追求清洁、无污染食品的愿望。

第二次世界大战以后，作为战败国的日本，为了解决粮食和其他农产品严重短缺的问题，迅速恢复了硫酸铵等农用化学品的生产。化肥和农药的大量使用，虽然使粮食等农产品短缺问题得到了缓解，但对土壤、水体等环境却产生了不良影响甚至毒害。大量使用化肥和农药所带来的复合污染越来越严重地影响着农业生产的持续稳定发展，也威胁着人类的健康。有人把大量使用化肥、农药（杀虫剂、杀菌剂、除草剂）的日本近代农业称为"死亡农业"，反映了人们对高度发展的石化农业给人类所带来的严重危害的关切和忧虑，迫切希望能够找到一种新的生产方式来代替。于是自然农业又一次为人们所重视，并得到了较大发展。自然农业主张人类必须走同自然合作的和谐之路，回归自然，而不应走与自然对抗的"征服自然"之路。

"自然农业"的特点是主张无耕起、无肥料、无除草、无农药，即所谓"四无"农业。

无耕起，即免耕。依靠植物根系的穿插、大量有机物（包括根茬、秸秆和绿肥等）的腐烂分解和土壤动物及微生物活动来疏松土壤，保持土壤的通透性和保水保肥能力。

无肥料，即不施化肥、堆肥的混合肥，完全依靠收获后的秸秆还田、豆科三叶草等绿肥，以及使用糠壳和禽粪等来维持和提高土壤肥力。

无除草，即既不中耕，也不用化学除草剂，而是用稻、麦秸秆和三叶草等覆盖地表，抑制杂草的生长，必要时可采用间隙淹水的方式对农田杂草进行有效控制。

无农药，即不依赖化学农药防治病虫害，认为良好的环境可培养健壮的植物；并利用生物防治，让自然平衡机制把病虫害控制在最低危害程度。

遵循以上四项原则进行栽培和管理，充分利用自然资源，简化田间作业，使土壤理化性质得到改善，土壤肥力和保水能力明显提高，从日本农户推广自然农业的实例看，产量水平能够接近一般现代农业的生产水平。特别值得指出的是，能够生产无污染、无公害的健康食品，符合市场需求，深受消费者欢迎。

（三）有机食品

有机农业的产品称为"有机农产品"或"有机食品"，有机食品这一名称是从英文 organic food 直译来的，在其他语言中又称"生态食品"或"生物食品"。随着人们对生存环境的了解及保护意识的加强，同时也出于对食品安全、食物营养等方面的考虑，有机食品的生产与加工得到飞速发展。

有机食品是指以有机方式生产加工的、符合有关标准并通过专门认证机构认证的农副产品及其加工品，包括粮食、蔬菜、乳制品、禽畜产品、蜂蜜、水产品、调料等。有机食品与其他食品的区别主要有三个方面：

第一，有机食品在生产加工过程中绝对禁止使用农药、化肥、激素等人工合成物质，并且不允许使用基因工程技术；其他食品则允许有限使用这些物质，并且不禁止使用基因工程技术。如无公害食品对基因工程技术和辐射技术的使用就未作规定。

第二，有机食品在土地生产转型方面有严格规定。考虑到某些物质在环境中会残留相当一段时间，土地从生产其他食品到生产有机食品通常需要3年的转换期，而生产绿色食品和无公害食品则没有转换期的要求。

第三，有机食品在数量上进行严格控制，要求定地块，定产量，生产其他食品没有如此严格的要求。

2001年，我国国家环境保护总局颁布的《有机食品认证管理办法》明确指出，有机食品是指符合以下条件的农产品及其加工产品：①符合国家食品卫生标准和有机食品技术规范的要求；②在原料生产和产品加工过程中不使用农药、化肥，生长激素、化学添加剂、化学色素和防腐剂等化学物质，不使用基因工程技术；③通过本办法规定的有机食品认证机构认证并使用有机食品标志。

有机食品在生产过程中必须达到如下要求：①生产基地在最近三年内未使用过农药、化肥等违禁物品；②种子或种苗来自于自然界，未经基因工程技术改造过；③生产单位需建立长期的土地培肥、植物保护、作物轮作和畜禽养殖计划；④生产基地无水土流失及其他环境问题；⑤作物在收获、清洁、干燥、储存和运输过程中未受化学物质的污染；⑥从常规种植向有机种植转换需2年以上的转换期，新开垦荒地例外；⑦有机生产的全过程必须有完整的记录档案。

有机食品加工过程中，必须符合以下条件：①原料必须来自有机农业生产体系，或采用有机方式采集的野生天然产品；②产品在整个生产过程中必须严格遵循有机食品的加工、包装、储藏、运输标准；③生产者在有机食品生产和流通过程中，有完善的质量控制和跟踪审查体系，有完整的生产和销售记录档案；④必须通过独立的有机食品认证机构认证。

有机食品标志的使用要求：我国有机食品实行统一的标志（图13-1），包装标有中文"中国有机产品"字样和相应英文（ORGANIC）的才是符合国家标准的有机食品。其中有三种标注方法：①有机配料含量等于或高于95%的加工产品，可在产品或者产品包装及标签上标注"有机"字样；②有机配料含量低于95%且等于或高于70%的加工产品，可标注"有机配料生产"字样；③有机配料含量低于70%的加工产品，只能在产品成分表中注明某种配料为"有机"字样。另外，有机产品认证标志将分为"中国有机产品认证标志"和"中国有机转换产品认证标志"，两个标志的图案基本一致，只是在颜色上有所区别，分别为绿色和土黄色，如图13-1所示为"中国有机产品认证标志"。

图13-1　中国有机产品认证标志

（四）绿色食品

我国"绿色食品"最初是从发展部门经济角度提出的。1989年农牧渔业部农垦司在制定农垦系统发展规划时，为提高企业经济效益提出了三项措施：①拳头产品；②重点企业；③配套攻关技术。当时鉴于农垦系统生产基地大都处于偏远地区，有良好的生态环境，再考虑到我国消费者也期待无公害食品，因此把"无公害食品"作为拳头产品，并冠以"绿色食品"名称。后来农垦司成立了"绿色食品"开发办公室，1992年改为中国绿色食品发展中心，管理绿色食品的认证推广工作。该中心对绿色食品的定义是："无污染的、安全、优质、营养类食品"。

近十余年来，由于食品污染、农药残留等问题日益受到社会的关注，无污染的绿色食品越来越受到消费者的欢迎。根据农业部对绿色食品的界定，获得"绿色食品"标志的食品类产品除须符合一般食品营养标准外，还必须同时符合下列条件：①产品或产品的原料产地必须符合绿色食品的生态环境标准；②农作物的种植、畜禽饲养、水产养殖及食品加工必须符合绿色食品的生产操作规程；③产品必须符合绿色食品质量和卫生标准；④产品外包装必须符合国家食品标签通用标准，符合绿色食品特定的包装、装潢、标签规定。

绿色食品与有机食品都是一种从可持续发展理念出发，强调经济发展与生态环境的协调，主张无污染、无公害的食品生产方式。但是，两者又有一些区别。

绿色食品（green food）的称谓及其标准是中国特有的，而有机食品（organic food）则是国际通用的。

绿色食品分为A级和AA级两种标准，其标志如图13-2所示。其中AA级，相当于有机食品的标准，即在食品生产和加工过程中严格禁止使用一切化肥、农药、兽药、添加剂及基因技术等，而 A 级则是根据国情制定的，可以按照相关标准有限度地使用高效低毒、低残留的农药、肥料、兽药、水产养殖用药、食品添加剂、饲料添加剂 6 种生产资料，属于一种减农药、减化肥、无公害食品生产标准。

图 13-2　中国绿色食品标志
(1) A 级绿色食品标志　　(2) AA 级绿色食品标志

二、发展有机食品的意义

（一）发展有机食品关系到人类健康和未来

20 世纪 60~70 年代，人们找到了使用化学合成肥料和化学农药促进农作物增产的途径。随着科技的进步，化肥和农药中的有害物质对人体所造成的危害正逐步为人们所认识，如有机磷类农药的残留通过食物进入人体后，会伤害人体的神经系统，而其产生的神经毒素还可引发人体代谢上的不良反应。如果长期食用有机磷农药残留超标的蔬菜水果，可对人体的肝脏、肾脏造成损害，食物中残留的氮肥部分可在人体内转化成强致癌物质——亚硝胺。被国家列为环保重点的"三湖"之所以污染严重，也是因为农田氮肥过量施用的部分进入湖泊所致。除农药、化肥之外，工业废品及其他渠道对食品的污染也日益严重，1997 年世界卫生组织指出，全世界每年大约有数亿人因食物污染而患病，食源性疾病（即通过摄食而进入人体的病原体，使人体患感染性或中毒性疾病）发生率为 5%~10%，而以食源性因素为主引起的 5 岁以下儿童腹泻的发病率每年高达 15 亿例，死亡约 300 万人，有机食品由于是有机农业的产品，其生产及加工过程都有严格的限制，从而使其具有了源自自然、营养丰富、安全和环保等优势，符合人类社会发展的潮流，需求市场必将迅速扩大。

（二）发展有机食品有利于提升人们的环境保护意识

有机农业作为可持续农业发展的一种实践模式，是人们对环境污染、自然生态遭受破坏的一种反思，常规农业依靠投入大量的化肥、农药的生产方式，破坏了土壤和自然生态平衡，农药在杀死害虫的同时也使鸟类、鱼类等生物遭受灭顶之灾，珍稀物种濒于灭绝。化肥从农田流入河流、湖泊，导致水体富营养化，水质污染问题已经对经济社会的发展构成了威胁。发展有机食品可以建立和恢复农业生态系统的良性循环，保护环境，维护人类的可持续发展。

因此，发展有机产品是为环境保护做贡献，那些愿意为自身健康和环境保护买单的人是有机食品的消费者,他们以自己购买有机食品的实际行动来表达对环境保护事业的支持。

(三) 有机食品比普通食品价值更高

现代农业在带来农作物产量增加的同时,不仅使环境遭受了严重的污染,还使现代物质投入量不断提高,从而生产成本也大幅度增加,联合国粮食及农业组织的统计资料表明,现代农业的生产方式每公顷投入的能量比传统方式高 375 倍,而产量却只提高了 4 倍,联邦德国小麦产量由 1955 年的 $2.7×10^4 t/m^2$ 到 1980 年的 $4×10^4 t/m^2$,只增加了 0.74 倍,而氮肥的施入量则增加了 15 倍,这无疑造成了农业生产成本的增加。为了减轻农场主的负担,发达国家多采用农业补贴方式降低农产品价格,仅 1977—1987 年十年间,欧洲共同体 (European Community) 和美国的农业补贴就高达 2960 亿美元,其中欧洲共同体 1700 亿美元、美国 1260 亿美元,巨额农业补贴不仅增加了发达国家的财政压力,也给发展中国家的农业生产带来了压力。

有机食品的生产则可明显降低成本,在常规农业向有机农业的转化过渡期内(一般大约为 3 年),农作物产量可能下降 8%左右,而一旦转换成功,农业生产成本可下降 30%左右,有机食品的价格在市场上比常规食品高 15%,有的甚至高出近 40%,其经济利益是很可观的。

三、 我国有机食品发展现状

我国有机食品起步比较晚,但发展较快。1984 年中国农业大学、中国可持续发展中心开始进行有机农业和有机食品的研究工作。1994 年国家环境保护局有机食品发展中心(OFDC)成立,标志着我国有机食品的开发和认证管理工作全面展开。此后,国家环境保护总局有机食品发展中心先后在云南、黑龙江等 21 个省建立了分中心或行业分中心,负责有机食品开发的质量控制和管理工作。1995 年国家环境保护总局制定了《有机食品标志管理章程》《有机食品生产和加工技术规范》等法规文件,初步形成了较为健全的有机食品生产标准和认证管理体系。2003 年 2 月 14 日我国的 OFDC 正式获得国际有机农业运动联盟(IFOAM)的认可,标志着我国标准已与国际基本标准完全接轨,为我国有机食品开拓国际市场提供了保证。国家标准化管理委员会发布了中国有机产品认证标准(GB/T 19630—2019),2013 年,国家质量监督检验检疫总局发布《有机产品认证管理办法》,这是目前我国有机产品认证的依据标准。认证管理机构已由国家环境保护总局有机食品发展中心转为国家认证认可监督管理委员会。

经过 20 多年的发展,我国的有机食品产业今非昔比,已经形成了以有机豆类为主的东北地区、以有机蔬菜为主的山东省、以有机茶叶为主的江浙皖赣等几大集中生产区域。目前,在北京、上海、广州、南京等大中城市的超市中可以很方便地买到经过有机认证机构认证的有机食品。根据《中国有机产业与有机产品认证发展(2019)》一书,2018 年,中国有 12226 个企业获得 67 家不同认证机构的有机食品(含转换)认证证书 18955 个,有机生产面积超过 313.5 万公顷。

随着人们生活水平的提高,消费者对食品安全问题日益重视,农业部大力推进"无公害农产品"、发展"绿色食品",为有机食品在我国的发展奠定了良好的基础。据统计,2018 年我国有机食品行业市场规模达到 514 亿元,同比增长 17.88%。

在我国,有机食品销售额仅占常规食品销售额的 0.3%左右,而发达国家平均水平为

3%,最高的瑞士已经达到9.9%。目前,制约我国有机食品消费的关键仍然是价格。有机产品与常规产品相比,生产成本高、产量低,价格自然要高一些。今后,随着我国经济的发展和居民消费水平的提高,有机食品消费会不断增长。

四、国外有机食品发展现状

目前,全世界约有180个国家在进行有机农业生产,有机农业生产和贸易的份额约1.4%。据统计,1999年全球有机食品市场的销售额为152亿美元,2017年达到970亿美元。

欧洲和北美两个市场占全球有机消费总额的90%,其余基本集中在日本和澳大利亚。有机食品消费主要集中在发达国家,在相当大程度上要从发展中国家进口。除日本外的亚洲国家和地区,有机食品的国内市场还非常小,仅在生活水平较高的大中城市出现,绝大部分有机产品与常规产品的差价在20%~60%,高的可达3~5倍。目前,世界上许多国家都建有有机食品生产组织、加工企业及认证机构,并得到了一些国家和政府的认可和支持。但从区域上看,有机农业和有机食品的发展水平和市场消费需求并不均衡,其中欧洲、美洲、日本、大洋洲起步早,有机食品的生产、销售、管理、研究、培训、认证工作发展比较标准、法规也比较完善。

(一) 美国有机食品的发展现状

20世纪70年代,美国已有三个州制定了有机农业的法规,并开展了有机食品的认证工作,1980年后,联邦政府的农业政策开始支持有机农业,并组织开展有机农业模式的推广,到1991年已有27个州制定了有机农业生产法规或操作规程,1990年正式颁布了《有机食品生产法案》(Organic Foods Production Act),1992年成立了美国国家有机标准委员会。

美国是世界上最大的有机食品消费国,其1990年有机食品销售额仅为8亿美元,2002年的销售额已达110亿美元,占世界有机食品销售额的47%。而据美国有机贸易协会发布的《2019年有机产业调查报告》显示,2018年美国有机食品市场销售额首次突破500亿美元大关,达到创纪录的525亿美元,同比增长6.3%。

有机产品需求不断增加是美国有机农业迅速发展的一个重要原因。美国农业部(USDA)的标准强调了"有机"概念和意义的清晰化,让消费者认识到有机食品意味着"更安全""更健康""对环境更友好",而且是容易买到的食品,不光从专卖店,从普通的零售渠道就能买到同时,有机食品加工业已成为美国发展最快的部门。美国在有机产品生产方面拥有丰富的土地资源,这为有机产品的发展提供了坚实的基础。据统计,美国目前有5%~10%的人喜欢购买有机产品,美国的有机食品销售额占食品总销售额的4%,几乎所有美国的超市、连锁店都销售有机产品。

(二) 欧洲有机食品的发展现状

欧洲国家从20世纪80年代就开始对化学农药的使用加以限制,以促进有机农业替代常规农业生产。欧洲统计局网站显示,2016年,经欧盟认证的有机种植区域或正在向有机种植转变的区域共计1200万公顷,有机农业占欧盟全部实际使用农业面积的6.7%。自2012年以来,有机农业种植面积增长近200万公顷。同时,注册的有机生产商数量也有所增加,到2016年底共计29.56万家。注册有机种植面积最大、有机生产商最多的成员国是西班牙、意大利、法国和德国,共占欧盟总有机农业面积和有机生产商一半以上。有机农业占本国作物生产比重最高的国家分别是奥地利(21%)、瑞典(18%)和爱沙尼亚(18%)。

欧洲是仅次于北美的第二大有机产品市场，据统计，欧洲有机食品市场 2017 年的销售额为 335 亿欧元，其中有机食品销售额，德国 100.4 亿欧元，法国 83 亿欧元，意大利 35 亿欧元，英国 25 亿欧元，瑞士 23 亿欧元（全球有机食品人均消费最高的国家），奥地利 18 亿欧元，荷兰 15 亿欧元。

欧洲有机食品的营销市场比较发达，大多数国家的有机食品营销渠道有普通超市、有机食品专卖店、直接销售和其他销售 4 种，普通超市渠道销售的有机食品所占比例较大。在欧洲，德国、丹麦、奥地利、瑞士等国的有机产品畅销率最高，相当数量的消费者对有机产品的忠诚率较高，偶尔尝试有机产品的新人数量也不断增加。

（三）澳大利亚有机食品的发展现状

1995 年，澳大利亚从事有机农业生产的农场有 1462 个，约占全澳农场的 1%，其中 22% 的农场从事有机食品生产已超过 5 年，有机农场认证面积为 0.335 万 km^2，有机食品的销售额为 8050 万澳元。到了 2002 年，从事有机生产的农场发展到 2400 个，取得认证的农场面积为 8.5 万 km^2，产值为 3 亿澳元。每年有 4000 万澳元的有机食品出口到国外，主要是欧盟和日本，其中新鲜水果和蔬菜占 75%。随着有机食品市场需求看好，澳大利亚正在扩大有机谷物、有机乳品、有机酒的生产和出口。2016 年，澳大利亚有机农场面积已达 27.4 万 km^2，是有机农地面积最大的国家。有机农业中畜牧业所占比重很大，其次为粮食作物和蔬菜等园艺产品。目前澳大利亚的有机食品主要用于出口，最大的市场是日本，约占总出口量的 1/3。

五、有机食品的未来发展趋势

进入 21 世纪，环境保护和可持续发展成为热门话题，保护生态环境，关注人类健康，实现社会的可持续发展成为人们追求的主旋律，有机食品也越来越受到人们的广泛关注，有机食品面临前所未有的发展机遇农业的发展模式开始转变。当前，耕地与人口的矛盾日益尖锐，为了提高农作物产量，大量投入化肥和农药的现象相当普遍。这样做的后果不但导致土壤中有机物耗竭，土壤保水、保肥力大为下降，而且导致有害物质在食物中残留，危害消费者健康。发展有机农业，有计划扩大有机土地耕种面积，可以部分解决生态平衡和环境污染问题，恢复自然生态系统良性循环，对于促进农业可持续发展，确保人类和动物的健康具有现实意义。

日本以家庭主妇为对象进行的调查表明，91.6% 的消费者对有机蔬菜感兴趣；欧洲的调查表明，40% 的欧洲人喜欢有机食品；在德国，人们对常规食品供应的信任程度日趋下降，而对有机产品的需求比例日益增长，有机农产品的消费量正以 8% 左右年递增率在增长。所有这些，都反映出有机食品市场将会得到迅猛的发展，另一项民意测验表明，由于消费者对食品安全、转基因、饮食结构和健康问题日益关注，85% 的工业化国家公民在选择食品时首选有机食品，可见有机食品前景十分被看好。

有机农业生产需要较多的人工投入，一般要比常规农业生产多 10%～30% 的劳动用工，其是一种劳动力集约型的产业，这也是导致产品价格偏高的主要因素。但是，有机农业生产可省去农药和化肥的支出，生产资金投入较低。我国农村劳动力众多，能够适应有机农业对劳动力的数量需求，特别是一些生态环境优越的边远山区，农药、化肥使用少，污染轻，这些地区更容易转换成有机农业生产基地，在有机农产品生产上具有明显的优势。随着我国居民生活水平的提高和对食品安全的日益重视，我国有机食品产业的发展会进一步加快。

第二节 绿色营销的概述

20世纪60年代开始,人类对生存环境的重视程度日益提高,由于现代工业和现代农业的发展在为人类带来众多财富的同时,也使人类陷入了生存危机。史密森尼热带研究中心(Smithsonian Tropical Research Institute,STRI)的劳伦斯(William Laurence)认为,从南美亚马逊地区到非洲和东南亚的热带林地带,人类已经破坏1200万 km^2 的雨林,相当于全球热带原始林的一半,而这些森林正以每年13万 km^2 的速度消失,导致无法容纳更多的生物多样性,破坏了极其重要的生态环保系统。现在,"我们只有一个地球,地球是人类有的家园"的观念开始深入人心,以保护环境、崇尚自然为理念的绿色消费开始兴起,企业的绿色营销也随之出现。

一、绿色营销的基本内涵

英国威尔士大学肯·毕提(Ken Peattic)教授在其所著的《绿色营销——化危机为商机的经营趋势》一书中指出:"绿色营销是种能辨识、预期及符合消费的社会需求,并且可带来利润及永续经营的管理过程。"

关于绿色营销,广义的解释是指企业营销活动中体现的社会价值观、伦理道德观充分考虑了社会效益,既自觉维护自然生态平衡,更自觉抵制各种有害营销。因此,广义的绿色营销又称伦理营销。

狭义的绿色营销主要是指企业在整个营销过程中谋求消费者利益、企业自身利益与环境利益的协调,既要充分满足消费者的需求,实现企业利润目标,也要充分注意自然生态平衡,体现环保意识和社会意识,促进经济和生态的协调发展。实施绿色营销的企业,对产品的创意、设计和生产以及定价与促销的策划和实施,都要以保护生态环境为前提,力求减少和避免环境污染,保护和节约自然资源,维护人类社会的长远利益,实现经济与市场可持续发展。因此,狭义的绿色营销又称生态营销或环境营销。

绿色营销的内容与主要任务是为社会和消费者提供绿色产品或服务,引导绿色消费。绿色营销所涉及的内容主要有四个方面:一是创造绿色产品价值,包括产品、品牌、包装、技术、工艺等绿色化;二是体现绿色产品价值,包括定价目标、方法和策略的绿色化;三是宣传绿色产品价值,包括各种促销或沟通手段的绿色化;四是传递绿色产品价值,包括渠道成员选择及管理的绿色化及反向(或逆向)绿色化渠道的建立与管理等。

二、绿色营销概念的产生

绿色营销是在绿色消费的驱动下产生的。绿色消费是指消费者意识到环境恶化已经影响其生活质量及生活方式,要求企业生产、销售对环境影响最小的绿色产品,以减少危害环境的消费。绿色营销是指企业以环境保护观念作为其经营哲学思想,以绿色文化为其价值观念,以消费者的绿色消费为中心和出发点,力求满足消费者绿色消费需求的营销策略。工业革命将人类送入了新的时代,而工业时代却也带来了许多问题:环境污染、食品污染、能源短缺等，虽然人们想了许多方法以消除工业污染，但收效却不大。20世纪50年代发生的"伦敦烟雾"事件，1968年分别在日本富山县和北九州发生的"痛痛病""米糠油"中毒事件等都是环境污染带来的恶果，工业化大城市的空气污染日益加重。进入21世纪后食品污染问题突出地表现出来，动物疫病蔓延、蔬菜农药残留、猪肉含瘦肉精、乳品含三聚氰胺等，食品安全成为人们广泛关注的话题。与此同时，现代工业与农业对石油等石化能源的过度依赖与能源供给短缺形成了尖锐的矛盾。从长期来看，世界石油能源储量、开采量和供给量均有限；而从区域分布上看，石油能源供给在地区间存在着不平衡。如果这些问题不能得到妥善解决，将对人类未来的生存与发展产生重大影响。

1971年，加拿大工程师戴维·麦克塔格特发起并成立了"绿色和平组织（Green Peace Organization）"，宣扬环境保护。从20世纪80年代起，人们的环保意识开始崛起，90年代，人们开始把环保意识转化为行动，世界上兴起了一场"绿色环保革命"，1992年，联合国环境与发展大会后，"走可持续发展道路"逐步成为人类共识，"绿色战略"也就应运而生。绿色战略包括三个层次的含义：绿色产品、绿色生产力和绿色营销。

（1）绿色产品　是指符合可回收、低污染、省资源要求的产品。

（2）绿色生产力　是指生产和销售价廉物美、安全可靠的绿色产品的能力，它包含宏观和微观两个含义，宏观绿色生产力是指一个国家或社会，以耗用最少资源的方式来设计、生产与消费那些可以回收循环再生产和再使用产品的能力或活动过程；微观绿色生产力是指企业以耗用最少资源的方式来设计、制造可以回收循环再生产和再使用产品的能力或产销过程。

（3）绿色营销　是指企业在保护环境、满足消费者需求的过程中取得自身利益的营销。绿色营销强调的是在产品的设计、生产与销售的过程中，要以保护环境，降低能源消耗（尽量使用可循环再生或可回收再使用的资源）为中心，如为降低对臭氧层破坏而设计制造的无氟电冰箱等，需要说明的是：绿色营销的产品不一定都是为解决环境问题而设计制造的，但它必须遵循可持续性发展原则，最大限度降低对环境的危害。

三、绿色营销的条件

（一）消费者要有绿色消费的意识

西奥多·雷维特在阐述营销近视症（marketing myopia）时指出：任何产品都是满足一个持久需要的现有手段，一旦有更好的产品出现，便会取代现有产品，与普通产品所不同的是：绿色营销的产品不仅要满足顾客现有的需要，同时还要兼顾社会长期利益。绿色营销在其产品的设计制造过程中，首先注重的是低污染、低耗能，同时满足消费者的需求，这就使得企业在制造及销售过程中会更多地注重"绿色"，如内蒙古伊利集团的乳制品、兴发集团的羔羊肉等产品宣传的重点都是原材料取自绿色草原，而消费者在购买产品时，不仅是满足自己需要，同时也要注意绿色意义。这就要求消费者必须具有绿色消费意识，没有消费者的公众环境意识，绿色营销的前提是很难想象的。

必须看到，公众绿色意识的提高以及绿色消费市场需求的扩大与公众的知识水平及收入水平有很大关系。收入水平的制约作用，主要体现在需求与供给对价格水平的反应上，而消费者效益的最大化总是被限定在既定收入的约束范围内。绿色营销的产品市场需求一方面取决于生产企业的价格水平，另一方面也取决于消费者的收入水平，收入水平的提高，将导致绿色营销产品的用量增加和需求曲线提高。

（二） 企业有从事绿色营销的手段

随着现代科技的进步以及传媒手段的多样化，人们对于保护环境、使用绿色产品等概念的认识有了长足的进步，但这种进步还远未达到使绿色消费意识深入社会各阶层，形成强大市场需求的程度就要求企业在设计、制造及销售的过程中要使用有效手段，尤其是有效的促销手段。众多的乳品企业也大都采用了超高温纸盒包装技术，既提高了食品的安全性，也兼顾了环保。在促销手段上，各厂商在宣传产品特性的同时，都强调了环保的意义，如可降解包装袋在食品包装中的应用，不仅提高了消费者的环保意识，也提高了产品的销量。

（三） 绿色营销必须取得国家和政府的有效支持

绿色营销的开展与国家和政府的支持是分不开的，各国政府目前都加强了环保措施，同时对废物利用的研究和使用也已取得了很好的效果。2000年，全国一般工业固体废物综合利用率为45.9%，2015年达到了60%。我国早在2008年就发布了《关于加快推进农作物秸秆综合利用的意见》，在政策的积极支持和推动下，我国农作物秸秆综合利用效果显著。目前秸秆综合利用率超82%，秸秆利用基本形成了肥料化利用为主，饲料化、燃料化稳步推进，基料化、原料化为辅的综合利用格局。

政府支持一般包括以下几个方面：制定相关法规、政策倾斜及行政补贴等。绿色营销是以降低污染、节约能源为目的，以遵循可持续性发展战略为原则的现代营销理念，这种理念的推广及运作必然也需得到国家和政府的高度支持。

第三节　绿色消费市场分析

绿色消费是指以节约资源和保护环境为特征的消费行为，主要表现为崇尚勤俭节约，减少损失浪费，社会进步与否和社会每个个体的消费观念息息相关。物质文明若不与环境文明与精神文明相结合，给人类带来的将是短暂的满足和永久的厄运。环境问题是由人类自己造成的，改善环境也要靠人类自身。值得欣喜的是，现在全球很多国家与机构已经深切意识到绿色消费的重要作用，并采取积极的管理措施。

一、绿色消费的含义

21世纪是绿色世纪，国家发展改革委、中宣部、科技部等十部委2016年2月出台了《关于促进绿色消费的指导意见》，对绿色产品消费、绿色服务供给、金融扶持等进行了部署。绿色，代表生命、健康和活力，是充满希望的颜色。国际上对"绿色"的理解通常包括生命、节能、环保三个方面。

绿色消费又称可持续消费，是指一种以适度节制消费，避免或减少对环境的破坏，崇尚自然和保护生态等为特征的新型消费行为和过程。绿色消费，不仅包括绿色产品，还包括物资的回收利用，能源的有效使用，生存环境、物种环境的保护等。

绿色消费的重点是"绿色生活，环保选购"。绿色消费是一种权益，它保证后代人的生存与当代人的安全与健康；绿色消费是种义务，它提醒我们环保是每个消费者的责任；绿色消费是一种良知,它表达了我们对地球母亲的孝爱之心。具体而言,它有三层含义:一是倡导消费时选择未被污染或有助于公众健康的绿色产品;二是让消费者转变消费观念,崇尚自然、追求健康,在追求生活舒适的同时,注重环保,节约资源和能源,实现可持续消费;三是在消费过程中注重对垃圾的处置,不造成环境污染。绿色消费符合"3E"和"3R",经济实惠(economic)、生态效益(ecological)、符合平等、人道(equitable),减少非必要的消费(reduce)、重复使用(reuse)、再生利用(recycle)。

二、绿色消费者

绿色消费者是指那些关心生态环境、对绿色产品和服务具有现实和潜在购买意愿和购买力的消费人群。也就是说,绿色消费者是那些具有绿色意识,已经或可能将绿色意识转化为绿色消费行为的人群。

绿色消费者虽然在总体上有很多共性,如有机环境的意识追求生活质量,但他们的绿色意识和绿色消费行为的深度和广度是有层次之分的。企业要想实施有效的绿色营销,搞清影响不同层次的绿色消费者做出购买决策的主要因素,对他们进行细分。

国外有学者根据消费者的环境意识水平对其进行分类,也有的利用消费者自我认定的"绿色度"来区分他们。根据人们消费选择中所体现的对环境关注的程度呈由低到高的一个连续不断的状态,可以将消费者大致分为浅绿色消费者、中绿色消费者、深绿色消费者。

(1)浅绿色消费者 此类消费者只有模糊的绿色意识,他们意识到应对环境进行保护,但没有在消费过程中把这种意识具体化,他们的绿色消费行为大多是无意识的和随机的,是潜在的、不稳定的绿色消费者,对绿色产品的溢价难以接受。群体特征表现为受教育程度和收入水平较低,对环境的态度不积极,比较容易受他人的影响。

(2)中绿色消费者 这类消费者具有较强的环保意识,但对绿色消费还缺乏全面的认识,比如只认识到产品无害性或包装的可循环使用性,而没有认识到生产过程的无污性。他们是选择性消费者,主要选择与自身利益联系比较紧密的绿色产品,如绿色食品和绿色建材,对5%~15%的绿色产品溢价可以接受。群体特征表现为受教育程度和收入水平一般,对环境的态度比浅绿色消费者积极,受社会相关群体的影响大。

(3)深绿色消费者 此类消费者的绿色意识已经深深扎根,对绿色消费有全面和深刻的认识,表现为自觉、积极、主动地参与绿色消费,对绿色产品的溢价接受程度大于15%,会提出新的绿色消费需求。群体特征表现为受教育程度和收入水平较高,对环境态度很积极。

三、影响绿色消费者消费行为的主要因素

(一)个人因素

1. 收入是实际购买选择的重要制约因素

由于绿色产品在定价时要把保护环境所支出的成本纳入其中,或者采用新工艺、新材料,所以价格相对较高。许多消费者并非不关心环境问题,但由于收入有限,在实际做出购买决策时,实用主义就会占上风。根据美国芝加哥大学哈里斯学院的顿·考西(Don Coursey)的一项研究成果表明,在影响人们绿色消费的诸因素中,收入是最重要的因素。一旦人均月收入达5000美元以上,人们就会花钱在改善环境方面,进行绿色消费。我国学者的研究也有同样的结论。2001年,在北京的一项调查显示,家庭月收入在1000元以下的人

对 5%的绿色产品溢价一般不接受。而家庭月收入在 8000 元以上的人 100%购买过绿色产品，其购买行为明显表现出深绿色消费者的特征。

2. 教育水平对人的行为影响巨大

一般来说，受过良好教育的人更能正确认识人类与环境的关系，更具有社会责任感，更能接受绿色消费的观念。国外学者的研究成果也表明，年轻、受过良好教育、政治上比较自由的人群比其他人群更关心环境。我国的研究也表明，教育水平最高的一组消费者对绿色产品溢价接受能力最强，对以往购买绿色产品的价格满意度最高。

3. 个性因素也能影响消费者对绿色消费的态度和行动

一个人的个性可以划分成内在控制型和外在控制型。外在控制型的人相信命运或运气，而内在控制型的人相信自己可以掌握更大的控制权。在关心生态问题上，内在控制型的消费者可能会积极看待绿色生活方式，从而更可能购买绿色产品。相反，外在控制型的消费者面对污染问题会有无助的感觉，认为自己买不买绿色产品对整个环境的改善于事无补。

（二）心理因素

1. 绿色消费行为源于消费者追求生活品质的动机

当消费者基本的生理需求满足以后，他们开始追求超越"物质"的生活，向往美好的生活品质，关注我们赖以生存的地球，关心人类与自然的可持续的、协调的发展。

2. 学习对绿色消费行为的产生、强化有极大的影响

人们绿色消费意识的产生和绿色消费的实践行动，主要来源于以下三个方面：一是日益严重的环境问题损害了人们的正常生活，引起了人们的密切关注；二是环保知识的普及推广，全社会对环保运动的推动，提高了消费者在环保方面的素质；三是消费者的个人绿色消费经验的积累，从中感受到绿色消费对自身和社会的好处。比如一个消费者开始尝试了绿色食品，出现了好的效果会产生强化作用，增强他对绿色产品的好感和信心，然后也许会扩大绿色消费的范围，如购买节能家电、绿色家具等。

3. 人们的态度与绿色消费行为之间存在着复杂的关系

态度是一个人在对某些事物或观念长期持有的好与坏的认识上的评价、情感上的感受和行动倾向。德国学者巴得加的研究认为，一个消费者对污染问题的认识程度会影响他对环保的态度，对环保的态度又会影响他对绿色生活方式的态度，对绿色生活方式持积极态度的人会参与绿色产品的购买和消费活动。简单地表示，即对污染的认识环保的态度→对绿色生活方式的态度→绿色消费行动。

但是积极的态度并不等于积极的行动。从心理学上说，这与态度的形成过程有关。在态度的形成过程中有两种情形：一种是消费者对宣传的一般性观点接受了，引起对环境态度的改变；另一种是消费者对宣传的问题的相关细节进行了更深层次的思考，然后形成新的态度。这两种方式形成的态度中，后一种更强有力，更可能引导行为选择。所以，企业在宣传、沟通中就需要提供详细的生产过程和绿色产品的信息，促使消费行为的产生。

第四节 绿色营销战略

绿色营销作为一种全新的营销战略，其实施的总体要求是在营销全过程和各个层面中，

都必须遵循可持续性发展原则，充分考虑环保的要求，因而绿色营销更容易受到营销环境的影响。同时，绿色营销是以降低能耗、协助解决环境问题为中心的营销方式，其营销策略也是紧紧围绕环保而设计的。绿色营销在确定和实施营销战略与策略时，兼顾企业、环境、社会和消费需求满足，实现各利益相关方的多赢或共赢为宗旨的绿色市场营销模式，是 21 世纪市场经济的主流。

一、绿色营销与传统营销的关系

市场营销观念的焦点主要集中在企业、顾客与竞争者之间所构成的三者利益关系（竞争三角）上。一般较少考虑作为影响企业的外在因素的自然环境因素，只有其影响到"竞争三角"时，尤其是影响到企业赢利能力时才会关注自然环境，就是说，企业一般是通过协调三者的关系获得利润与发展。从研究焦点上，绿色营销要求企业将自然环境因素考虑进去，扩展了"竞争三角"的因素，从研究内容上，与传统市场营销相比，绿色营销策略突出了诸多绿色表现，更加关注环保和体现"以人为本"。

绿色营销是现代市场营销的主流，它是在传统营销的框架上延伸和发展的，与传统营销的差异性主要体现在九个方面，如表 13-1 所示。

表 13-1　　　　　　　　绿色营销与传统营销之间的差异

差异点	传统营销	绿色营销
营销观念	以消费者需求为起始点，以满足消费需求为终点	1. 观念的升华，创造和引导绿色需求并满足 2. 重视可持续发展、社会效益、社会责任
营销目标	1. "双赢"目标 2. 短期的、局部的、不可持续的目标 3. "多多益善"	1. "三赢"、"多赢"或"共赢"目标 2. 长远的全局性的、可持续发展的目标 3. 倡导"少即多"
营销对象	消费者或顾客本人	1. 消费者与社会、人与社会及自然和谐一体 2. 社会责任
对需要的理解	1. 消费者单一的欲望或需要 2. 尤其重视诱导、刺激和满足以物质追求为满足的需求	1. 消费者有多样化、多层次需要，包括物质和精神需要、生存和健康需要、短期和长期需要、个人和集体或社会需要、现实和理想需要等 2. 引导消费者从物质到精神并转向环保需要 3. 需要的"质"变，往往能带给人以高尚、期盼、鼓舞、希望和对未来美好的憧憬等精神食粮 4. 追求满足消费者的多种形式有可能冲突的需要 5. 在整个产品生命周期全过程，满足消费者需求

续表

差异点	传统营销	绿色营销
对资源的认识	1. 认识不深刻 2. 只要企业负担得起，一切自然资源"随意"使用 3. 对"垃圾是放错位置的财富"认识不足	1. 认识较为深刻，强调"资源的可持续利用" 2. 重视合理开发、充分利用，防止污染和破坏，重视废弃物的回收与利用 3. 积极寻找、开发替代资源或新资源
营销策略	一般营销策略，以营销组合策略（包括产品策略、价格策略、渠道策略和促销策略）为核心	1. 营销策略具有鲜明的"绿色"标志，即绿色营销组合策略 2. 绿色理念贯穿在产品从"无→有→无"的全过程
各方面的矛盾	1. 也重视企业利益与消费者及社会长远利益相结合 2. 不太考虑环境因素	1. 需要调整各方更多层面、更复杂的矛盾 2. 企业眼前与长远、个体与社会整体利益的矛盾 3. 环境因素突破了国家或地区界限
绿色市场	差异性不太明显	1. 绿色市场的差异性更加明显 2. 各国需求、环境政策或立法、制度、标准或"绿色标志"差异较大 3. 区域发展差异
营销责任原则	没有要求社会责任	1. 引入社会责任 2. 必须承担起环保责任和部分社会责任

二、绿色营销环境

企业的营销环境是由微观环境因素和宏观环境因素构成的，绿色营销的宏观环境包括人口环境、经济环境、自然环境、技术环境、政治法律环境和社会文化环境等。微观环境由企业的供应者、营销中介人、顾客、竞争对手以及企业内部的各部门等构成。绿色营销是以可持续性发展战略为核心的营销，同时又是新兴的营销方式，为满足顾客及高层次消费群体的需要，因而对营销条件的要求比一般营销要高。另外，营销环境对绿色营销的影响也比对一般营销来说要大得多。

（一）绿色营销的社会和经济环境

绿色营销的战略要求是企业在营销活动中，正确处理保护环境、满足消费者需求和取得企业利益的关系，使企业既取得自身经济效益，又能满足顾客需求，同时还能产生维持人类生存的社会效益，其首要环节是要在消费者中树立绿色意识。1992年联合国环境与发展会议后，各国政府都开始通过颁布相关法令，以推动绿色环保及可持续性发展战略的实施，但公众的绿色消费意识及企业的绿色产品生产观念却并非一朝一夕能够形成的。近几年相继发生的二噁英事件、疯牛病等都是明显的例证。而绿色营销又恰恰是建立在公众的绿色消费需求基础上的，这需要国家法律、政令以及社会舆论的共同推动。

我国政府近些年来一直致力于环境的改善与保护工作，除颁布了一系列环保法规外，我国环境保护部、国家市场监督管理总局等机构也加大了相关的执法力度，通过查处违规企业，有力地推动了中国环保事业的发展，在过去的几年中，仅上海市的环保投资就数百亿元。在政府的大力推动下，公众的绿色意识也显著提高。

绿色产品包含两大类：一是绝对绿色产品，是指具有改进环境条件功能的产品，如用于清除污染的设备及净化、保健服务等；二是"相对绿色产品"，是指那些可以减少对社会和环境损害的产品，如可降解的塑料制品和再生纸等。由于目前技术条件及销售渠道不够完善等因素的影响，绿色产品的价格比普通产品要高20%～60%，有的甚至更高。这无疑增加了消费者的支出，但从长远看，购买和使用绿色产品对消费者来说，不仅能满足需要，还可以为环保及人类未来发展贡献力量，是非常值得的。而就绿色营销本身来讲，人均GDP的增加将是绿色消费市场巨大的"强心剂"。

（二）绿色产品的供应与销售环境

绿色营销是以促进环保为基础的，在执行的过程中，维护绿色营销的完整是相当重要的。企业必须在树立职工绿色营销意识的同时，协助供应商及销售商树立绿色意识。

绿色产品对生产原料、辅料（或添加剂）、包装材料等都有较高要求，如有机加工食品的原材料必须为有机农产品或天然无污染的食品。这就要求原材料供应要有高度的绿色意识以提供符合要求的材料。同时，企业还要对原辅材料进行必要的进厂检验（或检疫），以确保其合格。

绿色营销的渠道选择也是非常重要的，分销渠道必须确保产品的绿色品质，体现绿色理念和维护企业与产品的绿色形象。同时，在销售流通过程中，减少"绿色"品质在流通渠道中的"流失"风险。为达到这一目的，企业必须认真对待经销商和分销渠道的选择，帮助经销商树立绿色意识，同时分销渠道要进行绿色质量监督、更新和维护。

三、绿色营销策略

绿色营销与其他营销方式相比，其显著差别在于对营销各环节的"绿色"要求，在制订营销策略时也必须注意环保及可持续性战略的要求。

（一）产品策略

绿色营销对产品的要求是低耗能、可循环使用及低污染或零污染，包含以下几个方面：

1. 准确收集绿色信息

企业要在认真分析自身经营特点和状况的基础上，搜集绿色市场信息和绿色技术信息等，正确选择目标市场，进行准确的产品定位，尤其是针对国际、国内的相关法规、政策等信息，及时制定相应政策。2015年12月12日，《联合国气候变化框架公约》近200个缔约方在巴黎气候大会上一致同意通过《巴黎协定》，为2020年后全球应对气候变化行动做出安排。随着人们对环境的作用认识程度逐步加深，环保技术的更新速度也必然加快。绿色营销企业必须密切关注相关信息的搜集和整理，及时调整产品策略，这样才能在市场上居于领先地位。同时还应看到，发达国家消费者对绿色环保的认识比发展中国家的消费者认识程度要高，绿色产品的需求量也大得多，中国加入WTO以后，要面对国际市场，因而对国际市场信息的采集相对其他企业来说显得更为重要。

2. 开发和生产绿色产品

绿色产品是绿色营销的基础和关键,在绿色产品的研发和生产过程中,必须将绿色系统融入其中。绿色产品的研究和开发过程,必须注意以下几点。

(1) 以产销地市场的最新环境标志制度和最新国际标志制度为依据制定相应的研发标准,同时标定主要销售过程中的绿色营销标准,以使新产品获得绿色标志。

(2) 产品的包装设计尽可能短、小、轻、薄,以节省材料,所采用的材料要无毒无害和可分解处理,如在食品包装材料中,纸类包材因其有重量轻、耐低温、易印刷装潢、废弃物处理等优点备受青睐,只要加强其阻隔性、强度等方面的研究,一定会发挥更大的作用。

(3) 产品生产过程中的废弃物和使用后的产品可回收再利用。资源是宝贵的,是人类生存的基础,而许多资源由于形成的周期很长,几乎是不可再生的,如石油、煤炭等,因此合理利用及循环使用应成为绿色产品设计的首要。

(4) 采用先进的防伪技术以区分绿色产品与普通产品。在绿色产品的生产过程中要求:选择如太阳能、风能、潮汐能、地热等可再生资源,尽量减少非再生资源的消耗。同时开展原材料的循环套用和回收利用,综合利用边角下料和废旧物质,强化对原材料、设备、燃料等物质的储运管理和生产过程的管理,防止物料的流失和浪费。绿色产品是以绿色环保为依据的,切不可在生产中造成新的污染,因此,在生产过程中还应注意:加速以清洁利用矿物燃料和节能为重点的技术改造,采用无污染的新技术与设备对工业"三废"进行全面综合治理等。

(二) 价格策略

由于绿色产品比同类普通产品投入大,研发困难,对生产和销售过程要求严格,因此绿色产品比同类普通产品价格可高出20%~60%,有的还可能更高,因此在制订价格时,必须充分考虑目标市场的发育程度和消费者对价格的敏感度等因素,一般可采用心理定价策略、新产品定价策略、目标价格策略等。一般来说,大城市或发达地区,消费者的价格敏感度低,对环境保护的认知程度较高,市场发育好,更益于绿色产品的接受,如在居民收入水平高的大城市有机食品销售价格比一般食品高30%~80%,而在中小城市有机食品比普通食品仅高10%~20%。

同时,绿色营销企业应尽力降低成本和价格,使更多的消费者接受绿色产品,企业可考虑从以下方面入手。

1. 加强环保的宣传力度,提高消费者绿色消费意识,扩大市场需求

表面上看,加强环境保护宣传力度,似乎增加了成本,但从长远看,却是增加市场需求的有效手段。绿色产品市场需求的扩大,带动了企业生产规模的扩大,从而降低成本和价格,获取规模经济效益。早在1989年的一个调查就显示,77%美国人表示一个公司的环境信誉会影响其购买。同时企业还要加强绿色管理和降低物料消耗,以达到降低成本和价格的目的。

2. 加强技术革新及相关技术的推广应用

企业要不断加强技术革新,采用更为合理的技术手段以降低成本,同时还应向供应商推荐相关的新技术,以降低原辅材料成本。20世纪70年代后期,日本自然农业研究开发中心从腐殖土中提取到有效微生物(EM),并培养出系列产品,EM具有防止病原菌,抑制作

疾病，转化土壤和大气中的营养成分，提高产品品质的功效，同时还可降低农业生产成本。EM 技术的推广应用，使日本的自然农业法得以迅速发展。

（三）渠道策略

绿色产品营销战略的实施过程，一是要确保分销过程中绿色品质不受损害，二是要选择合适的分销地点。

（1）要尽量缩短分销渠道长度或采取直销形式，缩短绿色产品流通的路径和时间。这样可以对绿色产品的流通过程进行有效的监管和控制，避免"污染"，同时还可以提升企业及产品形象。由于时间短，人们的绿色意识还不完备等原因，目前绿色营销网络还不发达，但许多国家已开始大力推广这种网络的建设。

在美国，可以在超过 2 万家的天然食品专营店以及 3/4 的普通食品店中购买到有机食品。而在这 2 万多家的天然食品专营店中全食超市（whole foods market）最大，其在各地都有连锁商店，并且经销上千种的认证有机食品。2017 年的营业额就已经超过了 160 亿美元，超过了全美国有机食品销售额的 1/3，同时，它也是第一家获得国家级认证的有机食品零售商。全食超市大部分标准都比国家标准更苛刻。

（2）选用绿色的运输工具和存储仓库，对销售渠道的绿色质量进行监督、更新和维护，以便绿色产品在流通过程中始终处于绿色环境中。如，绿色食品的储藏必须遵循以下原则：①储藏环境必须洁净卫生，不能对绿色食品造成污染；②储藏的方法不能使绿色食品发生变化和带来污染，不能与非绿色食品混堆储藏。

选择分销渠道时，企业需量力而行。实力雄厚的企业，可建立自己的绿色通道，形成对分销渠道的完全控制，以减少分销中产品受污染的风险，提升产品和企业的绿色信誉；而对于市场欠成熟的地区，应积极与中间商配合，积极开发绿色市场，在保证绿色产品安全的条件下开设绿色专柜。

（3）对于食品营销来讲，绿色食品一般不进入普通的农贸市场和批发市场，避免与非绿色食品在同样的柜台上陈列。因为消费者对绿色食品和非绿色食品从产品外观上难以鉴别，如果两者放在一起销售，绿色食品由于价格高可能会滞销。所以，强调绿色理念，面向高层次、高收入消费者群体是绿色食品进入市场的关键。

（四）促销策略

在促销方法的选择和实施过程中也要尽力维护产品的绿色属性：

第一，在实施广告战略时，不仅要求能顺利将产品的绿色信息传递给消费者，而且必须在广告形式与过程中贯彻绿色理念；选择具有"绿色"特性的载体；突出产品的绿色特性与绿色价值；广告本身要符合"绿色"特性，避免广告过多而形成光、声等感官污染，给消费者带来不快。

第二，争取在本行业中率先实施绿色营销战略或尽快达到行业领先水平，创立绿色品牌，从而占领有利的市场地位；同时要善于借助第三者力量，如政府、新闻媒体、环保研究机构等，树立企业绿色形象；要尽快使产品通过绿色认证，以获取进入绿色市场的"身份证"和国际市场的"通行证"。

第三，选择绿色促销方式，如网络销售具有实时性、交互性、广泛性、非强迫性等特点，是一种"绿色化"的促销方式。

第五节 绿色营销评价体系

绿色产品及绿色营销都是一个相对概念，是在与传统产品（营销）的比较中来进行确认的。由国际公认的权威组织建立起统一的评价标准，对企业的绿色产品及绿色营销进行评判和检验，是促进企业实施绿色营销的重要之举。

一、ISO14000 环保认证标准

1993 年，国际标准化组织（ISO）成立了环境管理标准技术委员会（ISO/TC207），将环境管理工作纳入国际标准化的轨道，颁布了 ISO14000 系列标准。ISO14000 系列标准的宗旨是通过建立、实施一系列环境管理体系，达到"全面管理，污染预防，持续改进"的目的。其中 ISO14000 环境标准制度，则是通过环境标志对企业的环保行为加以确定，以推动有益于环境的产品的发展，达到企业自觉改善环境、保护环境的目的，我国是 ISO/TC207 的成员之一，1995 年成立了全国环境管理标准化技术委员会和中国环境管理体系认证指导委员会，实施 ISO14000 环境指标的认证工作。1996 年 12 月将 ISO14000 系列标准等转化为国家标准，通过认证的企业可获得"绿色"标志。

（一）ISO14000 系列标准及其特点

1. ISO14000 系列的基本框架与内容

ISO14000 是一个国际环境管理系列标准，即"是一项关于某个组织与实施、维持或完成其涉及大气、水质、土壤、天然资源、生态等环境保护方针的包括计划、运营、组织资源等的管理体系标准"。其内容主要包括：环境管理体系，环境审计，环境标志，环境行为评价，生命周期评定及术语、定义等。

ISO14000 标准有 50 个标准号和 51 个备用标准号，50 个标准号为 ISO14000～ISO14060；51 个备用标准号为 ISO14061～ISO14100。目前公布的主要有：《ISO14001：环境管理体系——规范及使用指南》；《ISO14004：环境管理体系——原则、体系和支撑技术通用指南》；《ISO14010：环境审核指南—通用原则》；《ISO14011：环境审核指南——审核程序——环境管理体系审核》；《ISO14012：环境审核指南——环境审核员资格要求》；《ISO14040：生命周期评估——原则与框架》等。

ISO14000 是适合于一切工矿企业、各个部门和机构的新的环境管理体系。它不解决绝对的量化标准问题、技术问题和产品标准的问题，主要解决是否符合环保法规，是否和承诺一致的问题。因此，无论发达国家还是发展中国家，无论什么单位实施 ISO14000 系列标准都是可行的。

2. ISO14000 的特点

这一系列标准与我国制定的 364 个环境质量、污染排放等标准不同，是一个在国际上通用的标准，是一个管理性标准，它具有如下特点：①以消费者行为为根本动力；②自愿申请，不带任何强制性；③没有绝对量的设置，以各国的法律、法规要求为基准；④强调持续改进和污染预防；⑤是一个管理体系，注重体系的完整性；⑥强调了生命周期思想的应用。

（二） ISO14000 认证工作

1. 申请和认证的程序

①企业要在有关机构指导下建立起有效的环境管理体系（EMS）；

②向认证机构提出申请；

③认证机构对企业进行评估、修改、审计；

④审查合格，发证。

2. ISO14000 证书

ISO14000 证书主要证明申请企业已经建立了有效的"环境管理体系"。这是一套一般性的、适用于所有工业的资源管理工具，企业可在系统框架下制订环保政策，确定环保任务、责任和做法，也可向员工提供训练、组织、规划。

二、 绿色产品的评价

（一） 绿色产品的评价程序

严格地讲，完全符合环境要求，对环境绝对不造成不良影响的产品是很少见的。因此，所有实施绿色标志的国家都公认，一种具有绿色标志的产品只是相对于其他功能相当的同类产品对环境的影响或危害较少些。而鉴定产品在环境影响方面的差异，需要对产品的整个生命周期即从原料、生产、销售（包括包装运输）使用到后处置的全过程进行环境影响分析，以找出产品总的环境影响。国外已实施绿色标志的许多国家，为了选择环境标志产品种类和制定获得环境标志必须满足的标准，通常采取如下步骤：

①产品种类选择；

②对初选产品种类进行产品整个生命周期的环境影响评价；

③建立恰当的考核产品环境性能的标准值；

④产品种类范围的精选。

其中对初选产品进行产品整个生命周期的环境影响评价是选择产品种类和制定绿色标志产品标准的依据，也是实施绿色标志的关键与核心。

（二） 建立绿色产品评价指标体系的基本原则

建立指标体系是一项较为复杂的工作，为了达到科学性、规范性和能在大范围内使用的目的，其建立必须遵循一定的原则：①目的性原则；②系统全面性原则；③科学性原则；④动态与静态相结合原则；⑤定量与定性相结合原则；⑥简明性、可比性和可操作性原则；⑦独立性原则；⑧侧重性原则。

（三） 绿色产品的评价指标

指标体系的确定是绿色产品评价的首要问题，根据绿色产品的评价标准，绿色产品的指标体系应包括资源利用指标、能源利用指标、环境状况指标及经济状况指标四大体系，每一指标都是由复杂的多元参量组成。具体如下：

（1）经济状况指标　包括社会成本、用户成本、生产成本等。

（2）能源利用指标　包括能源利用率、能源类型等。

（3）资源利用指标　包括人力资源、设备资源、材料资源等。

（4）环境状况指标　包括噪声污染、固体物污染、水体污染物、大气污染，其中水体污染物包括重金属和有机、无机及生物等。

三、绿色营销的效益评价

（一）绿色营销效益的界定

1. 效益的重新界定

效益，即收获与付出之间的比率。这个比率越大，满意度也越高，也越是为人所趋。效益的重新界定表现在对收获和付出的重新认识，见式（13-1）：

$$效益=\frac{物质（有形）收获+精神（无形）收获}{金钱付出+时间付出+体力付出+精力付出} \tag{13-1}$$

2. 绿色营销的效益

绿色营销是将绿色引入到企业的营销活动中，一方面使企业内部生机盎然、绵绵不息，另一方面有益于社会、有益于生态环境，能创造一个双赢的局面，使人与大自然的和谐相处，人与社会的相得益彰。绿色营销的效益是指在绿色营销的整个过程中所获得的全部有形收获（例如利润的增加）、无形收获（例如企业形象的提高、生态环境的改善等）同全部支出（如环保产品的设计、绿色消费观念的宣传等）的对比关系。

（二）绿色营销效益的评价指标

按主体的不同，绿色营销的效益可分为：企业效益、企业外效益（包括生态效益和社会效益）；按时间长短的不同，绿色营销的效益可分为：短期效益（直接效益）、长远效益（间接效益）；按是否能用金钱来衡量，绿色营销的效益可分为：经济效益、公共效益。为方便起见，这里仅以不同的主体为线索对绿色营销的效益进行评价。

（1）企业效益　企业是从事绿色营销的主力军，对企业来讲，需要搜索绿色信息，开发绿色资源，研制绿色产品，制订绿色价格，选择绿色渠道，开展绿色促销，实施绿色管理。这一系列活动都需要耗费成本，也会带来收益，不同的营销活动所产生的效益也不一样。企业效益中既包括可以定量的企业经济效益，又包括只能定性的企业竞争力效益。

①企业经济效益：是指企业从事绿色营销所获得的经济效益同非绿色营销所得到的经济效益的比较，主要表现为利润率上的比较。

②企业竞争力效益：是指企业从事绿色营销所获得的竞争力的提高与所增加的成本之间的比较。这是一项定性的指标，但对于企业来说相当重要，特别是在竞争异常激烈的今天，有时候企业甚至不惜牺牲一部分经济利益来换取竞争力效益，因为这里蕴涵着企业发展的动力。它主要包括以下几个方面：

a. 企业市场占有率的扩大；

b. 企业知名度；

c. 企业美誉度；

d. 企业内部企业文化的形成：企业工作环境的改善，职工的绿色意识，营销人员责任感的加强。

（2）企业外效益　绿色营销是营销经历了一系列的导向变化发展过来的，从产品导向→顾客导向→社会导向→绿色营销导向（满足顾客需求、社会利益和生态的可持续性）。由此可见，绿色营销最大的贡献就在于引入了对生态环境的关注与保护，因为要创造出营销自身的可持续性，就依赖环境不断提供营销所需资源的能力，同时能持续吸收营销过程的产物的能力。所以，必须关注企业外部的生态效益和社会效益。

①生态效益：生态效益指生态系统内的物质循环、能量转化效率，而生态系统则包括水、土、气候、生物、矿产等自然环境及交通、城镇及其基础设施的人工环境。具体来讲，生态效益的内容有：

a. 资源的节约率：材料的利用率，材料的回收率，再生能源的使用率，能源利用率，资源替代率。

b. 污染减少指数：水污染减少指数，大气污染减少指数，固体废料污染减少指数，工业"三废"减少指数，土壤污染减少指数。

②社会效益：企业绿色营销活动对社会结构、社会状态、社会过程、社会消费观念、社会福利、教育、社会秩序、社会参与等方面的利益率。

a. 企业进行的公益活动对社会的收益率。

b. 消费者高层次的需要得以满足率。

c. 社会居民素质的提高：身体素质的提高；绿色消费观念的深入。

正是由于以上各个指标构成了子指标层，子指标层又构成了指标层、准则层、目标层，乃至整个效益评价体系（图13-3）。

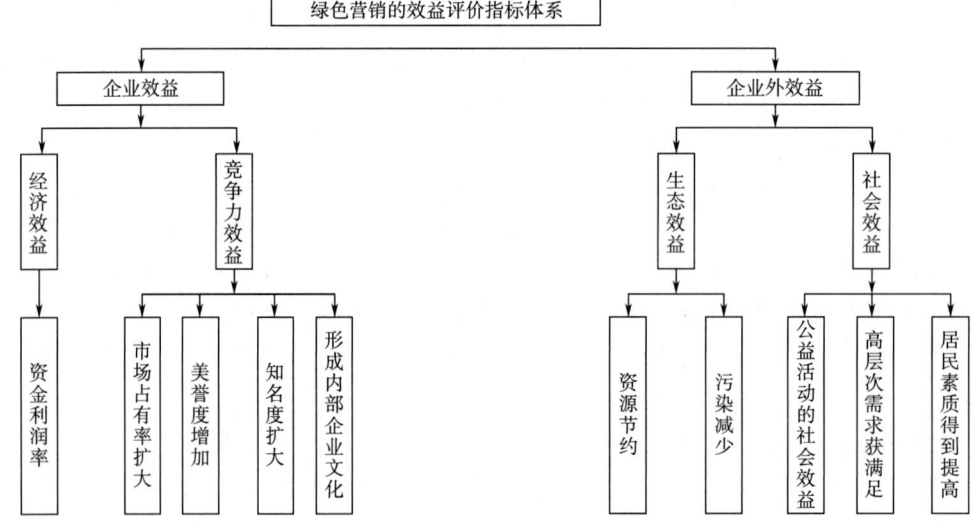

图13-3 绿色营销效益评价指标体系

思考题

1. 什么是有机食品？有机食品的发展前景如何？
2. 什么是自然农业？
3. 什么是绿色营销？
4. 简述影响绿色消费者消费行为的主要因素。
5. 试论述绿色营销与传统市场营销的主要差异。
6. 简述绿色营销效益评价的指标体系。

[案例]

受邀出席戛纳广告节，蒙牛绿色营销战略获赞赏

中新网7月8日电 精英荟萃的戛纳国际广告节是一年一度的世界营销盛会。在日前举办的2010年戛纳国际广告节上，包括蒙牛、可口可乐在内的众多中西广告精英在戛纳主会场附近的卡尔顿酒店举行了主题为"尽享戛纳，荣赏中国"的中西营销管理者深度交流午餐会，蒙牛集团副总裁赵远花出席此次午餐会并作精彩演讲，向与会者介绍了蒙牛在信息化、全球化、生态化三重世界潮流下的国际化品牌营销战略，向国际同行展示了中国乳业的巨大潜力。

为了适应现代社会消费者快捷便利的"信息化"消费需求，足不出户地品尝蒙牛的优质产品，蒙牛还开创了另一项科技创新服务——蒙牛电子商城，让消费者轻松领略电子商务B2C带来的便利和时尚体验。电子商城上还设置了"乳品知识""乳品论坛"等供用户交流互动的平台，消费者可以在论坛中答疑解惑，实现了企业与消费者的深层互动，蒙牛也在这种互动中不断引领中国乳业的消费创新。

随着中国融入"全球化"，蒙牛也从"中国牛"向"世界牛"进发。为此，引进了国际最先进的乳品生产设备、国外最优质的乳牛，陆续建设了包括亚洲最大单体牧场——澳亚国际牧场在内的多座生态牧场。此外，蒙牛也在全球范围内整合资源，积极开展国际合作，先后与丹麦阿拉福兹、美国NBA、博鳌亚洲论坛等世界领先的企业和机构展开了战略合作，充分吸纳西方先进的管理理念，向外国消费者推广中国品牌。赵远花说："成为世界乳业16强之后，蒙牛的目标就是要让中国乳业成为国际乳业的风向标，以'中国力量引领世界潮流。'"

如今，低碳已经成为企业走向国际化的通行证，"低碳化"成为企业未来发展战略的必然之选，包括蒙牛在内的许多企业开始以低碳经济重新定义其经济活动。蒙牛除了延续其长期坚持的绿色乳源、生态牧场建设，还在陆续展开新一轮的绿色攻势。目前，蒙牛已投资建设了全球最大的畜禽类生物质能沼气发电厂；今年4月至7月，蒙牛在中国30个城市举办了"生态行动助力中国"大型体验活动，网上也开展了"碳测试"活动，共同助力中国的全民生态时代的到来。

蒙牛的形象升级引起国际巨头们的注意，戛纳交流会上的国际营销精英们认为，蒙牛的绿色营销战略既达到了保护环境的生态目标，又实现了降低企业运营成本的经济目标，实现生态、经济效益双丰收，为中国乳品企业走向国际化树立了行业标杆。

[案例]

绿色营销——提升梅花味精的品牌

绿色营销的核心是提倡绿色消费,进行以绿色产品为主要标志的市场开拓,营造绿色消费的群体意识,创造绿色消费的宏观环境。绿色营销不仅是强调品牌产品的安全和健康,而且在与品牌相关的各种活动中都提倡绿色的理念。

味精作为人们日常生活饮食中的一个必备消费品,安全问题似乎很容易被忽视,也很容易被触及,已经引起了消费者的关注。作为全国味精行业的龙头老大,梅花味精率先提出了绿色营销的概念,并且很好地进行了完整的品牌传播,为品牌注入了连续不断的活力。其成功点主要可以归结为以下两个方面。

一、富有创意的品牌创作

为了做梅花味精的产品传播画面,我们努力在众多的概念中寻找到最容易与消费者沟通的语言。是美味,还是生活的感性诉求呢?其实都不是。我们找到了绿色这一概念,提出了"百分之百纯粮酿造,百分之百健康"的概念。这一概念的出炉,立刻获得了企业方的高度认同,在提案阐述阶段,更是掌声如雷。梅花味精的董事长在仔细聆听了我们关于概念演绎的阐述后,当场拍案定下,为了表现纯粮酿造的梅花味精,我们以简单的大创意进行创作:5颗玉米颗粒组成一个形象的梅花花朵,放之于水墨的梅花枝干上,寓意梅花味精就是用百分之百的玉米酿造而成的同时,我们为支撑这一概念创作了一系列的报纸广告,更是获得了企业方的高度认同,《原料篇》《工艺篇》《认证篇》分别从不同的方面来阐述梅花味精生产过程的健康品质保证。在这里我们仅仅摘取其中一段:

标题:从玉米种植开始,精挑细选其中最饱满、纯种的玉米果穗。

正文:挑选最适合种植的有机土壤环境,梅花的粮农们小心翼翼地种下了第一批玉米种子,也许您无法想象,我们的用心甚至超过了蜜蜂,小心翼翼的粮农一天要花掉10个小时的时间,像照顾新生婴儿一样,来照顾玉米粮田。健康的生长环境,有效防止了虫害的侵袭,梅花玉米园里新生的玉米植株已经迫不及待地竞相长高,希望早日成熟,结出健康饱满的玉米果穗。

在充分享受了阳光的照耀和雨露的滋润后,等到秋天,玉米果穗熟了,粮农们并不急着去采。对于大多数玉米,那可是个不可企及的梦想,它们要面临一场严格的体能测试。皮厚、直径、粒重,少数的玉米被认为是最纯种、健康的,它们被严格的选料师相中,成为梅花家族的新秀成员。因为有它们,梅花之名不负众望,正如您所津津乐道的!

然而,我们做的还远远不止这些!

以上是广告中的一段文案,深刻地表达了梅花味精在为消费者奉献品质绝佳的味精食品方面做出的努力。而这样的一些文字配合了黄金饱满的玉米果穗,显得形象而容易被解读。

我们在传播策划中,将整合营销的概念发挥到了极致。一个声音、一个主画面、一套视觉识别(visual identity, VI),其中涉及的电视广告、广播、报纸、户外以及各种终端物料,我们都以同样的"百分之百"主题和红色的主画面进行统一传播,从视觉、听觉甚至第六感,让消费者在不同场合接受相同的视觉元素,从而形成对梅花味精的深刻认知。这正是梅花味精品牌传播的制胜之笔。

二、系统立体的品牌营销

基于平面创作之后,我们更是制订了一套完整的立体式品牌营销方案,从高空的广告传播,到地面的销售执行,充分贯彻了商业创意整合(business creative integrated,BCI)的思想。在传播上,我们以电视广告为主,投放央视一套,配合地方省台,进行高空轰炸,以《原料篇》为题材拍摄一条精美的广告进行投播,迅速在消费者心目中留下深刻印象。使健康的消费者理念深入人心。同时,制订了一套渠道合作伙伴计划,通过与经销商结盟,开展销售激励活动,当月销售达一定数量,即可参加由梅花味精公司组织的每两月一次的蒙古大草原绿色旅游活动,让经销商身临其境来感受种植原料的梅花玉米园地,增加经销商对梅花品质的感性认知。在针对餐饮业和流通终端方面,我们制订了一套促销计划,特别设计定制了一套精美的富有中国味道的餐具,印以梅花图案,在礼品中传播梅花味精的品牌形象。只要终端进一定数量的味精,即可获赠精美的餐具一套。而由于看中餐具的精美,使得大量的餐饮终端纷纷进货,获得了很好的促销效果。

在针对新进入市场的零售消费者方面,我们则主要以联合促销的形式,与金龙鱼展开合作,提出"健康新搭档,绿色新生活"的活动主题,购买金龙鱼赠送梅花味精小包装一袋。在围绕着绿色健康的主题下,我们更在县级市场开展了一系列的梅花采购节活动,在农贸市场布置了大量的梅花的终端物料,通过横幅、宣传单、易拉宝、堆头、海报,将整个农贸市场都包装成了红色的梅花形象,而"百分之百纯粮,百分之百健康"的主题也成为所有宣传的主题,我们连续1个月在这样一些农贸市场开展了系列的小型路演活动,邀请了当地夜场的歌手进行演出,形成了很好的现场气氛。而配合主题开展的买送活动,更是大大提升了当时段的销量。我们还特别为活动设计了一套折扇,迎合了入夏以来人们要扇风的行为需要,折扇正面是水墨梅花图案,反面为梅花的标志,精致的折扇不仅是一种礼品,更是一种很好的触点广告形式。这样的礼品,每次活动被抢购一空,获得了很好的促销效果。这样,通过开展系统的营销活动,迅速提升了梅花品牌知名度和产品销量。

面临食品安全这一社会性话题,梅花味精率先提出绿色营销概念,扛起调味品行业的绿色营销大旗,不仅为行业起到表率作用,而且也为企业带来了很好的品牌效应。我们常听到"体育营销""音乐营销""娱乐营销"等概念,实际上每一种营销概念都有它适合和不适合的一面。对于味精这样一种调味品,当健康问题被提上日程上来的时候,我们恰恰是在合适的时间提出了一种合适的概念——"绿色营销",它为梅花味精品牌注入了活力,也为企业带来了效益。

资料来源:曾振波. 绿色营销——提升梅花味精的品牌 [N]. 中国营销传播网,2006.

[案例]

阿拉善 SEE 生态协会

阿拉善 SEE 生态协会（Society of Entrepreneurs Ecology，SEE）成立于 2004 年 6 月 5 日，是由中国 80 位（发起人）知名企业家出资成立的公益性、非营利性环境保护组织，阿拉善 SEE 生态协会成立后，以阿拉善地区为重点，通过社区综合发展的方式解决阿拉善地区荒漠化问题；通过"SER 生态基金"项目，资助不同类型的环保组织实施环境项目；组织与环保相关的讲座、论坛、参观等企业家交流活动，为企业家参与环保事业提供平台；协助企业建立环境保护体系，从工艺、产品、品牌和文化等方面实现环境友好与可持续发展；通过与国际组织的合作，引进国际环保资金、技术和项目，并进行最大限度的本土化操作，使其在中国产生良好的实际效果。

该协会自 2004 年成立到 2009 年 12 月，在阿拉善地区已经进行了五个以生态保护与社区持续发展结合的项目。如社区持续发展项目，该项目主要以梭梭林及草场保护、生态移民农业区的持续发展、额济纳绿洲胡杨林保护为主要工作目标。从可持续生计、能力建设、社区综合发展及本土文化传承入手，重点强调社区内部自我管理能力的提升，进而保证有效、持续地进行社区资源管理与保护。上述项目还在牧区协助社区建立保护机制，形成社区为主导的梭梭林与草场保护模式，在农区探索社区认同的节约水资源的利用方式，在这些项目运行过程中，社区村民的环境保护意识增强，自我组织、自我管理、自我发展的能力得到提升，为社区管理公共事务打下了基础。

五个社区持续发展项目分别为：吉兰泰生态保护与社区发展项目、查罕滩资源可持续利用与社区发展项目、腰坝滩生态农业与社区发展项目、希尼呼都格草场保护与社区发展项目、额济纳旗胡杨林文化生态多样性保护与社区发展项目。此外，该协会还进行了高生态移民生存能力项目、"爱心阳光计划"培训项目、生态助学项目、蒙古族生产方式和生态环境保护项目等。

阿拉善 SEE 生态协会推动了中国企业家承担更多的环境责任和社会责任，推动了企业的环保与可持续发展建设，推动了中国民间环保事业的发展。

案例分析题

1. 从该案例可以得到哪些启示？
2. 谈谈我国企业成立绿色组织的意义。

[专栏]

密云有机食品"挺进"2008年北京奥运会

在密云美丽的白河西岸,有一座占地 $0.2km^2$ 的葡萄园,7月7日上午,记者来到了这里,只见园内的千米长廊两侧,错落有致地栽植着各种各样的葡萄。正在园内忙着采摘的来自北京市区的游客李某告诉记者,这里的葡萄不但品种多,都是有机食品,还申报了2008年北京奥运会用果基地。

这座葡萄庄园名为金地庄园,是密云县的李各庄村利用荒滩地建设的,这里的负责人告诉记者,庄园一共投资300多万元,引进和栽种了美国红提、圣诞玫瑰、日本美人指、罗马尼亚奥古斯特、香妃、鞍山早红等共计50多个著名品种,是北京地区拥有国内外葡萄品种最全、最多的葡萄园。同时,庄园内还种了天王桃、早美桃、红宝石李子等30多个优良水果品种。该庄园从2004年开始申报有机食品,现已建立了一座生产3000t农家肥的有机肥厂,在园内全部应用了果树病虫害的生物防治,并对各种果品进行了重新优选和培育,形成了年产10万多千克,跨度从5月份到10月份长达5个多月鲜果采摘期的果品基地。同时,在2005年取得了有机食品转换认证,成为密云向2008年北京奥运会申报评定的有机食品用果基地。

据记者从密云县农委了解,密云现在已经建设了 $20km^2$ 的有机食品基地,包括板栗、苹果、红香酥梨、鸭梨以及蔬菜和畜产品,其中,有 $3.46km^2$ 已经进入了有机食品转换期,"密水"鲜鱼已经完成有机鱼的认证,柴鸡蛋产品通过了无公害食品认证,"生茂"鲜菇通过了绿色食品AA级认证。农委的工作人员告诉记者,像金地庄园这样成为向2008年北京奥运会申报评定的食品生产基地在密云共有11个,申报食品主要包括有机葡萄、玻璃生菜、彩椒、芦笋等10多个已经取得有机食品转换认证的水果和蔬菜品种,还有柴鸡蛋等绿色无公害产品。

资料来源:张生军. 密云有机食品"挺进"2008年北京奥运会 [N]. 中国食品产业网,2006-7-14.

第十四章 网络营销

第一节 网络营销概述

一、网络营销的概念

从营销的角度出发，网络营销可以定义为：网络营销是建立在互联网基础之上，借助互联网来更有效地满足顾客的需求和欲望，从而实现企业营销目标的一种手段。按照这个定义，网络营销包括新时代的互联网传播媒体、未来的信息高速公路、数字电视网和电子货币支付方式等。网络营销贯穿于企业经营的整个过程，包括市场调查、客户分析、产品开发、生产流程、销售策略、售后服务和反馈改进等环节。

食品网络营销就是以国际互联网络为基础，利用数字化的信息和网络媒体的交互性来辅助食品行业实现营销目标的一种新型的市场行为。

互联网可以展示食品目录、连接资料库，提供有关食品信息的查询，可以和顾客进行双向沟通，可以收集市场情报，可以进行食品测试与消费者满意度调查等，是食品设计、食品信息提供以及顾客服务的最佳工具。

食品网络营销是食品企业整体营销战略的一个组成部分，是借助互联网来实现一定营销目标的一种营销手段，它是一种新生的营销方式，因此，必须正确理解食品网络营销。

1. 网络营销不是网上销售

网上销售是网络营销发展到一定阶段产生的现象，但网络营销本身并不等于网上销售。一方面，网络营销的目的并不仅是促进网上销售，很多情况下还可以表现为企业品牌价值的提升、与客户之间沟通的加强、对外信息发布渠道的拓展和对顾客服务的改善等；另一方面，网上销售的推广手段也不仅靠网络营销，往往还要采取许多传统的方式，如传统媒体广告、发布新闻和印发宣传册等。

2. 网络营销不等于网站推广

网络营销的开展需要科学地制订网络营销目标与计划，因而不能片面地认为网络营销就是网站推广，网站推广只是网络营销的基础性内容而已。单纯的网站推广，其营销效果会大打折扣。企业往往发现，虽然网站访问量提高了，关键词搜索也使用了，却没有带来多少客户和订单,这是因为相关配套的网络营销措施不到位。所以企业在开展网络营销时,要制订包括网站推广在内的系统而周密的网络营销计划,才能达到预期效果。

3. 网络营销是手段而不是目的

网络营销具有明确的目的和手段,但网络营销本身不是目的。网络营销是为实现网上销售目的而进行的一项基本活动。网络营销是营造网上经营环境的过程,也就是综合利用各种网络营销方法、工具、条件并协调它们之间的相互关系,从而更加有效地实现企业营销目的的手段。

4. 网络营销不局限于网上

由于上网人数占总人数的比例还较小。对于已经上网的人来说,由于种种因素的限制,尽管有意寻找相关信息,但在互联网上通过一些常规的搜索方法也不一定能找到所需信息。尤其对于许多初级用户来说,他们可能根本不知道如何去查询信息。因此,一个完整的网络营销方案,除了在网上做推广之外,也需要利用传统营销方法进行网下营销。

5. 网络营销不等于电子商务

电子商务的定义强调的往往是电子化交易的基础或形式,也可以简单地理解为电子商务就是电子交易。所以也可以说网络营销是电子商务的基础,在具备开展电子商务活动的条件之前,企业同样可以开展网络营销。网络营销只是一种手段,无论传统企业还是互联网企业都需要网络营销,但网络营销本身并不是一个完整的商业交易过程。

6. 网络营销不是孤立存在的

许多企业开展网络营销的随意性很大,往往是根据网络公司的建议进行,而企业营销部门几乎不参与,网络营销成了网络公司的表演秀。事实上,网络营销应纳入企业整体营销战略规划。网络营销活动不能脱离一般营销环境而独立存在,网络营销应被看作传统营销理论在互联网环境中的应用和发展。网络营销与传统市场营销策略之间并不冲突,但由于网络营销依赖互联网应用环境而具有自身的特点,因而有相对独立的理论和方法体系。在营销实践中,往往是传统营销和网络营销并存。

二、网络营销的特点

网络营销是在传统营销的基础上发展起来的,因此与传统营销有着千丝万缕的联系。但是网络营销有其独特之处,决定了它与传统营销有着本质的不同。

1. 跨时空

网络营销通过互联网络能够超越时间约束和空间限制进行信息交换,因此使得脱离时空限制达成交易成为可能,企业能有更多的时间在更大的空间中进行营销,随时随地向客户提供全国性甚至全球性的营销服务,以达到尽可能多地占有市场份额的目的。即使是跨国交易,在网络上只要几分钟即可成交,网络营销可以使营销信息迅速、及时地在网络上发布,企业可随时利用自建的网站发布信息,从而实现了营销信息的及时发布和更新。

2. 交互式

网络营销的最显著特点是网络交互式营销。因为网络营销是一种自下而上的营销方式,它更强调互动式的信息交流,企业可以通过互联网和顾客进行双向互动式的沟通、可以收集市场情报、可以进行产品测试与消费者满意度调查等。消费者也可以直接将信息和要求传递给市场营销人员,大大提高了营销过程中消费者的地位。而且网络营销过程可以实现与消费者在网络上的直接沟通和交流，使营销活动更为有效，并可建立长期良好的关系。

3. 技术性

网络营销是建立在以高新技术作为支撑的互联网基础上的，企业在实施网络营销时必须有一定的技术投入和技术支持，必须改变企业传统的组织形态，提升信息管理部门的功能，引进懂营销与计算机技术的复合型人才，方能具备和增强本企业在网络市场上的竞争优势。

4. 经济性

网络营销应用计算机储存大量的有关产品特征、规格、性能以及公司情况等信息，可以帮助消费者进行查询，所有的营销材料都可在线上更新，所传送的信息数量与精确度，远超过其他传统媒体。而且网络营销使交易的双方通过互联网进行信息交换，代替传统的面对面的交易方式，可以减少印刷与邮递成本，进行无店面销售而免交租金，节约水电与人工等销售成本，同时也减少了由于多次交换带来的损耗，提高了交易的效率。

5. 定制化

所谓定制化是指企业利用网络优势，一对一地向顾客提供独特化、个性化的产品或服务。网络营销强调做到让每一位消费者都感受到"专有的服务享受"，尽量与每一位已存在的或潜在的消费者保持联系。网络营销的一个重要思想就是要尽最大努力满足单个消费者的特定消费需求，立足于处理好与每一个顾客的关系，注重发挥互联网的独特优势，不断培养、提高顾客的忠诚度，确保销售持续增长。网络营销可跟踪每个客户的消费习惯和偏好，推荐相关产品。网络上的促销是一对一的、理性的、消费者主导的、非强迫性的、循序渐进式的，而且是一种低成本与人性化的促销。

三、网络营销的基本职能

网络营销的基本职能表现在树立网络品牌、企业网站建设、网址推广、信息发布、网上销售、顾客服务、顾客关系、网上市场调研、消费者行为分析、网站流量统计分析。网络营销每一种职能的实现都有相应的策略和方法。这些策略和方法是为有效实现网络营销任务、发挥网络营销应有的职能从而最终实现销售增加和持久竞争优势所制订的方针、计划以及实现这些计划需要采取的方法，各项基本职能具体如下。

1. 树立网络品牌

网络营销的重要任务之一就是在互联网上建立并推广企业的品牌，知名企业的线下品牌可以在网上得以延伸和拓展，一般企业则可以通过互联网快速树立品牌形象，并提升企业整体形象。在一定程度上说，网络品牌的价值甚至高于通过网络获得的直接收益。网络营销为企业利用互联网建立品牌形象提供了有利的条件，无论是大型企业还是中小企业都可以用适合自己企业的方式展现品牌形象。

2. 企业网站建设

企业网站建设是开展网络营销的基础，网站建设与网络营销方法和效果有直接关系，没有专业化的企业网站作为基础的网络营销方法，效果将受很大的限制，因此企业网站建设应以网络营销策略为导向，采用托管或者自建的方式建立网站，从网站总体规划、内容、服务和功能设计等方面为有效开展网络营销提供支持。

3. 网址推广

网址推广是网络营销最基本的职能之一。获得必要的访问量是网络营销取得成效的基础，尤其是中小企业，由于其经营资源的限制，发布新闻、投放广告、开展大规模促销活动等宣传机会比较少，因此，通过互联网手段进行网站推广的意义显得更为重要，这也是中小企业对于网络营销更为热衷的主要原因。网站推广的基本目的就是为了让更多的用户对企业网站产生兴趣并通过访问企业网站内容、使用网站的服务来达到提升品牌形象、促进销售、增进顾客关系、降低顾客服务成本等。

4. 信息发布

网站是一种信息载体，通过网站发布信息是网络营销的主要方法之一。无论哪种网络营销方式，结果都是将一定的信息传递给目标人群，包括顾客、潜在顾客、媒体、合作伙伴、竞争者等。信息发布需要一定的信息渠道资源，这些资源可分为内部资源和外部资源。内部资源包括企业网站、注册用户电子邮箱等；外部资源则包括搜索引擎、供求信息发布平台、网络广告服务资源、合作伙伴的网络营销资源等。掌握尽可能多的网络营销资源并充分了解各种网络营销资源的特点，向潜在用户传递尽可能多的有价值的信息是网络营销取得良好效果的基础。

5. 网上销售

网上销售是企业销售渠道在网上的延伸。将经营的食品以多媒体信息的方式，通过互联网络供全球顾客浏览、选购，顾客在家中就可以"逛商场"，通过网络浏览分布在不同商场的各种食品，包括食品的图像、文字介绍、技术参数指标、价格与售后服务、同类产品比较等。一个具备网上交易功能的企业网站本身就是一个网上交易场所，网上销售渠道建设并不限于企业网站本身，还包括建立在专业电子商务平台上的网上商店以及与其他电子商务网站不同形式的合作等。因此，网上销售并不仅是大型企业才能开展的，任何企业都有可能拥有适合自己需要的在线销售渠道。

6. 顾客服务

互联网提供了更加方便的在线顾客服务手段，包括从形式最简单的常见问题解答，到电子邮件、邮件列表以及在线论坛和各种即时信息服务等。顾客服务质量对于网络营销效果具有重要影响，而在线顾客服务具有成本低、效率高的优点，在提高顾客服务水平方面具有重要作用，同时也直接影响到网络营销的效果，因此在线顾客服务成为网络营销的基本组成内容。

7. 顾客关系

顾客关系是与顾客服务相伴而产生的一种结果，良好的顾客服务能带来稳固的顾客关系，是网络营销取得成效的必要条件。通过网站的交互性、顾客参与等方式在开展顾客服务的同时，也增进了顾客关系。通过网络营销的互动性和良好的顾客服务手段增进顾客关系已经成为网络营销取得长期效果的必要条件。

8. 网上市场调研

网上市场调研主要的实现方式包括通过企业网站设立的在线调查问卷、通过 e-mail 发送的调查问卷以及与大型网站或专业市场研究机构合作开展专项调查等。相对传统市场调研，网上市场调研具有调查周期短、高效率、低成本的特点。网上调研不仅为制订网络营销策略提供支持，也是整个市场研究活动的辅助手段之一，合理利用网上市场调研手段如利用搜索引擎和一些专业网站的企业数据库资料开展基本的市场调研具有重要价值。一方面可以根据顾客反馈信息，了解顾客的需求及购物规律，据以调整产品结构和销售方向；另一方面，可以免费获取对食品营销活动非常有用的信息与商情动态。

9. 消费者行为分析

互联网用户作为一个特殊群体，它有着与传统市场群体截然不同的特性，因此要开展有效的网络营销活动必须深入了解网上用户群体的需求特征、购买动机和购买行为模式。互联网作为信息沟通工具，正成为许多兴趣爱好趋同的群体聚集交流的地方，并且形成一个特征鲜明的网上虚拟社区，了解这些虚拟社区的群体特征和偏好是网上消费者行为分析的关键。

10. 网站流量统计分析

网站流量统计分析是对网络营销效果进行检验和控制的基本手段，对企业网站流量的跟踪分析，不仅是有助于了解和评价网络营销效果，同时也为发现其中所存在的问题提供了依据。网站流量统计既可以通过网站本身安装统计软件来实现，也可以委托第三方专业流量统计机构来完成。

互联网是一种功能强大的营销工具，同时兼具信息渠道、营销、电子交易、互动顾客服务以及市场信息收集分析与提供的多重功能。它以声光互动沟通的特质，作为跨时空的大媒体，已深深吸引了年轻一代的目光。此外，它所具备的一对一营销能力，正好符合食品市场营销未来发展的大趋势。

第二节　网络营销的环境与市场调研

一、网络营销环境概述

营销环境是一个综合的概念，由多方面因素组成。环境的变化是绝对的、永恒的。因此，网络营销环境是指对企业的生存和发展产生影响的各种外部条件，即与企业网络营销活动有关联因素的集合。随着社会的发展，特别是网络技术在营销中的运用，使营销环境变得更加复杂。对营销主体而言，虽然环境因素是不可控的，但它也有一定的规律性，可通过营销环境的分析对其发展趋势和变化进行预测和事先判断。企业营销理念、消费者需求和行为在一定经济社会环境中形成并不断变化着。因此，必须分析和把握网络营销环境。

互联网络自身构成了一个市场营销的整体环境，它在环境构成上具有5大要素。

（1）提供资源　信息是市场营销过程的关键资源，是互联网的血液，通过互联网可以为企业提供各种信息，指导企业的网络营销活动。

（2）全面影响力　环境要与体系内的所有参与者发生作用，而非个体之间的互相作用。每一个上网者都是互联网的一分子，他可以无限制地接触互联网的全部，同时在这一过程中要受到互联网的影响。

（3）动态变化　整体环境在不断变化中发挥其作用和影响，不断更新和变化正是互联网的优势所在。

（4）多因素互相作用　整体环境是由互相联系的多种因素有机组合而成的，涉及企业活动的各因素在互联网上通过网址来实现。

（5）反应机制　环境可以对其主体产生影响，同时，主体的行为也会改造环境。企业可以将自己的信息通过公司网站存储在互联网上，也可以通过互联网上的信息进行决策。

互联网已经不只是传统意义上的电子商务工具，更是独立的、新的市场营销环境。它以其范围广、可视性强、公平性好、交互性强、能动性强、灵敏度高、易运作等优势给企业市场营销创造了新的发展机遇。

二、网络营销的宏观环境

网络营销宏观环境是指对企业网络营销活动没有直接作用而又对企业网络营销决策产生潜在影响的一般性因素。其中包括经济环境、政治环境、科技环境、社会文化环境、自然环境等。

（一）网络营销的经济环境

经济环境是指企业进行网络营销活动过程中所面临的各种经济条件、经济特征、经济联系等因素。经济环境是内部分类最多、具体因素最多，并对市场具有广泛和直接影响的环境内容。经济环境不仅包括经济体制、经济增长、经济周期与发展阶段以及经济政策体系等大方面的内容，而且包括收入水平、市场价格、利率、汇率、税收等经济参数和政府调节取向等内容。

因此，企业网络营销人员必须从市场营销的角度来研究消费者收入与收入结构，一般从以下四个方面进行分析：一是从消费者收入角度分析，包括国民生产总值、人均国民收入、个人可支配收入、个人可任意支配收入和家庭收入等；二是从消费者支出角度分析，包括消费结构、恩格尔系数等；三是消费者储蓄分析，消费者的储蓄行为直接制约着市场消费量购买的大小；四是消费者信贷分析，信用消费允许人们购买超过自己现实购买力的商品，创造更多的消费需求。

（二）网络营销的法律环境

随着网络的发展，一系列侵犯网络安全和信息安全的恶性事件不断给人们敲响警钟。根据国际标准化组织 ISO 对网络安全的定义，它是指为数据处理系统建立和采取的科技和管理的安全保护，以保护计算机硬件、软件数据不因偶然和恶意的原因而遭到破坏、更改和显露。网络安全要素具体包括网络的安全标准及实施、及时知道网络受到侵犯及受害程度、识别和过滤不良信息、确保重要信息的私密性和完整性、防止外界有害信息的入侵和传播、防止黑客入侵、保护个人隐私或企业的商业秘密、防治病毒的传染、保证电子商务的安全性和合法性、确认网络上交易双方的身份等方面，基本囊括了现有的互联网和电子商务发展所涉及的各个方面。

互联网给予了人类从未有过的自由空间，同时也带来了很多负面影响，如计算机犯罪猖獗、知识产权和个人隐私受到严重侵犯、国家安全受到严峻挑战和威胁等。要解决信息化社会所带来的新问题，使信息社会始终处于良性、有序的发展之中，就必须把信息社会纳入规范化、法制化的轨道，运用法律手段对新的社会关系予以规范和调整，制定适应信息化社会的法律制度。

我国十分重视电子商务的发展。早在 1998 年 11 月，国家领导人在亚太经济合作组织第六次领导人非正式会议上就电子商务问题发言时提出，电子商务代表着未来贸易方式的发展方向，我们不仅要重视私营、工商部门的推动作用，同时也应加强政府部门对发展电子商务的宏观规划和指导，并为电子商务的发展提供良好的法律法规环境。

（三）网络营销的政治环境

政治环境是指一个国家或地区的政治制度、体制、政治形势、方针政策等方面。政府在政治环境中扮演着重要的角色，它影响着每一个企业。政府起着两个作用：一是促进商品的生产；二是制约和规范企业网络营销，让企业在法律、政策允许的范围内从事生产经营活动。

一个国家，一个地方的政府可以制定一系列的方针、政策，刺激经济的扩张和发展，这对工商企业而言，非常重要。如政府对电子商务行业、对软件开发行业的大力支持，都会转化成对这些特定行业或企业进行补贴，给予税收优惠，支持研究开发工作，甚至采取更加特殊的保护政策，以扶持这些行业或企业的发展。

为了保护劳动者、消费者和社区的利益，我国政府采取了积极的干预活动，颁布各方面法规，加强对企业的管制和监督，制约和规范企业网络营销。目前，我国逐步实现了经济体制的转变，政府职能也逐渐改变，政府由过去对企业的直接干预向间接管理转变。

（四）网络营销的科技环境

网络营销的技术基础是网络技术。没有强大的信息与网络技术做支撑，也就谈不上网络营销。企业网络营销方式从粗放型转到集约型，关键要靠科学技术。科技环境作为经营总体环境的一部分，不仅影响企业的内部环境，而且直接影响经济环境和社会环境。

科学技术的发展为提高营销效率提供了更新、更好的物质条件。如网络通信带宽的增加，使网络通信更加便捷，通信设备的改善，更便于企业组织营销，提高营销效率。网络的普及，既满足了消费者的要求，又使企业的营销效率更高。

科学技术的发展，推动了消费者需求向高档次、多样化方向的变化，消费者消费的内容更加纷繁复杂。因此，生产什么食品、生产多少食品去满足消费者的需求，还得依靠调查研究和综合分析来解答。这种情况，完全依赖传统的计算和分析手段是无济于事的，现代计算和分析手段的发明运用，提供了解决这些问题的武器。例如，利用高级电子计算机对消费者及其需求的资料进行模拟和计算，分析和预测，就能及时、准确地为企业提供相关资料，并作为企业营销活动的客观依据。

（五）网络营销的社会文化环境

社会文化环境，是指一个国家或地区的民族特征、文化传统、价值观、宗教信仰、教育水平、社会结构、风俗习惯等情况。

社会文化环境中一个很重要的因素是一个国家、一个地区的教育水平。教育水平是指消费者受教育的程度。教育水平与经济发展水平往往是一致的。不同的文化修养表现出不同的审美观，购买商品的选择原则和方式也不同。一般来讲，教育水平高的地区，消费者对商品的鉴别力强，容易接受新事物、接受新产品，也更有条件上网浏览并购买商品。因此，教育水平高低影响着消费者心理、消费结构，影响着企业网络营销组织策略的选取，以及销售推广方式、方法的选择。例如，教育水平高的地区重点推出网络营销，就比较容易获得成功。另外，企业的分销机构和分销人员受教育的程度、计算机使用水平等，也对企业开展网络市场营销产生一定的影响。此外，受教育的人口增加，意味着符合企业现代化生产与经营要求的劳动力增加，越来越多的人有机会接受高等教育，给企业网络营销提供了最重要的人才资源的支持。消费者受教育程度高，则对产品鉴别能力强，对产品质量、品牌比较挑剔，要求突出消费个性，同时对图书、艺术、旅行、文化娱乐的需求也更大。

（六） 网络营销的自然地理环境

一个国家、一个地区的自然地理环境包括该地的自然资源、地形地貌和气候条件，这些因素都会不同程度地影响企业开展网络营销活动，有时这种影响对企业的生存和发展起决定作用。企业要避免由自然地理环境带来的威胁，最大限度地利用环境变化可能带来的市场营销机会，就应不断分析和认识自然地理环境变化的趋势，根据不同的环境情况来设计、生产和销售产品。

1. 自然环境对网络营销的影响

物质自然资料是指自然界提供给人类的各种形式的物质财富，如矿产资源、森林资源、土地资源、水力资源等。这些资源分为三类："无限"资源，如空气、水等；有限但可以更新的资源，如森林、粮食等；有限但不可再生的资源，如石油、锡、煤、锌等矿物。自然资源是进行商品生产和实现经济繁荣的基础，与人类社会的经济活动息息相关。由于自然资源的分布具有地理的偶然性，分布很不均衡，因此，企业到某地投资或从事营销必须了解该地的自然资源情况。如果该地对本企业产品需求大，但缺乏必要的生产资源，那么，企业就适宜向该地销售产品。

2. 地理环境对网络营销的影响

地理环境是一个国家或地区的地形地貌和气候，是企业开展网络营销所必须考虑的地理环境因素，这些地理特征对市场营销有一系列影响，例如，气候（温度、湿度等）与地形地貌（山地、丘陵等）特点，都会影响产品和设备的性能和使用。在沿海地区运转良好的设备到了内陆沙漠地区就有可能发生性能的急剧变化。有些国家地域辽阔、南北跨度大，各种地形地貌复杂，气候多变，企业只有根据各地的自然地理条件生产与之相适应的产品，才能适应市场的需要。例如我国北方寒冷与南方炎热的气候，都会对产品提出不同的环境适应性要求。这就是在有"火炉"之称的武汉市，夏天降温产品（冷饮、电风扇、空调、电冰箱）特别畅销的原因所在。如果从经营成本上考虑，平原地区道路平坦，运输费用比较低，而山区丘陵地带道路崎岖，运费自然就高。可见，气候、地形地貌不仅直接影响企业的经营、运输、通信、分销等活动，而且会影响一个地区的经济、文化和人口分布状况。因此，企业开展网络营销活动，必须考虑当地的气候与地形地貌，使其营销策略能适应当地的地理环境。

三、 网络营销的虚拟环境

1. 产品特性

是否需要在网上开展营销活动，在很大程度上取决于行业的特点和产品的特性。网络营销是为顺应营销手段的发展而不是为了赶时髦，如果一个行业的特点决定了利用传统方法更加有效，那么大可不必考虑网络营销。不过，现在的实际情况是，大多数行业都在积极开展网络经营，建网站、雇操作人员，对于许多大型企业来说，这样的投资较为常规，但是对于中小企业尤其是效益不佳的企业，如果网络营销不能在短期内带来切实的收益，还是应该量力而行，根据本企业的特点慎重决定。

2. 行业竞争状况

互联网的发展，为行业竞争状况分析提供了方便，同行业的企业由于生产类似的产品或服务，往往被收录在搜索引擎或分类目录的相同类别，因此要了解竞争者或者同行是否上网，只需到一些相关网站查询，并对竞争者的网站进行分析，对行业的竞争状况就会有大致的了解。如果竞争者尤其实力比较接近的竞争者已经开始了网络营销，甚至已经取得了明显收益，这时，企业就需要认真考虑自己的网络营销战略了。

3. 财务状况

用于网络营销的支出不是消费，而是一项投资，而且是长期投资，有时还需要不断地投入资金，因为网络营销不一定能取得立竿见影的成效。决策人员应该根据企业的财务状况制定适合自身条件的网络营销战略，如企业内部网的建立、全球广域网站建设方式、网络营销组织结构、推广力度等。

4. 人力资源

网络营销与传统营销相比，有其自身特殊性，如互联网本身的互动性、信息发布的即时性以及网络营销的基本手段——网站建设和推广等，这就要求网络营销人员既有营销方面的知识，又有一定的互联网技术基础。这种复合型人才目前比较短缺，工资水平自然也比较高，企业是否拥有高水平的网络营销人才，对网络营销的效果有直接的影响。

网络营销并不简单等于传统市场营销模式在信息化、网络化时代的延伸，而是一场营销革命，它带来企业内部环境及其运作模式的革命性变革。因此，企业必须积极调整内部运作模式，以迎接这场革命的挑战。

四、网络营销的微观环境

1. 企业内部环境

企业内部环境包括企业内部各部门的关系及协调合作。企业内部环境包括市场营销部门之外的某些部门，如企业最高管理层、财务部门、研究与开发部门、采购部门、生产部门、销售部门等。这些部门与市场营销部门密切配合、协调，构成了企业市场营销的完整过程。市场营销部门根据企业的最高决策层规定的企业的任务、目标、战略和政策做出各项营销决策，并在得到上级领导的批准后执行。研究与开发、采购、生产、销售、财务等部门相互联系，为生产提供充足的原材料和能源供应，并对企业建立考核和激励机制，协调营销部门与其他各部门的关系，以保证企业营销活动的顺利开展。

2. 供应者

供应者是指向企业及其竞争者提供生产经营所需原料、部件、能源、资金等生产资源的公司或个人。企业与供应者之间既有合作又有竞争，这种关系既受宏观环境影响，又制约着企业的营销活动，企业一定要注意与供应者搞好关系。供应者对企业的营销业务有实质性的影响。

3. 营销中介

营销中介是协调企业促销和分销其产品给最终购买者的公司。主要包括商品中间商，即销售商品的企业如批发商和零售商；代理中间商（经纪人）；服务商，如运输公司、仓库、金融机构等；市场营销机构，如产品代理商、市场营销咨询企业等。

由于网络技术的运用，给传统的经济体系带来巨大的冲击，流通领域的经济行为产生了分化和重构。消费者可以通过网上购物和在线销售自由地选购自己需要的商品，生产者、批发商、零售商和网上销售商都可以建立自己的网站并营销商品，所以一部分商品不再按原来的产业和行业分工进行，也不再遵循传统的商品购进、储存、运销业务的流程运转。网上销售，一方面，使企业间、行业间的分工模糊化，形成"产销合一""批零合一"的销售模式;另一方面,随着"凭订单采购""零库存运营""直接委托送货"等新业务方式的出现,服务与网络销售的各种中介机构也应运而生。一般情况下,除了拥有完整分销体系的少数大公司外,营销企业与营销中介组织还是有密切合作与联系的。因为若中介服务能力强,业务分布广泛合理,营销企业对微观环境的适应性和利用能力就强。

4. 顾客或用户

顾客或用户是企业产品销售的市场,是企业直接或最终的营销对象。网络技术的发展极大地消除了企业与顾客之间的地理位置的限制,创造了一个让双方更容易接近和交流信息的机制。互联网络真正实现了经济全球化、市场一体化。它不仅给企业提供了广阔的市场营销空间,同时也增强了消费者选择商品的广泛性和可比性。顾客可以通过网络,得到更多的需求信息,使他的购买行为更加理性化。虽然在营销活动中,企业不能控制顾客与用户的购买行为,但它可以通过有效的营销活动,给顾客留下良好的印象,处理好与顾客和用户的关系,促进产品的销售。

5. 竞争者

竞争是商品经济活动的必然规律。在开展网上营销的过程中,不可避免地要遇到业务与自己相同或相近的竞争对手。研究对手,取长补短,是克敌制胜的好方法。

在虚拟空间中研究竞争对手,虽然可借鉴传统市场中的一些做法,但更应有自己的独特之处。

研究网上的竞争对手主要从其主页入手,一般来说,竞争对手会将自己的服务、业务和方法等方面的信息展示在主页上。从竞争的角度考虑,应重点考察以下 8 个方面:

(1) 站在顾客的角度浏览竞争对手网站的所有信息,研究其能否抓住顾客的心理,给浏览者留下好感。

(2) 研究其网站的设计方式,体会它如何运用屏幕的有限空间展示企业的形象和业务信息。

(3) 注意网站设计细节方面的东西。

(4) 弄清其开展业务的地理区域,以便能从客户清单中判断其实力和业务的好坏。

(5) 记录其传输速度特别是图形下载的时间,因为速度是网站能否留住客户的关键因素。

(6) 查看在其站点上是否有别人的图形广告,以此来判断该企业在行业中与其他企业的合作关系。

(7) 对竞争对手的整体实力进行考察,全面考察对手在导航网站、新闻组中宣传网址的力度,研究其选择的类别、使用的介绍文字,特别是图标广告的投放量等。

(8) 考察竞争对手是开展网上营销需要做的工作,而定期监测对手的动态变化则是一个长期性的任务,要时时把握竞争对手的新动向,在竞争中保持主动地位。

五、 网上市场调研

(一) 网上市场调研概述

1. 网上市场调研的概念

网上市场调研又称网络市场调研(web-base survey)或联机市场调研(online survey),它以互联网为手段,针对特定营销环境进行各种以市场调研为目的的活动。即通过网络进行有系统、有计划、有组织地收集、调研、记录、整理、分析与产品、劳务有关的市场数据信息，客观地测定、评价现在市场及潜在市场，获取竞争对手的资料，摸清目标市场的营销环境，为经营者细分市场、识别消费者的需求和确定营销目标提供相对准确的决策依据，提高企业网络营销的效用和效率。

与传统市场调研类似，网上市场调研主要也有两种方式：第一种方式是在互联网上进行在线问卷调研，收集原始数据资料；第二种方式是使用互联网的媒介功能，从互联网上搜索收集二手数据资料。由于越来越多的企业、学校、政府机构等建立了自己的门户网站，且传统的媒体如报纸、杂志、电视电台等也纷纷上网，互联网就像一个信息的海洋，信息储藏量极其丰富，网上市场调研的关键是如何发现和挖掘有价值的市场信息，提高企业的营销决策的正确性和有效性。

与传统市场调研相似，网上市场调研也具有三种功能：第一种功能是描述功能，是指收集信息并陈述事实，即发现各种事实。例如，某个企业产品历年或每个季度的消费发展趋势是怎样的？消费者对某企业的产品及其售后服务的看法如何？第二种功能是诊断功能，即解释信息或认识事实。例如，改变某企业产品的包装对其销售会产生怎样的影响？即为了更好地服务现有顾客和发掘潜在顾客，应该如何改进产品的外形或提高服务等？第三种功能是预测功能。例如，某企业产品在未来几个月或几年的销售趋势是怎样的？

2. 网络市场调研的重要性

进行网上市场调研，从中发现消费者需求动向，从而为企业细分市场提供依据，是企业开展市场营销的重要内容，其重要性如下所述。

（1）有助于企业改进产品或服务质量，提高客户满意度　在当今的世界环境中，企业如果不重视产品或服务质量，且不断努力改进产品或服务质量，提高顾客满意度，企业就很难取得成功，甚至难以立足。因此，现代企业竞争的关键问题之一是应如何提高产品或服务质量和顾客满意度。目前，全球的企业已普遍实施改进产品或服务质量和顾客满意计划，定期降低成本、留住老顾客吸引新顾客，从而增加企业产品的市场份额并改善企业的盈利状况。但是，企业对产品或服务质量的追求常是以其本身为导向的，这对于顾客来说毫无意义。这种对顾客毫无意义的高质量产品或服务，通常并不能给企业带来销售额、利润额或市场份额的增长，只不过是浪费精力和金钱。通过网上市场调研，企业可以确切地了解顾客对产品或服务的评价和建议，从而促使企业改进产品或服务的质量，进而提高顾客的满意度。

（2）有助于企业留住老客户、吸引新客户　依据上文所述，网上市场调研可以帮助企业提高顾客满意度，而顾客满意与顾客忠诚之间存在一种必然的联系。这种联系不是自然产生的，它根植于企业传递的产品或服务的价值。留住老顾客吸引新顾客可以给企业带来丰厚的回报，重复购买和顾客的推荐可以提高企业的收入和市场份额。这样，企业可不必花更多的资金和精力去争夺新顾客，其成本可以下降。同时，不断提高的顾客保留率也给企业员工带来了工作上的满足感和成就感，也可提高员工的保留率。员工在企业工作时间越长，获得的相关知识越多，又可提高产品生产率，这种相互影响犹如连锁反应一般。据贝恩公司的一项研究统计，顾客流失率下降5%可以使企业利润提高25%～95%。企业留住老顾客吸引新顾客的能力建立在企业对顾客需求详细了解的基础上，这种了解的渠道主要来自于网上市场调研。

（3）有助于企业管理人员做出正确而有效的决策　通过网上市场调研，企业管理者可详细了解市场状况，从而发现并利用市场机会。例如，一家蛋糕店要推出几款新型蛋糕，营销经理要考虑提供相应的优惠券，因为优惠券可用来吸引人们来尝试这些新的糕点。这就产生了一个问题：这种优惠券应该派发给谁呢？如果将优惠券直接给那些喜欢蛋糕又最能够使用它们的顾客，营业推广费用产生的效果会更好。接下来要解决下一个问题：哪些类型的顾客属于优惠券大量使用者，哪些类型的顾客是少量使用者，这两者是否存在可识别的特征？这些都是需要借助网上市场调研来解决的。

(4) 有助于企业开拓新的市场　通过网上市场调研，企业可发现消费者潜在的尚未满足的需求，依据现有产品及营销策略满足消费者的程度，不断开拓新的市场。网络营销环境的变化，往往会影响和改变消费者的消费动机和消费行为，给企业带来新的机会和挑战，企业可据此确定和调整发展方向。

(二) 网上市场调研的主要方法

1. 网上问卷调研法

网上问卷调研法是调研机构在网上发布问卷，且被调研者通过互联网主动参与调研的一种调研方法。网上问卷调研一般有两种途径：第一种是将调研问卷放置在网页站点上，等待访问者来填写问卷，此种方式的优点是被访者是自愿参与调研，调研结果具有一定的可靠性，其缺点是无法核对被访者的身份资料；第二种是以邮件形式将问卷发送给被调研者，被调研者完成问卷后将结果以邮件形式返回给调研机构。这种方式的好处是，可以有选择性地调研被访者，缺点是容易遭到被访问者的反感，有侵犯个人隐私之嫌。因此，采用该方法时，应首先获得被访问者的同意，或让被访问者不会反感，且向被访问者提供一定的补偿，如有奖回答或赠送小件东西等。

2. 站点法

站点法是调研机构将调研问卷以 HTML 文件的形式，将其附加在一个或几个网络的网页站点上，然后由浏览这些站点的网民在此站点上参与调研的方法。站点法属于被动调研法，这是目前网上市场调研常用的基本方法，也是近期网上市场调研的主要方法。

3. 电子邮件 (e-mail) 问卷法

调研问卷是一份简单的 e-mail，使用随机抽样的方法通过 e-mail 发放问卷，并请调研对象以 e-mail 反馈答卷。调研问卷回复给调研机构后，有专门的程序进行：问卷准备、列 e-mail 地址和收集数据。这种调研方式较具定量价值。若调研样本较为全面，可将调研结果用以推论研究总体，一般用于对特定群体网民的多方面的行为模式、消费规模，网络广告效果、网上消费者消费心理特征的研究。

4. 随机 IP 法

随机 IP 法是使用计算机随机产生一批 IP 地址作为抽样样本，然后进行调研的方法。随机 IP 法属于主动调研法，其理论基础是随机抽样。利用该方法可以进行纯随机抽样，也可以依据一定的标志排队进行分层抽样和分段抽样。

5. 网上观察法

网上观察法是使用相关软件观察和监测网民对网站的访问情况及其网上的行为。具体来说，相关软件能够记录网民浏览网页的内容、点击的时间，记录网民在网上看过哪些商品，也能够记录不同商品的点击率、广告的点击率、文字信息的点击率等观察数据。此外，网站还可以对本站的注册会员和经常浏览本站的 IP 地址的记录进行分析，掌握网民上网的时间，了解他们的兴趣、爱好，更好地为本网站的登录者提供更适合他们需要的信息和服务。这些观察记录有助于企业了解消费者的需求、产品偏好和购买时间，使企业及时改进商品和服务。网上观察法属于主动调研法。

6. 网络信息检索法

网络信息检索法，是利用各种网络信息检索工具直接从网上查找、收集调研问题所需信息资料的方法。此方法类似于传统市场调研中的二手资料调研方法。由于互联网上的信息极其丰富，其信息量远超过任何传统媒体所涵盖的信息，因此，这种方法能获得较为详细、全面的信息资料，它是网上市场调研中最常用的方法之一。网络信息检索法属于主动调研法。

7. CATI 法

CATI 法即交互式计算机辅助电话访谈法，是中心控制电话访谈的"计算机化"形式。调研机构自己或请人编写一种程序，用以在 CATI 上设计问卷结构并在网站上进行传输。网站服务器可设在调研机构中，调研机构也可租用有 CATI 装置的单位。网站服务器直接与数据库连接，通过网站，将被访者的反馈信息直接储存到数据库里，然后再对数据库里收集的信息进行统计分析。交互式 CATI 系统能够进行良好抽样及对 CATI 程序进行管理，也能对数据进行检验，对于不合理的数据，系统要求被访者重新输入。它为网上 CATI 调研的使用者提供了一条方便快捷的路径。万事万物都具有两面性，网上 CATI 系统产品是为电话——屏幕访谈设计的，被访者的屏幕格式受到限制。此外，CATI 语言技术不能显示互联网调研在图片播放等方面的优势，加之其设备投入与软件购买费用极高，因此在我国一直没有发展起来。

（三）网上市场调研的内容和步骤

网上市场调研是企业通过互联网收集网络原始资料的重要手段。与传统调研相似，网上市场调研需按一定的阶段或步骤进行。在网上市场调研过程中，由于调研中的各种因素影响，调研结果有时会出现较大的偏差，企业必须重视网上市场调研过程的每个环节。网上市场调研的内容和步骤如下所述。

1. 确定调研问题

调研的首要问题就是识别企业营销方面存在的问题。随着企业内外部环境的动态变化，营销管理人员经常要面临这样的一些问题："我们应该改变现行营销或服务策略吗"？如果是，那么"怎样才能改变"？此时，企业就需要进行市场调研，找出问题，发现和评估新的市场机会。

在此阶段应考虑三个问题：有无必要解决这些问题？这些问题是否已经存在？问题确实能够解决吗？通过分析，如果确实有必要进行市场调研，再实施调研。在有些情况下，企业最好不要做调研，例如调研结果毫无用处、调研成本超出收益等。

2. 确定调研对象

网上市场调研的第二步是要确定调研的对象，需考虑调研对象是否上网，网民中是否存在着被调研群体，规模有多大。只有当网民中的有效调研对象足够多时，网上市场调研才可能得出有效结论。譬如目前我国网民以年轻人为主，如果被调研对象主要是年轻人，网上市场调研是非常有效的；如果调研对象主要是老年人，网上市场调研是不适合的，必须选择传统的调研方式。

确定调研对象后，通过互联网，企业可以直接与他们沟通交流，从而了解顾客的真正需求，了解顾客对企业的产品或服务是否满意，收集顾客对其产品或服务提出的意见和建议，然后企业对其产品或服务加以改进。

3. 确定调研方法

网上市场调研第三步是要确定调研的方法。网上市场调研的方法有很多，依照上文所述，主要有网上问卷调研法、网上实验法和网上观察法等，最常用的还是网上问卷调研法。企业应依据网上调研的内容不同，采用不同的调研方法或几种调研方法相结合。

4. 确定调研方式

网上市场调研第四步是要确定调研的方式。调研方式有多种，例如企业以邮件形式将问卷发送给调研对象，或者企业可将调研问卷直接放到网站上，然后等待被调研对象自行访问或接受调研。因此，为吸引访问者参与调研，并提高其参与的积极性，企业可向其提供免费礼品、调研报告等。此外，企业必须向被调研者承诺，任何有关个人隐私的信息不会被泄露和传播。

5. 分析调研结果

将调研对象反馈的问卷数据收集起来，调研过程的下一步就是进行数据的统计分析，从而得出相关结论。这一步骤是市场调研的关键，它与传统调研的结果分析相似，要尽量排除不合格的问卷，这就需要调研者对大量回收的问卷进行综合分析和验证。此外，还要分析那些没有完成的调研问卷，造成这种情况的原因是什么，是调研对象厌烦、断线还是失去耐心等。

6. 撰写调研报告

网上市场调研的最后一步就是撰写调研报告，这是调研成果的体现。因为调研人员要向企业管理层提交结论和建议。调研报告的内容主要是在分析调研结果的基础上对调研的数据和结论进行系统说明，并对有关结论进行探讨性地说明。

第三节　网上市场的特征

一、网上市场的概述

网上市场又称电子市场（electronic markets）、数字市场，相对于传统市场或物理市场有着不同的特征。借助于信息技术和互联网的应用，网上市场的信息流将更为通畅，信息不对称程度、消费者的搜索成本、商家的运营成本大大降低。

随着互联网的发展，网上的虚拟市场成为 21 世纪最有发展潜力的新兴市场，从市场运作的机制看，网上市场具有如下几个特点。

1. 无店铺经营

运作于网上市场里的虚拟商店，无须店面、装潢、服务人员等，商家的运营成本大大降低。1995 年 10 月，"安全第一网络银行（security first network bank）"在美国诞生，这家银行是虚拟的网上银行，它既无建筑实物又无具体的物理地址，只有网址，其营业厅就是网站首页，银行所有交易都通过互联网进行；整个银行员工虽只有 10 人，但其业绩却相当高，譬如 1996 年其存款金额达到 1400 万美元，1999 年其存款金额达到 4 亿美元。

2. 无存货经营

运作于网上市场里的虚拟商店，无须存货。顾客在网上商店下订单后，它再向制造商订货。因此，商家的库存成本大大降低，其商品的售价比普通的商店要低，增加了网上商家和"电子空间市场"的魅力和竞争力。

3. 商品价格低廉

运作于网上市场里的虚拟商店，由于其无店铺和无存货的经营方式，其成本大大降低，所以其商品价格比普通商店低廉。虚拟商店的成本主要是由运行网站的成本、软硬件费用、网络使用费，以及网站的维护费用等组成，它比普通商店的经营成本要低得多。

4. 不受时空和地域限制，全天候经营

互联网在全球广泛应用，消除了国与国之间做生意的时间和地域的障碍。此外，虚拟商店无须雇佣经营服务人员，不受劳动法的限制，可以进行一天 24h，一年 365d 的持续营业。这对于平时工作繁忙，无暇购物的人来说具有很大的吸引力。

5. 精简化的营销环节

通过互联网，顾客在虚拟商店下订单，购买其所需的商品，商家依据顾客的订单立即通过网络与厂家联系并订货，而且顾客可不必等商家回复电话，可自行查询订单的状态。这样，商家和买家可快速交换信息，精减了营销环节，网上市场的营销方式使人快速得到商机，获得更多财富。

总之，网上市场具有传统的实体化市场所不具有的特点，这些特点正是网上市场的优势。

二、网上市场的发展过程

从网上市场交易的方式和范围看，网上市场经历了三个发展阶段。

1. 生产者内部的网上市场

20 世纪 60 年代末，西欧和北美的一些大企业用电子方式进行数据、表格等信息的交换，两个贸易伙伴之间依靠计算机直接通信传递具有特定内容的商业文件，这就是所谓的电子数据交换（electronic data interchange，EDI）。后来，一些工业集团开发出用于采购、运输和财务应用的标准，但这些标准仅限于工业界内的贸易，如生产企业的 EDI 系统，收到订单后，会自动进行处理，检查订单是否符合要求，向订货方发出确认报文，通知企业内部管理系统安排生产，向零配件供应商订购零配件，向交通运输部门预定货运集装箱到海关、商检部门办理出口手续，通知银行结算并开 EDI 发票，从而使整个订货、生产、销售过程贯穿起来，形成生产者内部网上市场的雏形。

2. 国内的、全球的生产者网上市场和消费者网上市场

企业用互联网对国内的或全球的消费者提供商品和服务，其发展的前提是家庭个人计算机（PC）的普及，升高"假象购物商品区"的商业空间魅力，同时利用信用卡连线来清算，以加速"假象购物"的进展。目前，应用互联网络的邮购，其最大特征是消费者的主动性，选择主动权掌握在买方的手里，它从根本上改变了传统的推销方法，演变为消费者的"个人行销"导向。"在线浏览、离线交易"阶段是我国和全球现阶段主要的网络交易方式。

3. "在线浏览，在线交易"阶段

这是网上市场发展的最高阶段，网络不再仅被用来进行信息发布，而是实现在线交易。这一阶段到来的前提条件是产品和服务的流通过程、交易过程、支付过程实现数字化、信息化，其中最关键的是支付过程的电子化即电子货币、电子银行、电子支付系统的标准化及其可靠性和安全性。

三、网上市场的特征

1. 我国网上市场的规模

虽然中国互联网接入起步较晚,但自从1994年接入互联网后我国的网上市场也得到快速发展,并且形成了一定的网上市场规模。根据中国互联网络信息中心(CNNIC)一次统计表明,截至2019年6月,我国网民规模达8.54亿人,较2018年底增长2598万人;互联网普及率达61.2%,较2018年底提升1.6个百分点;我国手机网民规模达8.47亿人,较2018年底增长2984万人,网民使用手机上网的比例达99.1%,较2018年底提升0.5个百分点。

截至2019年6月,我国网络购物用户规模达6.39亿人,较2018年底增长2871万人,占网民整体的74.8%。同时,我国手机网络支付用户规模达5.83亿人,年增长率为10.7%,手机网民使用率达71.4%。线下网络支付使用习惯持续巩固,网民在线下消费时使用手机网络支付的比例由2017年底的65.5%提升至67.2%。网络购物与互联网支付已成为网民使用比例较高的应用。

2. 我国网民的基本特征

由于互联网的技术性,上网网民一般学历知识较高,购买能力较强,因此从市场营销角度看这些网民属于消费领导型而且具有很高的购买潜力和消费能力,它是一个等待开发的巨大网上商机。

在网民性别方面,截至2017年12月,在上网人中男性占52.6%,女性占47.4%;在网民年龄方面,网民中18~24岁的年轻人占比例较高,达到35.1%,其次是25~30岁的网民(19.3%)和18岁以下的网民(16.6%),30岁以上的网民所占比例较低,网民在结构上呈现低龄化的态势。

在网民学历方面,网民中具有中等教育水平的群体规模最大,截至2017年12月,初中、高中/中专/技校学历的网民分别占37.9%、25.4%,其中初中学历网民占比较2016年上升0.6个百分点;在网民职业方面,网民中学生群体规模最大,截至2017年12月,占比25.4%,其次为个体户、自由职业者,占比21.3%,企业公司管理人员和一般员工合计占比达到14.6%,其中学生群体占比最高,虽然他们没有直接的收入,但是大多数为独生子女,有比较稳定的经济来源,也比较容易接受新鲜的事物,同时还具有成长性的特点。企业如果能够让这部分人认可自己的产品,必将为企业未来的发展奠定良好的基础。

在网民收入方面,月收入中高等水平的网民占比最高,截至2017年12月,月收入在2001~3000元、3001~5000元的群体占比分别为6.6%和22.4%,2017年我国网民规模向高收入群体扩散,月收入5000以上较2016年上涨3.7个百分点。

此外,上网用户主要集中在城市中,农村上网人数比例还较低。手机是农村网民最为依赖的上网终端,截至2015年12月,农村网民规模达到1.95亿人,年增长率达9.5%。农村网民中使用手机上网的用户达到1.70亿人,增幅为16.3%。手机网民占农村总体网民的87.1%,相比2014年提升了5.2个百分点。从年龄结构来看,农村网民更为年轻化,20岁以下的农村网民占比均高于城镇居民,而40岁以上的农村网民比例则低于城镇。

3. 我国网民的上网使用特征

目前,我国手机网民已占我国网民的99%以上。根据调查,我国手机网民每天上网4小时以上的重度手机网民比例达36.4%,其中,每天实时在线的手机比例为21.8%。87.8%的手机网民每天至少使用手机上网一次。其中，66.1%的手机网民每天使用手机上网多次。

用户在一天当中首次上网的时间多集中在早上或者是晚上，用户平常持续上网时间多集中在晚上，有20%的用户在18:00~21:00上网，有35%的用户选择在21:00~24:00上网，还有11%的用户选择在24:00~7:00上网。之所以选择晚上上网，是因为晚上有集中的时间上网，而且上网费用还比较优惠。

4. 我国网民的网上购买行为特征

目前，用户对网上购物都比较认同，在条件相对成熟的情况下，有85%的用户希望在网上购物，不希望网上购物的仅占15%。在购买商品上，对于任何商品都愿意在网上购物的占13%；愿意在网上购买一些小件商品如书籍、磁盘等，而对于大件商品如电器等只是希望在网上查阅信息，到商店去购买的占52%；对于任何商品都只在网上查阅产品信息，而到商店购物的占29%；无论何种商品，都既不在网上查阅信息也不在网上购物的占6%。用户认为目前网上购物最大的问题依次是：产品及服务质量占34%；安全性无保障占30%；没有方便的付款方式占22%；价格不够诱人占8%；送货耗时、渠道不畅占6%。用户比较多的担心是网上购物后对产品无法直接了解带来的失控感，以及对互联网渠道的安全问题缺乏信心。

5. 我国网络购物市场发展趋势

我国网络购物市场保持较快发展，下沉市场、跨境电商、模式创新为网络购物市场提供了新的增长动能；在地域方面，以中小城市及农村地区为代表的下沉市场拓展了网络消费空间，电商平台加速渠道下沉；在业态方面，跨境电商零售进口额持续增长，利好政策进一步推动行业发展；在模式方面，直播带货、工厂电商、社区零售等新模式蓬勃发展，成为网络消费增长新亮点。

第四节 网络营销策略与手段

一、网络营销产品策略

1. 网络营销产品组合策略

所谓产品组合是指网络营销企业向网上目标市场所提供的全部产品或业务的组合或搭配。一个企业提供给目标市场的一般不会是单一的产品，而是产品组合，还可能包含若干不同的品牌、包装和服务等内容。网络营销活动中，企业不但要在产品的品牌、包装、服务和配送等方面做出决策，而且要从整体上对产品组合、产品线和产品项目做出决策。

企业在调整自己的产品组合时可选择以下策略：

（1）扩充产品组合策略 扩充产品组合策略主要包括扩大企业网上营销的产品范围，在原有产品线内增加新的产品项目。增加企业网络营销产品组合，扩大企业网上营销的范围，可充分发挥企业各项资源的潜力，提高效益，减少风险。增加网络营销活动中所经营的产品项目内容、增加企业经营产品的某一大类、加大产品开发的深度等，可以迎合广大网上用户的不同需要和爱好，吸引更多的顾客，从而占领同类产品的更多细分市场。

（2）缩减产品组合策略 从产品组合中剔除那些获利很少甚至不获利的产品大类或产品

项目,使企业可以集中力量发展获利多的产品大类和产品项目。

(3) 产品线延伸策略　产品线延伸策略就是突破企业网络营销原有经营档次的范围,使产品线加长的策略。一般可供选择的产品线延伸策略主要有以下三种。

①向下延伸:当企业生产经营的高档产品由于种种原因,不能再提高销售增长速度,而且企业具备生产经营低档产品的条件,增加一些较低档的产品能最大限度地避免向下延伸带来的风险时,可以采用该策略。

②向上延伸:在以下几种情况下,逐步增加中高档的产品或业务,称为向上延伸:一是高档产品有较高的销售增长率和毛利率;二是为了追求高中低档产品齐全的完整产品线;三是以某些高档的产品来调整整条产品线的档次。

③双向延伸:有些经营中档产品的企业,在一定条件下,逐渐向高档和低档两个方向延伸。

2. 网络营销顾客服务策略

企业在网络营销顾客服务时可选择以下策略:

(1) 售前服务策略　网上售前服务是指企业在产品销售之前,针对消费者的购物需求,通过网络向消费者开展诸如产品介绍、产品推荐、购物说明、协助决策等消费者教育与信息活动。企业网络营销售前服务的主要任务是向潜在的用户提供产品技术指标、产品性能、式样、价格、使用方法、功能、特色等全面有用的信息。

(2) 售中服务策略　网上售中服务主要是指销售过程中的服务。在交易过程中,企业向用户提供简单方便的商品查询、体贴周到的导购咨询、简便高效的商品订购、安全快捷的货款支付、迅速高效的货物配送等服务,以保证商品交换活动顺利完成。另外,设计网上营销网站时,在提供网上订货功能的同时,还要提供订单执行查询功能,方便顾客及时了解订单执行情况。如美国的联邦快递通过其高效的邮件快递系统将邮件在递送过程中的信息输送到指定的数据库,用户可以直接通过互联网查找邮件的足迹与最新动态,直到收件人安全收到为止。

(3) 售后服务策略　网上售后服务就是为了使用户需求得到更好的满足,企业借助互联网直接沟通的功能,以便捷的方式满足用户在产品消费过程中所派生的各种需求。网上售后服务有两类:一类是基本的网上产品的消费支持和技术服务;另一类是企业为满足用户附加需求而提供的各种附加利益的服务。提供网上产品的消费支持和技术服务,可以帮助用户通过网站直接找到相应的企业或者专家进行技术咨询,从而减少诸多不必要的中间环节。

网上销售服务与传统的网下销售服务相比,具有方便快捷、灵活有效、成本低廉、直接自助的特点,大大增强了企业的竞争实力。网上销售服务是 24h 开放的,不受作息时间的限制,用户可以根据需要从网上自助寻求相应的帮助。企业可以减少销售服务和技术支持人员,从而减少管理费用和降低服务成本。作为销售食品的企业,可将各种技术资源放到网络上,用户有了难题,可很快从中获得解决,或请厂家技术人员做出准确的回答。

3. 网络营销新产品开发策略

第一次生产销售,或者产品整体概念中任何一部分有所创新、改革、改进的,在网上销售能给消费者带来某种新的满足、新的利益的产品,都可称为网络营销新产品。网络营销新产品开发策略如下所述。

(1) 创新型新产品开发策略　企业应用新技术、新材料研制出具有全新功能的产品(这种产品无论对企业还是市场来说都属于新产品），然后向网上市场推出一种新产品开发策略，这种策略称为创新型新产品开发策略。全新产品的开发通常需要投入大量的资金，而且需要足够的潜力，企业承担的风险也较大。在网络经济条件下，消费者的需求和心理发生了较大的变化，如果能拿出创新的产品构思或服务概念，将是最有效的策略。

（2）改创型新产品开发策略　企业不需要研制并推出全新的产品，只需对其他企业创新的新产品进行改良或改造，这种策略称为改创型新产品开发策略，基本特征是改创性。企业受消费者日益提高的需要驱动，必须不断改进现有产品并进行产品的升级换代，否则就会被市场淘汰。

（3）仿创型新产品开发策略　一些缺乏创新能力和改创能力的中小型企业，一般来说，承担市场风险和市场开发成本的能力都比较小，常进行仿创型新产品开发，这种策略称为仿创型新产品开发策略，基本特征是产品开发的模仿性。虽然仿创者不一定能取得市场领先地位，却可以通过自己某些独占的市场发展条件来获取较大的市场收益和市场竞争优势。

二、网络营销价格策略

企业为了有效地促进产品在网上销售，必须针对网上市场制订有效的价格策略。由于网上信息公开性和易于消费者搜索的特点，网上的价格信息对消费者的购买起着重要的作用。消费者选择网上购物，一方面是由于网上购物比较方便，另一方面是因为从网上可以获取大量的产品信息，从而可以择优选购。网络定价的策略很多，本部分主要根据网络营销的特点，着重阐述低位定价策略、个性化定制生产定价策略、使用定价策略、折扣定价策略、拍卖定价策略、声誉定价策略和免费价格策略。

1. 低位定价策略

借助互联网进行销售，比传统销售渠道的费用低廉，因此网上销售价格一般来说比流行的市场价格要低。采用低位定价策略就是在公开价格时一定要比同类产品的价格低。采取这种策略一方面是由于通过互联网，企业可以节省大量的成本费用；另一方面，采用这一策略也是为了扩大宣传、提高市场占有率并占领网络市场这一新型的市场。低位定价策略又可分为以下几种。

（1）直接低价策略　直接低价策略就是在公布产品价格时就比同类产品定的价格要低。它一般是制造商在网上进行直销时的定价方式，采用低价策略的前提是开展网络营销，实施电子商务，只有这样才能为企业节省大量的成本费用。

（2）折扣低价策略　这种定价策略是指企业发布的产品价格是网上销售、线下销售通行的统一价格，而对于网上用户又在原价的基础上标明一定折扣的策略。它有利于吸引并促进用户的购买。这类价格策略常用在一些网上商店的营销活动中，一般按照市面上的价格进行折扣定价。

（3）促销低价策略　企业虽然以通行的市场价格将商品销售给用户，但为了达到促销的目的还要通过某些方式给用户一定的实惠，以变相降低销售价格。如果企业想达到迅速拓展网上市场的目的，但产品价格又不具有明显的竞争优势，并且由于某种考虑不能直接降价时，可以考虑采用网上促销定价策略。比较常用的促销定价策略有有奖销售和附带赠品销售等。

2. 个性化定制生产定价策略

个性化定制生产定价策略，是在企业能实行定制生产的基础上，利用网络技术和辅助设计软件，帮助消费者选择配置或者自行设计能满足其需求的个性化产品，同时承担自己愿意付出的价格成本。这是利用网络互动性的特征，根据消费者的具体要求，来确定商品价格的一种策略。网络的互动性使个性化营销成为可能，也使个性化定价策略成为网络营销的一个重要策略。

3. 使用定价策略

所谓使用定价，就是顾客通过互联网注册后可以直接使用某公司产品，顾客只需要根据使用次数进行付费，而不需要完全购买产品。一方面减少了企业为完全出售产品进行大量不必要的生产和包装的花费；另一方面吸引了过去有顾虑的顾客使用产品，扩大市场份额。采用这种定价策略，一般要考虑产品是否适合通过互联网传输，是否可以实现远程调用。

需要说明的是，并非所有的产品都适合这种按使用次数定价的方式。目前，比较适合的产品有计算机软件、音乐、电影、电子刊物等，如某软件公司推出的网络财务软件就采用这种定价方式，用户在网上注册后就可以在网上直接处理账务，而无须花费全额购买软件或担心软件的升级、维护等问题。

4. 折扣定价策略

为鼓励消费者多购买本企业商品，可采用数量折扣策略；为鼓励消费者按期或提前付款，可采用现金折扣策略；为鼓励中间商淡季进货或消费者淡季购买，也可采用季节折扣策略。

5. 拍卖定价策略

网上拍卖是目前发展较快的领域，是一种最市场化、最合理的方式。随着互联网市场的拓展，将有越来越多的产品通过互联网拍卖竞价。由于目前购买群体主要是个体消费者，所以这种策略并不是目前企业的首选，它可能会破坏企业原有的营销渠道和价格策略。比较适合网上拍卖竞价的可以是企业原有的积压产品，也可以是企业的新产品。通过拍卖展示可以起到促销作用。网上拍卖定价的方式有以下三种。

（1）竞价拍卖　网上竞价拍卖一般属于个人与个人之间电子商务（C2C）交易，主要是二手货、收藏品或者一些普通物品等在网上以拍卖的方式进行出售，它是由卖方引导买方进行竞价购买的过程。

（2）竞价拍买　网上竞价拍买是竞价拍卖的反向操作，它是由买方引导卖方竞价实现产品销售的过程。如在拍买过程中，用户提出计划购买商品或服务的质量标准、技术属性等要求，并提出一个大概的价格范围，大量的商家可以以公开或隐蔽的方式出价，消费者将与出价最低或最接近要价的商家成交。

（3）集合竞价　集合竞价模式是一种由消费者集体议价的交易方式。提出这一模式的是美国著名的 Priceline 公司。这对目前国内的网上竞价市场来说，还是一种全新的交易方式。如在中国，雅宝已经率先将这一全新的模式引入了自己的网站。根据交易双方的关系，拍卖交易的模式一般有四种，即"1对1"的交易模式、"1对多"的交易模式、"多对1"的交易模式、"多对多"的交易模式。

6. 声誉定价策略

在网络营销的发展初期，消费者对网上购物和订货还有很多疑虑，例如网上所订商品的质量能否保证、货物能否及时送到等。所以，对于声誉较好的企业来说，进行网络营销时价格可定得高一些；反之，价格则应定得低一些。

7. 免费价格策略

简单来说，免费价格策略就是将企业的产品和服务以免费的形式提供给顾客使用，满足顾客的需求。免费价格策略是网络营销中常用的策略之一，它不仅是一种促销策略，而且是一种非常有效的产品或服务的定价策略。免费价格策略通常有完全免费、有限免费、部分免费、捆绑式免费。网络营销实践中，并非所有的产品都适合在网上实行免费价格策略。互联网作为全球性开放的网络，可以快速实现全球信息交换，只有那些适合互联网这一特性的产品才适合采用免费价格策略。一般来说，免费产品具有易于数字化、无形化、零制造成本、成长性、间接收益的特性。目前，企业在网络营销中采用免费策略的目的有两个：一个是先让用户免费使用，等习惯后再开始收费；另一个是发掘后续商业价值，从战略发展的需要制订定价策略，其主要目的是先占领市场，然后再在市场中获取收益。

总之，企业可以根据自己所生产产品的特性和网上市场的发展状况来选择合适的价格策略。但无论采用什么策略，企业的定价策略都应与其他策略相配合，以保证企业总体营销策略的实施。

三、网络营销渠道策略

（一）网络营销渠道

网络营销渠道就是借助互联网将产品从生产者转移到消费者的中间环节。互联网的发展改变了营销渠道的结构。从总体上看，网络营销渠道可分为网络直销渠道和网络间接营销渠道两种类型。

1. 网络直销渠道

网络直销渠道一般适用于大型商品及生产资料的交易。与传统的直接分销渠道一样，都没有中间商，商品直接从生产者转移给消费者或使用者。网上直销渠道也有订货功能、支付功能和配送功能。在网络直销中，生产企业可以通过建设网络营销站点，使顾客直接从网站进行订货，并通过和一些电子商务服务机构的合作，如网上银行等，直接提供支付结算功能，解决资金流转问题。另外，还可以利用互联网技术，通过与一些专业物流公司进行合作，建立有效的物资配送体系。

2. 网络间接营销渠道

网络间接营销渠道是指由中间商把商品销售给消费者或使用者的营销渠道，一般适应于小批量商品及生活资料的交易。传统间接分销渠道可能有多个中间环节，而网络间接营销渠道只需要新型电子中间商这一中间环节即可。

需要说明的是，在网络技术比较发达的情况下，信息流、商流和资金流可直接通过网上来完成，但物流，也就是商品实体运动，还必须通过储存和运输来完成。一个企业不可能也不需要在自己的营销区域内建立完善的物流配送体系，它只需要通过不同区域、不同环节的物流商来完成商品的实体配送。

（二）网络营销渠道策略

1. 根据销售对象的不同选择渠道的策略

由于网上销售对象不同，所以网络营销渠道也有很大区别。在具体建设网络营销渠道时应考虑以下四个问题。

（1）应从消费者的角度来设计营销渠道。要采用消费者易于接受的方式来建设网络营销渠道。

（2）订货系统的设计要简单明了。在进行订货时，不要让消费者填写太多的信息，而应采用现在流行的"购物车"方式模拟超市，让消费者一边看物品，一边选购，在购物结束后，一次性进行结算。另外，订货系统还应该提供商品搜索和分类查找功能，以便消费者能利用最短的时间找到需要的商品。

（3）在选择结算方式时，应考虑到目前的实际发展状况，尽量为消费者提供多种结算方式，同时还要考虑网上结算的安全性。

（4）要建立完善的物流配送系统。消费者只有真正收到所购买的产品后，才会感到踏实放心，因此建设快速有效的配送服务系统非常重要。

2. 根据销售产品特性选择渠道的策略

选择网络营销渠道时要注意产品的特性，因为有些产品易于数字化，可以直接通过互联网传输，而大多数有形产品，还必须依靠传统配送渠道来实现货物的空间移动。因此，对于部分产品依赖的渠道，可以通过对互联网进行改造，以最大限度提高渠道的效率，减少渠道运营中的人为失误和时间耽误造成的损失。

（三）网络营销分销策略

对企业来讲，广义上的客户可以是指企业提供产品和服务的对象。对于企业里的每一名员工来说，客户的观念更加广泛。这里在论述"客户关系"管理时所提到的客户指的是和企业发生交互行为的客户，也就是"外部"客户。

凸显中间顾客，是想让企业重视"分销商"这种重要的客户。在传统观念里，企业并不把"分销商"当成自己真正的顾客，往往忽视"分销商"的利益和要求。企业和分销商之间即使有关系存在，也是暂时的、脆弱的、不平衡的。现在已经有越来越多的企业用对待"顾客"的态度和方法来处理与分销商的关系，并取得了良好的效果。

四、网络营销促销策略

网络促销是指企业利用互联网来进行的促销活动，即通过网络技术向虚拟市场传递有关产品的服务的信息，以激发消费者的需求，使其产生购买欲望和购买行为的各种活动。快捷的、双向的网络传播模式，为网络促销提供了更加丰富多彩的表现形式。与传统促销方式相比，网络促销在时间、空间观念以及在顾客参与程度上都发生了较大的变化。网络使时空得到了大大拓展，订货和购买可能在任何时间、任何地点进行。网络中消费者的概念和客户的消费行为都发生了很大变化，消费者直接参与生产和商业流通的循环，进行大范围的选择和理性的购买。因此，营销人员应深刻理解网络促销的特性，制订行之有效的网络促销策略。

（一）网络促销形式

网络促销形式有四种，分别是网络广告、销售促进、站点推广和关系营销。其中网络广告和站点推广是主要的网络促销形式。网络广告已经形成了一个很有影响力的产业市场，因此企业的首选促销形式就是网络广告。网络广告作为有效且可控的促销手段，被许多企业用于网上促销。与传统媒体广告不同，互联网可给广告用户提供无限广阔的空间，也给食品企业提供了平等竞争的机会。

站点推广就是利用网络营销策略扩大站点的知名度，吸引上网者访问网站，达到宣传和推广企业及其产品的目的。其主要方法有两种：一种是通过网络广告宣传推广站点。这种方法可以在短时间内扩大站点知名度，但费用比较高；另一种是通过改进网站内容和服务，吸引用户访问，起到推广作用。这种方法费用较低，而且容易稳定顾客访问流量，但推广速度比较慢。

销售促进就是企业利用可以直接销售的网络营销站点，采用一些促销方法宣传和推广产品，如价格折扣、有奖销售、拍卖销售等方式。关系营销则是借助互联网的交互功能吸引用户与企业保持密切关系，培养顾客忠诚度，提高企业收益。

（二）网络促销策略实施

网络促销策略的实施程序由四个方面组成，即确定网络促销对象、设计网络促销组合、制订网络促销预算方案和衡量网络促销效果。

1. 确定网络促销对象

网络促销对象是指有可能在网络虚拟市场上产生购买行为的消费群体。随着网络的迅速普及，这一群体也在不断膨胀。这一群体主要包括三部分：第一部分是产品的使用者。这里是指实际使用或消费产品的人，实际的需求构成了这些顾客购买的直接动因。只要抓住这一部分消费者，网络销售就有了稳定的市场；第二部分是产品购买的决策者。在许多情况下，产品的使用者和购买决策者是一体的，在虚拟市场上更是如此，因为大部分的上网人员都有独立的决策能力，也有一定的经济收入。但在另外一些情况下，产品的购买决策者和使用者则是分离的。例如，中小学生在网络光盘市场上看到富有挑战性的游戏，非常希望购买，但实际的购买决策者通常是学生的父母。所以，网络促销同样应当把购买决策者放在重要的位置上；第三部分是产品购买的影响者，也就是在看法或建议上对最终购买决策可以产生一定影响的人。人们在购买高档耐用消费品时，购买者往往比较谨慎，希望广泛征求意见后再做决定，这时能对产品购买者施加一定影响的人尤为重要。由于这部分人群对购买者的决策影响很大，自然不能忽视。

2. 设计网络促销组合

网络广告促销和网络站点促销是网络促销活动的两种主要方法。对企业而言，应当根据网络广告促销和网络站点促销两种方法各自的特点和优势，结合本企业产品的市场、顾客情况，扬长避短，合理组合。企业的产品种类不同、销售对象不同，促销方法也会随之不同。因此，促销组合是一个比较复杂的问题。

网络广告促销主要实施"推战略"，就是将企业的产品推向市场，获得广大消费者的认可。网络站点促销主要实施"拉战略"，就是将顾客牢牢地吸引过来，保持稳定的市场份额。一般来说，日用消费品，如化妆品、食品、饮料、医药制品、家用电器等，网络广告促销的效果比较好。而大型机械产品、专用品采用网络站点促销的方法则比较有效。在产品的成长期应侧重于网络广告促销，宣传产品的新性能、新特点。在产品的成熟期，则应加强自身站点的建设，树立企业形象，巩固已有市场。企业应当根据自身网络促销的能力确定两种网络促销方法配合使用的比例。

3. 制订网络促销预算方案

在互联网上促销，对于企业而言是一个相对新颖的问题。在网络促销实施过程中，企业预算方案的制订是一个难题。首先，必须明确网络促销的方法及组合的办法。企业选择自己设立的站点进行宣传的方法价格最低，但宣传的覆盖面可能较小。若选择其他的信息服务商，宣传的价格可能很高。所以，企业应当认真比较各站点的服务质量和服务价格，从中筛选适合本企业、质量与价格匹配的信息服务站点。其次,需要确定网络促销的目标。选择树立企业形象、宣传产品,或宣传售后服务,针对不同的目标选取相应促销方法,策划投入费用的多少。要把各种细节确定好,整体的数额就有了预算的依据,与信息服务商谈判时也有了一定的把握。

4. 衡量网络促销效果

衡量促销的实际效果是否达到了预期的促销目标对企业来说十分重要。对促销效果的评价主要依赖于两个方面的数据。一方面,要充分利用互联网上的统计软件,及时对促销活动的成功与否做出统计。这些数据包括主页访问人次、点击次数、广告成本等。利用这些统计数字,网上促销人员可以了解自己在网上的优势与弱点,以及与其他促销者的差距。另一方面,销售量的增加情况、利润的变化情况、促销成本的降低情况,有助于判断促销决策是否正确。同时,还应注意促销对象、促销内容、促销组合等方面与促销目标的因果关系的分析,从中可以对整个促销工作做出正确的判断。在此基础上,对偏离预期促销目标的活动进行调整,是保证促销取得最佳效果必不可少的程序。在促销实施过程中,不断进行信息沟通的协调,也是保证企业促销连续性、统一性的需要。

此外,食品企业在营销活动中,还可利用互联网络测试新产品的市场反应;强化产业环境信息的收集;加强与其他产业的联系;接触高等教育水平的年轻族群,提早接触未来消费主力;寻找合作对象,加强与供货商联系;锁定特殊消费族群,开展小众传播等。

思考题

1. 什么是网络营销?网络营销有哪些特点?
2. 网络营销的基本职能是什么?
3. 构成网络营销环境的5要素分别是什么?
4. 影响网络营销的宏观环境有哪些?
5. 影响网络营销的微观环境有哪些?
6. 进行网上市场调研有哪些方法?
7. 进行网上市场调研的步骤有哪些?
8. 我国网络市场的基本特征有哪些?
9. 网络营销的新产品开发策略有哪些?
10. 网络营销的定价策略有哪些?每种策略又包括哪些具体内容?
11. 网络营销促销策略的实施包括哪些步骤?
12. 结合我国实际,分析我国食品行业应用网络市场进行营销的策略。

[案例]

雀巢公司的网络营销

雀巢公司年销售额达到477亿美元以上,其中大约95%来自食品的销售,因此雀巢可谓是世界上最大的食品制造商,也是最大的跨国公司之一。公司以生产巧克力棒和速溶咖啡闻名遐迩,目前拥有适合当地市场与文化的丰富产品系列。

目前,雀巢在五大洲的60多个国家共建有400多家工厂,所有产品的生产和销售由总部领导下的约200多个部门完成。雀巢销售额的98%来自国外,因此被称为"最国际化的跨国集团"。

雀巢乳粉及婴儿制品,主要购买群体是妈妈们,针对如何让妈妈们了解和信任雀巢,并使雀巢深入妈妈们的心中,雀巢采取了如下策略。

1. 大众传播形式

雀巢在大众传播上,使用了电视广告、杂志、书籍、电影等,主要是向大众宣传雀巢乳粉的产品质量及雀巢乳粉的经营哲学。

效果:提高雀巢的品牌知名度,成为人们心目中的奶粉选择品牌之一。

2. 分众传播形式

雀巢乳粉及婴儿食品在分众传播上,根据目标顾客平均年龄33岁左右、收入较高、学历偏高,在电视节目当中,不太关心新闻类节目,喜欢看书、听音乐等特点,雀巢在一些健康杂志进行广告宣传,同时在各大医院附近建立了雀巢乳粉专卖店,成为另一种雀巢分众传播方式,向人们展示雀巢产品和经营理念。

效果:很大程度上抓住了准妈妈的视线,在准妈妈准备选乳粉的时期,提供了雀巢这一选择,结合了大众传播使人们对品牌持续性关注。

3. 精准传播形式

在精准传播中,雀巢乳粉及婴儿食品在传播方式上主要采用了网络邮件及雀巢官方网站会员注册、会员俱乐部、网络视频等方式,为目标顾客提供一对一信息交流、孕期指南、育儿指南等知识咨询服务。

(1)网络视频 雀巢对用户感兴趣的话题、需求做了分析后发现,优酷母婴频道有55%的黏性用户为女性,这反映出女性用户,特别是妈妈、准妈妈对育儿类视频的关注,而婚姻调查显示,41%常看优酷母婴频道的用户为已婚有子女用户,已婚无子女用户占22%,这也说明关注婴幼儿成长、育儿经验的用户占大多数,这一群体,恰好是雀巢成长奶粉现有、潜在的消费群体。因此雀巢做出了如下传播策略。

①频道内容本身的专家访谈,邀请育儿专家做客频道,解答用户疑问,传授幼教经验,采访嘉宾都是业内知名的儿科专家。优酷母婴频道主编也参加雀巢所有推广活动进行现场采访,切身体会用户感受,有效地提高了评论互动的效果,引导并解惑用户关注的内容。

②将较吸引全站用户眼球的宝宝秀类视频用作种子视频,引发多次疯狂传播,有效引导用户观看其他育儿视频,并着重推荐雀巢母婴育儿专家访谈、对话等内容,通过特别开设的

"专家育儿课堂",传达雀巢母爱、健康的理念。

为了配合雀巢的系列育儿短片推广,优酷母婴也将发掘明星宝宝放到重点推荐位置以抓人眼球,利用空间特点与网友进行分享。

效果:雀巢成长乳粉赞助优酷母婴频道,双方就各自的优势资源进行合作,一方面有效丰富了优酷新频道的核心内容;另一方面,在优酷平台上,将雀巢成长乳粉所希望表达的健康成长、爱心付出的理念通过视频展现给品牌目标客户和潜在客户,也将雀巢在育儿、教育方面的专业经验与网友分享。

项目执行期间,雀巢精心制作的 36 集育儿系列视频在优酷首页、母婴频道进行重点推广,单个视频在两天的推荐期内不断刷新同类视频播放记录,平均每个视频在推荐期都获得 40 万以上的播放量,不仅将育儿经验有效地传达,更在潜移默化中增加了雀巢成长乳粉的品牌影响力。

(2)网站会员制度,会员俱乐部 网络会员制度,建立雀巢妈妈们的档案库,营养育儿专家指导,为各位妈妈提供关于宝宝养育的所有知识。例如宝宝的营养搭配、宝宝常见疾病、宝宝养育经验交流等。

效果:增强妈妈们对雀巢的认识和信赖,同时增加妈妈们对雀巢奶粉的忠诚度。

(3)网络邮件 向准妈妈们发送网络邮件,给准妈妈们提供育儿知识、乳粉知识、妈妈营养知识等。

效果:获得妈妈们的注意,同时引导妈妈们和雀巢建立一对一信息交流,实现精准营销获得信息的第一步。达到妈妈们对雀巢的全面认识及一定的美誉感。

案例分析题

1. 雀巢公司采取了哪些网络营销的策略和手段?
2. 雀巢公司网络营销成功的原因有哪些?

[案例]

星巴克的网络营销

　　星巴克于1971年诞生于美国的西雅图，现在是全球知名的咖啡连锁店，是世界领先的特种咖啡的零售商、烘焙者和品牌拥有者。公司创始人兼首席执行官是霍华德·舒尔茨。星巴克在全球60多个国家拥有超过22000家门店，并且仍以每天3家的速度在增长，员工总数已达200000多名。星巴克于1999年进入中国大陆市场，目前为止已经在中国的99个城市开设了超过1900家门店。

　　舒尔茨的回归，开启了星巴克拥抱数字化，依靠互联网创造第四空间的发展道路。2015年星巴克登陆天猫旗舰店，在开业的一个月后，粉丝量就已经超过30万人，并一跃成为当月餐饮美食类最佳品牌。2015年入选social beta年度最具数字化品牌Top10。2008年3月，星巴克数字营销团队策划并开创了第一个社会化媒体网站——"我的星巴克点子"（www.MyStarbucksIdea.com）。网站类似于互动的客户意见收集社区，"星粉们"可以向星巴克提出各类有关产品和服务的建议，同时登录网站和他人互动，并查看最后的反馈情况。这是星巴克创建最早实现社会化营销的典范，通过自建网站的渠道，星巴克与顾客实现了无障碍沟通和传播。在网站成立的5年中总计共征集到约15万个点子，累计200多万个顾客投票量，在数据上甚至超越了芝加哥市长选举的投票。"我的星巴克点子"是一个很好的开始，之后，星巴克先后加入了集结更多用户的平台——Twitter和Facebook。目前星巴克的Facebook主页粉丝量已超过3500万。星巴克的数字化战略在视频网站上也有所涉及，网络上有关星巴克的视频超过250个，传播了星巴克的价值观、顾客体验和人文关怀。星巴克在中国的发展也是紧跟媒体发展热度，2010年在微博井喷期开设了官方认证账号并作为发布资讯和互动交流的主要平台。而2012年是"星巴克中国"的"火力全开年"，app在中国正式上线，开通了星享俱乐部、我的星成就等功能。同年星巴克也进驻微信成为餐饮类社会化媒体营销的风向标。国外调查数据显示星巴克有大量的忠实客户，有些"星粉"甚至做到了每个月至少到点签到16次。所以通过基于熟人圈的微信、app来维系巩固客户关系是星巴克的重中之重。下面就以在星巴克新拓展的"第四空间"（主要指微信、微博、手机app为主的各类社交互动平台）为分析对象来探讨它的社会化媒体营销的独到之处。

　　1. 星巴克微信营销案例：自然醒

　　2012年星巴克数字营销团队计划把夏季冰摇沁爽系列创新饮品推出上市，于是想到把音乐和微信结合来进行营销推广。活动期间只要通过微信关注"星巴克中国"公众账号加其好友，并发送自定义表情符号，星巴克就会即时个性化地回应网友的心情，为用户一对一定制《自然醒》音乐专辑曲目。这次微信营销活动在为"星粉"提供了免费有趣的音乐服务的同时也活跃了微信粉丝，加强了品牌与消费者的沟通并非常巧妙地把夏季冰摇沁爽新产品"摇进"了客户心理。三周内，"冰摇沁爽"系列的销售金额就达到了750万元。星巴克凭借"自然醒"微信活动成为当时第一营销案例。

　　(1) 敢于跨界，突出个性　星巴克的微信营销内容并没有拘于餐饮领域，往往跨界合作能产生意想不到的协同效应。星巴克与音乐的组合营销,以及最近和著名彩妆品牌安娜苏联名设计的专属星巴克杯子都是基于用户的兴趣点来吸引眼球。

(2) 重视互动分享,打造贴心服务 社会化媒体下用户拥有了选择信息和参与传播的权利。重视与消费者的互动,激发用户积极性才能更好地利用微信在人际间产生量级传播效果。通过有趣的表情包和音乐专辑在品牌与消费者之间建立连接,用心情去兑换定制的歌曲,这样的"星粉"专属服务很容易得到消费者认同并在微信等社交圈内被广泛分享。

2. 星巴克微博营销案例:抬头行动

星巴克中国于 2010 年在新浪微博申请认证,开始了微博平台的营销试水。星巴克中国微博平台在运营的 5 年多里已发布 6648 条微博,获得了 1270826 位粉丝。2013 年,星巴克中国联手腾讯微博和新浪微博发起了一个全国性的公益活动,呼吁人们抬起头来,告别低头手机族,找回面对面交流的温度。配合这次传播活动的主题,星巴克非常巧妙自然地输入了自己的品牌价值观:"与家人、朋友一起在星巴克共度美好时光""一期只一会,放下手机,关注当下"。用户可以通过投票、转发等方式与朋友进行互动并发表自己的观点。这样的倡议活动深得人心,传播才开展了一天就获得了 50 万人的投票支持。基于微博的自媒体和裂变式的传播特征使得这次的星巴克社会化营销活动产生了爆发性影响力。传播过程中没想到的是微博"大 V"也都加入了这场公益活动纷纷转发了微博,使传播效果再次被放大。一时间腾讯微博"抬头行动"的话题热度就冲破了 400 万大关。当时的预期目标是 100 万人参加,而实际上参与支持行动人用户超出了 200 万人。活动当天门店平均交易次数增长了 10%,活动的销量成绩超越了圣诞期间的消费记录。星巴克的这项颇具创意的社会化传播活动同时也拿下了当时 2014 年的大中华区艾菲奖金奖。

(1) 大数据成为营销风向标 星巴克的数字营销团队策划的"抬头行动"是基于前期对手机低头族的大数据调研分析。移动客户端的普及化增强了社交媒体的用户黏性,用户的使用行为被数据库记录能够为企业的营销活动提供指导。

(2) 活跃用户生产内容生成数量 星巴克发起的"抬头行动"引起了用户的再次编辑和转发,是对星巴克公益活动的内容再造。用户的大规模评论转发能活跃营销内容,使文本有了更多个性化解读并淡化了活动背后的趋利性。

3. 星巴克 app 营销案例:早安闹钟

2012 年,星巴克中国地区的 app 问世,10 月星巴克启动了名为"早安闹钟"的营销传播方案。用户只需下载星巴克中国 app,便可使用这项闹钟应用。这项应用的使用方法是:自己设定起床时间(早于上午九点即可),用户如果能在铃声响起后的一个小时区间内,进入任何一家星巴克,就能享受半价早餐的优惠待遇。该项应用一经推出,就在星巴克官方微博上引起很大反响,得到粉丝的积极转发。可以看出"早安闹钟"app 应用不同于以往的品牌营销,它的出发点是帮助客户解决睡懒觉的拖延症问题,倡导科学健康的生活方式。通过激励机制来引导消费者按时起床并把他们从线上带到了线下,走进门店进行消费活动。实际上,"早安闹钟"这项功能的推出也是为了实现星巴克新一季度的早餐新品推广。由于这款 app 功能有趣又实用,吸引了很多潜在客户加入进来,起到了非常好的传播推广作用。星巴克 app 作为其自建社会化媒体,在功能设置上能更好地保留品牌风格,企业更具有自控性。

(1) 倡导健康生活理念 星巴克的"早安闹钟"成功之处在于主打健康生活方式,是一种正向价值观的传递。他的营销没有仅停留在狭隘的产品概念上,而是以顾客为营销出发点，植入产品背后的品牌文化内涵，就像软广告一样让顾客能更好地采纳接受。

（2）充分利用多媒体渠道　虽然星巴克的社会化媒体平台之间的营销策略具有差异性。但是不同渠道的媒体组合能够优势互补产生更好的协同效应。"早安闹钟"的营销如果只依靠自建 app 系统也难以形成如此浩大的品牌号召力。其的营销成功离不开微博、微信等社交媒体的助推作用。

资料来源：张怿慧.餐饮企业的社会化媒体营销策略研究［D］.南昌：江西师范大学，2016.

案例分析题

1. 星巴克的网络营销途径？
2. 企业开展网络营销的意义。

[专栏]

百事可乐网络营销策略

百事可乐建立了与其公司形象和定位完全统一的中英文网站,以游戏、音乐、活动为主题,其背景则依然是创新的标志和年轻的蓝色。百事可乐的网络营销策略有以下几个方面:

1. 本土化策略

本土化管理与本土化生产是当前全球跨国公司的趋势。具体到某一种具体的产品、某一个公司的本土化,则是一个长期的过程。它在中国的本土化进展成绩斐然,中国区的管理层70%已经由中国人担任。可以肯定,百事与贵格(欧洲药用饮料企业)的合并会加速其在中国的本土化进程。

目前,直接从事百事可乐饮料业务的中国员工近万人,同时,在引进资金的同时,它大力推广先进的市场和管理经验,推行本土化,参与饮料企业的改造和人才培训,使中国的饮料行业在短短的20年中,由工艺简单、生产粗放的落后状况,发展到今天成为世界上规模最大、竞争最激烈、专业化程度较高、充满勃勃生机的饮料市场。

2. 多元化的品牌策略

目前,百事可乐公司在中国市场的旗舰品牌是百事可乐、七喜、美年达和激浪。此外,它还有亚洲、北冰洋和天府等著名地方品牌。国际著名调查机构尼尔森公司在2000年的调查结果表明,百事可乐已成为中国年轻人最喜爱的软饮料之一。

就产品组合的宽度而言,它的产品组合要远比可口可乐丰富。可口可乐公司的经营非常单纯,仅从事饮料业,而百事公司除了软饮料外,还涉足运动用品、快餐及食品等。另外,2001年8月百事并购贵格公司。与贵格的联姻使百事得到了含金量颇高的Gatorade品牌,并大幅提高了百事公司在非碳酸饮料市场的份额。尽管就市场规模而言,非碳酸饮料与碳酸饮料相比不可同日而语,但其成长速度却是后者的三倍。

百事并购贵格后,在中国的销售战略并没有改变,但业务范围扩大了,品牌资源扩大了。百事在原来碳酸饮料的基础上将会很好地整合果汁和运动饮料,在时机成熟的时候,还会陆续推出其他消费者喜爱的饮料,如茶饮料、纯净水等,让中国的消费者有更多的选择。

3. 传播策略

整合营销传播的中心思想是与消费者沟通,统一运用和协调各种不同的传播手段,使不同的传播工具在每一阶段发挥出最佳的、统一的、集中的作用,其目的是协助品牌建立起与消费者之间的长期关系。百事可乐的整合营销传播就是把公共关系、广告宣传、人员推销、营业推广等促销策略集于一身,在整合营销传播中,各种宣传媒介和信息载体相辅相成,相互配合,相得益彰。

百事可乐的广告策略往往别出心裁,百事可乐广告常有好戏出台,使可口可乐倍感压力。其中,百事可乐运用的名人广告是它的一个重要传播手段。

4. 独特的音乐推销

1998年,百事可乐百年之际,推出了一系列的营销举措。1月,郭富城成为百事国际巨星,他与百事合作的第一部广告片，是音乐《唱这歌》MTV 情节的一部分。9 月，百事可乐在全球范围推出其最新的蓝色包装。配合新包装的亮相，郭富城拍摄了广告片《一变倾城》，音乐《一变倾城》也是郭富城新专辑的同名主打歌曲。换了蓝色新酷装的百事可乐，借助郭富城的广告和大量的宣传活动，以"ask for more"为主题，随着珍妮·杰克逊、瑞奇·马丁、王菲和郭富城的联袂出击，掀起了"渴望无限"的蓝色风暴。王菲的歌曲在亚洲乐坛独树一帜，她为百事拍的广告片同样以"渴望无限"为主题，由她创作的音乐《存在》表现了王菲对音乐的执着追求和坚定信念。"渴望无限"的理念得到了很好的诠释和体现。2002 年 1 月，郑秀文正式加盟百事家族，成为新一代中国区百事巨星。音乐的传播与流行得益于听众的传唱，百事的音乐营销成功正在于它感悟到了音乐的沟通魅力，这是一种互动式的沟通。好听的歌曲旋律，打动人心的歌词，都是与消费者沟通的最好语言。有了这样的信息，品牌的理念也就自然而然深入人心了。

5. 媒介策略——与雅虎

2000 年 4 月，百事可乐公司首先宣布与雅虎进行全面网络推广合作；在音乐站点，如 MTV.com，投放力度加大；同时还涉足体育类网站，如 NBA.com、美国棒球联盟等。网络广告投放活动是长期行为，从 2000 年 1 月至今从未间断。每年 3~4 月随着气温的升高，伴随饮料消费高峰期的来临，网络广告投放高峰期便告开始，通常会延续至当年 11 月。

6. 创意策略——推崇激情

比起可口可乐的传统广告，百事可乐的网络广告较为活泼，无论是画面构图，还是动画运用，都传达着一种"酷"的感觉。在 2000 年这一年间，便有许多名人先后出现在百事可乐的广告中。从 NBA 到棒球，从奥斯卡到古墓丽影游戏和电影，百事可乐的网络广告总能捕捉到青少年的兴趣点和关注点。

2001 年中国申奥成功，百事可乐的网络广告独具匠心，气势非凡的画面采用了有动感的水珠，传达出了百事可乐品牌的充沛活力。醒目的文字表达出百事可乐对北京申奥的支持。广告方案利用"渴望无限"和"终于解渴了"的双关语，将中国人对奥运的期盼巧妙地与百事可乐产品联系在一起，并与其他宣传高度一致。

7. 竞争策略——针锋相对

（1）体育角逐　可口可乐拿到了冬奥会饮料指定权，可以拿冬奥会大做文章。百事可乐则利用 NBA 和美国棒球联盟寻找平衡点。在中文网站设有百事足球世界、精彩足球，有 2001 年百事可乐足球联赛、百事全能挑战足球赛、百事预祝十强赛、中国足球超越梦想等。

（2）音乐角逐　这是百事可乐最精彩的策略之一，包含百事音乐的主题活动，巨星、新星、音乐卡片、音乐流行榜、竞技场等。

（3）活动角逐　这是为自己创造吸引品牌注意力的最好机会之一。例如，百事在网上发动网民投票评选百事可乐最佳电视广告片等。

百事可乐的网络营销及策略启迪我们：第一，日常消费品的网络营销广告应当成为一种长期行为，同时在旺季还要抓住重点集中投放；第二，要设法利用网络营销广告吸引目标消费群；第三，必须保持线上、线下营销广告的连续性和一致性；第四，注意媒介组合的多样性；第五，注意各期营销广告活动内在的连续性，即营销广告主体的一致性；第六，自己的营销广告要有独特性，必须与对手有所不同。

资料来源：乌跃良．网络营销［M］．北京：机械工业出版社，2012.

参考文献

[1] 艾·里斯. 营销战 [M]. 北京：中国财经出版社，2002.

[2] 艾·里斯. 定位：有史以来对美国营销影响最大的观念 [M]. 北京：机械工业出版社，2002.

[3] 埃里克·莱斯. 精益创业实战：第2版 [M]. 北京：人民邮电出版社，2013.

[4] 安玉发. 食品营销学 [M]. 北京：中国农业出版社，2002.

[5] 安玉发. 食品营销学：第3版 [M]. 北京：中国农业出版社，2016.

[6] 包月娇. 绿色营销 [M]. 郑州：郑州大学出版社，2018.

[7] 陈荣荣，刘英骥. 现代企业形象塑造 [M]. 北京：经济管理出版社，1997.

[8] 邓德胜，祝海波. 中国网民的基本特征对电子商务发展的影响 [J]. 中南林学院学报，2003，23（6）：16-20.

[9] 董静. 企业形象生命周期模型构建 [D]. 北京：北京交通大学，2009.

[10] 奥格·曼狄诺. 世界上最伟大的推销员 [M]. 北京：世界知识出版社，2002.

[11] 卜时忠. 浅谈影响企业形象的因素 [J]. 云南财贸学院学报（社会科学版），2004，19（4）：69-70.

[12] 蔡新春，何永祺. 国际市场营销学 [M]. 广州：暨南大学出版社，2004.

[13] 曹源. 食品企业市场营销控制策略 [J]. 合作经济与科技，2010（12）：94-96.

[14] 晁钢令. 市场营销学教程 [M]. 上海：上海财经大学出版社，2001.

[15] 大卫·奥格威. 一个广告人的自白 [M]. 北京：中国物价出版社，2008.

[16] 陈英梅. 企业战略管理 [M]. 北京：北京大学出版社，2009.

[17] 戴小枫，张德权. 中国食品工业发展回顾与展望 [J]. 农学学报，2018，8（1）：125-134.

[18] 德鲁·埃里克·惠特曼. 吸金广告 [M]. 南京：江苏人民出版社，2014.

[19] 菲利普·科特勒. 市场营销：原理与实践 [M]. 16版. 北京：中国人民大学出版社，2015.

[20] 菲利普·科特勒. 市场营销管理（亚洲版）：第2版 [M]. 梅清豪，译. 北京：中国人民大学出版社，2001.

[21] 菲利普·科特勒. 营销管理：第13版 [M]. 北京：中国人民大学出版社，2009.

[22] 费玉莲. 网络营销 [M]. 北京：科学出版社，2009.

[23] G. 佩里切利. 服务营销学 [M]. 张密编译. 北京：对外经济贸易大学出版社，2000.

[24] 高翔，姜英杰. 食品商品学 [M]. 北京：中国轻工业出版社，2014.

[25] 葛望舒. 浅析食品行业营销道德问题及对策 [J]. 泰州职业技术学院学报，2011，11（4）：83-86.

[26] 郭锡铎. 食品营销真功夫 [M]. 北京：中国轻工业出版社，2012.

[27] 郭国庆，王晓东. 市场营销理论 [M]. 北京：中国人民大学出版社，1999.

[28] 哈里·弗里德曼. 销售洗脑：把逛街者变成购买者的 8 条黄金法则 [M]. 北京：中信出版社, 2016.

[29] 胡二坤, 刘旺余. 大健康背景下食品工业发展趋势及人才培养研究 [J]. 农产品加工, 2018 (13)：77-80.

[30] 侯扬扬. 浅谈我国网络市场特征与消费者购买行为 [J]. 湖南农机. 2011, 38 (1)：166-167.

[31] 加里·阿姆斯特朗. 市场营销学 [M]. 北京：中国人民大学出版社, 2007.

[32] 焦函, 刘德厚, 李婉丽. 基于社会营销观念的营销职能的三层结构理论 [J]. 全国商情（经济理论研究）, 2006 (12)：52-54.

[33] 蒋建平. 食物、营养与现代农业发展 [M]. 北京：中国科学技术出版社, 1999.

[34] 蔻小萱, 王永萍. 国际市场营销学 [M]. 北京：首都经济贸易大学出版社, 2002.

[35] 梁斌. 海洋食品公司市场营销策略研究 [D]. 秦皇岛：燕山大学, 2018.

[36] 李里特. 食品原料学 [M]. 北京：中国农业出版社, 2001.

[37] 李夏凝, 毛亚州. 浅析食品行业销售与反馈机制现状及其简要改良方法——以陕西省大荔县民营食品企业为例 [J]. 农产品加工, 2019 (5)：65-67, 70.

[38] 李志尚, 任宝君. 市场营销在我国的发展及未来趋势 [J]. 经济研究导刊, 2009 (26)：156-157.

[39] 李亚雄, 张启明, 徐剑明. 国际市场营销学 [M]. 杭州：浙江大学出版社, 2006.

[40] 刘连馥. 绿色食品导论 [M]. 北京：企业管理出版社, 1998.

[41] 刘光明. 企业形象导入 [M]. 北京：经济管理出版社, 2003.

[42] 刘敏, 牟俊山. 绿色消费与绿色营销 [M]. 北京：清华大学出版社, 2012.

[43] 刘瑞武. 企业形象导入——优势整合时代的 CI 计划 [M]. 北京：高等教育出版社, 2006.

[44] 刘伟, 贾世晟. 企划手册 [M]. 北京：中国言实出版社, 2014.

[45] 廉克勤. 关于企业塑造名牌产品的思考 [J]. 煤炭经济研究, 2004 (05)：37-38.

[46] 林文超. 金海钢构科技公司企业形象营销研究 [D]. 湘潭：湘潭大学, 2012.

[47] 罗伯特·西奥迪尼. 畅销的原理 [M]. 北京：北京联合出版公司, 2016.

[48] 罗伯特·E·布兰森, 道格拉斯·G·诺维尔. 农业市场学导论 [M]. 常明莲, 等译. 北京：北京农业大学出版社, 1990.

[49] 罗杰·贝内特, 吉姆·布莱斯. 国际营销 [M]. 3 版. 刘勃译. 北京：华夏出版社, 2005.

[50] 吕一林. 现代市场营销学：第 3 版 [M]. 北京：清华大学出版社, 2004.

[51] 卢泰宏. 营销中国 [M]. 广州：南风窗杂志社, 2001.

[52] 卢万强. 食品营销学 [M]. 北京：化学工业出版社, 2007.

[53] 卢进良. 论企业形象营销 [D]. 湘潭：湘潭大学, 2002.

[54] 芦泰宏. 营销在中国 [M]. 北京：企业管理出版社, 2003.

[55] Meloan·Taylor and Graham·John. International and Global Marketing (Concepts and Cases) [M]. 北京：机械工业出版社, 1998.

［56］马尔科姆·格拉德维尔. 异类［M］. 北京：中信出版社，2009.

［57］迈克尔·津科特. 国际市场营销学. 英文6版［M］. 陈祝平译. 北京：电子工业出版社，2004.

［58］梅田昌太郎. ミクロ農業マーケティング——食生活の多様化と事業戦略［M］. 東京：白桃書房，1996.

［59］纳雷希·K. 马尔霍特拉. 市场营销研究：应用导向［M］. 涂平译. 北京：电子工业出版社，2002.

［60］宁连举. 网络营销［M］. 北京：北京邮电大学出版社，2012.

［61］聂卉. 浅谈建立企业危机管理体系［J］. 江苏商论，2002（01）：31-33.

［62］聂元昆. 国际市场营销学［M］. 北京：高等教育出版社，2011.

［63］尼尔·雷克汉姆. 销售的革命［M］. 北京：中国人民大学出版社，2013.

［64］曲立中，姚瑶. 市场营销概念演变思考［J］. 现代商贸工业，2013，25（9）：77-78.

［65］乔纳·伯杰. 疯传：让你的产品、思想、行为像病毒一样入侵［M］. 北京：电子工业出版社，2014.

［66］乔治·R. 伊士曼. 销售心理学［M］. 北京：现代出版社，2015.

［67］乔尼·约翰逊. 全球营销［M］. 江林译. 北京：中国财政经济出版社，2004.

［68］秦波. 国际市场营销学教程［M］. 北京：清华大学出版社，2007.

［69］沈凤池，王伟明. 网络营销［M］. 北京：北京理工大学出版社，2016.

［70］史海霞. 网络营销［M］. 成都：西南财经大学出版社，2012.

［71］苏朝晖. 市场营销：从理论到实践［M］. 北京：人民邮电出版社，2018.

［72］苏亚民. 现代营销学：第3版［M］. 北京：对外经济贸易大学出版社，1997.

［73］舒辉. 企业战略管理［M］. 北京：人民邮电出版，2010.

［74］Steve Carter：国际营销战略［M］. 北京：经济管理出版社，2005.

［75］汤定娜. 国际市场营销学［M］. 武汉：华中科技大学出版社，2010.

［76］吴林海，李壮，牛亮云. 新中国70年食品工业发展的阶段历程、主要成就与基本经验［J］. 江苏社会科学，2019（5）：21-29，257.

［77］吴晓薇. 我国食品工业未来十年将破万亿美元［J］. 上海商业，2018（2）：25.

［78］吴晓云. 国际市场营销学教程［M］. 天津：天津大学出版社，2004.

［79］万后芬. 绿色营销［M］. 北京：高等教育出版社，2006.

［80］王艳茹. 食品市场营销［M］. 北京：化学工业出版社，2007.

［81］王辉. 食品企业市场营销战略实施探讨［J］. 中国市场，2018（12）：125-126.

［82］王燕茹，薛云建，邹丽敏，等. 食品市场营销［M］. 北京：化学工业出版社，2007.

［83］Warren J. Keegan. 全球营销管理：第7版［M］. 北京：清华大学出版社，2004.

［84］乌跃良. 网络营销［M］. 北京：机械工业出版社，2012.

［85］徐世玲. 当代世界经济与政治［M］. 北京：中国方正出版社，2002.

［86］杨慧. 市场营销学［M］. 长沙：湖南大学出版社，2009.

[87] 杨昌举. 食品科学概论［M］. 北京：中国人民大学出版社，1999.

[88] 闫国庆. 国际市场营销学［M］. 北京：清华大学出版社，2007.

[89] 叶生洪. 市场营销经典案例与解读［M］. 广州：暨南大学出版社，2006.

[90] 叶万春. 企业形象策划——CIS［M］. 大连：东北财经大学出版社，2002.

[91] 叶守礼. 企业运营管理［M］. 上海：立信会计出版社，2004.

[92] 约翰·A. 昆奇，罗伯特·J. 多兰，托马斯·J. 科斯尼克. 市场营销管理——教程与案例［M］. 北京：北京大学出版社，2000.

[93] 阮天龙. 刍议食品机械技术的发展趋势［J］. 中国新技术新产品，2018（6）：56-57.

[94] 余盛. 食用油营销第1书［M］. 北京：中华工商联合出版社，2013.

[95] 郑少华. 食品行业营销道德问题及对策探析［J］. 管理观察，2017（28）：65-67.

[96] 赵俊晖. 浅谈企业形象营销［J］. 企业世界，2002（11）：30-31.

[97] 赵曙明. 国际企业：人力资源管理（第四版）［M］. 南京：南京大学出版社，2010.

[98] 曾鸿，李钟翼. 我国网民特征与网络营销［J］. 经济问题探索. 2006，12：57-60.

[99] 朱金生. 国际市场营销学［M］. 武汉：华中科技大学出版社，2008.

[100] 张俊. 市场营销——原理、方法与案例［M］. 北京：人民邮电出版社，2016.

[101] 张海东. 世界贸易组织概论［M］. 上海：上海财经大学出版社，2006.

[102] 张海良. 渠道为王，做优秀的渠道指挥官［M］. 合肥：黄山书社，2011.

[103] 张静中. 国际市场营销学［M］. 北京：清华大学出版社，2004.